Uwe Uffelmann
Neue Beiträge zum
Problemorientierten Geschichtsunterricht

W0076498

Für Renate

Uwe Uffelmann

Neue Beiträge zum Problemorientierten Geschichtsunterricht

In Verbindung mit
Margit Buttig, Elisabeth Erdmann, Wolfgang Hasberg,
Anette Hettinger, Achim Jenisch, Heinz Pfefferle, Hans H.
Pöschko, Herbert Raisch, Manfred Seidenfuß, Stefan Semel

Idstein 1999

Die Deutsche Bibliothek - CIP-Einheitsaufnahme

Neue Beiträge zum Problemorientierten Geschichtsunterricht /
Uwe Uffelmann. In Verbindung mit Margit Buttig ... -Idstein :
Schulz-Kirchner, 1999
 ISBN 3-8248-0392-5

1. Auflage 1999
ISBN 3-8248-0392-5
Alle Rechte vorbehalten
© Schulz-Kirchner Verlag GmbH, Idstein 1999
Druck und Bindung: Difo-Druck GmbH, Bamberg
Printed in Germany

Inhaltsverzeichnis

Einführung

Mit einer Sektion auf dem Frankfurter Historikertag im September 1998 und dem Heft 5/1998 der Zeitschrift „Praxis Geschichte" ist der 1975 erstmals vorgestellte und seitdem immer weiter ausdifferenzierte Ansatz eines Problemorientierten Geschichtsunterrichts noch einmal neu akzentuiert und auf den Prüfstand gestellt worden.

Die positive Resonanz darauf förderte den Gedanken, dem Sammelband von 1990 mit dem Titel „Problemorientierter Geschichtsunterricht. Grundlegung und Konkretion" einen zweiten folgen zu lassen, der als wichtig erachtete theoretische Aufsätze und praktische Erprobungen der neunziger Jahre zusammenfaßt sowie 1998 und 1999 entstandene Originalbeiträge hinzufügt.

Dank des freundlichen Angebots meines Verlegers Dr. Ullrich Schulz-Kirchner ließ sich der Band schnell auf den Weg bringen.

Es kann an dieser Stelle nicht darum gehen, die in den Beiträgen geleistete Arbeit noch einmal zu beschreiben. Einige für die Weiterentwicklung des Ansatzes bedenkenswerte Aspekte sollen aber hervorgehoben werden.

Als wichtig erscheint die durch Brigitte Dehne, Peter Schulz-Hageleit und Ulrich Mayer eingeleitete geschichtsdidaktische Rezeption von Handlungs- und Produktionsorientierung fortzusetzen, deren Instrumentalisierung für den Problemorientierten Geschichtsunterricht zu fördern und im Hinblick auf geschichtsspezifische Erkenntnispotentiale zu erweitern.

Sodann soll die Frage angegangen werden, ob das Erzählen von Geschichte und Problemorientierter Geschichtsunterricht nicht vielleicht doch noch versöhnbar sind.

Außerdem geht es darum zu prüfen, ob der Einsatz von Comics problemorientiertes historisches Lernen fördern kann.

Prinzipiell ist der Ansatz auch für die Arbeit mit Hypermedia offen. Ein Anfang ist gemacht, doch liegt noch kein publikationsfähiger Beitrag vor.

Schließlich ist es wünschenswert, die 1997 entwickelten und 1998 publizierten neuen Verfahren der Problemlösung (siehe Strukturbild des Problemorientierten Geschichtsunterrichts in diesem Band) weiter auszudifferenzieren. Die bisher noch nicht herangezogene „Psychologie des Problemlösens" (Darmstadt 1997) von Roland Arbinger bringt bedenkenswerte Akzentuierungen der Erkenntnisse zur geistigen Ausstattung des Problemlösers (bereichsbezogenes, strategisches und metakognitives Wissen) sowie zum Problemlösen ohne Wissen (Interpolationsprobleme, Heurismen beim Lösen von synthetischen Problemen) und zum Problemlösen mit Wissen (innige Verzahnung von Wissen und heuristischen Prozessen).

Gerade im Hinblick auf die lernenden Subjekte müßte ein das bisherige verbesserndes Instrumentarium zur Ermittlung der geschichtsbezogenen „geistigen Ausstattung" dieser Art von Problemlösern gefunden werden, um gezielt Geschichte betreffendes bereichsbezogenes, strategisches und metakognitives Wissen in Prozessen historischen Lernens fördern zu können.

Dazu bedarf es jedoch der Vernetzung der bisher aus heuristischen Gründen getrenn-
ten Ziel-Inhalts-Dimension und der Methodendimension der geschichtsdidaktischen
Lernmethoden (siehe die Hamburger Tagung der Konferenz für Geschichtsdidaktik
1997).

Abschließend möchte ich meinen Kolleginnen und Kollegen, Mitarbeiterinnen und
Mitarbeitern an diesem Buch herzlich für die große Einsatzbereitschaft danken, den
Ansatz theoretisch und praktisch mit mir weiterzuentwickeln. Die Verzahnung von
Theorie und Praxis des Problemorientierten Geschichtsunterrichts sollte auch nach
diesem Band Zukunftsaufgabe bleiben.

Heidelberg, im Sommer 1999   Uwe Uffelmann

Uwe Uffelmann

Was ist eigentlich Problemorientierter Geschichtsunterricht?

1991 war in einer Rezension des Buches „Problemorientierter Geschichtsunterricht. Grundlegung und Konkretion" in der Zeitschrift „Geschichte, Politik und ihre Didaktik" zu lesen, daß der Begriff „inzwischen überall Eingang gefunden" habe. „In Richtlinien und Stundenblättern begegne(t) er vielfach, kein Referendarausbilder komme(t) ohne ihn aus, als Gegenbegriff zu einem primär wissensorientierten Unterricht" sei er „fest etabliert."[1]

Und Problemorientierter Geschichtsunterricht 1998? Das Konzept entstammt doch den siebziger Jahren, und gehört damit in den Kontext der Konstituierung der Wissenschaftsdisziplin Geschichtsdidaktik. Ist die neuerliche Vorstellung des Ansatzes überhaupt noch aktuell?

Dreifach ist der Grund, das Wagnis einer neuen Akzentuierung heute einzugehen:

1. Nicht wenige der großen geschichtsdidaktischen Ansätze der siebziger Jahre sind in der theoretischen Grundlegung steckengeblieben, haben den „Praxisschock" nicht durchgestanden oder den Brückenschlag zur Praxis nur zaghaft gewagt. Weiterentwicklung und damit permanente Überprüfung der Tragfähigkeit der Ideen in der Praxis gehört nicht zu den Stärken der westdeutschen Geschichtsdidaktik, die ostdeutsche Geschichtsmethodik ist hier mangels eigenständiger Theoriekonstrukte nicht zu berücksichtigen. Der POGU, der trotz seines Theoriegehalts, aber wohl gerade wegen seiner Praxisnähe nicht zu den maßgeblichen theoretischen Ansätzen gezählt wurde – Elmar Wagener bezeichnete ihn in einem Gespräch vielleicht zutreffend als geistiges Gitternetz, das sich über jene Konstrukte lege –, ist seit seiner erstmaligen Vorstellung 1975 konsequent weiterentwickelt und ausgebaut worden. Das haben Hans-Jürgen Pandel sowie Erika Richter und Bernd Mütter am Anfang der neunziger Jahre deutlich bestätigt.[2] Und an dieser Weiterentwicklung hat sich seitdem nichts geändert.

---

1   Bernd Mütter / Erika Richter: Problemorientierter Geschichtsunterricht. Zu dem neuen Buch von Uwe Uffelmann. In: GPD 19/1991, H. ½, S. 252-254, hier: 253.

2   Hans-Jürgen Pandel: Geschichtsdidaktik und Problemorientierter Geschichtsunterricht. Eine Einführung. In: Uwe Uffelmann et. al.: Problemorientierter Geschichtsunterricht. Grundlegung und Konkretion (Forschen-Lehren-Lernen 4), Villingen-Schwenningen 1990, S. 7-17; Bernd Mütter / Erika Richter: Problemorientierter Geschichtsunterricht, a. a. O., S. 252-254.

2. Der Geschichtsdidaktik ist immer wieder vorgeworfen worden, daß sie keine Methodik des Geschichtsunterrichts erarbeitet habe. Die Kolleginnen und Kollegen an den Schulen haben diese Unzufriedenheit nicht zuletzt anläßlich von Sektionen unserer Disziplin auf den Historikertagen geäußert und gefordert, die Hochschuldidaktiker möchten endlich ihre zentralen Kategorien wie „Geschichtsbewußtsein" und „historische Identität" in eine neue Methodik historischen Lernens überführen. Die Konferenz für Geschichtsdidaktik hat diesem Anliegen im Herbst 1997 auf ihrer Hamburger Tagung mit dem Thema „Geschichtsbewußtsein und Methoden historischen Lernens" entsprochen.[3]

U. a. in der GPD finden Sie einen ausführlichen und positiven Bericht darüber.[4] Das Tagungsergebnis liegt als Band 8 der „Schriften zur Geschichtsdidaktik" vor.

3. Bestandsaufnahme, Weiterentwicklung und Erprobung des Problemorientierten Geschichtsunterrichts haben seit dem Münchener Historikertag zu neuen Ergebnissen geführt. Integraler Bestandteil der Sektion ist Heft 5/1998 der Zeitschrift „Praxis Geschichte". Es enthält die Vorarbeit für diese Sektion, die darauf mit dem Anspruch aufbaut, noch ein kleines Stück darüber hinauszugelangen. Das 1998 Neue der Arbeit - im Zeitschriftenheft und in der Sektion präsentiert - ist m. E. folgendes:

- ein weiterer Versuch zur Schärfung des Problembegriffs
- die Integration des „Methodischen Bewußtseins" in die Dimensionen des Geschichtsbewußtseins und die Ziehung der Konsequenzen daraus für das historische Lernen
- der Versuch einer Strukturierung bei gleichzeitiger theoretischer Weiterführung und Abrundung des Ansatzes, mündend in ein erläutertes Strukturbild des Problemorientierten Geschichtsunterrichts
- die Entwicklung neuer Verfahren der Problemfindung und Problemlösung über das bisher favorisierte und auch weiter gültige operationalisierte Verfahren hinaus
- die Weiterführung der theoretischen und praktischen Instrumentalisierung des gestalttheoretischen Ansatzes für das historische Lernen
- ein neuer Zugriff zur Handlungsorientierung in Gestalt der theoretischen Begründung und Dimensionierung eines „Handlungs- und produktionsorientierten Geschichtsunterrichts" und seiner Anwendung in der Praxis
- eine neuerliche Akzentuierung der Fachwissenschaftsorientierung des Problemorientierten Geschichtsunterrichts, also der Inhaltsauswahlproblematik
- die Entwicklung und Erprobung von Unterrichtsbeispielen mit Modellanspruch.[5]

---

3 Bernd Schönemann / Uwe Uffelmann / Hartmut Voit (Hrsg.): Geschichtsbewußtsein und Methoden historischen Lernens (Schriften zur Geschichtsdidaktik 8), Weinheim 1998.
4 Erika Richter, GPD 26/1998, H. ½, S. 50-52.
5 Problemorientierter Geschichtsunterricht, Praxis Geschichte 12/1998, H. 5.

Ich will nun in einem neuen Zugriff die stets wiederkehrende Frage angehen, was denn eigentlich Problemorientierter Geschichtsunterricht sei. Der „genius loci" soll mir dabei helfen. Es geht um den Fall des evangelischen Pfarrers Ernst Friedrich (1909-1985), der nach dem Zweiten Weltkrieg in Frankfurt/Main an der St. Katherinenkirche und dann in der Nordgemeinde amtierte.[6] Was ist so interessant an diesem „Fall", daß er geeignet erscheint, der Problemfindung in einer Unterrichtseinheit zur Nachkriegszeit im Rahmen des Konzepts des Problemorientierten Geschichtsunterrichts zu dienen?

Ernst Friedrich,
Röhm (6), S. 289

Die hier relevante Geschichte Ernst Friedrichs begann 1936 mit der Entlassung des Pfarrverwesers aus der von den Deutschen Christen dominierten Landeskirche Nassau - Hessen im Zuge ihrer Spannungen mit den Vertretern der Bekennenden Kirche, als deren Angehöriger sich Friedrich den Anweisungen des Landesbischofs widersetzt hatte. Aber auch dem Staat gegenüber widersetzte er sich, indem er 1937 den Militärdienst verweigerte. Das Ausmaß der Aufrüstung hatte ihn zur Verneinung der Frage geführt, ob er in einem Krieg wirklich noch seinen „Nächsten als Volksgenossen" schütze.[7] Als Lutheraner rechtfertigte er sich gleichzeitig beim Landesbruderrat der Bekennenden Kirche in Nassau - Hessen. Und nun geschah das für Friedrich Unvorstellbare: Der Landesbruderrat beurlaubte ihn, nachdem er mit der Wehrbehörde seine Zurückstellung ausgehandelt hatte, um ihn dann mit dem Argument ganz zu entlassen, daß „solange seine Kirche zum Wehrdienst stehe, ein diesen verweigernder Pfarrer in ihr kein Amt ausüben könne." 1940 fand sich Friedrich vor dem Kriegsgerichtsrat bereit, Sanitätssoldat zu werden. In seiner Rekonstruktion des Vernehmungsprotokolls heißt es: „Ich habe mich dazu entschlossen aus einem inneren Konflikt heraus: Die Furcht Gottes zwingt mich zu sagen, daß Vorbereitung, Durchführung und Folgen des Krieges unser aller Verhältnis zu Gott und Jesus Christus trüben. Auf der anderen Seite aber zwingt mich die Pflicht gegenüber meinen Eltern und die Unabänderlichkeit des Notzustandes unseres Vaterlandes (ich wollte nur „Landes", der Kanzlist verbesserte so), mich so zu entschließen, wie ich es getan habe."[8] Ist Friedrich umgefallen, hat er ein Zugeständnis an das System gemacht? Er überlebte, 1947 kam er aus britischer Gefangenschaft zurück.

Stand es Friedrich nun frei, in seine Kirche als Pfarrer zurückzukehren, aus der er gleich zweimal entlassen worden war?[9]

---

6   Eberhard Röhm: Als Kriegsdienstverweigerer von der Bekennenden Kirche entlassen: Ernst Friedrich. In: Gerhard Büttner / Dieter Petri / Eberhard Röhm (Hrsg.): Wegstrecken. Beiträge zur Religionspädagogik und Zeitgeschichte. Festschrift für Jörg Thierfelder zum 60. Geburtstag, Stuttgart 1998, S. 289-301.
7   Zit. nach Röhm, a.a.O., S.290.
8   Zit. nach ebd., S. 297.
9   Ebd., S. 198.

Martin Niemöller, seit 1947 Präsident der Landeskirche von Hessen und Nassau, einer der wenigen, die echte Schuldbekenntnisse und radikale Erneuerung der evangelischen Kirche in Deutschland forderten, befürwortete Friedrichs Wiederaufnahme ohne Einschränkung. Nur auf seine Aufforderung hin gab der Landesbruderrat eine halbherzige Erklärung ab, in der er nur auf die Entlassung durch das Kirchenregiment der Deutsch-Christlichen Landeskirche, nicht aber auf die von ihm selbst ausgesprochene einging. Noch einmal mußte Niemöller intervenieren, bis der Landesbruderrat wenigstens bereit war, den damaligen Beschluß zu bedauern. Ein wirkliches Eingeständnis des eigenen Fehlverhaltens im Dritten Reich wurde vermieden.

Ernst Friedrich wurde also Pfarrer in Frankfurt/Main. Er nahm, Freundesberichten zufolge, an fast allen Friedenskundgebungen in der Region Frankfurt teil. Gudrun Bär schreibt in ihren „Gedanken an Pfarrer Friedrich" am 27. 3. 1986: „Auf jeder der ‚alternativen' Veranstaltungen war er dabei, saß - immer in Schwarz gekleidet - zwischen all den zumeist jungen Leuten der Protestbewegung. Den Kopf mit dem weißen Haar leicht gesenkt, in sich gekehrt, äußerst konzentriert. Er konnte stundenlang zuhören..., stand zwischen dem bunten Gewirr und war ganz auf die Sprecher konzentriert. Er selbst litt darunter und betonte, wie sehr ihn das Schweigen seiner eigenen Generation beschämte...Wir fühlten uns durch Pfarrer Friedrich in unserer Arbeit bestärkt und ernstgenommen. Aber ich glaube, auch ihm tat es wohl, von uns anerkannt zu werden, zu uns zu gehören."[10]

Protestkundgebung gegen die Wiederbewaffnung vor dem Römer in Frankfurt am 15.01.1955 (Associated Press)

---

10 Ebd., S.300.

Wer waren diese jungen Leute der Protestbewegung, denen sich Ernst Friedrich verbunden wußte? Eine Abbildung der von 5.000 Menschen besuchten Demonstration auf dem Frankfurter Römerberg am 15. Januar 1955 zeigt die große Zahl der Jugendlichen. Sie kamen aus studentischen Kreisen (SDS), den Gewerkschaften, Naturfreunden, Falken, Jungsozialisten und der Gruppe der Wehrdienstverweigerer (GdW). Alle protestierten gegen die Ratifizierung der Pariser Verträge und die Einführung der Allgemeinen Wehrpflicht.[11] War Pfarrer Ernst Friedrich dabei? Die Vermutung liegt nahe.[12] Diese Demonstration fand zwei Wochen vor der Verabschiedung des Paulskirchenmanifests der von viel linker Prominenz gestalteten Paulskirchenversammlung (29. Januar 1955) statt.

Der Fall Friedrich verknüpft die Geschichte des Dritten Reiches mit der westdeutschen Nachkriegszeit. Erfahrungsgeschichte vollzieht sich auf der Folie von Strukturen und deren Veränderungen. Diese Veränderungen sind aber mit dem Auswechseln politischer Systeme nicht etwa abgeschlossen. Kontinuitäten, äußerlich oft kaum erkennbar, bestimmen die Lebensvollzüge der Systemmitglieder, ohne daß es jenen bewußt wird. Nur diejenigen erfahren die Kontinuitäten schmerzlich, die sich in Distanz oder gar im Widerstand zu einer Struktur befanden und dem Strukturwandel durch einen Neubeginn erwartungsvoll entgegensahen. Pfarrer Ernst Friedrich mußte leidvoll erfahren, daß eine Institution, die ihn im Dritten Reich, obwohl sie sich im partiellen Widerstand zu diesem befunden hatte, fallengelassen hatte, nach dem Krieg nicht bereit war, ihn voll zu rehabilitieren, da sie sich ihr eigenes damaliges Versagen generell nicht einzugestehen bereit war. Aber er mußte auch an seinem eigenen Verhalten im Dritten Reich erkennen, daß er dem abgelehnten System Zugeständnisse, wenngleich aus ehrenwerten Motiven, gemacht hatte. Friedrich wählte einen Weg im neuen System der westdeutschen Republik, der die Integration in seine Landeskirche nicht zu einer uneingeschränkten Identifizierung mit ihr und den neuen Strukturen der Bundesrepublik werden ließ, indem er sich dort zum Protest verstand, wo die in seinen Augen gefährlichsten Kontinuitäten sichtbar wurden. Wie weit er die Wiederaufrüstung der mit einer demokratischen Verfassung versehenen Bundesrepublik Deutschland auf der veränderten Struktur des Internationalen Systems sehen konnte, entzieht sich der Kenntnis. Vermutlich wollte er sich aufgrund seiner persönlichen Erfahrungsgeschichte diese Perspektive nicht zu eigen machen. Warum aber beteiligte er sich nur schweigend am Protest?

Hier drängt sich nicht nur *eine* Frage auf, sondern ein ganzes Bündel. Ein Problem ist keine einfache, auf einen Sachverhalt bezogene Frage, sondern konstituiert sich durch die Verbindung verschiedener, dem Fragenden verknüpfbar erscheinender Sachverhalte und ihrer Benennung eben als Problem. Was heißt „dem Fragenden verknüpfbar

---

11 Wolfgang Kraushaar (Hrsg.): Frankfurter Schule und Studentenbewegung. Von der Flaschenpost zum Molotowcocktail 1946-1995, Band 1: Chronik, Hamburg 1998, S.109.

12 Bild von Ernst Friedrich in Röhm, a.a.O., S. 289.

erscheinend"? Probleme im Verständnis des Problemorientierten Geschichtsunterrichts sind aus Gegenwartserfahrungen entstandene Fragenkomplexe. Wissenschaftstheoretisch entspricht das dem Postulat der Historischen Sozialwissenschaft, Problemorientierung und erkenntnisleitende Interessen zu Prinzipien historischen Fragens zu erheben. Sozialisations- und lerntheoretisch bedeutet es, daß durch lebensgeschichtliche Erfahrungen und in kultureller Kommunikation verarbeitete Deutungen von Vergangenheit das mit historischen Sachverhalten konfrontierte Individuum Vorstellungen von Geschichte hat (historische Identität) und folglich grundsätzlich in der Lage ist, sich zu geschichtlichen Themen innerlich in Beziehung zu setzen, sich also zu ihnen zu verhalten. Entscheidend für ein solches Verhalten ist jedoch, daß bei der Konfrontation des Individuums mit einem historischen Tatbestand Selbstverständliches - das muß bei weitem noch nicht das eigene Selbstverständnis sein - *fragwürdig* wird. Das kann dann geschehen, wenn die Konfrontation mit dem Sachverhalt nicht zu einer schnellen Antwort mit den Mitteln der normalen Kommunikation führt. Das Fragliche durch Erkenntnisarbeit selber beantworten zu müssen, markiert den Übergang vom Fragen zum Problembewußtsein. Anleitungen zum Fragen vermittelt jüngst ein Beitrag von Marion Klewitz und Brigitte Dehne.[13]

Der Fall des Pfarrers Ernst Friedrich - anhand eines Quellen- und Informationsarrangements, das die Schülernähe vermittelnden jugendlichen Frankfurter Demonstranten einbezieht, sichtbar gemacht - , ist zweifelsfrei geeignet, eine Fragehaltung schon bei Jugendlichen des 9. und 10. Schuljahres (Hauptschule bzw. Realschule, Gymnasium), die Protest zweifelsfrei kennen und eigene Protesterfahrungen haben, zu provozieren, sofern Kenntnisse über das Dritte Reich vorhanden sind. An Protesterfahrungen der Jugendlichen will auch der neue, am 1. September 1998 begonnene Schülerwettbewerb Deutsche Geschichte um den Preis des Bundespräsidenten mit dem Titel „Protest in der Geschichte" anknüpfen.

Während der Historiker nicht mehr zu fragen braucht, sondern einen Schatz von Antworten präsent hat, müssen die Schülerinnen und Schüler mit Hilfe ihrer eige-

Dimensionen des Geschichtsbewußtseins
(H. Meeh/U. Uffelmann)

---

13 Fragen im Geschichtsunterricht. In: Geschichte, Erziehung, Politik 8/1997, H. 8, S. 100-107.

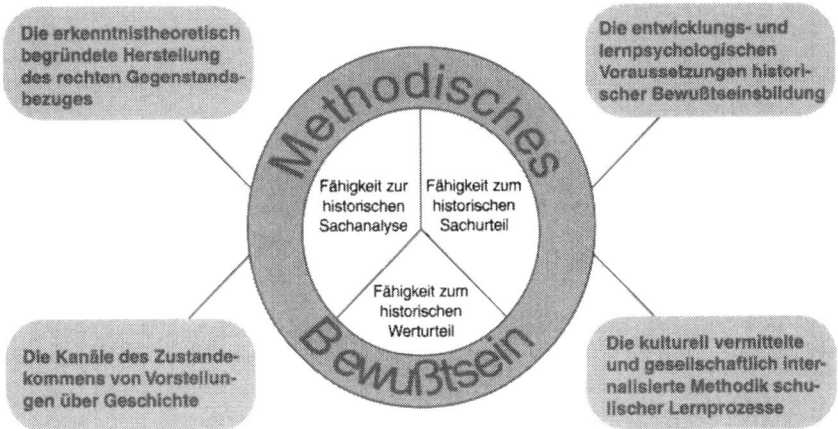

Methodisches Bewußtsein als Dimension des Geschichtsbewußtseins (H. Meeh/U. Uffelmann)

Innerhalb der Abbildung:

Die erkenntnistheoretisch begründete Herstellung des rechten Gegenstandsbezuges

Die entwicklungs- und lernpsychologischen Voraussetzungen historischer Bewußtseinsbildung

Fähigkeit zur historischen Sachanalyse | Fähigkeit zum historischen Sachurteil

Fähigkeit zum historischen Werturteil

Die Kanäle des Zustandekommens von Vorstellungen über Geschichte

Die kulturell vermittelte und gesellschaftlich internalisierte Methodik schulischer Lernprozesse

Methodisches Bewußtsein

nen Vorstellungen von Geschichtsverläufen erst einmal Fragen an den dargestellten Fall Ernst Friedrich zu richten lernen, um diese dann zu einem Problem zu verdichten. Dieses Fragenbündel könnte eventuell so lauten:

Wie war es möglich, daß eine in großer Distanz zum Dritten Reich stehende kirchliche Gruppe eine von einer diesem Regime verbundenen kirchlichen Einrichtung bereits mit Berufsverbot belegte Person auch noch aus ihren eigenen Reihen entließ, weil sie den Wehrdienst verweigerte? Wie war es möglich, daß diese Gruppe auch nach dem Zweiten Weltkrieg während der Gründung einer demokratischen Bundesrepublik Deutschland ihr damaliges Fehlverhalten nicht einzugestehen bereit war? Wie ist es aus heutiger jugendlicher und erwachsener Perspektive zu bewerten, daß die betroffene Person schließlich dem Dritten Reich doch ein Stück entgegenkam, dann aber ihr weiteres Leben lang bei jeder Gelegenheit gegen Militär und Militärdienst protestierte, obwohl sie sich in die neue Ordnung integriert hatte?

Ich habe nicht vor, eine denkbare Unterrichtseinheit vorzustellen. Folgendes ist mir aber wichtig:

Der Problemfindung schließt sich die Hypothesenbildung an. Deren inhaltliche Seite sollte immer mit der methodischen verknüpft werden. Ich habe auf der o.g. Hamburger Tagung der Konferenz für Geschichtsdidaktik im Herbst 1997 versucht, den bereits elaborierten Dimensionen des Geschichtsbewußtseins die des „Methodischen Bewußtseins" hinzuzufügen und hier die Jeismannschen Kategorien als Fähigkeiten zur historischen Sachanalyse, zum historischen Sachurteil und zum historischen Werturteil subsumiert. Damit sehe ich das methodische Bewußtsein als konstitutives Element des Geschichtsbewußtseins an. Folglich ist die permanente Reflexion des methodi-

15

schen Vorgehens im Unterricht ebenso ein konstitutives Element des Problemorientierten Geschichtsunterrichts.[14] Die Phase der Hypothesenbildung ist der erste unterrichtliche Ort dieser Methodenreflexion mit der zweifachen Aufgabe, einmal zu lernen, wie man Hypothesen aufstellt, zum anderen über Lösungsstrategien und dazu geeignete fachliche Mittel wie Analyseverfahren zu beraten und zu entscheiden. Der zweite Ort ist die Sicherung der Ergebnisse nach deren Konfrontation mit den Hypothesen, die nicht ohne Prüfung des Maßes der Richtigkeit der Methodenanwendung bei der Analyse des Sachverhaltes erfolgen kann, will man zu einem angemessenen Sachurteil gelangen. Der dritte Ort ist die Reflexion der Erträge. Hier geht es um die Bewertung des erarbeiteten Sachverhaltes sub specie problemae. Sachurteile von Werturteilen sondern zu können, stellt hohe Reflexionsanforderungen. Diese Überlegungen dürften ein Stück Konkretion der 1997 parallel von Bernd Schönemann geäußerten Vorstellungen zur Methodenkompetenz darstellen. Zu dieser Kompetenz gehört sicher auch die analytische Trennung von Lehr- und Lernmethoden und ihr darauf beruhendes differenzierendes Zusammendenken auf Lehrer- und Schülerebene.[15]
Damit ist das schon erwähnte Strukturbild des Problemorientierten Geschichtsunterrichts erreicht.[16] Ich habe versucht, die verschiedenen Aspekte des Ansatzes, die ich rezipiert und zu denen ich verstreut publiziert habe, in einen übersichtlichen Zusammenhang zu bringen. Die Visualisierung schien mir der dazu am besten geeignete Weg zu sein. Eine Erläuterung bleibt dennoch unerläßlich.
Das Strukturbild besteht aus dem gleichsam als Logo konzipierten zentralen Ring (I), um den Blöcke in ästhetischer Willkür als Quadrate, Recht- und Dreiecke angeordnet sind, die wiederum in Kästchen untergliedert werden. Diese enthalten Stichworte als Signale des Gemeinten. Während die Blöcke II, III und IV den theoretischen Bezugsrahmen des Ansatzes bilden, markieren V, VI und VII die Anwendung und Ergänzung der theoretischen Bezüge auf den Ebenen der Ziel-, Inhalts- und Medienentscheidungen und ihre Weiterleitung in die Entscheidungsebenen der Methoden historischen Lernens hinein. Optisch unterstützt wird der „Anwendungsbereich" durch die als Kreise dem Ring subsumierten Schrittfolgen Problemfindung, Problemlösung und Reflexion der Erträge, also der Arbeitsform. Da der Problemorientierte Geschichtsunterricht aber nicht nur eine Arbeitsform ist, sind im Ring zwei weitere Begriffe eingeschlossen: Unterrichtsstrategie und Erkenntnisweise. Bei der Unterrichtsstrategie geht es um eine bestimmte Weise, die Strukturelemente von Unterricht planerisch zu verknüpfen. Das Mittel, dies zu tun, ist das jeweils gewählte Problem. Als Erkenntnisweise ist der POGU primär auf den Prozeß des Lernens, nicht auf die Ergebnisse gerichtet. Insofern ist die Grundsatzentscheidung über die Medien, mit Hilfe derer dieser Prozeß initiiert und

14 Schönemann / Uffelmann / Voit, a.a.O., S. 138-142.
15 Bernd Schönemann: Geschichtsbewußtsein methodisch. Bedingungs- und Entscheidungsfelder historischen Lehrens und Lernens heute. In: Schönemann / Uffelmann / Voit, a.a.O., S. 39-65.
16 Uwe Uffelmann: Strukturbild und Erläuterung des Problemorientierten Geschichtsunterrichts. In: Praxis Geschichte, a.a.O., S. 37-39.

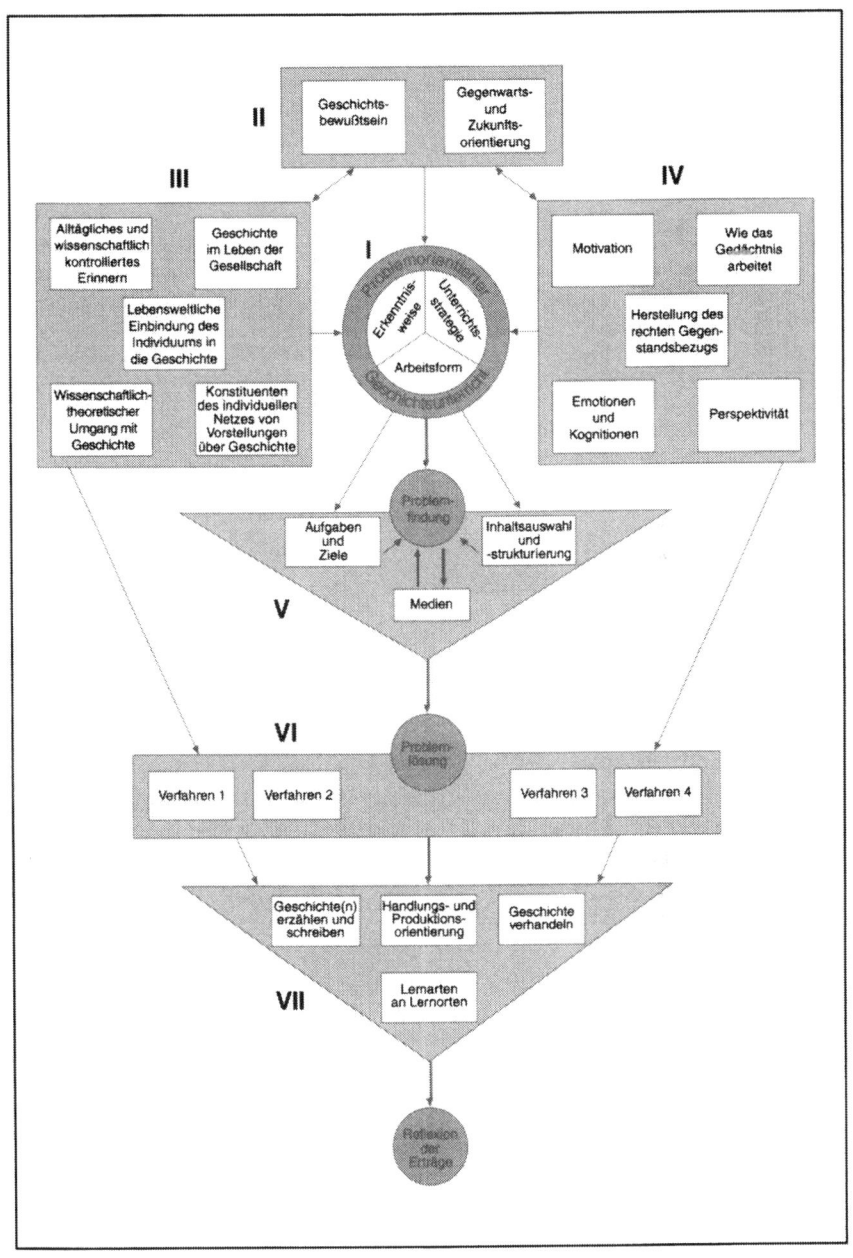

(H. Meeh / U. Uffelmann)
Strukturbild des Problemorientierten Geschichtsunterrichts (Praxis Geschichte 5/1998, S. 38)

durchgeführt wird, von zentraler Bedeutung. Wenn die generelle Entscheidung zugunsten der Quellen im alltäglichen und wissenschaftlichen Sinn ausfällt, wird deutlich, daß die Erkenntnisweise die Ergebnisse des Lernens beeinflußt.

Der Block II bezeichnet die kategoriale Ebene, auf der ich die Dimensionen des Geschichtsbewußtseins, zu denen die historische Identität gleichermaßen gehört wie das eben vorgestellte Methodenbewußtsein, ebenso ansiedele wie meine aus erkenntnistheoretischen (Auseinandersetzung mit der Kritischen Theorie), anthropologischen (Bedürfnisorientierung) und demokratietheoretischen (siehe auch Richtziel in Block V) Überlegungen resultierenden Setzungen, unter denen ich 1975 angetreten bin und die Annette Kuhn trotz meiner Kritik an ihrer Einführung in die Geschichtsdidaktik als „einen Schritt vorwärts" bezeichnete.[17] Ich sage das hier nur, um die Kontinuität meines didaktischen Denkens zu verdeutlichen.

Block III ist der Geschichte im Leben des Individuums und der Gesellschaft ebenso gewidmet wie dem alltäglichen, fachlichen und wissenschaftlich-theoretischen Umgang mit Geschichte. Ohne die ständige Reflexion dieses Bereiches unter Verarbeitung der jeweils neuesten Erkenntnisse bis hin zu der jetzt aktuellen Diskussion darüber, was denn Geschichtskultur sei, würde das Konzept eines Problemorientierten Geschichtsunterrichts erstarren. Das gilt gleichermaßen im Hinblick auf den Block IV. Ohne die permanente Bereitschaft der mit dem POGU umgehenden Fachdidaktiker, Fachlehrerinnen und -lehrer zur Rezeption und Verarbeitung jeweils neuer Erkenntnisse in den Basiswissenschaften, die auf das lernende Individuum bezogen sind, verliert der Ansatz seine Vitalität. Bernd Mütter hat kürzlich auf die Defizite der Geschichtsdidaktik gerade in ihrem Verhältnis zu den Erziehungswissenschaften hingewiesen.[18]

Die Blöcke II, III und IV beschreiben also die Bereiche, aus denen die Theorie des Problemorientierten Geschichtsunterrichts ihre Nahrung bezieht. Daß diese Theorie folglich immer unfertig bleiben muß, kann ihren Wert nur erhöhen.

Da Problemfindung ohne Zielvorstellungen, was denn mit dem Geschichtsunterricht erreicht werden soll, nicht stattfinden kann, habe ich Block V gestaltet und hier neben die auf dieser Ebene noch einmal konkretisierte Mediendimension (siehe oben: Erkenntnisweise) auch die Frage der Inhaltsauswahl und -strukturierung gestellt. Ihrer starken Gewichtung seit den Anfängen des Ansatzes habe ich den sicher nicht immer freundlich gemeinten Ruf eines wissenschaftsorientierten Geschichtsdidaktikers, der ich gerne bin, zu verdanken. Diese Wissenschaftsorientierung hat im Referat von Heinz Pfefferle ihren Ort. Ich bevorzuge bei der Inhaltsauswahl im Unterschied zum Reduktions- und zum Konstruktionskonzept ein Strukturierungskonzept. Schon 1978 habe ich ein Raster zur Auswahl von Unterrichtsinhalten publiziert[19], in dem es, wie Pandel

---

17 Annette Kuhn: Einführung in die Didaktik der Geschichte, 2. Auflage München 1977.
18 Bernd Mütter: Geschichtsdidaktik und Allgemeindidaktik. In: GWU / 1997, S. 599-610.
19 Abgedruckt in Uffelmann et al., a.a.O., S. 124.

formulierte, „um ein kunstvolles System einander ergänzender Kriterien" geht. Diese sind Bedeutsamkeit für die Entwicklung von Geschichtsbewußtsein, Objektive und subjektive Betroffenheit, Sozialer Ort, Bedürfnisse, Erfahrung und Struktur. Ein Strukturierungskonzept dieser Spezies „ordnet die historischen Sachverhalte neu und stellt mit den Kriteriensätzen ein Legitimationswissen bereit."[20]

Spätestens bei der Problemlösung sind dazu geeignete Verfahren gefragt. Hier hat sich im Laufe der Jahre m. E. ein Nachholbedarf gezeigt. Deshalb habe ich in Block VI versucht, dem bewährten „Operationalisierten Verfahren des Problemorientierten Geschichtsunterrichts"[21] des im vergangenen Jahr leider jung verstorbenen Kollegen Clemens Dahl, dem einige der Beiträge des o. g. Heftes von Praxis Geschichte verpflichtet sind, drei weitere Verfahrensvorschläge hinzuzufügen. Derartige Verfahren sind mehr als einfache methodische Wege. Das wird daran erkennbar, daß ein Verfahren aus dem subjektwissenschaftlichen Lernkonzept von Klaus Holzkamp abgeleitet wird[22], ein weiteres aus der Gestalttheorie verpflichteten Psychologie des produktiven Denkens von Karl Duncker[23] und schließlich eines aus der von Peter Knoch für die Geschichtsdidaktik entdeckten Gestaltpädagogik im engeren Sinne, das mit dem Referat von Hans H. Pöschko zum Gegenstand der heutigen Sektion gemacht wird.

An diesen Verfahren wird erkennbar, daß die Theorie des Problemorientierten Geschichtsunterrichts sich nicht nur in den Blöcken I bis IV manifestiert, sondern das gesamte Strukturbild durchzieht. Selbstverständlich ist die Frage der Inhaltsauswahl und -strukturierung nicht minder ein Aspekt der Theorie. Theoriegeleitete Praxis kann wohl nicht deutlicher als in diesem Strukturbild gezeigt werden. Das gilt schließlich auch für Block VII als Gesamtheit und in seinen Teilen. Ich habe das aktuelle Problem der Handlungs- und Produktionsorientierung - nicht gemeint ist eine animative Methodik -[24] hier verankert, das auch zum Gegenstand der Sektion werden soll. Wenn ich oben sagte, daß die Sektion schon etwas über das im *Praxis - Geschichte* - Heft Gesagte hinausführen soll, so wird dies daran ersichtlich, daß nicht der Verfasser des entsprechenden Aufsatzes dort, Herbert Raisch, hier referiert, sondern Elisabeth Erdmann. Das ist bewußte Planung, nicht Zufallsprodukt, weil jemand verhindert ist.[25]

Nach meiner Präsentation des Strukturbildes könnte vielleicht der Verdacht aufkommen, es handele sich hier um ein geschlossenes System. Der POGU will dieses gerade nicht sein. Das Schaubild möchte nur die Verwobenheit von theoretischem Anspruch und Praxisnähe des Ansatzes zeigen. Wirft man dem Ansatz Praxisferne vor, so ist jede theoriegeleitete Praxis praxisfern. Um nicht der Blindheit für empirische Daten gezie-

---

20 Hans-Jürgen Pandel, a.a.O., S. 13.
21 Clemens Dahl: Aus der Praxis des problemorientierten Geschichtsunterrichts in der Sekundarstufe I. In: Uwe Uffelmann et al., a.a.O., S. 188-204.
22 Klaus Holzkamp: Lernen. Subjektwissenschaftliche Grundlegung, Frankfurt/M. 1993.
23 Karl Duncker: Zur Psychologie des produktiven Denkens, 3. Auflage Berlin 1994.
24 Bernd Schönemann: Geschichtsbewußtsein methodisch, a.a.O., S. 54.
25 Herbert Raisch: Überlegungen zum Handlungs- und produktionsorientierten Geschichtsunterricht. In: Praxis Geschichte 1998, H. 5, S. 30-36.

hen zu werden, will ich wohl kundtun, daß ich Bodo von Borries' 1995 mitgeteilte Befunde zur Wahrnehmungsschere zwischen Schülern und Lehrern gerade beim problemorientierten Unterricht - Skala aus 7 Einzelitems - immer wieder reflektiert habe. Aber von Borries' Folgerungen decken sich mit meinen Vorschlägen, die Methodenschulung zu intensivieren und Geschichtskompetenz auch als Methoden- und Medienkompetenz zu begreifen.[26]

Ich komme zum Schluß:
Der Vergleich des POGU mit üblichem zeitgemäßem Geschichtsunterricht zeigt, daß hier nicht etwa etwas völlig Neues behauptet wird. Allerdings hat die Abwehr reiner Stoff- und Wissensorientierung zum Anspruch permanenter Reflexion des unterrichtlichen Tuns geführt. Die auf die Unterrichtseinheit, nicht etwa auf die Einzelstunde bezogenen drei Schritte der Problemfindung, der Problemlösung und der Reflexion der Erträge zwingen - sofern sie nicht rein mechanisch angewendet werden - die Unterrichtenden, stets die Verknüpfung von Lebens- und Erfahrungswelt der Schülerinnen und Schüler mit historischen Sachverhalten zu reflektieren. Und sie zwingen sie, diese Verknüpfung immer wieder neu zu aktivieren und bis zum Ende einer Unterrichtseinheit auch durchzuhalten.
Das bedeutet zugleich, die didaktische Relevanz der historischen Sachverhalte permanent im Hinblick auf ihre Eignung für Aufbau und Differenzierung des Geschichtsbewußtseins zu reflektieren, um die Lernenden auf ihrer Suche nach eigener historischer Identität zu unterstützen.
An der Reflexion sollten die Schülerinnen und Schüler in einem ständigen Diskurs teilhaben und so zu einer Methodenkompetenz gelangen, die sie die Vielfalt der im Konzept des POGU bereitgestellten Verfahren zum Finden und Beantworten ihrer Fragen an die Geschichte immer souveräner nutzen läßt.
Mit Sicherheit können die Lehrenden ihren gesamten Geschichtsunterricht im Schulalltag nicht problemorientiert durchführen. Darauf hat schon 1990 Heinz Pfefferle, der u.a. zeigen will, wie man neueste fachwissenschaftliche Erkenntnisse problemorientiert im Unterricht vermittelt, mit Nachdruck hingewiesen und dies mit der Sprödigkeit mancher Stoffe ebenso begründet wie mit dem Zeitaufwand und der Gefahr der Eintönigkeit und abschließend formuliert: „ein Unterrichten in 'Intervallen' erscheint hier angemessen, das Verfahren darf nicht durch ständige Anwendung abgenutzt werden."[27]
Einige der in den Schlußbemerkungen genannten Prinzipien des hier neu akzentuierten Konzepts sollten dessen ungeachtet Folie für jedes verantwortungsbewußte Initiieren und Durchführen von historischen Lernprozessen in der Schule sein.

---

26 Bodo von Borries: Das Geschichtsbewußtsein Jugendlicher, Weinheim 1995, S. 419 ff.
27 Heinz Pfefferle: Die Unterrichtseinheit 'Die frühe Nachkriegszeit (1945 bis 1949)' im Grundkurs Geschichte 13/2 der Gymnasien Baden-Württembergs. In: Uwe Uffelmann et al., a.a.O., S. 205-229, hier S. 209.

Uwe Uffelmann

Problemfindung, Problemlösung, Reflexion
Problemorientierter Geschichtsunterricht in der Schulpraxis

Ein seit mehr als zwanzig Jahren erprobtes und theoretisch wie praktisch immer wieder erweitertes Konzept wird angesichts der bevorstehenden Jahrhundertwende erneut auf den Prüfstand gestellt. Ist der Problemorientierte Geschichtsunterricht auch in Zukunft geeignet, Schülerinnen und Schülern historisches Lernen fachgerecht und motivierend zugleich zu ermöglichen?

Begriff und Geschichte
Der Begriff Problemorientierter Geschichtsunterricht (POGU) wurde von Hans Heumann ohne theoretische Absicherung über ein geschichtliches Unterrichtswerk eingeführt. Bodo von Borries und Walter Fürnrohr verwendeten ihn, ohne sich dauerhaft auf ihn festzulegen. Der Verfasser wählt ihn als Leitbegriff für ein über Jahrzehnte hin ausdifferenziertes Unterrichtskonzept als Erkenntnisweise, Unterrichtsstrategie und Arbeitsform (Uffelmann in: Bergmann u.a., S. 282). Bereits 1975 erstmals vorgestellt, ist das Konzept zu keiner Zeit einer der Hauptströmungen der sich zur Wissenschaftsdisziplin entwickelnden Geschichtsdidaktik zugeordnet worden und zuzuordnen gewesen.

Zwar ist dem Ansatz die Wissenschaftsorientierung wiederholt als besonders kennzeichnend attestiert worden, doch war dieses Merkmal immer nur ein Teil des Intendierten. Zum anderen hat er sich an wissenschaftstheoretischen Entwürfen definiert, aus denen Mündigkeit als Ziel historischen Lernens ableitbar ist.

Die Konsequenzen stringenter Lernzielorientierung, die sich u.a. im Konstruktionskonzept der Bestimmung von Unterrichtsinhalten zeigen, sind vom POGU nicht gezogen worden. Ein eigenes Kriterienraster zur Auswahl von Unterrichtsinhalten brachte vielmehr ein Strukturierungskonzept hervor, das einen neuen Zugriff auf die Inhalte ermöglicht (siehe Strukturbild und Erläuterungen zum POGU). Schließlich hat beim Ansatz des POGU die Psychologie immer nur eine dienende Funktion gehabt. Die Schülerperspektive ist von unüberschätzbarer Relevanz, aber sie ist nicht verabsolutierbar.

Während die genannten Konzeptionen gewissermaßen jeweils einem zentralen Ansatzpunkt verpflichtet sind, wirft der Problemorientierte Geschichtsunterricht „ein geistiges Gitternetz" über sie. Das Zusammendenken unterschiedlicher Komponenten führt zu einer eigenständigen Akzentuierung und damit zu einem unverwechselbaren Konzept historischen Lernens.

Trotz mancher Unzulänglichkeiten, die ständig in Weiterentwicklung befindlichen Ansätzen notwendigerweise eigen sind, hat der POGU seine Leistungsfähigkeit seit den

70er Jahren erwiesen. Bei weitem nicht alle geschichtsdidaktischen Ansätze sind über einen längeren Zeitraum hin weiterentwickelt worden. Unter anderem dieses Versagen wichtiger Fachvertreter hat die Disziplin Geschichtsdidaktik in den 80er Jahren in eine kritische Phase geführt. Die Kontroverse entfiel als Elixier, und Unmut machte sich breit.

Der Ansatz des POGU ist nie lautstark verkündet worden, aber an ihm wird bis heute kontinuierlich gearbeitet, und zwar theoretisch und praktisch gleichermaßen. Die Öffnung gegenüber der Historischen Verhaltensforschung gehört hier ebenso hinein wie die Rezeption des gestaltpädagogischen Zugriffs, die Reflexion über die Perspektivenübernahme durch die Schülerinnen und Schüler, die intensive Einmischung in die Identitätsdebatte nach der Wiedervereinigung Deutschlands sowie die Überprüfung psychologischer Ansätze aus der ehemaligen DDR. Immer wieder wurde der POGU praktisch erprobt, zahlreiche Unterrichtsbeispiele sind publiziert worden.

Das Konzept
a) der Ansatz

Der POGU ist ein geschichtsdidaktisches Konzept mit dem Anspruch, theoretische Reflexion und Praxis des historischen Lernens miteinander in Einklang zu bringen. Wissenschaftstheoretisch orientiert sich der POGU an der Forderung der Historischen Sozialwissenschaft, Problemorientierung und erkenntnisleitende Interessen zu Prinzipien historischen Fragens zu erheben (H. U. Wehler, S. 27 ff.). Probleme im Sinne des POGU sind aus der Gegenwartserfahrung entstandene historische Fragen (Fragenbündel), die nicht einfach nur auf die Klärung eines Sachverhaltes abzielen. Dem Problemorientierten Geschichtsunterricht geht es weniger um die eher vordergründige Sicherung eines Was?, Wo?, Wann?, sondern um die Herausbildung einer Haltung,

- in der vermeintlich Selbstverständliches fragwürdig wird und damit eine neue Sicht begründet (Konstituierung eines neuen oder Erweiterung des bisherigen Fragehorizontes)
- die befriedigende Antworten aus der Geschichte auch für das eigene Handeln und damit auch für das eigene Selbstverständnis einfordert (Standortgebundenheit des Fragenden)
- in der sich durch die Verknüpfung verschiedener Sachverhalte oder Fragestellungen der Übergang vom bloßen Fragen zum Problembewußtsein manifestiert.

Darum kann der POGU auch nicht als ein Rezept genommen werden, das dann – als eine Art Arbeitstechnik – automatisch das gewünschte Ergebnis hervorbringt. Der POGU will den Fragenden vielmehr dazu bringen, auf das ihm Fragliche durch Erkenntnisarbeit selber eine Antwort zu finden.

b) Verfahren zur Problemfindung und Problemlösung

Mit seinem für die Praxis des Problemorientierten Geschichtsunterrichts 1989 entwik-
kelten operationalisierten Verfahren hat Clemens Dahl (†1997) einen für den schulischen Alltag tragfähigen Orientierungsrahmen für die Problemfindung und die Problemlösung geschaffen. Seine neunstufige Rasterung ermöglicht eine schrittweise
Aufbereitung eines problemorientierten Lernprozesses:

1. Ermittlung der Einstellungen und Vorkenntnisse
2. Benennung des historischen Sachverhaltes
3. Problematisierung des historischen Sachverhaltes
4. Problemfindung (Formulierung der Problemfrage):
   - die jeweils Betroffenen verstehen
   - sich selbst befragen (welche Bedeutung hat das geschichtliche Problem für mich
     heute?)
5. Hypothesenbildung:
   - den historischen Verlauf vorwegnehmen
   - Möglichkeit der Überprüfung von Vermutungen
   - Möglichkeit der Informationsbeschaffung
   - Möglichkeit der Informationsverarbeitung
6. Historische Analyse
7. Beantwortung der Problemfrage (Punkte 6 und 7: Problemlösung)
8. Meinungen zum Problem
9. Handlungskonsequenzen (Was folgt aufgrund der Behandlung der historischen Problematik für mein Leben?) (Punkte 8 und 9: Reflexion der Erträge).

Um die Fixierung auf ein Verfahren zu vermeiden, werden in den Erläuterungen zum
Strukturbild des Problemorientierten Geschichtsunterrichts drei weitere – neu konzi-
pierte – Verfahrensmöglichkeiten vorgestellt.

23

Literatur (Auswahl)

Bergmann, K. u.a. (Hrsg.): Handbuch der Geschichtsdidaktik. Seelze [5]1997 (darin jüngster Beitrag von U. Uffelmann über den POGU).

Breit, G.: Problemorientierung. In: W. Sander (Hrsg.): Handbuch der politischen Bildung, Bad Schwalbach 1997, S. 62-78.

Dahl, C.: Aus der Praxis des Problemorientierten Geschichtsunterrichts. In: U. Uffelmann u.a., Problemorientierter Geschichtsunterricht. Grundlegung und Konkretion. Villingen-Schwenningen 1990. S. 188-204.

Dittmer, L. und Siegfried, D. (Hrsg.): Spurensucher. Ein Praxisbuch für die historische Projektarbeit. Weinheim 1997.

Dörner, D.: Problemlösen als Infomationsverarbeitung. Stuttgart 1976.

Duncker, K.: Zur Psychologie des produktiven Denkens. Berlin [3]1974.

Erzählen. Geschichte lernen, H. 2/1988.

Geschichte(n) schreiben. Praxis Geschichte 2/1997.

Holzkamp, K.: Lernen. Subjektwissenschaftliche Grundlegung. Frankfurt a.M. 1993.

Huhn, J.: Geschichtsdidaktik. Köln 1994.

Klippert, H.: Handlungsorientierter Politikunterricht. In: Bundeszentrale für politische Bildung (Hrsg.): Methoden in der politischen Bildung. Handlungsorientierung. Bonn 1991, S. 9-30.

Klix, F. und Rautenstrauch-Goede, K.: Struktur und Komponentenanalyse von Problemlösungsprozessen. In: Zeitschrift für Psychologie 174, 1967, S. 167-193.

Krockow, C.: Politik und menschliche Natur. München 1989.

Mayer, U.: Handlungsorientierung als Prinzip und Methode historischen Lernens. In: G. Henke-Bockschatz (Hrsg.): Geschichte und historisches Lernen. Kassel 1995, S. 117-130.

Lüer, G. und Spada, H.: Denken und Problemlösen. In: H. Spada (Hrsg.): Allgemeine Psychologie. Bern 1990, S. 189-280.

Mütter, B. und Uffelmann, U. (Hrsg.): Emotionen und historisches Lernen. Hannover [3]1996.

Riemann, M.: Historisches Lernen mit Hypermedia - Methodische Grundüberlegungen. In: B. Schönemann, U. Uffelmann, H. Voit *(Hrsg.):* Geschichtsbewußtsein und Methoden historischen Lernens. Weinheim 1998.

Rüsen, J.: Historische Orientierung. Köln 1994.

Ders.: Historische Sinnbildung durch Erzählen. In: Internationale Schulbuchforschung H 4/1996, S. 501-543.

Schmalt, H. D.: Motivation. In: H. Spada (Hrsg.): Allgemeine Psychologie. Bern 1990, S. 451-494.

Schneider, K.: Emotionen. In: H. Spada (Hrsg.): a.a.O., S. 403-449.

Schulz-Hageleit, P.: Erfahrungsunterricht. In: GWU H. 3/1997, S. 161-169.

Stephan-Kühn, F.: Schlüsselgeschichten. In: GPD H. 22/1994, S. 82-86.

Uffelmann, U. u.a.: Problemorientierter Geschichtsunterricht. Grundlegung und Konkretion (FLL 4). Villingen-Schwenningen 1990.

Ders.: Identität, Psychologie historischen Lernens und Geschichtsunterricht. In: GEP H. 5/1994, S. 289-301, H. 6/1994, S. 361-366.

Ders.: Identität und historisches Lernen. In: GWU H. 11/1995, S. 666-671.

Ders.: Der Stellinga-Aufstand oder die Perspektivenübernahme beim historischen Lernen – ein Unterrichtsbeispiel zum Problemorientierten Geschichtsunterricht. In: G. Henke-Bockschatz, a.a.O., S. 149-164.

Ders.: Gestaltpädagogik und Problemorientierter Geschichtsunterricht. In: D. Brötel und H. H. Pöschko *(Hrsg.):* Krisen und Geschichtsbewußtsein. Schriften zur Geschichtsdidaktik 3. Weinheim 1996, S. 232-249.

Wehler, H. U.: Historische Sozialwissenschaft und Geschichtsschreibung, Göttingen 1980.

Uwe Uffelmann

Strukturbild und Erläuterung des Problemorientierten Geschichtsunterrichts[*]

(I)

1. POGU als Unterrichtsstrategie:
* Bestimmte Weise, die Strukturelemente von Unterricht planerisch zu verknüpfen
* Mittel dazu: das jeweils gewählte Problem
* Entdeckendes und forschendes Lernen unabdingbar

2. POGU als Erkenntnisweise:
* Zentral nicht das Ergebnis, sondern der Prozeß der Erkenntisgewinnung
* Zentrale Medien: Quellen im alltäglichen und im wissenschaftlichen Sinne
* Einfluß der Wahl der Erkenntnisweisen auf das Ergebnis

3. POGU als Arbeitsform (für Unterrichtseinheiten, nicht Einzelstunden)
* Problemfindung und Hypothesenbildung (Motivationsphase)
* Problemlösung (Lösungsphasen)
* Reflexion der Erträge (Schlußphase)

(II)

1. Geschichtsbewußtsein
* Historizitätsbewußtsein als Syntheseleistung aus Zeit- und Wirklichkeitsbewußtsein
* Bewußtsein historischer Identität
* Moralisches Bewußtsein
* Politisch-ökonomisch-soziales Bewußtsein
* Methodisches Bewußtsein als Fähigkeit zur historischen Sachanalyse, zum historischen Sach- und Werturteil

[*]*Abbildung in diesem Band S. 17.*

25

2. Gegenwarts- und Zukunftsorientierung:

A. *Idee einer besseren Welt:*
a. Philosophisch begründet:
- Vorstellung von Ganzheit
- Idee der Mündigkeit

b. Anthropologisch begründet:
- Kontaktaufnahme des Mängelwesens Mensch mit der inneren und äußeren Umwelt mittels Emotion und Kognition
- Identitätsverlangen
- Bedürfnisse als Bedingungen menschlicher Existenz in Gestalt von physiologischen Bedürfnissen, Bedürfnissen nach zwischenmenschlichen Beziehungen, gesellschaftlichem Kontakt und sozialer Anerkennung sowie Bedürfnissen nach Sinngebung

B. *Demokratische Identität:*
- Komplexe Identität
- Geschichtet: lokal, regional, national, global
- Horizontal im Sinne von zum Beispiel mehreren regionalen Identitäten

(III)

1. Lebensweltliche Einbindung des Individuums in die Geschichte:
- Der Mensch als geschichtliches Wesen
- Deutungs- und Handlungsentwürfe (Identitätsentwürfe) notwendig auch historisch determiniert
- Bewußtmachen der historischen Dimension der jeweiligen Individualität notwendig

2. Konstituenten des individuellen Netzes von Vorstellungen von Geschichte:
a. Lebensgeschichtlich relevante Erfahrungen:
- Prägende Lebenslagen
- Schlüsselerlebnisse
- Altersabhängige Erfahrungen
- Generationsabhängige Erfahrungen

b. In kultureller Kommunikation vermittelte Vergangenheitsdeutungen:
- Identitätsneutrale historische Informationen
- Potentiell identitätsrelevante historische Informationen
- Identitätsrelevante historische Informationen

3. Geschichte im Leben der Gesellschaft
*   Praktisch wirksame Äußerungen von kollektivem Geschichtsbewußtsein
*   Kollektives Verlangen nach historischer Orientierung
*   Kommunikatives und kulturelles Gedächtnis
*   Historische Erinnerung der Gesellschaft als Legitimation von Herrschaft

4. Alltägliches und wissenschaftlich kontrolliertes Erinnern:
a. Alltägliches Erinnern:
*   Vorstellungen über den Geschichtsverlauf
*   Interpretation historischer Phänomene
*   Gewichtung historischer Fakten

b. Wissenschaftlich kontrolliertes Erinnern
*   Vorstellungen über den Geschichtsverlauf
*   Historische Methode:
*   Fragestellung
*   Hypothesenbildung
*   Methodenfindung
*   Arbeit am Material
*   Sicherung und Gewichtung historischer Fakten
*   Interpretation und Reflexion

5. Wissenschaftlich-theoretischer Umgang mit Geschichte:
*   Theoriebildung über Geschichte
*   Theoriebildung in der Geschichtswissenschaft:
*   Historischer Materialismus
*   Strukturgeschichte
*   Gesellschaftsgeschichte
*   Historische Anthropologie
*   Alltagsgeschichte
*   Geschlechtergeschichte
*   Geschichts- und sozialwissenschaftliche Methoden

(IV)

1. Herstellung des rechten Gegenstandsbezugs:
* Vom erkennenden Subjekt auf das zu erkennende Objekt, vom Lernenden auf den Gegenstand gerichtet
* Gegenstände ihrer Form nach Erzeugnisse der erkennenden Vernunft, Wahrheit nicht im Sein, sondern im Bewußtsein
* Methoden im Lernenden verortet, der so die Art und Weise des Gegenstandsbezuges bestimmt
* Unterrichtliche Herstellung des Gegenstandsbezuges aus dem Interesse des Lernenden unerläßlich

2. Emotion und Kognition:
* Emotionen und Kognitionen bewußtseinsmäßige Prozesse der Konstruktion sozialer Wirklichkeit
* Kognitionen und Emotionen Instrumente des Individuums, sich die Welt anzueignen
* Emotionaler Zugriff auf die Welt simultan, d. h. flächendeckend
* Aufschlüsselung der Welt im kognitiven Zugriff dank der Fähigkeit des Menschen zur Symbolisierung und zur Sprachanwendung in sequentiellem Hintereinander
* "Kultivierung der Affekte" Aufgabe historischen Unterrichts

3. Motivation:
* Emotionale Kräfte des Menschen entscheidend für die Motivation
* Aufnahme von Informationen durch die Emotionslage des Individuums erleichtert bzw. erschwert
* Erinnerung von Informationen erleichtert, wenn Emotionslage derjenigen bei der Einprägung nahekommt
* Vorgang der subjektiven Bedeutungsverleihung durch Hierarchisierungsfähigkeit der emotionalen Kräfte vermittelt
* Dosierung unterrichtlich stimulierter Motivation notwendig

4. Wie das Gedächtnis arbeitet:
Die Informationsaufnahme ist abhängig
* vom vorhandenen kognitiven und emotionalen Programm
* vom Grad aktueller Betroffenheit
* vom Maß an Bedeutsamkeit für die Identität
* von der Intensität der aus diesen Faktoren gespeisten Motivation

5. Perspektivität:

- *Perspektivendifferenzierung*
  - Wissen um die Unterschiedlichkeit zweier Perspektiven

- *Perspektivenübernahme*
  - Egozentrische Perspektivenübernahme (4-6 Jahre, Stufe 0)
  - Sozial- und informationsbezogene Perspektivenübernahme (6-8 Jahre, Stufe 1)
  - Selbstreflexive Perspektivenübernahme (8-10 Jahre, Stufe 2)
  - Wechselseitige Perspektivenübernahme (10-12 Jahre, Stufe 3)
  - Perspektivenübernahme mit dem sozialen und konventionellen System (12-15 Jahre und höher, Stufe 4)

- *Perspektivenkoordinierung auf Metaebene*
  - Integration inhaltlich unterschiedlicher Perspektiven

(V)

1. Aufgaben und Ziele des POGU:

a. 1. Aufgabe:
- Bewußtmachen der lebensweltlichen Einbindung des Individuums in die Geschichte

b. 2. Aufgabe:
- Aufbauen und Differenzieren von Geschichtsbewußtsein unter besonderer Berücksichtigung von historischer Identität

c. Richtziel:
- Erfassen geschichtlicher und gegenwärtiger Ereignisse, Strukturen und Prozesse in der Interdependenz ökonomischer, sozialer, kultureller, räumlicher und zeitlicher Bedingungen mit dem Ziel, die inhaltlichen und methodischen Qualifikationen zu erwerben, die notwendig sind im Hinblick auf
  - ein hohes Maß individueller und kollektiver Freiheit
  - ein hohes Maß sozialer Gerechtigkeit
  - möglichst gewaltlose und rationale Konfliktaustragung in notwendig heterogenen Gesellschaften
  - kritische Mündigkeit der Individuen und ihre angemessene Partizipation in allen sie betreffenden Hinsichten

2. Inhaltsauswahl und Strukturierung:

A. Bedeutsamkeit für die Entwicklung von Geschichtsbewußtsein
- Ursachen gegenwärtiger Probleme
- Gelebte und gedachte Möglichkeiten menschlich-gesellschaftlicher Existenz

B. Betroffenheit:
- Sozialer Ort der Schüler als Platz der eigenen Problemerfahrungen
- Emotionale Inbesitznahme historischer Sachverhalte
- Infragestellung sozialer Identität und Herausforderung zur Neubestimmung sozialer Identität mittels Verknüpfung subjektiver und objektiver Betroffenheit am Beispiel historischer Sachverhalte
- Wege zur Befriedigung des Bedürfnisses nach Sinngebung

C. Erfahrung:
- Erfahrungen lebender und historischer Individuen und Gruppen
- Lebensrelevante Erfahrungen der Schüler, mit denen sie eine Beziehung zu jenen Erfahrungen herstellen können
- Sekundäre Erfahrungen durch Medien usw.
- Durch Identifikation/Imagination vermittelte "Erfahrungen"

D. Struktur als Fügung der Bausteine, die den Halt des Ganzen bewirkt:
- Struktur als Lernprinzip in dem Sinn, daß das Individuum einen Sachverhalt vertieft nur erarbeiten kann, wenn es seine Struktur erkennt
- Modell der Gesellschaftsanalyse als Strukturierungsinstrument nach dem Ansatz der Strukturgeschichte oder nach dem der Historischen Verhaltensforschung
- Untersuchung der Struktur der Gesellschaft unter Berücksichtigung der Entstehungsbedingungen
- Untersuchung der Bedingungen des Wandels der Gesellschaft
- Untersuchung der Verlaufsformen und Richtungen des Wandels
- Strukturierung der verschiedenen Stränge eines angenommenen weltgeschichtlichen Zivilisationsprozesses

3. Medien:
a. Inhaltliche Medien
- Quellen im alltäglichen Sinne: In kultureller Kommunikation vermittelte Deutungen und Verarbeitungen von Ereignissen
- Quellen im wissenschaftlichen Sinne: Von Ereignissen Übriggebliebenes und mit Absicht in größerer oder geringerer zeitlicher Nähe Überliefertes als zentrale Medien des POGU
- Karten und Pläne
- Schulbücher
- Historische Kinder- und Jugendbücher

b. Technische Medien:
- Neue technische Medien als Transporteure historischer Informationen und Mittel fachlicher Kommunikation
  - Multimedia
  - Hypertext
  - Hypermedia (als Synthese von Multimedia und Hypertext)

(VI)

Verfahren

Verfahren 1:
- Operationalisiertes Verfahren des POGU nach Dahl
  - Grundmodell
  - Erweiterungsmodell

Verfahren 2:
- Problemlösung durch Umstrukturierung nach Duncker
  - Vorgefundene Struktur:
    Situationsanalyse und Konfliktanalyse (Konflikt in Situation erkennen)
  - Umstrukturierung I (Problemfindung): Zielanalyse und Materialanalyse
  - Umstrukturierung II (Problemlösung): mit vorhandenen und mit neuen Materialien

Verfahren 3:
- Stufen lernender Gegenstandsannäherung nach Holzkamp
  - Initiale Lernproblematik
  - Punktuelles Eindringen in die Struktur des Lerngegenstandes (defensiv begründetes Lernen)
  - Erfahren der Lerndiskrepanz (emotionales Ungenügen bei der Beschränkung auf ein Lernresultat)
  - Erkennen der Rekonstruierbarkeit des Ganzen im Verhältnis seiner Teile (neuer Lernzustand)
  - Erreichen eines neuen Niveaus lernenden Weltaufschlusses (expansiv begründetes Lernen)
  - Systematisches Eindringen in die Struktur des Lerngegenstandes (höheres Niveau lernenden Gegenstandszuganges)

Verfahren 4:

- Gestaltpädagogisches Verfahren in Weiterführung von Knoch
  - Information und Assoziation (Einführung in das Thema)
  - Projektion (Herstellung eines lebensgeschichtlichen Bezugs zum Thema)
  - Identifikation (Ausweitung der eigenen Erfahrung durch Identifizierung mit historischen Befunden)
  - Reflexion der Lernerfahrung (Historische Aufklärung durch Kontrastierung der Identifikation mit authentischen Zeugnissen geschichtlicher Ereignisse)
  - Einordnung in historische Strukturen und Prozesse
  - Reflexion der Erträge im Hinblick auf Identitätsbewußtsein, Deutungs- und Handlungskompetenz

(VII)

1. Geschichte(n) erzählen und schreiben:

- Erzählen im ursprünglichen Sinn
- Nacherzählen
- Umerzählen
- Rezensierend erzählen
- Schlüsselgeschichten verstehen
  - Schlüsselereignis als großer Moment der Weltgeschichte oder epochales Ereignis
  - Quelle als Kern der Schlüsselgeschichte
  - Ansiedlung eines schülerbezogenen "personalisierten" Nebenschauplatzes der Quelle in Gestalt einer Schlüsselgeschichte
- Schreibend Rollendistanz üben
- Schreibhaltungen reflektieren

2. Geschichte verhandeln:

- Diskursivität als Prinzip rationaler Handhabung von Geschichte
- Wissenschaftlich kontrollierter Umgang mit Geschichte
- Anwendung historischer Methoden in elementarisierter Form
- Reflexion der zu vollziehenden und vollzogenen Arbeitsschritte

3. Handlungs- und Produktionsorientierung:

- Handlungsorientierung
- Produktionsorientierung

4. Lernarten an Lernorten:

- Die bekannten Lernarten in der Schule
- Entdeckendes Lernen in Museum und Ausstellung
- Entdeckendes und forschendes Lernen am historischen Ort
- Forschendes Lernen in der Bibliothek
- Forschendes Lernen im Archiv
- Forschendes Lernen am Ort des Interviews.

Uwe Uffelmann

Problemorientierter Geschichtsunterricht

Der Begriff „Problemorientierter Geschichtsunterricht" wurde von H. Heumann ohne theoretische Absicherung über ein geschichtliches Unterrichtswerk eingeführt. B. von Borries und W. Fürnrohr verwendeten ihn, ohne sich dauerhaft auf ihn festzulegen. U. Uffelmann wählte ihn als Leitbegriff für eine über Jahrzehnte hinaus differenzierte Unterrichtskonzeption: Erkenntnisweise, Arbeitsform, Unterrichtsstrategie.[1]

Diese Unterrichtskonzeption lehnt es prinzipiell ab, Fertigkost zu verabreichen; sie will die Lernenden vielmehr historische Einsichten gewinnen lassen, zu denen sie durch eigenes Suchen und Forschen, d. i. „problembewußtes Erkennen", gelangen.[2] Das geht nur, wenn die Schülerinnen und Schüler eine Beziehung zwischen sich und dem historischen Sachverhalt herzustellen vermögen. Die Probleme des problemorientierten Geschichtsunterrichts sind in Gegenwartserfahrungen entstandene historische Fragen, welche die Lernenden selber stellen.

Frage und Problem sind die zentralen Begriffe, die es zu klären und zueinander in Beziehung zu setzen gilt. Umgangssprachlich werden sie in der Regel synonym gebraucht. „Das Uns-selber-fragen und das Andere-fragen begleitet unser tätiges Darinstehen in der Welt auf Schritt und Tritt"[3]. Denn die natürliche und soziale Umwelt, in der wir leben, ist für uns andere nicht erschließbar. Menschliches Fragen ist existentiell bedingt. Seine mangelhafte konstitutionelle Verfassung als endliches Seiendes einerseits wie seine Zugehörigkeit zum Sein andererseits zwingen den Menschen zum Fragen nach den Bedingungen, dem Ort und der Sinnhaftigkeit seines Daseins. Muß er also nach etwas fragen, was er nicht hat, weiß oder kann, so vermag dieses jedoch nur deshalb zum Gegenstand seiner Frage zu werden, weil er einen existentiellen An-

---

1   Pandel, H.-J.: Geschichtsdidaktik und Problemorientierter Geschichtsunterricht. Eine Einführung. In: Uffelmann, U. et al.: Problemorientierter Geschichtsunterricht (1990), 7-17.
    Dahl, C.: Aus der Praxis des Problemorientierten Geschichtsunterrichts in der Sekundarstufe 1. In: Uffelmann, U.: Historisches Lernen problemorientiert. In: Geschichte, Politik und ihre Didaktik 21 (1993), 79-82.
    Löhner, S.: Problemorientierter Geschichtsunterricht (Literaturbericht). In: Lange, O./Löhnert, S. (Hrsg.): Problemlösender Unterricht II, Ansätze und Fragestellungen, Oldenburg 1983, 292-302.
2   Wein, H.: Untersuchungen über das Problembewußtsein, Berlin 1937 (Beiheft 33 für Mitglieder der internationalen Vereinigung für Rechts- und Sozialphilosophie), 136.
3   ebd., 6.

teil daran hat. Die mangelhafte konstitutionelle Verfassung zwingt den Menschen zwecks Überwindung seiner Bedürftigkeit zur Auseinandersetzung mit seiner Umwelt. Insofern ist er nie isoliert zu sehen, sondern stets als in seine natürliche und soziale Umwelt eingebunden. Die Bedürfnisse als objektive, lebensnotwendige Bedingungen menschlicher Existenz und Ergebnisse phylogenetischer, soziohistorischer Entwicklung (physiologische Bedürfnisse, Bedürfnisse nach Sicherheit, zwischenmenschlichen Beziehungen und sozialer Anerkennung, Sinngebungsbedürfnisse) markieren den Ort, an dem die defiziente Natur des Menschen sichtbar wird. Indem die Bedürfnisse über die kurzfristige Befriedigung der Daseinsnot hinausreichen, erfährt der Mensch die Umwelt prinzipiell als problemhaltig[4]. Und indem er sie gleichzeitig als in der Zeit sich verändernd und durch seine Einwirkungen veränderbar wahrnimmt, bleibt sie ihm auch immer aufs neue problemträchtig, entstehen ihm immer neue Probleme.

Der Gebrauch des Begriffs „Problem" an dieser Stelle verweist auf eine die Komplexität betreffende Abgrenzung vom Begriff „Frage". Ein Problem ist keine einfache, auf einen Sachverhalt bezogene Frage, sondern konstituiert sich durch die Verbindung verschiedener dem Fragenden verknüpfbar erscheinender Sachverhalte (Fragestellung) und ihrer Benennung eben als Problem. Zu einer solchen Verbindung verschiedener Sachverhalte gelangen Fragende aber erst dann, wenn sie herausgefordert sind, weil das ihnen Fragliche für das je eigene Selbstverständnis und das je eigene Handeln entscheidend wird und befriedigende Antworten in der normalen Kommunikation nicht gefunden werden können. Mit etwas fertigwerden zu müssen, verlangt dann eine Anstrengung, die darin besteht, sich auf einen offensichtlich komplexen Sachverhalt einstellen zu müssen, d. h. das Denken, das die Freizügigkeit hat, alles Mögliche zu denken, in den Dienst des Erkennens zu stellen. Das Fragliche durch Erkenntnisarbeit selber beantworten zu müssen, markiert den Übergang vom Fragen zum Problembewußtsein: dadurch „gehen Fragen in Probleme über"[5].

Die Auffassung, daß das lebenspraktische Interesse, bedingt durch die Zugehörigkeit des Menschen zum Sein ebenso wie durch seine defiziente Natur, Probleme erst konstituiert, die Umwelt also für ihn stets problemhaltig ist, sieht „Problem" also nicht nur als einen erkenntnistheoretischen Begriff an, der die Spannung zwischen Wissen und Nicht-Wissen ohne handlungspraktischen Bezug bezeichnet. „Problem" ist vielmehr „auch ein Begriff, der den aus den praktischen Interessen entspringenden Widerspruch zwischen Wirklichem und Möglichem kennzeichnet. Gesellschaftliche Probleme existieren immer schon vor der Benennung, Beschreibung und Entdeckung durch

4   Gasiet, S.: Menschliche Bedürfnisse, Frankfurt/New York 1981.
    Schörken, R.: Geschichte in der Alltagswelt, Stuttgart 1981.
    Uffelmann, U.: Problemorientierter Geschichtsunterricht. Grundlegung und Konkretion, Villingen-Schwenningen 1990.
5   Wein, a.a.O., 6.

die Sozialwissenschaften. Als lebenspraktische Probleme liegen sie gleichsam vor und quer zu jeder Facheinteilung."[6] Diesen lebenspraktischen Problemen eignet auch eine historische Dimension, denn jeder Mensch ist lebensweltlich in die Geschichte eingebunden. Ihm ist folglich eine historische Fragestellung eigen, da er sich als historische Person aufgegeben ist. Seine Deutungs- wie Handlungsentwürfe, die er in Auseinandersetzung mit seiner Umwelt konzipiert, haben, ob ihm bewußt oder nicht, eine historische Dimension. Geschichte ist somit immer Bestandteil der Identität. Historische Identität ist Teil der Ich-Identität.[7] Geschichte als „der nächste Umweg zum Ich" ist unentbehrliches Mittel der Selbstvergewisserung in allen Lebensaltersstufen[8]. Ausgangspunkt des „Umweges" ist die die gegenwärtigen Lebensbedingungen - Strukturen und Ereignisse der Makroebene, sozialökonomische und geistige Verhältnisse des Nahbereichs - sowie die lebensgeschichtlichen Erfahrungen und die in kultureller Kommunikation tradierte Geschichte verarbeitende Autobiographie.[9] Geschichtsunterricht hat mit der Bewußtmachung der lebensweltlichen Einbindung des Individuums in die Geschichte seine erste spezifische Aufgabe. Er wird sie, wenn er von der Einsicht in die Bedingungen menschlichen Fragens und derjenigen der an Lebenspraxis gebundenen Problementstehung ausgeht, mit dem Mittel der Problemorientierung

---

6   Pandel H.-J.: Dimensionen des Geschichtsbewußtseins. In: Gd 12 (1987), 130-142.
    - Geschichtsdidaktik und Problemorientierter Geschichtsunterricht. Eine Einführung. In: Uffelmann, U. et al.: Problemorientierter Geschichtsunterricht (1990), 7 - 17, hier 14.
    - Geschichtsbewußtsein. In: GWU 44 (1993), 725-728.
7   Bergmann, K.: Geschichtsunterricht und Identität. In: apz B 39 (1975), 19-25.
    - Wir und die anderen - Lernen an und aus Geschichte. In: Internationale Schulbuchforschung 15 (1993) H. 2/3, 179-200.
    Jeismann, K.-E.: „Identität" statt „Emanzipation"? Zum Geschichtsbewußtsein in der Bundesrepublik. In: apz B 20-21 (1986), 3-16.
    Huhn, J.: Historische Identität als Dimension des Geschichtsbewußtseins. In: Uffelmann, U. (Hrsg.): Identitätsbildung und Geschichtsbewußtsein nach der Vereinigung Deutschlands, Weinheim 1993, 9-34.
8   Schörken, R.: Geschichte in der Alltagswelt, Stuttgart 1981.
    Wessel, K.F.: Über die den Individuen möglichen Vermittlungen zwischen Vergangenheit und Gegenwart - Oder: Gibt es eine individualisierende Geschichte? In: Klose, D./Uffelmann, U. (Hrsg.): Vergangenheit - Geschichte- Psyche, Idstein (1993), 23-34, hier 24.
9   Wessel, K.F.: ebd.
    Mütter, B.: Identitätsbildung - Identitätsrevision in Deutschland. Das Beispiel des geisteswissenschaftlichen Konzepts der Erwachsenenbildung (Erich Weniger). In: Uffelmann, U. et al.: Identitätsbildung und Geschichtsbewußtsein nach der Vereinigung Deutschlands, Weinheim 1993, 35-57.
    Steinbach, L.: Der Einzelne und das Allgemeine - Überlegungen zu unserem Umgang mit Geschichte aus historischer und sozialpsychologischer Sicht. In: Klose, D./Uffelmann, U. (Hrsg.): Vergangenheit - Geschichte - Psyche, Idstein (1993), 35-56.
    Pandel, H.-J.: Geschichtsbewußtsein. In: GWU 44 (1993), 725-728.
    Uffelmann, U.: Identität und historisches Lernen. In: GWU 46 (1995), 666-671.

wahrnehmen. Die im Geschichtsunterricht abzuhandelnden Probleme sind dann aber nicht schlicht diejenigen der die Basisebene nur im Hinblick auf historische Erkenntnisgewinnung generell reflektierenden Geschichtswissenschaft. Das heißt allerdings nicht, daß Fragestellungen, die Historiker an die Geschichte richten und mit ihren Analysen beantworten, keine Relevanz für problemorientiertes historisches Lernen haben könnten. Läßt sich ihr „Sitz im Leben" so festmachen, daß sie die Lernenden betreffen, gibt es keine Bedenken, sofern es dann im Lernprozeß nicht nur um den für die Schülerinnen und Schüler beziehungslosen Nachvollzug bereits gelöster Probleme geht. Vielmehr sollen sie, um „in ein eigenes Verhältnis zur Geschichte" treten zu können, Gelegenheit erhalten, ihre eigenen Problemerfahrungen „auf geschichtliche Situationen und auf Menschen in früherer Zeit zu übertragen".[10]

Wer meint, die Probleme des Geschichtsunterrichts seien Scheinprobleme, sollte sich von der erkenntnistheoretischen Ebene lösen: Indem die Lernenden eigene Problemerfahrungen aus ihrer Gegenwart mit historischen Sachverhalten zu verknüpfen lernen, sind ihre auf Geschichte bezogenen Probleme für sie echte Probleme.

Der Unterricht muß dort ansetzen, wo die Schülerinnen und Schüler ihre eigenen Problemerfahrungen machen. Ihr „sozialer Ort" ist auch der Ort, an dem sie - bewußt oder unbewußt - ihre historischen Erfahrungen gewinnen. Hier muß versucht werden, über die Begegnung mit historischen Sachverhalten Betroffenheit zu erzeugen. „Betroffenheit als didaktische Kategorie meint die Erkenntnis, daß bestimmte historische Zusammenhänge für uns nicht „vergangen" sind, sondern einen existentiellen Bezug zu unserer eigenen Situation haben". Betroffenheit ist zunächst einmal eine „emotionale Affizierung".[11] Für historischen Unterricht heißt dies, daß die Lernenden geschichtliche Sachverhalte emotional in Besitz nehmen, sich eigenständig mit ihnen auseinandersetzen, d. h. Probleme finden, Probleme lösen, um die eigene historische Identität aufzubauen bzw. zu erweitern.[12]

10 Hug, W.: Geschichtsunterricht in der Praxis der Sekundarstufe I, Frankfurt 1977.
11 Becher, Ursula A.: Didaktik der Zeitgeschichte. In: Handbuch Geschichtsdidaktik (⁴1992), 307-309, hier 308.
12 Knoch, P.: Geschichte und Gestaltpädagogik - Einige experimentelle Erfahrungen. In: Uffelmann, U. (Hrsg.): Didaktik der Geschichte, Villingen-Schwenningen 1986, 73-105.
    ders.: Phantasie und historisches Verstehen. Versuche und Erfahrungen. In: Pandel, H.-J. (Hrsg..): Verstehen und Verständigen, Pfaffenweiler 1991, 99-1143.
    ders.: Luftkrieg 1940-1945. Massenvernichtung im Erlebnis von Zeitzeugen und im Nacherleben von Jugendlichen heute. In: Mütter, B./Uffelmann, U. (Hrsg.): Emotionen und historisches Lernen. Forschung - Vermittlung - Rezeption, Frankfurt 1992 (Studien zur internationalen Schulbuchforschung 76) 255-280.
    Schulz-Hageleit, P.: Geschichte „durcharbeiten" - Ein Programm für die Zukunft? In: Klose, D./Uffelmann, U. (Hrsg.): Vergangenheit - Geschichte - Psyche, Idstein (1993), 57-71.

An welchen historischen Unterrichtsinhalten läßt sich dies tun? Sicher müssen sie für die Schülerinnen und Schüler objektiv bedeutsam sein (Ursachen gegenwärtiger Probleme, gelebte und gedachte Möglichkeiten menschlich-gesellschaftlicher Existenz). Wie ist jedoch diese Bedeutsamkeit subjektiv zu wenden, damit die gewünschte emotionale Inbesitznahme realisierbar wird?

Die Kategorie Betroffenheit reicht weiter als die bisher gegebene Definition „Betroffenheit setzt Nicht-Betroffenheit voraus. Das kann sowohl sozial als auch zeitlich sein. Sozial bedeutet es, daß eine Gruppe (oder auch ein einzelner) von einem Ereignis betroffen ist, eine andere Gruppe (oder ein anderes Individuum) nicht. Denn Betroffenheit tendiert ja dazu, den Zustand der Betroffenheit aufzuheben. Auch wenn man eine kollektive Betroffenheit annimmt, die alle meint, dann wird in zeitlicher Perspektive angenommen, daß diese Gruppe davon einmal nicht betroffen war, oder in Zukunft nicht mehr davon betroffen sein wird".[13] Betroffenheit ist Infragestellung sozialer Identität im Sinne der Infragestellung von Erwartungen, Routine sowie Interaktionen und Herausforderung zur Neubestimmung sozialer Identität. Für einen problemorientierten Geschichtsunterricht bedeutet das die Chance, historische Unterrichtsinhalte an der Betroffenheit von Gruppen und einzelnen in der Vergangenheit festzumachen, die Infragestellung ihrer Identitäten und Herausforderungen zu deren Neubestimmung zu thematisieren und dadurch die Brückenschläge der Lernenden zur Vergangenheit durch Verknüpfung subjektiver und objektiver Betroffenheit zu erleichtern. Unter dieser Perspektive können unschwer traditionelle Themen neue Akzentuierungen erfahren, wie auch neue Themen zu gewinnen sind.

Zum problemorientierten historischen Lernen gehört auch die Befähigung der Lernenden, Arbeitshypothesen zu formulieren. Arbeitshypothesen sind probeweise Annahmen, die durch die Beobachtung nahegelegt werden und durch weitere Beobachtungen und Experimente bestätigt oder widerlegt werden sollen. Hypothesenbildung ist eng an den Vorgang der Problemfindung gebunden. Die Problemfindung und -akzentuierung über emotionale Besitznahme eines geschichtlichen Sachverhaltes durch die Schülerinnen und Schüler mit Hilfe historischer und gegenwärtiger Befunde führt zur Hypothesenbildung hinsichtlich der vermuteten Lösungsergebnisse. Die Hypothesen werden damit zu Leitlinien für die Problemlösung (Problemfindung ist die erste Phase des auf Unterrichtseinheiten bezogenen Verlaufsschemas des problemorientierten Geschichtsunterrichts).

Diese ist im historischen Unterricht an Text-, Bild- und Sachquellen gebunden. Die historische Analyse verlangt selbständige Tätigkeit der Lernenden in Gemeinschaftsarbeit fördernden Sozialformen (Historische Analyse zur Problemlösung ist die zweite Phase des Verlaufsschemas). Eigenes Suchen und Forschen, entdeckendes Lernen ist Unterrichtsprinzip. Das gesamte traditionelle arbeitsunterrichtliche Methodenrepertoire steht dafür ebenso zur Verfügung wie neue Methoden, z. B. die TZI, die Ge-

---

13 Pandel, H.-J.: Geschichtsdidaktik und Problemorientierter Geschichtsunterricht, a.a.O., 16.

staltpädagogik und an der Psychotherapie orientierte Verfahren. Gerade die Gestaltpädagogik ermöglicht über die Wege der Imagination (Identifikationsübungen) und
des kritischen Vergleichs der Ergebnisse mit Quellen größere Annäherungen an den
historischen Untersuchungsgegenstand.[14]
Das ist jedoch noch nicht alles: Hypothesenbildung und Problemlösen müssen gelernt
werden: „Das wichtigste ist geistige Beweglichkeit: Man muß zwischen den Ausgangsdaten und der Zielsetzung hin- und herpendeln, ständig neue Anläufe aus wechselnden
Richtungen unternehmen, die Fragestellung fortwährend variieren können. Problemlösen fordert reflexives Denken: Der Schüler muß sein eigenes Vorgehen im Blick
behalten, möglichst häufig Zwischenbilanzen ziehen, die erworbenen Lernerfahrungen in den weiteren Arbeitsablauf einfließen lassen. Schließlich ist antizipierendes
Denken verlangt: sich mögliche Lösungen vorstellen, dem aktuellen Kenntnisstand
vorgreifen; das geht nicht ohne Phantasie, die sich vorübergehend vom Gegebenen
löst, die bekannten Daten versuchsweise neu gruppiert".[15]
Sicher gibt es keine Rezepte für das Problemlösen. Die von erziehungswissenschaftlicher Seite vorgeschlagenen zwölf Leitlinien sind daraufhin geprüft worden, ob sie
auch für historisches Lernen anwendbar sind.[16] Nicht zuletzt die 12. Leitlinie („Wenn
Du ein Problem gelöst hast, gehe nicht zur Tagesordnung über, sondern blicke auf die
Problemlösung zurück und versuche, aus ihr zu lernen") ist für problemorientiertes
historisches Lernen von außerordentlicher Relevanz. Der Prüfung der Ergebnisse der
historischen Analyse auf deren Erkenntniswert für die Klärung der Problematik muß
die Diskussion der Deutungs- und Handlungskonsequenzen folgen (Auswertung im
Hinblick auf die Problemstellung ist die dritte Phase des Verlaufsschemas). Erst dann
erweist sich im Hinblick auf das bearbeitete Problem dessen „Sitz im Leben" und
damit sein Beitrag zur Ausgestaltung des Geschichtsbewußtseins der Lernenden, ist
doch Aufbauen und Differenzieren des Geschichtsbewußtseins die andere spezifische
und zentrale Aufgabe des Unterrichts. In dem Maße, in dem historisches Bewußtsein
in seinen Dimensionen empirisch faßbar geworden ist (nach Pandel 1987: Zeitbewußtsein, Wirklichkeitsbewußtsein, Historizitätsbewußtsein, Identitätsbewußtsein, Moralisches Bewußtsein, Politisches Bewußtsein, Ökonomisches Bewußtsein, Soziales Bewußtsein), kann Problemorientierung des historischen Unterrichts für die Lehrenden
immer auch heißen, Geschichtsbewußtsein bereits im Ansatz einer Unterrichtseinheit
mitzureflektieren, um es ggf. in seinen jeweiligen Erscheinungsformen (beim historischen Sachverhalt wie bei den Lernenden) zum Gegenstand des auswertenden Gesprächs zu machen[17].

14 Uffelmann, U.: Gestaltpädagogik und problemorientierter Geschichtsunterricht. In: Brötel, D./
    Pöschko, H.H. (Hrsg.): Krisen und Geschichtsbewußtsein. Mentalitätsgeschichtliche und di-
    daktische Beiträge (Schriften zur Geschichtsdidaktik 3) Weinheim 1996, 232-249.
15 Rohlfes, J.: Geschichte und ihre Didaktik, Göttingen 1986, 148.
16 Aebli, H.: Zwölf Grundformen des Lehrens, Stuttgart 1983.
    Rohlfes, J.: ebd.
17 Pandel, H.-J.: Dimensionen des Geschichtsbewußtseins. In: Gd 12 (1987), 130-142.

Uwe Uffelmann

Identität und historisches Lernen

Identität gehört zum Kanon der elaborierten geschichtsdidaktischen Kategorien, zuletzt zusammenfassend im Handbuch der Geschichtsdidaktik dargestellt.[1] Dort wird auch der seit den siebziger Jahren in der Fachdiskussion gebräuchliche Begriff 'historische Identität' verwendet.[2] Bei Unterscheidung von individueller Identität (Ich-Identität) und kollektiver Identität (Wir-Identität) wird das „historische Selbstverständnis einer Gruppe ...als ihre historische Identität" definiert.[3] Analog muß das historische Selbstverständnis eines Individuums als dessen historische Identität gelten. Historische Identität ist damit ein Teil, eine Dimension der Ich-Identität.[4] Der Verwendung des Attributs „historisch" als zu eng und nur die „große Geschichte" erfassend, ist jüngst dahingehend widersprochen worden, daß Identität eines Individuums generell auch Vorstellungen über Geschichte enthalte und folglich immer historisch sei. Erst der von dieser „Verengung" durch das Attribut gelöste Begriff gebe den Blick für die „wichtige Nahtstelle zwischen der ‚großen Geschichte' und der Geschichte des Individuums" frei.[5] Daß seit Anfang der neunziger Jahre nach dieser Nahtstelle und erneut nach der Identität gefragt wird, ist eine Folge der deutschen Wiedervereinigung und reflektiert die Notwendigkeit der Identitätsrevision, der sich die Bevölkerung in den neuen Bundesländern stellen muß, der aber auch die Westdeutschen nicht entgehen können.

Für die sich mit Entstehungsbedingungen, Ausprägungen und Veränderungen von Geschichtsbewußtsein befassende Geschichtsdidaktik ist nicht nur die kollektive Identität von Interesse. Den Bedingungen und Verläufen individueller Identitätsbildung gilt die besondere Aufmerksamkeit sowohl westdeutscher als auch ostdeutscher Autoren. Von einem vertieften Einblick in die individuellen Bewußtseinsprozesse hoffen sie zu qualifizierteren Aussagen auch über die kollektiven zu gelangen.

1   Klaus Bergmann: Identität. In: Handbuch der Geschichtsdidaktik 4. Aufl. Seelze-Velber 1992, S. 29-36.

2   Klaus Bergmann/Hans-Jürgen Pandel: Geschichte und Zukunft. Didaktische Reflektionen über veröffentlichtes Geschichtsbewußtsein. Frankfurt 1975; Klaus Bergmann: Geschichtsunterricht und Identität. In: Aus Politik und Zeitgeschichte B 39/75, S. 19-25.

3   Bergmann (Anm. 1), S. 29.

4   Uwe Uffelmann et al.: Problemorientierter Geschichtsunterricht. Grundlegung und Konkretion (Forschen - Lehren - Lernen 4). Villingen-Schwenningen 1990, S. 105.

5   Jochen Huhn: Historische Identität als Dimension des Geschichtsunterrichts. In: Uwe Uffelmann (Hrsg.): Identitätsbildung und Geschichtsbewußtsein nach der Vereinigung Deutschlands. Weinheim 1993, S. 9-34, hier S. 32, Anm. 1.

Einprägsam ist das Bild vom doppelten Käfig, in den jeder Mensch eingesperrt ist.[6] Während der größere durch die Epoche und den dadurch gegebenen Raum: wirtschaftliche, gesellschaftliche und politische Rahmenbedingungen, die kulturell systematisierten, verfügbaren und angewandten Wissensbestände - also auch die historischen - wie die emotionale Modellierung der Gesellschaft und spezifische Konstellationen im Nahbereich einschließlich der das Individuum täglich umgebenden Menschen gebildet wird, betrifft der kleinere immer uns selbst, „die Lebensgeschichte, unser eigenes Gewordensein."[7] Geschichte wäre dann unabdingbar für die Identitätsausbildung und als „unentbehrliches Medium der Selbsterkenntnis" nächster Umweg zum Ich.[8] Das Individuum kann - so Wessel - nichts hervorbringen, das nicht in seiner Biographie liegt und nicht durch sie gefiltert ist. Gegenwart zu erkennen, zu verstehen und zu gestalten geschieht auf dem Umweg über die Vergangenheit, aber auch die Zukunftsvorstellung, welche die biographisch gebundene Erfahrung vermittelt. Individualentwicklung ist ein Prozeß der Symmetriebildung zwischen Vergangenheit und Zukunft. Indem der Mensch sich seine innere Vergangenheit erarbeiten muß, ist er infolge wachsender Erfahrung im Lebensprozeß, aber auch von Außenanforderungen wie Umwelt und situativen Faktoren stets gefordert, diese Symmetrie neu auszubalancieren: „Fortwährend, natürlich bedingt durch Brüche, werden neue Verhältnisse hergestellt."[9]

Wie geht das Individuum mit der eigenen Lebensgeschichte um? Wenn die Auseinandersetzung mit der eigenen Vergangenheit eine lebenslange Herausforderung darstellt[10], dann kommt zunächst der Erfahrung zentrale Bedeutung zu. Der Mensch verankert seine geschichtlichen Eigenerfahrungen durch erinnernde Nachbereitung im Bewußtsein und gibt ihnen damit einen lebensgeschichtlichen Stellenwert.[11] Dieser Stellenwert ändert sich mit dem Zuwachs an Alter, infolge intergenerativer Konflikte, aber auch durch die Qualität der gemachten Erfahrungen. Das können prägende Lebenslagen und Schlüsselerlebnisse ebenso sein wie „Verunsicherung des Selbstbewußtseins und der Lebensdeutung, die eine Neuinterpretation der eigenen Lebensgeschichte nötig machen."[12]

---

6 Karl-Friedrich Wessel: Über die den Individuen möglichen Vermittlungen zwischen Vergangenheit und Gegenwart - Oder: Gibt es eine individualisierte Geschichte? In: Dagmar Klose / Uwe Uffelmann (Hrsg.): Vergangenheit - Geschichte - Psyche. Ein interdisziplinäres Gespräch (Forschen - Lehren - Lernen 7). Idstein 1993, S. 23 - 34, hier S. 23.

7 Ebd., S. 23.

8 Rolf Schörken: Geschichte in der Alltagswelt. Stuttgart 1981, S. 115.

9 Wessel (Anm. 6), S. 25.

10 Bernd Mütter: Identitätsbildung - Identitätsrevision in Deutschland. Das Beispiel des geisteswissenschaftlichen Konzepts der Erwachsenenbildung (Erich Weniger). In: Uffelmann (Anm. 5), S. 35-57, hier S. 39; zu Alters- und Generationsspezifika S. 43 ff.

11 Lothar Steinbach: Der Einzelne und das Allgemeine. Überlegungen zu unserem Umgang mit Geschichte aus historistischer und sozialpsychologischer Sicht. In: Klose/Uffelmann (Anm. 6), S. 35-56, hier S. 53.

12 Hans-Jürgen Pandel: Geschichtsbewußtsein. In: Geschichte in Wissenschaft und Unterricht 44, 1993, S. 725-729, hier S. 727.

Die lebensgeschichtlich verankerten Vorstellungen von Geschichte werden aber nicht nur durch eigene Erfahrungen und die Erinnerung an diese herausgebildet und genährt. Die individuelle Vorstellungswelt von dem, was Geschichte sei, wird in viel größerem Ausmaß durch die Wahrnehmung in kultureller Kommunikation vermittelter Informationen über Geschichte bestimmt, die den Alltag unauffällig begleiten und aus dem „in der Menschheitsgeschichte bereits systematisierten Wissen" bestehen.[13] Sie bereichern, indem sie vom Individuum verarbeitet werden, das Arsenal der Vorstellungen von Geschichte und können identitätsrelevant werden, wenn sie die Existenz berühren. Eine diesbezügliche Information kann dann bisher im Arsenal ruhende Vorstellungen aktivieren und für die Umdeutung der Lebensgeschichte wichtig werden. Diese Aktivierung ist Erinnerung in einem erweiterten Verständnis. Geschichte ist das, „was wir von Vergangenheit erinnern", sei es alltägliches oder wissenschaftliches Erinnern.[14] Entscheidend ist, daß auch die in kultureller Kommunikation vermittelten Vergangenheitsdeutungen individuell verarbeitet werden und damit potentiell identitätsrelevant sind. Daraus ergibt sich, daß das Individuum mit Hilfe der genannten Bewußtseinskonstituenten ein Netz von Vorstellungen über Geschichte knüpft und umknüpft, das nach Huhn im Zentrum des Geschichtsbewußtseins liegt. „Wenn wir das Bild konzentrischer Kreise nehmen, läge im Zentrum dieser eng mit der Identität verbundene Komplex. Er beeinflußt die historischen Interpretationen, und diese wiederum geben den Ereignissen und Personen größeres oder geringeres Gewicht im Geschichtsbewußtsein nach Maßgabe ihrer Bedeutung für die Identität".[15]

Die vorgestellten Befunde sind didaktisch zu reflektieren. Der Geschichtsunterricht an den Schulen hat es nicht mit erfahrungsgesättigten Erwachsenen zu tun. Während die historische Erwachsenenbildung die lebensgeschichtlichen Erfahrungen zum Ausgangspunkt differenzierender Lernprozesse macht, kann das historische Lernen in der Schule nur an sehr bescheidene Schätze von Erfahrungen bei Kindern und Jugendlichen anknüpfen. Selbst wenn man den je eigenen lebensgeschichtlichen Erfahrungen auch bei Jugendlichen einen gewissen Anteil an der Gesamtheit ihrer Geschichtsvorstellungen zuerkennt, die ihnen Symmetrieleistungen ermöglichen, ist doch der weitaus größere Teil von der in kultureller Kommunikation tradierten Geschichte ausgefüllt: „Aus der Tatsache, daß bei Schülern und Schülerinnen tradierte Geschichte und die erlebte Gegenwart dominieren, ergeben sich die besonderen Vermittlungsprobleme von Unterricht, daß stabile, auf Geschichte gerichtete Motivationsstrukturen, die auf ... Erfahrungen beruhen, noch nicht ausgebildet sind."[16] Das würde bedeuten, daß die Biographien der Schüler dann nicht der geeignete Ausgangspunkt für geleitetes

---

13 Dagmar Klose: Reflektionen ostdeutscher Abiturienten über Geschichte - Seismograph für das gesellschaftliche Bedingungsfeld. In: Uffelmann (Anm. 5), S. 109-136, hier S. 115.
14 Huhn (Anm. 5), S. 25.
15 Ebd., S. 23.
16 Pandel (Anm. 12), S. 727.

Lernen sein können, wenn man sie nur unter der Perspektive der eigenen Erfahrungen betrachtet. Vorhanden ist aber die Wahrnehmung der in kultureller Kommunikation tradierten Vergangenheitsdeutungen. Ihre individuelle Verarbeitung macht sie potentiell identitätsrelevant. Und da es sich um Informationen handelt, die in der Mediengesellschaft auch die anderen Kinder und Jugendlichen aufnehmen, liegt hier die Anknüpfungsmöglichkeit für einen biographie-/identitätsrelevanten Geschichtsunterricht.

Die aktuellen kollektiven Wahrnehmungen stellen jedoch nur eine Verstärkung der Mechanismen des menschlichen Erkenntnisvorganges dar. Seit Kant ist unbestritten, daß der Erkenntnisakt aus apriorischer und aposteriorischer Erkenntnis besteht. Die aposteriorische Erkenntnis geht von der sinnlichen Wahrnehmung aus, auf die sich alle Erkenntnis notwendig bezieht. Da die Sinne jedoch nicht die Welt spiegeln, kann die Anschauung nicht von sich aus sichere Erkenntnis geben. „Schon die scheinbar unmittelbare Wahrnehmung ist mit Elementen der apriorischen Erkenntnis durchsetzt, die Anschauung zum Anlaß nehmen kann, aber stets Anspruch auf Allgemeingültigkeit erhebt.[17] So sind alle Wahrnehmungen, wenn sie auch individuell gemacht werden, immer mit apriorischer Erkenntnis verknüpft. Jeder Mensch arbeitet immer schon mit einer Art Programm. Das gilt natürlich auch für die Verarbeitung der lebensgeschichtlich relevanten Eigenerfahrungen. Das überindividuelle, Allgemeingültigkeit beanspruchende Element im Erkenntnisvorgang wird nun verstärkt durch aktuelle „prägende Ereignisse, die in einem größeren Raum eine große Zahl von Individuen treffen"[18], also kollektive Wahrnehmungen, als auch durch die täglichen, in kultureller Kommunikation vermittelten Informationen über die gemeinsame Geschichte. Beide Prägungen können sich vermischen wie 1989, als neben die von Schule und Medien breit vermittelte Erinnerung an die zweihundert Jahre zurückliegende Französische Revolution der Zusammenbruch der DDR und des Kommunismus in Ost- und Ostmitteleuropa trat. Diese Wahrnehmungen gehen identitätsprägend in die einzelnen Biographien ein, und wenn es sich um Krisen wie das Auseinanderbrechen des Ostblocks oder den Bürgerkrieg im ehemaligen Jugoslawien handelt, die zugleich Sinn- und Wertkrisen sind, um so tiefer.

Da kollektive Wahrnehmungen immer individuell verarbeitet werden, kann der Geschichtsunterricht durchaus die Biographien der Schüler zum Ausgangspunkt historischen Lernens machen. Die überindividuelle kollektive, eng mit der individuellen verwobene Wahrnehmung schafft Gemeinsamkeit. Das gilt auch für die Vorstellungen von Geschichte. Biographie-/Identitätsrelevanz historischen Lernens hieße dann, die Schüler nicht bei ihren „Lebensfragen", die ihren Intimbereich berühren, abzuholen,

---

17 Armin Reese: Texte verstehen. In: Hans-Jürgen Pandel (Hrsg.): Verstehen und Verständigen. Pfaffenweiler 1991 (Jahrbuch für Geschichtsdidaktik 2), S. 61-72, hier S. 68.

18 Armin Reese: Amor und Psyche oder Augustus und die Wiedervereinigung. In: Geschichte - Erziehung - Politik 6, 1994, S. 649-655, hier S 651.

sondern bei „Sachfragen", deren Relevanz - Verknüpfung von Sache und Person - im Hinblick auf gemeinsam Betreffendes vom Lehrer zu ermitteln ist.[19] Hier kann das Bedeutsamkeitskriterium (Ursache gegenwärtiger Probleme, gelebte und gedachte Möglichkeiten menschlich-gesellschaftlicher Existenz) ebenso hilfreich werden wie das Betroffenheitskriterium im Verständnis der Infragestellung der sozialen Identität gesellschaftlicher Gruppen und der Herausforderung zu ihrer Neubestimmung in Vergangenheit und Gegenwart.[20]

Für das historische Lernen nicht weniger wichtig ist der von der Kognitionspsychologie ermöglichte Einblick in die Informationsspeicherungs- und Informationsverarbeitungsvorgänge des Gedächtnisses. Der erste Schritt ist die Informationsaufnahme, die Wahrnehmung. Sie erfolgt selektiv mittels eines Informationsfilters, der den Grad der Aufnahmebereitschaft, der Motivation infolge eines Maßes von emotionaler Betroffenheit markiert, abgesehen davon, daß jeder Wahrnehmungsprozeß bereits auf einem intellektuell und emotional angereicherten Programm basiert. (s.o.) Aufgenommen werden im hier behandelten Sektor Geschichte unmittelbar gemachte lebensgeschichtliche Erfahrungen sowie in kultureller Kommunikation vermittelte historische Informationen. Sie werden einem Verarbeitungsprozeß im Arbeits- oder Kurzzeitgedächtnis unterworfen. Dabei gehen ausgewählte Merkmale in das Langzeitgedächtnis über, das man sich als ein Netzwerk vorstellen kann, „das sich aus mehreren, voneinander unabhängigen doch miteinander kommunizierenden Teilsystemen zusammensetzt".[21] Solche Teilsysteme werden als kognitive Strukturen bezeichnet. Sie sind psychische Funktionspotenzen und somit ein Charakteristikum des Individuums. Kognitive Strukturen werden durch vertikal und horizontal verknüpfte Beziehungen charakterisiert, die bestimmte sensorische und semantische Merkmale von Objekten beinhalten. Hinzu kommen lexikalische, Verhaltens- und Bewertungsmerkmale, die auch emotional besetzt sind. „Wesentlich ist ihr dynamischer Charakter; sie verändern sich durch Informationsaufnahme, aber auch durch Interferenzprozesse."[22]

Für die geleiteten und ungeleiteten historischen Lernprozesse bedeutet die dynamische Disposition des Langzeitgedächtnisses, daß lebensgeschichtliche Erfahrungen und kulturell vermittelte historische Informationen die kognitiven Strukturen verändern, das Netz verdichten und damit das Geschichtsbewußtsein differenzieren. Die Kenntnis dieser Konditionen menschlicher Informationsverarbeitung ist von didaktischer Relevanz für die Strukturierung der Lernprozesse im Hinblick auf Motivation,

---

19 Ebd., S. 651.
20 Uwe Uffelmann: Emotionen und historisches Lernen. In: Elmar Krautkrämer/Elisabeth Erdmann (Hrsg.): Geschichte erforschen, erfahren, vermitteln. Festschrift für Wolfgang Hug. Rheinfelden/Berlin 1992, S. 151-162.
21 Dagmar Klose: Historisches Lernen und Psychologie - 'Zugänge' zum Verstehen. In: Klose/Uffelmann (Anm. 6), S. 163-182, hier S. 168f.
22 Ebd.

Auswahl und Dosierung von Inhalten sowie Medien, Sozial- und Arbeitsformen. Da alle beschriebenen Vorgänge von der Wahrnehmung - Wahrnehmungstätigkeit (Hans Aebli)[23] - bis zur Dynamik im Langzeitgedächtnis das Individuum in Aktivität zeigen, fordert die Auseinandersetzung der Lernenden mit den Sachfragen entdeckendes Lernen, eigenes Suchen und Forschen.

Diese eigene Stofferarbeitung unter entsprechender Problemakzentuierung vermag wieder das Identitätstor des lernenden Subjekts zu öffnen, das Tor zum „kleineren Käfig" der eigenen Lebensgeschichte. Der neuerschlossene Sachverhalt berührt die im Zentrum seiner Identität angesiedelten Vorstellungen von Geschichte. Das Spektrum der sich daraus entwickelnden Möglichkeiten reicht von der konfliktfreien Integration der neuerworbenen Einsichten bis zur konflikträchtigen Herausforderung der inneren Symmetrie. Hier wird die für das Lernangebot entscheidende überindividuelle Wahrnehmung zur je eigenen Identitätsfrage. Im Zweifelsfalle gilt es, das selbst über die Vergangenheit gebreitete Vorstellungsnetz erneut umzuknüpfen, um die eigene Vergangenheit neu zu organisieren.

---

23 Uwe Uffelmann: Identität, Psychologie historischen Lernens und Geschichtsunterricht. In: Geschichte - Erziehung - Politik 5, 1994, S. 289-301, S. 361-366, hier S. 298 f.

Konstituenten des individuellen Netzes von Vorstellungen über Geschichte

Lebensgeschichtlich
relevante Erfahrungen

↓

- prägende Lebenslagen
- Schlüsselerlebnisse
- altersabhängige Erfahrungen
- generationsabhängige Erfahrungen

In kultureller Kommunikation
vermittelte Vergangenheitsdeutung
(Alltag, Schule)

↓

- identitätsneutrale Informationen
- potentiell identitätsrelevante
  Informationen
- identitätsrelevante Informationen

↘   ↙

Lebenslange Herausforderung
im Spannungsfeld von
- Aufbau
- Stabilisierung
- Verunsicherung
- Revision
der Identität

↓

Informationsaufnahme, abhängig von

- dem vorhandenen
  kognitiven und emotionalen
  "Programm"
- dem Grad aktueller Betroffenheit
- dem Maß an Bedeutsamkeit für
  die Identität
- der Intensität der aus diesen Faktoren
  gespeisten Motivation

↓

Informationsverarbeitungen im
Arbeitsgedächtnis/Kurzzeitgedächtnis

↓

Überleitung prägender Elemente in das
Netzwerk des Langzeitgedächtnisses und
Einordnung in eine kognitive Struktur

↓

Veränderungen/Stabilisierungen der
Struktur durch neue Informationen

Uwe Uffelmann

Das geschichtsdidaktische Problem der Auswahl und Strukturierung von Unterrichtsinhalten oder:

Historische Identität als Gegenstand historischen Lernens

Das Problem der Auswahl von Unterrichtsinhalten ist bis heute nicht gelöst und wird nicht absolut zu lösen sein, da sich die stringente Ableitung der Inhalte von obersten Werten und Normen als nicht möglich erwiesen hat. So mußte in den siebziger Jahren auch der bislang letzte Versuch, dies zu tun, nämlich Emanzipation und Mündigkeit im Verständnis von Jürgen Habermas zum unanfechtbaren Ausgangspunkt für die Ableitung der Unterrichtsinhalte generell und somit auch im Fach Geschichte zu erklären, scheitern. Annette Kuhn hat aber in ihrer Verarbeitung der Kritischen Theorie der Frankfurter Schule zu einem Konzept zur Konstruktion neuer Unterrichtsinhalte beigetragen, das trotz seines unvermeidbaren Setzungscharakters eine neue Qualität in die Debatte über die Frage nach den angemessenen Inhalten brachte und das aus der Not der Stoffülle resultierende Reduktionskonzept fragwürdig machte.[1]

Andere Versuche, die Inhaltsfrage in den Griff zu bekommen, sind in den siebziger Jahren gemacht worden. Sie verbinden sich besonders mit den Namen Karl Ernst Jeismann, Margarete Dörr, Hans Süssmuth und Wolfgang Rohlfes. Es ging hier vornehmlich um die Strukturierung des historischen Wissens. Margarete Dörr hat manche der damals entwickelten Vorstellungen am Anfang der neunziger Jahre nochmals vorgetragen.[2]

Ich selbst habe auch ein Strukturierungskonzept zur Auswahl von Unterrichtsinhalten entwickelt, das wie die zuletzt genannten die Dignität überkommener Geschichtsthemen nicht zu leugnen gewillt war, aber mit ganz anderen Kriterien zu neuen Unterrichtsinhalten kommen wollte.[3]

---

1   Annette Kuhn: Einführung in die Didaktik der Geschichte, München 1974, 2. Aufl. 1977.
2   Joachim Rohlfes / Karl Ernst Jeismann (Hrsg.): Geschichtsunterricht. Inhalt und Ziele. Arbeitsergebnisse zweier Kommissionen (Beiheft GWU 1974), Stuttgart 1974; Margarete Dörr: Unterrichtsplanung: Ziele, Inhalte, Methoden, Medien. In: Hans Süssmuth (Hrsg.): Geschichtsunterricht im vereinten Deutschland II, Baden-Baden 1991, S. 38-66.
3   Uwe Uffelmann: Problemorientierter Geschichtsunterricht oder die Frage nach dem Zugang des Schülers zu historischem Denken. In: Aus Politik und Zeitgeschichte B4/1978, S. 25-43.

Die in den siebziger Jahren im Zuge der Formierung der Geschichtsdidaktik als universitärer Disziplin geführte Debatte um Ziele und Inhalte historischen Lernens hat ungeachtet der Verschiedenheit der Zugriffe den großen Gewinn gebracht, daß Unterrichtsinhalte nicht mehr fraglos übernommen, noch willkürlich gesetzt werden können, sondern sich durch ausgewiesene Kriterien legitimieren müssen. Wie nahe die Beziehung zwischen Inhalten und Zielen ist, macht Hans-Jürgen Pandel neuerlich deutlich, indem er beim Aufzählen der Strukturelemente von Unterricht Inhalte von Themen sondert: „Inhalte sind die geplanten didaktischen Intentionalitäten, die sich mit der Thematik zu Lehr- und Lernzielen verbinden lassen. Thematik wird hier verstanden als Summe der durch die Geschichtswissenschaft ermittelten Sachverhalte, die in einem System narrativer Aussagen dargestellt vorliegen."[4] Inhalte sind demnach eine Größe, die etwas mit Zielen zu tun hat, und die von der Fachwissenschaft bereitgestellten Themen sind noch lange nicht die Unterrichtsgegenstände. Ich habe 1978 in meinem Raster für die Auswahl von Unterrichtsinhalten, das sicher modifizierungsbedürftig, aber doch in seinen Prinzipien nach wie vor gültig ist, vom „Lernpotential Geschichte" gesprochen. Das entspricht dem mit „Thematik" Gemeinten. In die das Lernpotential enthaltende „Box" greift der über eine Zielkonzeption historischen Lernens auf hoher und mittlerer Abstraktionsebene verfügende Didaktiker/Lehrer unter einem von ihm ausgefeilten erkenntnisleitenden Interesse in bezug auf die Vermittlung eines historischen Problemzusammenhangs hinein und holt ein Thema heraus, um es auf seine Relevanz und seine Eignung für eine Zielgruppe zu prüfen. In diesem Prozeß ändert sich die von der Fachwissenschaft gelieferte Struktur, d. h. das Thema wird durch didaktische Reflexion neu strukturiert. Das geschieht in einer an didaktischen Kriterien orientierten „Prüfung" des Themas. Das jeweils zu erreichende Ergebnis bezeichnete ich als „zielorientiert strukturierten historischen Unterrichtsinhalt."[5] Dieser Unterrichtsinhalt ist aber etwas anderes als der „Inhalt" Pandels. Der ist gleichsam der didaktische Zugriff des Auswählenden im Vorgang der Entnahme eines Themas aus der Box des Lernpotentials Geschichte, aber vor dessen in meinem Konzept nun folgenden Eignungsprüfung.

Eines ist jedenfalls ungeachtet dieser Nuancen erkennbar: Der Geschichtsdidaktiker versteht unter „Inhalt" nicht den fachwissenschaftlich erarbeiteten Sachverhalt, sondern eine fachdidaktische Größe, die erst zusammen mit diesem einen Unterrichtsinhalt produziert.

Diese fachdidaktische Größe bemißt sich von den mit historischem Lernen verfolgten Absichten her. Wenn - und das ist meine Perspektive - die Aufgaben des Geschichtsunterrichts darin gesehen werden, dem Individuum seine eigene lebensweltliche Einbin-

4   Hans-Jürgen Pandel: Geschichte im Unterricht. In: Klaus Bergmann u. a. (Hrsg.): Handbuch der Geschichtsdidaktik, 5. Aufl. Seelze-Velber 1997, S. 379-385, hier S. 382 f.
5   Uwe Uffelmann: Das Mittelalter im historischen Unterricht, Düsseldorf 1978, S. 35.

dung in die Geschichte bewußt zu machen sowie dann dessen Geschichtsbewußtsein aufzubauen und zu differenzieren, wird es in der Konkretion darum gehen müssen, die Dimensionen des Geschichtsbewußtseins zu thematisieren. Einen zentralen Stellenwert hat unter diesen das Bewußtsein historischer Identität.[6] Deshalb ist es zwingend geboten, bewußt die individuellen historischen Identitäten der Schülerinnen und Schüler zu fördern. Das kann auf sehr verschiedene Weise geschehen, wobei es unbedingt notwendig ist, die Intimsphäre der Jugendlichen zu wahren und kein „Outen" von Identitäten oder was dafür gehalten wird, zu provozieren. Ein günstiger Weg, der jedoch nicht zu häufig gegangen werden darf, da jede Stereotypie tödlich ist, besteht darin, Identität selber zum Lerngegenstand zu machen, also historische Sachverhalte z. B. unter dem Gesichtspunkt individueller und kollektiver Identitäten der in politischen Entscheidungsprozessen Handelnden zu betrachten. Da kollektive Identitäten in der Regel nichts Naturwüchsiges sind, könnte man auch solche Themen suchen, an denen man zeigen kann, wie z. B. politische Identitäten regelrecht „gemacht", gestiftet worden sind.

Ein derartiges Beispiel will ich hier vorstellen. Es geht um die Geschichte Südwestdeutschlands nach dem Zweiten Weltkrieg bis zum Ende der fünfziger Jahre. Fachwissenschaftlich ist dies ein gut elaboriertes Thema, es ist grundsätzlich lehrplanrelevant, in Baden-Württemberg als regionale Zeitgeschichte im besonderen. Unter der Perspektive der Identitätsstiftung ist das Thema bis zu meinem 1996 erschienen Buch „Identitätsstiftung in Südwestdeutschland. Antworten auf politische Grenzziehungen nach dem Zweiten Weltkrieg" nie betrachtet worden.[7]

Kann dieses Thema zum Unterrichtsinhalt eines identitätsorientierten historischen Lernens werden?
Dazu sind nun die Kriterien zur Inhaltsauswahl gefragt.

In meinem genannten Raster habe ich zwei Ebenen der Inhaltsauswahl unterschieden: die Setzung eines Inhalts unter dem Kriterium der Bedeutsamkeit für die Entwicklung von Geschichtsbewußtsein und die Prüfung dieses Inhalts unter dem Kriterium der Betroffenheit der lernenden Subjekte.
Zwanzig Jahre sind seitdem vergangen. Ich habe an meinem Ansatz eines Problemorientierten Geschichtsunterrichts während dieser Zeit immer wieder gearbeitet und ihn weiterzuentwickeln mich bemüht. 1990 erschien ein Sammelband des bis dahin Ge-

---

6   S. dazu die die historische Identität zentral dem Geschichtsbewußtsein zuordnende Grafik von Wolfgang Hasberg. In: ders.: Lehrplanung im epochalen Zusammenhang. Sondierende Hinweise zu einer Didaktik des Mittelalters. In: Pädagogische Welt 1996, H. 1, S. 11-15, Abb. 3.
7   Idstein 1996 (Historisches Seminar NF 8).

leisteten.[8] Und im Herbst 1998 habe ich eine erneute Akzentuierung des Ansatzes versucht. Heft 5 der Zeitschrift „Praxis Geschichte" trägt den Titel „Problemorientierter Geschichtsunterricht."[9] Gleichzeitig veranstaltete ich mit Elisabeth Erdmann, Hans H. Pöschko und Heinz Pfefferle am 9. 9. 1998 eine Sektion auf dem Frankfurter Historikertag, deren Ergebnisse hier publiziert werden.

Bei dieser neuerlichen Akzentuierung habe ich auch die Kriterien zur Auswahl von Unterrichtsinhalten überarbeitet und - ohne bisher eine neue graphische Darstellung zu wagen - 4 Kriterienblöcke unter dem Titel „Inhaltsauswahl und Strukturierung" unterschieden:

A. Bedeutsamkeit für die Entwicklung von Geschichtsbewußtsein:
* Ursachen gegenwärtiger Probleme und Zustände
* Gelebte und gedachte Möglichkeiten menschlich-gesellschaftlicher Existenz

B. Betroffenheit:
* Sozialer Ort der Schüler als Platz der eigenen Problemerfahrungen
* Emotionale Inbesitznahme historischer Sachverhalte
* Infragestellung individueller und kollektiver Identität und Herausforderung zur Neubestimmung von Identität mittels Verknüpfung subjektiver und objektiver Betroffenheit am Beispiel historischer Sachverhalte
* Wege zur Befriedigung des Bedürfnisses nach Sinngebung

C. Erfahrung:
* Erfahrungen lebender und historischer Individuen und Gruppen
* Lebensrelevante Erfahrungen der Schüler, mit denen sie eine Beziehung zu jenen Erfahrungen herstellen können
* Sekundäre Erfahrungen der Schüler durch Medien
* Durch Identifikation / Imagination vermittelte „Erfahrungen"

D. Struktur als Fügung der Bausteine, die den Halt des Ganzen bewirkt:
* Struktur als Lernprinzip in dem Sinn, daß das Individuum einen Sachverhalt vertieft nur erarbeiten kann, wenn es seine Struktur erkennt
* Modell der Gesellschaftsanalyse als Strukturierungsinstrument nach dem Ansatz der Strukturgeschichte oder dem der Historischen Verhaltensforschung

---

8   ders. et al.: Problemorientierter Geschichtsunterricht. Grundlegung und Konkretion (Forschen-Lehren-Lernen 8), Villingen-Schwenningen 1990.
9   Problemorientierter Geschichtsunterricht, Praxis Geschichte 11/1998, H. 5.

1. Untersuchung der Struktur der Gesellschaft unter Berücksichtigung der Entstehungsbedingungen
2. Untersuchung der Bedingungen des Wandels der Gesellschaft
3. Untersuchung der Verlaufsformen und Richtungen des Wandels

• Strukturierung der verschiedenen Stränge eines angenommenen weltgeschichtlichen Zivilisationsprozesses

Mit diesem Kriterienkatalog soll nun versucht werden, das Thema „Identitätsstiftung in Südwestdeutschland" zu einem Unterrichtsinhalt für einen gymnasialen Grundkurs werden zu lassen.

Worum ging es? Die Gewährung der Forderung Frankreichs nach einer Besatzungszone in Deutschland führte bei der Besetzung Südwestdeutschlands zu einer verwickelten, teilweise kuriosen Situation, da sich die französischen Truppen so viel Territorium wie möglich sichern wollten. Der daraus resultierende Besatzungskonflikt mit den Amerikanern führte zu dem Ergebnis, daß die französische Zone auf das Gebiet südlich der Autobahn Karlsruhe - Ulm beschränkt wurde. Damit wurden die bisherigen Länder Württemberg und Baden zerschnitten. Zwei Besatzungszonen entstanden. Die Vereinigten Staaten schufen das aus Nordbaden und Nordwürttemberg bestehende Land Württemberg-Baden, Frankreich gründete gleich zwei Länder: Baden (Südbaden) und Württemberg-Hohenzollern. Daß diese Regelung vielfältige und unerfreuliche Folgen haben mußte, ist unschwer einsichtig. Besonders die von der Teilung betroffenen politischen Kräfte in den neuen Ländern wollten sich mit dem Zustand nicht abfinden und strebten eine Wiederherstellung der alten Länder an. Dies war jedoch bis auf weiteres nicht zu leisten, und so geschah das Unerwartete, daß man sich ungeachtet aller Wiedervereinigungsparolen in den neuen Gegebenheiten zu arrangieren begann. Ich habe meinem Buch den Untertitel „Antworten auf politische Grenzziehungen nach dem Zweiten Weltkrieg" gegeben. Die Antworten bestanden darin, daß auf unterschiedliche Weise die jeweils maßgeblichen politischen Kräfte ihr neues Land bedingt annahmen und sich darin nicht nur einrichteten, sondern auch neue Identitäten zu stiften begannen.

1 Bedeutsamkeit

Damit sind bereits die ersten Antworten auf die Frage nach der Bedeutsamkeit des Themas für die Entwicklung von Geschichtsbewußtsein gegeben. Das Bedeutsamkeitskriterium untergliedere ich in zwei Dimensionen:

1. Ursachen gegenwärtiger Probleme,
2. Gelebte und gedachte Möglichkeiten menschlich-gesellschaftlicher Existenz.

Ursachen gegenwärtiger Probleme liegen zweifelsfrei im Nachkriegsthema generell. Die Weichenstellungen für das gegenwärtige Deutschland sind damals erfolgt, das Land Baden-Württemberg gäbe es wahrscheinlich ohne die genannte Konstellation nicht. Badener und Württemberger trauen einander noch immer nur bedingt. Die nach den Nachkriegsländern bzw. Landesteilen in Württemberg-Baden organisierten Parteien und Verbände haben ihre Gliederungen lange beibehalten und bewahren diese teilweise immer noch. Die Tatsache, daß erst 1998 die Fusion des Senders der amerikanischen Zone - Süddeutscher Rundfunk - mit dem der französischen - Südwestfunk - erfolgt ist, ist fast schon ein Beispiel für die Kategorie der „longue durée". Diese Überlegungen führen aber erst zum eigentlichen Kern der Bedeutsamkeit hin, denn primär unter der zweiten Dimension wird das Thema relevant. Da ist die Idee, man brauche eine neue Identität, um gesellschaftlich weiterleben zu können. Angesichts der Katastrophe und der Aufteilung Deutschlands in Zonen wundert es nicht, daß die gesuchten Identitäten im kleinen Raum gefunden wurden. Zum anderen ist es wohl Ausdruck des menschlichen Sinngebungsbedürfnisses, sich individuell und gesellschaftlich verorten und sich der Richtigkeit der Verortung immer wieder vergewissern zu müssen.

Das südbadische Beispiel markiert am deutlichsten die Relevanz des Gegenstandes: Da die französische Militärregierung lange zögerte, in Südbaden ein richtiges Land zu gründen und eine richtige deutsche Regierung einzusetzen, sahen sich Vertreter der deutschen Auftragsverwaltung Anfang 1946 gemüßigt, den Franzosen einen Entwurf für ein Landesstatut anzubieten. Geistgeber war der Freiburger Oberlandesgerichtspräsident Dr. Paul Zürcher, aus dessen Feder mehrere Fassungen des Entwurfs stammen. Die Tatsache, daß Nordbaden sich dem amerikanischen Diktat beugen und mit Nordwürttemberg einen ungeliebten Staat bilden mußte, wertete er so, als habe sich Nordbaden freiwillig des Rechtes begeben, die badischen Interessen zu vertreten und den badischen Staat zu repräsentieren. Deshalb ruhe die badische Staatsgewalt im badischen Teil des Landes Württemberg-Baden. Zürcher erfand den Gedanken, daß Südbaden doch eigentlich die badischen Kernlande darstelle - was nicht richtig ist - und daß diese Kernlande geradezu gezwungen seien, die Treuhänderschaft für das gesamte Land Baden zu übernehmen und bis zur späteren Wiedervereinigung der Teile zu bewahren. Die selbst ernannten Treuhänder des badischen Volkes schufen, noch bevor das Land Baden dann wirklich gegründet wurde, die Identität dieses Landes.

54

Erfolg war der Ideologie beschieden, weil die badische Version der CDU sie übernahm und ihr Vorsitzender und einziger Staatspräsident des Landes Baden, Oberstudiendirektor Dr. Leo Wohleb, sich zum eifrigsten Verfechter dieser Identität machte. Aus der politischen Instrumentalisierung dieser Identität wurde Wohlebs und Südbadens unerbittlicher Kampf gegen die Bildung eines Südweststaates genährt.

Am Beispiel des Landes Württemberg-Hohenzollern mit der Hauptstadt Tübingen kann am Prozeß der Verfassungsgebung gezeigt werden, daß besonders der oberschwäbische Teil der CDU, der mit Lorenz Bock den Staatspräsidenten stellte, ein eigenes Staatsprofil anstrebte und nicht nur auf eine Wiedervereinigung mit Nordwürttemberg hinarbeitete, wie man lange meinte. Die Identität des neuen Landes sollte eine bewußt christlich-katholische sein. Wie in Baden alte Spannungen zwischen Nord und Süd aus dem 19. Jahrhundert virulent wurden, so ist hier durch die neugeschaffenen politischen Stukturen eine Aversion der erst in der napoleonischen Flurbereinigung zu Württemberg gelangten Territorien - Neuwürttemberg - gegen den Stuttgarter Zentralismus wiedererwacht. Das zeigte sich in der seit 1948 geführten Debatte um den Südweststaat, für den die württemberg-hohenzollerische CDU in ihrer Gesamtheit immer eingetreten ist, in der internen Argumentation der oberschwäbischen CDU in Bad Waldsee im Frühjahr 1949. Hier war man deshalb für den Südweststaat, weil man nur auf diese Weise verhindern konnte, wieder unter Stuttgarts Zentralismus gestellt zu werden. Gerade diese Gruppe war dann aber auch sehr daran interessiert, in den Südweststaat die Konfessionsschule, also ein Stück ihrer Identität hinüberzuretten, was auch für einen längeren Zeitraum gelungen ist. Identitätsstiftung gab es also auch im zweiten süddeutschen Staat der französischen Besatzungszone.[10]

Eine ganz andere Identität wurde im industrialisierten Norden entwickelt. Trotz unterschiedlicher Profile des aus Württemberg kommenden Ministerpräsidenten Dr. Reinhold Maier (DVP/FDP) und seines bewußt badisch denkenden Stellvertreters Dr. Heinrich Köhler (CDU), dem nordbadischen Landesbezirkspräsidenten und nun Finanzminister, gelang hier ein großes Maß an politischer Rationalität, das zu einer ökonomisch orientierten Landesidentität führte, welche sich schließlich insofern durchsetzte, als sie die im Jahr 1952 geschaffenen Land Baden-Württemberg sich entwickelnde neue Identität dominierte und bis heute dominiert.

---

10 Heinz Pfefferle: Politische Identitätsbildung in Württemberg-Hohenzollern (1945-1952). Die Renaissance oberschwäbischen Regionalbewußtseins (Schriften zur Geschichtsdidaktik 5), Weinheim 1997.

Der erste Ministerpräsident des Südweststaates, Dr. Gebhard Müller (CDU, letzter Staatspräsident von Württemberg-Hohenzollern), trat nun seinerseits für eine Integration der Identitäten im neuen Gemeinwesen ein, wobei es ihm mit Hilfe der Koppelung der Begriffe Einheit und Vielfalt besonders darum ging, die südbadischen Vorbehalte zu mindern.

Die Bedeutsamkeit des Themas dürfte also darin bestehen, an konkreten historischen Fällen zeigen zu können, daß kollektive Identitäten nichts Naturwüchsiges sind und heutige kollektive Identitäten, ob staatlich oder gesellschaftlich definierbar, auch diejenigen, in die die Schüler involviert sind, Ergebnisse historischer Prozesse sind. Eigene Identifikationen mit sozialen Gruppen werden somit fragwürdig. Doch damit ist bereits das nächste Auswahlkriterium erreicht.

2 Betroffenheit

Dritter Gliederungspunkt des Betroffenheitskriteriums ist die „Infragestellung individueller und kollektiver Identität und die Herausforderung von Identität zur Neubestimmung mittels Verknüpfung subjektiver und objektiver Betroffenheit am Beispiel historischer Sachverhalte." Das Thema kann die hier genannte Anforderung, wie gerade gezeigt, erfüllen, wobei es dahingestellt bleibt, wie weit der Gegenwartsbezug unterrichtlich ausgestaltet wird. Da ist an aktuelle Beispiele wie die DDR-Nostalgie, über die alle Schüler auch im Westen etwas sagen können, zu denken, oder an die Identität von Parteien, die die Bundestagswahl gewinnen wollten. Die Schüler haben sicher diskutierbare Vorstellungen davon.

Bei der Wahl des ersten Subkriteriums „Sozialer Ort der Schüler als Platz der eigenen Problemerfahrungen" ist aber noch ein anderer Bezug gemeint, der das Thema näher an sie heranrücken soll. Es geht um den Sozialisationsstand der Zielgruppe als ganzer und ihrer Mitglieder, nicht nur um den Lernstand. Es geht auch noch nicht um die Frage nach den konkreten Erfahrungen, sondern um den sozialen Boden, auf den das Unterrichtsthema trifft. Es ist also zu prüfen, ob und in welcher Beziehung es von den Jugendlichen emotional in Besitz genommen, d. h. von ihnen akzeptiert werden kann. Für badische - besonders südbadische? - und württembergische Jugendliche ist die Frage sicher leichter zu beantworten, da der das Thema betreffende Boden noch nicht völlig erodiert ist. Da es in allen Ländern regionale Unterschiede gibt, bieten sich genügend interesseweckende Zugänge an. Aber nicht nur die Landeszugehörigkeit, die sicher für das Thema wichtig ist, macht den sozialen Boden aus. Welche milieubedingten Befunde von Denkrichtungen und Einstellungen sind bei den Jugendlichen feststellbar, die den Zugang zum Gegenstand erleichtern oder erschweren? Das Wissen des Lehrers über gewerkschaftlich geprägtes Denken einiger Schüler könnte die Frage nach dem Verhalten der Gewerkschaften jenen Identitätsprozessen gegenüber aufwerfen, so daß der zu konzipierende Unterrichtsinhalt diese Dimension aufnehmen sollte, die sonst unterbleiben könnte. Dasselbe gilt für grün, sozialdemokratisch oder liberal geprägtes Denken. Somit kann das Thema auch für norddeutsche und ostdeutsche Schüler relevant werden, wenn man nach Partei- und Verbandsidentitäten fragt und die Brücke zu den historischen Ereignissen schlägt.

Das Betroffenheitskriterium ist immer doppelpolig zu sehen. Es gilt sowohl in bezug auf die Lernenden, aber auch - und das ist für historisches Lernen entscheidend - für die damals von den Ereignissen des Kriegsendes Betroffenen, gleich ob sie die Handelnden selber waren oder ob sie deren Handeln mittrugen oder erduldeten. Das wirft die Frage auf, wie sich die Bevölkerungen der Länder zu den Identitätsstiftungen verhalten haben. Hier könnte es sinnvoll sein, die vor den Südweststaatsabstimmungen (Probe 1950, Entscheidung 1951) durchgeführten Werbekampagnen der verschiedenen Identitäten zu beleuchten.

Schon beim zweiten Auswahlkriterium erfährt das Thema also neue Dimensionen, der angestrebte Unterrichtsinhalt ist also „in Arbeit". Und was die Sinngebungsbedürfnisse angeht, so sind sie Teil der das Mängelwesen Mensch ausmachenden objektiven Bedingungen seiner Existenz. Als solche sind sie Ergebnisse phylogenetischer und soziohistorischer Entwicklung, um mit Seev Gasiet zu sprechen, dessen Bedürfnistheorie ich Anfang der achtziger Jahre diskutiert habe.[11] Jedes Individuum hat das Bedürfnis, sich selbst und seiner Verortung in seinem Umfeld Sinn zuzuweisen. Hat eine Klasse Bedürfnisreflexion, wie ich sie als Unterrichtsprinzip fordere, immer wieder geleistet, so wird es leicht sein, auch in einer Schülergruppe im äußersten Norden der Republik ein Interesse an jenen süddeutschen Vorgängen der Identitätsstiftung als Sinnstiftung entstehen zu lassen. Nur muß dann der Unterrichtsinhalt wiederum durch die Aufnahme der Bedürfnistheorie verändert werden.

3 Erfahrung

Erfahrung als Kriterium für die Auswahl historischer Unterrichtsinhalte gewinnt unter dem Gesichtspunkt Relevanz, daß menschliches Handeln in großem Maße auf der Folie gemachter Erfahrungen erfolgt. Da alle Menschen ständig Einzel- und Gruppenerfahrungen sammeln, ist bei aller Unterschiedlichkeit solcher Erfahrungen doch ein breites Feld der Vergleichbarkeit gegeben, das gegenseitiges Verstehen der mitgeteilten Erfahrungen ermöglicht. Erfahrungen lebender und historischer Individuen und Gruppen können folglich zur Brücke für die Motivation Jugendlicher einem geschichtlichen Sachverhalt gegenüber werden. Erfahrungsgeschichte ebnet zum anderen den Weg zu den Strukturen. Strukturgeschichte zu lehren und zu lernen hat sich als unmöglich erwiesen, wenn sie nicht über die Erfahrungen von einzelnen und Gruppen erfolgt. Deshalb werden als zweites Subkriterium die lebensrelevanten Erfahrungen der Schülerinnen und Schüler benannt, mit Hilfe derer sie eine Beziehung zu denen

---

11 Uwe Uffelmann: Geschichte des Mittelalters für den Schüler der achtziger Jahre - Entlegene Vergangenheit oder Aufbruch in die Gegenwart? In: Carl August Lückerath / Uwe Uffelmann (Hrsg.): Geschichte des Mittelalters. Gesellschaftsprozeß als Leitthema des Unterrichts, Düsseldorf 1982, S. 11-22.

nicht nur von Zeitgenossen, sondern gerade auch von historischen Personen und Gruppen aufnehmen können. Dabei muß unterschieden werden, ob die Erfahrungen selbst gemacht oder medial vermittelt sind. Da Kinder und Jugendliche aufgrund ihres Lebensalters noch nicht so viele eigene Erfahrungen gemacht haben können, sind im Angesicht des Wachsens der Informationsflut gerade deren sekundäre „Erfahrungen" unverzichtbare Kriterien für die Auswahl von Unterrichtsinhalten.

Die hier angesprochenen Erfahrungen sind allgemeiner zu sehen als diejenigen, die sich speziell auf die Genese von Vorstellungen von Geschichte bei jedem Individuum beziehen und selbstverständlich hier bereits vorausgesetzt worden sind, nämlich: Prägende Lebenslagen, Schlüsselerlebnisse, altersabhängige und generationsabhängige Erfahrungen sowie - und hier sind wieder die von außen medial rezipierten Vorstellungen - die in kultureller Kommunikation vermittelten Vergangenheitsdeutungen.

Die größere Breite des Erfahrungshorizonts wird zusätzlich durch den als weiteres Subkriterium angebotenen Aspekt der durch Identifikation/Imagination vermittelten „Erfahrungen" erreicht. Es geht um eine bewußt auf Medienbasis zu schaffende Erfahrung. Identifikationsübungen der Jugendlichen z. B. mit auf zeitgenössischen und historischen Bildern dargestellten Personen und Gruppen im Hinblick auf das, was diese denken und fühlen, erweitert den Erfahrungsschatz, gleich, ob sich herausstellt, daß die Befunde stimmen, falsch sind oder zumindest Annäherungswerte erreichen. So lernen die Schüler, bewußter mit den „Erfahrungen" umzugehen, die über die Medien ihnen als ihre vermeintlich eigenen suggeriert werden.

Und was können diese Überlegungen nun für die fachdidaktische Bearbeitung des Themas „Identitätsstiftung in Südwestdeutschland nach dem Zweiten Weltkrieg" bedeuten?

Nur ein Aspekt sei hier genannt: Die Erfahrungsperspektive käme ohne ihre kategoriale Erhöhung als Auswahlkriterium kaum in den Blick des Didaktikers/Lehrers. Wäre es nicht lohnend, die Erfahrungen der Identitätsstifter zu erfragen, die sie zu ihren Ideen und Handlungsweisen gebracht haben könnten? Ein gymnasialer Grundkurs, der über Kenntnisse der Weimarer Republik und des Dritten Reiches verfügt, könnte nicht nur Hypothesen dazu aufstellen, sondern zumindest allgemeine Antworten geben, bevor die Lebensläufe von Leo Wohleb, Reinhold Maier und Heinrich Köhler auf Erfahrungen untersucht werden. Warum wollte die oberschwäbische CDU unter Lorenz Bock unbedingt die Verfassung des Landes Württemberg-Hohenzollern auf Gott gründen und ihr in einem Entwurf sogar eine gebetsähnliche Präambel geben? Somit vermittelt die Nutzung der Erfahrungsperspektive dem zum Unterrichtsinhalt werdenden Thema eine neue Dimension, die vertieftes Verstehen der Beweggründe der Akteure gestattet. Schüler, die über ihre eigenen Erfahrungen und deren Stellenwert in ihrem bisherigen Leben zu reflektieren lernen, durchstoßen die Oberfläche der Identitätsstiftungsprozesse und erfahren dadurch auch etwas über die Vielschichtigkeit ihrer eignen Identitäten. So läßt sich Geschichtsbewußtsein differenzieren.

Struktur

Der Begriff „structura" bedeutet Mauerwerk. Damit ist aber nicht dessen Gesamtheit gemeint, sondern die besondere Fügung der Bausteine, die den Halt des Ganzen bewirkt.

Ein historisches Thema muß nach seiner didaktischen Verarbeitung eine Struktur aufweisen, ohne die es kein Unterrichtsinhalt sein kann. Die lerntheoretische Erkenntnis Jerome S. Bruners, daß das Individuum einen Sachverhalt vertieft nur erarbeiten kann, wenn es seine Struktur erkennt, hat 1972 Hans Süssmuth den Schlüssel geliefert für einen damals innovativen geschichtsdidaktischen Ansatz, von dem ich viel profitiert habe. Er hat nämlich den lerntheoretischen Strukturbegriff mit dem geschichtswissenschaftlichen der Schule um die Zeitschrift „Annales" verknüpft, und damit ein neues Konzept von Geschichtsunterricht erarbeitet.[12] Leider ist der Ansatz von ihm nicht weiterentwickelt, sondern immer nur wiederholt worden. Sozialgeschichte im Verständnis von Werner Conze und Strukturgeschichte hielten damals ihren Einzug in die Geschichtsdidaktik.[13]

Ich habe Strukturgeschichte immer als Geschichte ganzer Gesellschaften verstanden und versucht, den Strukturbegriff für den Unterricht über Süssmuth hinaus für das historische Lernen zu instrumentalisieren, ihn handhabbar zu machen. Allgemein mußte es darum gehen, zunächst ein Raster zu finden, das es ermöglicht, Gesellschaften überhaupt ganzheitlich in ihren historischen Prozessen in das Blickfeld zu rücken. Erst wenn dies glücken würde, könnten einzelne Epochen und auch kürzere zeitliche Einheiten in sich wiederum binnenstrukturiert werden. Die Zivilisationstheorie von Norbert Elias hat mir die Erkenntnisse dazu geliefert. Wie man auf der Folie dieser Gesamtsicht eine Epoche strukturieren kann, habe ich am Beispiel des west- und mitteleuropäischen mittelalterlichen Gesellschaftsprozesses dargelegt.[14] Eine Epoche wie das Mittelalter läßt sich in drei Analyseschritten durchführen, indem man zunächst die Struktur des frühmittelalterlichen Systems unter Einschluß der spätantiken und germanischen Entstehungsbedingungen untersucht, dann Erscheinungsformen und Bedingungen des Wandels seit dem 11. Jahrhundert identifiziert und schließlich die spätmittelalterlichen Richtungen und Verlaufsformen des Wandels betrachtet. Auch mit Hilfe der Historischen Verhaltensforschung kann man, stärker auf das menschliche Handeln ausgerichtet, die Strukturanalyse durchführen. Nach diesem Modell lassen sich prinzipiell alle Stränge eines angenommenen weltgeschichtlichen Zivilisationsprozesses betrachten.

---

12 Hans Süssmuth: Lernziele und Curriculumelemente eines Geschichtsunterrichts nach strukturierendem Verfahren. In: Lernziele und Stoffauswahl im politischen Unterricht, (Schriftenreihe der Bundeszentrale für politische Bildung 93), Bonn 1972, S. 37-83.

13 Sozialgeschichte und Strukturgeschichte in der Schule, (Schriftenreihe der Bundeszentrale für politische Bildung 102), Bonn 1975.

14 Das Mittelalter im historischen Unterricht, a.a.O.; Norbert Elias: Über den Prozeß der Zivilisation, 2 Bände, Bern 1969.

Die prinzipielle Kenntnis des Instrumentariums befreit nicht von der Kleinarbeit, wenn es um ein konkretes Thema wie das der Identitätsstiftung in Südwestdeutschland nach dem Zweiten Weltkrieg geht.

Eines dürfte aber schon erkennbar werden. Im Hinblick auf die Epoche ist es Bestandteil des Strukturthemas „Deutschland in der zweiten Hälfte des 20. Jahrhunderts - Von der deutschen Teilung bis zum mühsamen Zusammenwachsen nach der Wiedervereinigung." Auf eine mögliche Gesamtgliederung will ich verzichten. Wichtig ist mir vielmehr folgendes:

Ein Strukturthema muß nicht etwa an einem Stück unterrichtet werden, schon gar nicht in der Oberstufe des Gymnasiums. Für einen Kurs wird bewußt ein Sektor ausgewählt. Dennoch müssen sich alle Kursteilnehmer des Ortes und des Stellenwertes ihres Kurses innerhalb der Gesamtstruktur vergewissern. Sicher kann das Thema nicht gestartet werden, wenn nicht die Ausgangsbedingungen nach dem Zweiten Weltkrieg, die Interessen der Siegermächte, die Verschärfung des Ost-West-Konfliktes zum Kalten Krieg und damit der Weg Deutschlands zum Konfliktfeld Nummer 1 bekannt sind oder dem Kurs als Ausgangsbedingungen zugrundegelegt werden, wobei die mit der Besetzung Deutschlands verbundenen Probleme nicht am thüringischen, sondern schon am südwestdeutschen Beispiel erarbeitet werden könnten.

Welche Strukturierung bietet sich nach allem bei der Anwendung der Auswahlkriterien Erkannten für das Thema an, das damit zum Unterrichtsinhalt wird?

Rein fachwissenschaftlich gesehen würden sich in einem ersten Teil Untersuchung und Vergleich der Identitätsstiftungen in den drei Ländern bis zur Südweststaatsbildung 1952 anbieten. Der zweite müßte dann den Identitätsstiftungsbemühungen im neuen Land Baden-Württemberg bis zum Ende der Regierung Gebhard Müller gelten, an dessen Abschluß vergleichend ein ideologiekritisches Resümee zu stehen hätte.

Eine solche Struktur würde auch nach der Befragung des Gegenstandes mit Hilfe des Bedeutsamkeitskriteriums prinzipiell noch möglich sein, allerdings unter Konzentration der anstehenden Fallanalysen auf die als am einrucksvollsten und lernergiebigsten erachteten Identitätsstiftungsmodelle, denen die anderen in referierter Form gegenübergestellt werden. Unter dieser Perspektive stehen sicher der württemberg-hohenzollerische und der südbadische Fall im Vordergrund.

Unter den Kriterien Betroffenheit und Erfahrung muß sich die Struktur aber sichtbarer verändern. Ich könnte mir vier in engem Konnex stehende Teile vorstellen:

- Kollektive Identität - individuelle Identität: Sachverhalt und Schülererfahrungen/-kenntnisse verknüpfender Problemaufriß anhand einer ausführlichen Analyse zum Versuch kollektiver Identitätsstiftung in Württemberg-Hohenzollern (Verfassungskonflikt, CDU-Willensbildung über den Südweststaat)
- Identitätsstiftung und Erfahrung: Analyse der südbadischen Identitätsstiftung im Vergleich mit dem referierten Fall Württemberg-Baden unter Berücksichtigung der Erfahrungen der Identitätsstifter durch Erarbeitung ihrer Biographien in der Weimarer Republik und im Dritten Reich

- Identitätsstiftung und Betroffenheit: Identifizierung und Analyse von Verhaltensweisen der von den Identitätsstiftungen Betroffenen am Beispiel der Südweststaatspropaganda unter Berücksichtigung der gewerkschaftlichen, der sozialdemokratischen und der unternehmerischen Perspektive
- Identitätsstiftung als eine Ausdrucksform des menschlichen Sinngebungsbedürfnisses: Identitätstheoretische Erörterung nach Referierung der Integrationsbestrebungen im neuen Land Baden Württemberg und der Lektüre theoretischer Texte zur kollektiven und individuellen Identität

Damit komme ich zum Schluß.

Sicher läßt sich gegen die Stringenz des in der Konfrontation des fachwissenschaftlichen Themas mit den didaktischen Auswahlkriterien entstandenen Unterrichtsinhalts mancherlei einwenden. Dem Plausibilitätskriterium genügt er in jedem Fall. Entscheidend ist für mich, daß sich der Didaktiker/Lehrer der Mühe unterzieht, vorgestanzte Themen nicht unbesehen zu übernehmen, sondern seine Unterrichtsinhalte selber zu gestalten.

Herbert Raisch

Handlungs- und Produktionsorientierung. Ein grundlegendes Konzept historischen Lernens

4726 oder 4276? Peinlich, peinlich: Da steht man nun am Geldautomaten, hinter sich eine wachsende Schlange ungeduldiger Menschen - und die Geheimnummer will einem partout nicht einfallen. War die Nummer nur oberflächlich vorhanden, stets nur mechanisch eingetippt oder war sie im Gedächtnis gespeichert?

Schon dieser alltägliche Vorgang, diese einfachste Operation, an der weder Gefühle noch Denken, weder Imagination noch kognitive Reflexion beteiligt sind, läßt uns fragen, wie das Lernen funktioniert: Lernen wir mehr durch Fakten oder durch Erfahrung? Und wie verhält es sich dann mit dem historischen Wissen und wie erst mit dem Geschichtsbewußtsein? - Dieser Beitrag versucht, auf interdisziplinärer Basis Wegspuren zum handlungs- und produktionsorientierten Geschichtsunterricht aufzuzeigen, Hinweise zu geben und fachdidaktische Fragen zu dieser Konzeption historischen Lernens aufzuwerfen.

Handlungs- und Produktionsorientierung: Basis und Genese
Der Lernbegriff handlungs- und produktionsorientierten Unterrichts läßt sich auf der Grundlage unterschiedlicher Disziplinen begründen:

1. Pädagogisch-bildungstheoretische Prämissen in Anlehnung an die Reformpädagogik

a) Freie Arbeit stellt im Spektrum möglicher Elemente beim Prozeß der Unterrichtsöffnung die weitestgehend vom Schüler selbst bestimmte Form dar. „Kinder wählen aus einem Angebot von Lernmöglichkeiten in einer Lernlandschaft freie Aktivitäten für sich aus, folgen ihren Lernbedürfnissen und beginnen im Rahmen ihrer Lernbiographie eigene Lebenswege (vgl. Jena-Plan-Schule von *Peter Petersen* (1881-1952), Freiräume im Wochenplan von *Célestin Freinet* (1896-1966), „Hilf mir, es selbst zu tun" von *Maria Montessori* (1870-1952).[1]

---

1   Wulf Wallrabenstein: Offene Schule – Offener Unterricht. Ratgeber für Eltern und Lehrer, Reinbek 1991, S. 99 f.

b) Offener Unterricht: Lernen ist aktive Produktion eigener Sinnstrukturen, nicht passiver Nachvollzug fremder Gedanken. Lernen vollzieht sich also in der selbsttätigen Differenzierung der schon vorhandenen Erfahrungen, Gedanken, Fertigkeiten und Strukturen. Insofern bildet offener Unterricht den Oberbegriff, unter dem verschiedene Elemente, die einen solchen Veränderungsprozeß fördern, subsumiert werden: Freie Arbeit, Projektunterricht, Wochenplan, rhythmischer Stundenplan usw., vgl. dazu die „Open-Education" und die „Open-Classroom"-Bewegung der 60er und 70er Jahre in den USA und in England.

c) Projektunterricht ist ein zentrales Element im Prozeß der Öffnung traditionellen Unterrichts. Er unterscheidet sich von freier Arbeit durch gemeinsame Planungsprozesse der Lerngruppe. Handlungs- und produktionsorientierter Unterricht enthält wichtige Elemente des Projektunterrichts. *J. Bastians* und *H. Gudjons* folgen *John Dewey* (1859-1952) in der Kennzeichnung von vier aufeinander aufbauenden „Projektschritten", denen dann zehn Merkmale zugeordnet werden:

1. Eine für den Erwerb von Erfahrungen geeignete, problemhaltige Sachlage auswählen.
2. Gemeinsam einen Plan zur Problemlösung entwickeln.
3. Sich mit dem Problem handlungsorientiert auseinandersetzen.
4. Die erarbeitete Problemlösung an der Wirklichkeit überprüfen."[2]

d) Handelnder Unterricht und handlungsorientierter Unterricht betonen die ganzheitliche Dimension des Lernens mit allen Sinnen. Sie enthalten unterschiedliche historische Herleitungen. Mit der Charakterisierung des Projektunterrichts würde man zumindest dem handelnden Unterricht nicht gerecht. Er versteht sich als eigenständige, verändernde Alternative zum traditionellen Fachunterricht, die lernanalytische wie fördernde Möglichkeiten aufweist.[3]

e) Praktisches Lernen ist ein überwiegend pragmatischer Ansatz zur Förderung ganzheitlichen Unterrichtens in der Schule, der sich einerseits auf das Ganzheitsideal von *Johann Heinrich Pestalozzi* (1746-1827) bezieht (Lernen mit Kopf, Herz und Hand), andererseits auch aktuelle Mängel an „Lebensbezug" von Schule zur Begründung heranzieht.[4]

---

2 Johannes Bastian/Herbert Gudjons (Hrsg.): Das Projektbuch II, Hamburg 1990, S. 27 f.
3 Herbert Gudjons: Handlungsorientiert lehren und lernen. Projektunterricht und Schüleraktivität, Bad Heilbrunn 1989, S. 11; Lutz van Dick: Freie Arbeit, offener Unterricht, Projektunterricht, handelnder Unterricht, praktisches Lernen. Versuch einer Synopse. In: Pädagogik (1991) 6, S. 33.
4 Andreas Flitner: Lernen – mit Kopf, Herz und Hand. In: Jahresheft "Lernen" IV (1990), S. 9 ff; Wolfgang Schulz: Praktisches Lernen und didaktisches Reflektieren. In: Neue Sammlung, 3 (1990), S. 403 ff.

2. Wandel des Bildungssystems

Der frühere Bundespräsident *Roman Herzog* hat am 5. November 1997 auf dem Berliner Bildungsforum einen neuen Aufbruch in der Bildungspolitik angemahnt, damit sich Deutschland als Wissensgesellschaft behaupten kann. Da die Frage der Allgemeinbildung wieder zum zentralen Anliegen der Diskussion geworden ist, fordern Pädagogen wie *J. Bastian, M. Bönsch, H. Giesecke, H. von Hentig, K. Hurrelmann, W. Klafki, P. Struck u. a.* grundlegende Veränderungen in Schulstruktur und Bildungswesen.[5]

3. Anforderungen von Wirtschaft und Gesellschaft

„Lernen ist wie Rudern gegen den Strom, sobald man aufhört, treibt man zurück!" - Jugendliche Lebenswelten verändern sich rasch, Schulen dagegen nur langsam - eine Diskrepanz, aus der Motivations- und Lernprobleme erwachsen. Die postindustrielle Gesellschaft ist gekennzeichnet durch eine expotentiell wachsende Informationsfülle. Angesichts sich dramatisch verkürzender Halbwertszeiten des Wissens, d. h. der Zeiten, in denen aktuelles Wissen veraltet und zugleich neu verfügbares Wissen „explodiert", kommt der *Beherrschung von Lernmethoden und Strategien* zentrale Bedeutung zu. *Schlüsselqualifikationen,* fächerübergreifende, möglichst dauerhaft wirksame Fähigkeiten, Fertigkeiten, Einstellungen und Werthaltungen sind von großer Bedeutung.

Aufgrund rapider Veränderungen im Produktions- und Dienstleistungsbereich haben viele Unternehmen ihre Ausbildungskonzepte radikal verändert und Schlüsselqualifikationen zu Auswahlkriterien ihrer Bewerbungsverfahren gemacht. Diese Entwicklung darf nicht ohne Einfluß auf die Unterrichtsgestaltung sein. Es geht nicht um die Entscheidung, Faktenwissen oder Schlüsselqualifikationen, sondern um die Einsicht, daß Schlüsselqualifikationen, u. a. als Metawissen für den Umgang mit Faktenwissen, durch handlungs- und produktionsorientiertes Lernen erreichbar sind.

---

5   Johannes Bastian: Handlungsorientierter Unterricht. In: Pädagogik (1997) 1, S. 5-10; Manfred Bönsch: Die beste Schule für mein Kind, Freiburg 1995; Hermann Giesecke: Wozu ist die Schule da? Stuttgart 1996; Hartmut von Hentig: Bildung. Ein Essay, München 1996; Karl Hurrelmann: Die Struktur des deutschen Schulwesens im Jahre 2020. In: Pädagogik (1997) 6, S. 18-22; Wolfgang Klafki: Neue Studien zu Bildungstheorie und Didaktik, Weinheim 1985; Peter Struck: Die Zukunft der Schule. Von der Belehrungsanstalt zur Lernwerkstatt, Darmstadt 1996.

Simulationen sind zum Beispiel zentraler Teil der meisten komplexen technischen Trainings (bis hin zu Outdoor-Trainings). In vielen Berufen sind Simulationen selbstverständlicher Bestandteil der Ausbildung. Chirurgen üben an Leichen, Rechtsanwälte proben ihre Verteidigungsreden in Scheingerichten, Betriebswirte nutzen Business-Simulationen. Teamfähigkeit kann nicht verordnet werden, sie muß trainiert werden, und dasselbe gilt für eine Problemlösungskompetenz, die sich durch handlungs- und produktionsorientiertes Lernen entwickeln läßt *(vgl. Abb. 1).*[6]

Personal-soziale Qualifikationen

Personale Qualifikationen	Soziale Qualifikationen
- Organisations- und Entscheidungsfähigkeit - Innovationsfähigkeit und Kreativität - Engagement und Ausdauer - Flexibilität und Experimentierfreude - Konstruktive Kritikfähigkeit - Problemlösungsfähigkeit - Verantwortungsbewußtsein ...	- Kommunikationsfähigkeit - Diskussions- und Konfliktfähigkeit - Kooperationsfähigkeit - Teamfähigkeit - Offenheit - Toleranz - Solidarität ...

Handlungskompetenz
Lernen in Zusammenhängen durch Vernetzung der Qualifikationen

Fachlich-materiale Qualifikationen	Methodische Qualifikationen
- Beherrschung chronologisch-struktureller Kenntnisse und Erkenntnisse (Thesen, Phänomene, Zusammenhänge) - Erfassung und Darstellung historischer Sachverhalte - Beschreibung und Erklärung von Fachbegriffen/Definitionen - Interpretation von Quellen und Darstellungen ...	- Anwendung allgemeiner Fähigkeiten (Darstellungstechniken) - Anwendung fachspezifisch historischer Fertigkeiten (Arbeitstechniken) - Anwendung von Lernstrategien - Beherrschung von Arbeits- und Lernorganisationen - Anwendung des vernetzten Denkens und des Transferdenkens ...

Abb. 1: Grundbedingungen von Handlungskompetenz (H. Raisch)

---

6   Herbert Beck: Schlanke Produktion. Schlüsselqualifikationen und schulische Bildung. In: Pädagogik (1993) 6, S. 14-20; Lothar Reetz/Thomas Reitzmann (Hrsg.): Schlüsselqualifikationen, Hamburg 1990; Wulf Schmidt-Wulffen: Schlüsselqualifikationen. Bildung für das Leben oder im Dienste der Wirtschaft? In: Praxis Geographie (1998) 4, S. 14-19; Dieter Wilsdorf: Schlüsselqualifikationen, München 1991.

4. Erkenntnisse der Medizin, der Molekular- und der Neurobiologie

Die Sozialwissenschaften, auch die Geschichtsdidaktik in ihrem verdienstvollen Bemühen um das historische Lernen und das Geschichtsbewußtsein, haben die Erkenntnisse der Hirnforschung und der Biologie bislang wenig beachtet.

Lernen wir mehr durch Fakten oder durch Erfahrung? Wie entsteht *historisches Wissen*: durch bewußtes Lernen und / oder durch unbewußte Wahrnehmung? Wie werden historische Informationen zu *Erkenntnis und Bewußtsein* verarbeitet? Welche unterschiedlichen Arten von historischem Wissen (bereichsbezogenes, strategisches, metakognitives Wissen ...) gibt es und welche unterschiedlichen „Formate" der Repräsentation historischen Wissens existieren im menschlichen Gedächtnis? - Im Hinblick auf historisches Lernen lassen sich hier die interdisziplinären naturwissenschaftlichen Forschungen nur sehr verkürzt darstellen:[7]

- Heute weiß man, daß aus dem Zusammenspiel tausender verschiedener Eiweiße die phänomenalen Leistungen des menschlichen Gedächtnisses hervorgehen. Der Hauptschalter für das Langzeitgedächtnis existiert wahrscheinlich in Dutzenden verschiedener Varianten. Das letzte Wort in den Nervenzellen (Neuronen) hat das Eiweiß Creb als Teil eines Regelwerks, das zu mittel- und langfristigen Änderungen in den Verbindungen (Synapsen) zwischen den Nervenzellen führt. Indem die Neuronen elektrochemische Signale weiterleiten, steuern sie Körper und Geist - ein Augenzwinkern ebenso wie das Brüten über einer historischen Quelle oder das Gefühl der Einsamkeit. Doch im Gehirn sind Neuronen in der Minderheit, der weit überwiegende Teil der Hirnzellen gehört zur Familie der Gliazellen (sehr unterschiedliche Zelltypen der drei Hauptgruppen Astrozyten, Oligodendrozyten, Mikroglia). Sie galten lange Zeit als passive Stützen, die das Nervengewebe zusammenhalten. Neurobiologen haben erkannt, daß Gliazellen nicht nur einfacher Nervenkitt sind, sondern aktiv an der Informationsverarbeitung teilnehmen und möglicherweise das Gehirn erst zu hochentwickelten Leistungen wie *Lernen und Erinnern* befähigen.

---

7   M. Mishkin/Thomas Appenzeller: Anatomie des Gedächtnisses. In: Wolf Singer (Hrsg.): Gehirn und Kognition, Heidelberg/Berlin/New York 1992, S. 94-104; Günther Palm: Assoziatives Gedächtnis und Gehirntheorie. In: Wolf Singer (Hrsg.): Gehirn und Kognition a.a.O., S. 164-175; Manfred Spitzer: Geist im Netz. Modelle für Lernen, Denken, Handeln, Heidelberg/Berlin/Oxford 1996; Tanja Volz: Im Dreisekundentakt ganz bewußt die Welt erleben. In: Stuttgarter Zeitung vom 3.7.1998, S. 33; Franz Emmanuel Weinert: Wissen und Denken. Die unterschätzte Bedeutung des Gedächtnisses für das menschliche Denken. In: Naturwissenschaftliche Rundschau, 50 (1997) 5, S. 169-174; Vgl. auch die bisher unveröffentlichten Beiträge: Europäischer Kongreß für Naturwissenschaften in Berlin, Juli 1998, v.a. auch die Forschungen Niels Bierbaumer, Tübingen; Ernst Pöppel, München; Peter Seeburg, Heidelberg; Tim Tully, New York; Franz E. Weinert, München.

Offenbar beeinflussen Gliazellen die Verschalung der Nervenzellen entscheidend und produzieren wahrscheinlich einen bislang nicht identifizierten Stoff, der die Funktionstüchtigkeit sich neu bildender Synapsen steigert. Es sieht so aus, als regle diese Substanz den Betrieb der Synapsen. Gliazellen können deshalb bestimmte neuronale Schaltkreise aktivieren, andere abschalten und so über *Lernen und Vergessen* bestimmen. Da sich Lernen im Muster der Synapsen abspielt, sind dort unsere Erinnerungen gespeichert. Beim Lernen werden die nützlichen Verbindungen verstärkt, während die wenig benutzten Synapsen verkümmern. Die Entwicklung des Nervennetzes findet größtenteils in der Kindheit statt. Fehlen wichtige Reize der Synapsen in der frühen Kindheit, so behindert dies die „normale" Entwicklung der geistigen und sozialen Fähigkeiten.

- *Was ist Bewußtsein - historisches Bewußtsein?*
Neurowissenschaftler aller Disziplinen sind dabei, das Wesen des Ichs, das bewußte und das unbewußte Erleben und Erinnern zu ergründen. Dabei scheint das *zeitliche Empfinden* eine entscheidende Rolle zu spielen. Der Fluß des bewußten Erlebens und Handelns ist in Zeitfenster von drei Sekunden, in „Inseln der Gegenwart", eingeteilt. Das Gehirn benötigt diese drei Sekunden, um Informationen zu Bewußtsein und Erkenntnis zu verarbeiten. Dazu erfinden sich die Gehirnzellen ein eigenes periodisches System, um das Chaos der Wahrnehmung zu bändigen. Im Gehirn entstehen „zeittote Zonen", die etwa 30 Tausendstel Sekunden dauern. In dieser Zeit werden die eingegangenen Informationen zwischen den Nervenzellen weitergeleitet, um daraus Geschehnisse zu identifizieren. Diese pulsierende Informationsverarbeitung, bei der eine Nervenzelle 10 000 andere Zellen aktiviert, nennen die Hirnforscher „neuronale Oszillation", sie bildet die Grundlage für unser Bewußtsein, auch für unser historisches Bewußtsein. *Bewußtes Denken und Bewußtsein* werden also über *die Zeit* gesteuert, wobei sich der biologische Begriff damit vom physikalischen Zeitempfinden deutlich unterscheidet. Das Jetzt, das bewußte Erleben - auch das historische Erleben, ist nicht ein fester Punkt, sondern eine sekundenlange Ausdehnung. In der Physik ist das Jetzt keineswegs ausgedehnt, sondern in der jeweils kleinsten Einheit definiert - seit Einstein ist die Zeit physikalisch gesehen ein nicht faßbarer, abstrakter Begriff. Faszinierend dagegen ist *die Trägheit der bewußten Wahrnehmung*. Deshalb ist das Bewußtsein nie auf dem neuesten Stand, es hinkt immer hinterher. Die *unbewußte Wahrnehmung* ist allerdings sehr viel schneller. - Es gibt also zwei zeitliche Operationsebenen des Gehirns. Mit den 30 Tausendstel Sekunden werden elementare Ereignisse bestimmt - auch historische Situationen, Entscheidungen und Prozesse, mit den drei Sekunden werden unsere Gegenwart geschaffen und unser Bewußtsein geformt.

- Wissen ist im Menschen also in Form von Netzwerken verankert. Die Nutzung des Vorwissens wird stark von unseren Gefühlen und Einstellungen mitbestimmt, die an das Vorwissen geknüpft sind. Will ich Neues erfahren, so muß ich mich auf dieses Vorwissen stützen, und zwar nicht auf das *Was* ich weiß, sondern *Wie* ich es weiß; und in diesem *Wie?* liegt etwas ganz Persönliches.

- Unser unbewußtes Gedächtnis ist ein riesiger Speicher voll unbewußt Gelerntem. Gefühle liegen in der Tiefe des Gehirns „begraben". Mit Gefühlen verbundenes Wissen ist im Gehirn gespeichert, da bewußt und unbewußt Erfaßtes in „Pausen" aus dem präfrontalen Cortex beispielsweise in die Langspeicher des Kleinhirns und andere Gerhirnareale (in den posterior-parietalen und in den prämotorischen) geschoben werden. Unser unbewußtes Gedächtnis hilft uns über Gestaltwahrnehmung und Sprache im Unvollständigen, im nur Angedeuteten sinnvolle Gestalten zu entdecken. Unser Gehirn ist also ganz elementar auf emotionale und körperliche Rückkoppelungen angewiesen.

- Gut im Gedächtnis behalten wir auswendig Gelerntes, besonders eindrückliche Ereignisse und alles, was in unser Wissen übergeht, ohne daß wir uns erinnern, wann und unter welchen Umständen wir es gelernt haben.

- Wir gewichten manches aus unserem Wissen stärker und anderes weniger, d. h. wir schreiben der Welt, so wie sie in unserem Gedächtnis gespeichert ist, Wichtigkeiten und Unwichtigkeiten zu. Diese beeinflussen stark, wie wir künftig strategisch neue Informationen aufnehmen, verarbeiten und so unser Wissen ununterbrochen erweitern. Dabei sind mehrere Methoden zu kombinieren, um das Beste für sich zu erreichen. Jeder muß selbst herausfinden, welche Methode für ihn zum Erfolg führt.

- Im Alter von 7 bis 9 Jahren lernt der Mensch etwas nach Oberbegriffen vorteilhaft zu organisieren. Mit dem Oberbegriff fallen uns andere Begriffe förmlich zu.

- Je mehr wir etwas wissen auf einem Gebiet, desto schneller und leichter erwerben wir neues Wissen. Es kommt nicht nur darauf an, das Lernen zu lernen, es kommt mindestens genauso darauf an, sich dort eine Wissensbasis anzueignen, wo man neues Wissen erwerben will.

5. Erkenntnisse der Lernpsychologie

- *Piagets Theorie*
  Im Jahre 1947 hat *Piaget* die Theorie entwickelt, daß der Weg des Lernens vom *Anschaulich-Konkret-Praktischen* zum zunehmend *Abstrakt-Formalen-Geistigen* führt:

  1. *Genetisch-konstruktivistische Erkenntnistheorie:* Gleichgewichtszustand zwischen Assimilation und Akkomodation.
  2. *Strukturalistische Entwicklungstheorie:* sensomotorische, präoperatorische, konkret-operative und formal-operative Stufen des Denkens.[8]

- *Kritik an der Theorie Piagets*
  1. Empirische Untersuchungen widerlegen die Theorie Piagets, daß die Entwicklungsstufen für alle Menschen und für alle Inhaltsbereiche gelten, sie widerlegen „also die These universeller und bereichsübergreifender oder globaler Strukturniveaus."[9]
  2. Einseitige Anwendung des logisch-mathematischen Strukturbegriffs: „(*Piagets* Theorie hat) nichts über die Klassen zu sagen, in die das Kind die Erscheinungen seiner Umwelt einteilt, und nichts über die Beziehungen, die es zwischen diesen herstellt, nur daß sie in einem gewissen Zeitpunkt der Entwicklung addierbar, subtrahierbar, multiplizierbar oder dividierbar werden und daß diese Operationen zusammen Gruppierungen bilden."[10]
  3. Die Vernachlässigung soziokultureller Lernprozesse durch *Piaget.*[11]

- *Wandel der theoretischen Orientierung*
  1. Die Bedeutung des *Wissens* für die kognitive Entwicklung wurde aufgewertet durch die Erkenntnis der Dominanz inhalts- und bereichsspezifischer Wissensstrukturen; es geht um den Aufbau einer individuellen Wissensbasis als zentrale Komponente der kognitiven Entwicklungsbasis (*kognitives Lernen).*[12]

---

8 Jean Piaget: Psychologie der Intelligenz, Zürich 1947; Leo Montada: Die geistige Entwicklung aus der Sicht Jean Piagets. In: Rolf Oerter/Leo Montada (Hrsg.): Entwicklungspsychologie, 3. A. Weinheim 1995, S. 518-560.
9 Roland Arbinger: Komplexität bei der Entwicklung und dem Aufbau von Wissensstrukturen. In: Geographie und Schule, 20 (1998) 116, S. 25-32 (S. 26).
10 Hans Aebli: Von Piagets Entwicklungspsychologie zur Theorie der kognitiven Sozialisation. In: G. Steiner (Hrsg.): Piaget und die Folgen, Zürich 1978, S. 608.
11 Kurt Reusser: Denkstrukturen und Wissenserwerb in der Ontogenese. In: Friedhard Klix/Hans Spada (Hrsg.): Wissenspsychologie, Göttingen 1998, S. 115-166.
12 Hans Aebli: Denken: das Ordnen des Tuns. Bd. 2: Denkprozesse, Stuttgart 1981, S. 352; Roland Arbinger: Komplexität (Anm. 10), S. 26.

2. *„Geistige Entwicklung* (und Entwicklung insgesamt) wird als kulturell und sozial angeregter und gesteuerter Vorgang, als kognitive Sozialisation bzw. sozialer Konstruktionsprozeß begriffen."[13]

3. Kognitive Entwicklung geschieht *kontinuierlich* als Prozeß des kumulativen Aufbaus und der schrittweisen Differenzierung von Wissensstrukturen.[14]

- *Galperins Interiosationstheorie*
  Auf der Basis der materialistischen Psychologie hat *Galperin* seine *Interiosationstheorie* entwickelt: „Schaffung einer Orientierungsgrundlage für die Lösung einer neuen Aufgabe:

  1. Etappe = Materialistische Handlung: sinnlich-praktische Aneignung der Aufgabe;

  2. Etappe = Übertragung der Handlung in gesprochene Sprache, damit Verallgemeinerung;

  3. Etappe = Die Handlung wird zur geistigen Operation durch äußere Sprache;

  4. Etappe = Die äußere Handlung wird sprachlich beschrieben und kommt so in den geistigen Besitz der Schüler."[15]

- *Gestalttherapie - Gestaltpädagogik*
  In den 70er Jahren wurde versucht, Konzepte und Methoden aus der Gestalttherapie auf das Lernen zu übertragen: *Gestaltpädagogik*. Es ging darum, den Schüler ganzheitlich in seiner Körperlichkeit, seinen Emotionen und Kognitionen zu sehen: Hier also: Wie kann Geschichte in eine sinnvolle Beziehung zur subjektiven Lebens- und Lerngeschichte der Lernenden gebracht werden?[16]

---

13 Roland Arbinger, Ebd. S. 27.
14 Beate Sodian: Entwicklung bereichsspezifischen Wissens. In: Rolf Oeter/Leo Montada: Entwicklungspsychologie (Anm. 8), S. 622-653.
15 Manfred Bönsch: Handlungsorientierter Unterricht. Bestimmungsmerkmale und Dimensionen. In: Praxis Geographie (1990) 7/8, S. 7.
16 Peter Knoch: Geschichte und Gestaltpädagogik. Einige experimentelle Erfahrungen. In: Uwe Uffelmann (Hrsg.): Didaktik der Geschichte, Villingen-Schwenningen 1986, S. 73-105; Hans H. Pöschko: Geschichte und Gestalt. In: Dieter Brötel/Hans H. Pöschko (Hrsg.): Krisen und Geschichtsbewußtsein, Weinheim 1996, S. 272-301; Uwe Uffelmann: Gestaltpädagogik und Problemorientierter Geschichtsunterricht. In: Dieter Brötel/Hans H. Pöschko: Krisen a.a.O., S. 234-248.

6. Erkenntnisse der Kognitionsforschung

Auf dem Weg von der Informationsgesellschaft zur Wissensgesellschaft hat sich seit den 80er Jahren auch in Deutschland eine breite Diskussion zum „Wissensbegriff" entwickelt.[17] *Wissen* wird heute umfassend begriffen: Man versteht darunter nicht nur die unterste Zielebene der *Bloomschen* Taxonomie, Wissen schließt alle Hierarchieebenen ein; dabei stehen vor allem zwei Bereiche im Interesse der Forschung:

A. die unterschiedlichen *Wissensarten* und ihre *Repräsentation*,
B. der Prozeß der *Wissenskonstruktion* (Wissenserwerb und Wissensvermittlung).[18]

A. Wissensarten und ihre Repräsentation:

Roland Arbinger klassifiziert die Wissensarten auf folgende Weise:[19]

1. Bereichsbezogenes Wissen
a) Deklaratives Wissen (Kenntnisse = Wissen, daß ...)
Faktische, sprachlich-begriffliche Kenntnisse von Daten, Fakten usw., d. h. die Wissens-Aussage ist eindeutig bestimmbar nach richtig oder falsch. Die *Repräsentation* des Wissens erfolgt als *Proposition, d. h.* in einer abstrakten, auf den Kern reduzierten Form (vgl. dazu die Propositionslisten), z. B. historische Daten und Fakten, Epochengliederungen, raumzeitliche Situationen:

* *Episodisches Wissen:* Zeitlich und räumlich gebundenes Wissen als individuelle Erfahrung,
* *Semantisches Wissen:* Allgemeines Wissen als Summe von Erfahrungen. Die *Repräsentation* von episodischem und semantischem Wissen erfolgt in statischen, strukturellen und dynamischen *Schemata* z.B. historische Konstellationen (Gleichgewichtspolitik ...), historische Phänomene (Lehenswesen...), historische Epochen ... .[20]

---

17 Heinz Mandl/Hans Spada: Wissenspsychologie, München 1988; Gerhard Strube/Barbara Bekker/Christian Freksa/Udo Hahn/Klaus Opwis/Günther Palm (Hrsg.): Wörterbuch der Kognitionswissenschaft, Stuttgart 1996.
18 Benjamin S. Bloom: Taxonomy of Educational Objectives. The Classification of Educational Goals, Handbook I, New York 1956.
19 Das folgende nach Roland Arbinger: Komplexität (Anm. 9), S. 28-30.
20 Schemata spielen offensichtlich eine entscheidende Rolle für Erinnerungs-, Verstehens- und Schlußfolgerungsprozesse. Vgl. dazu Roland Arbinger: Entwicklung und Veränderung kognitiver Strukturen, Frankfurt 1980; ders.: Entwicklung des Denkens, Landau 1997; Sigmar Olaf Tergan: Modelle der Wissensrepräsentation als Grundlage qualitativer Wissensdiagnostik, Opladen 1986; Heinz Mandl/ Helmut Felix Friedrich/Aemilian Hron: Theoretische Ansätze zum Wissenserwerb. In: Heinz Mandl/Hans Spada (Anm. 17), S. 123-160.

b) *Prozedurales Wissen* (Handlungswissen = Wissen, wie ...)
Handlungen, einschließlich geistiger Operationen, die ein Mensch mehr oder weniger gut ausführen kann, z. B. Wissen, wie man ein Musikinstrument spielt, wie man eine historische Quelle interpretiert, wie man eine historische Ausstellung organisiert und arrangiert usw. Die *Repräsentation* prozeduralen Wissens erfolgt in *Produktionen/Produktionssystemen.*

Man nimmt an, daß sich aus deklarativem Wissen in einem mehrstufigen quantitativen und qualitativen Prozeß prozedurales Wissen entwickelt.[21]

2. *Strategisches Wissen*
Hierbei werden Strategien des Lernens, Denkens, Problemlösens, der Text- und Bildverarbeitung (*wie* man an eine Sache herangeht, eine Aufgabe bewältigt, ein Problem löst ...) erforscht, d. h. fach- und bereichsunabhängige Strategien als allgemeine Prozeduren.[22]

3. *Metakognitives Wissen*
Wissen über den augenblicklichen Zustand des eigenen kognitiven Systems, um entsprechende weitere Schritte zu unternehmen: die Fähigkeit des Menschen zu Selbstreflexion und Problemlösungsverhalten.

21 James R. Anderson: The architecture of cognition, Cambridge, MA, 1983.
22 Michelene T. H. Chi: Bereichsspezifisches Wissen und Metakognition. In: Franz E. Weinert/ Rainer H. Kluwe (Hrsg.): Metakognition, Motivation und Lernen, Stuttgart 1984, S. 211-232; Helmut Felix Friedrich/Heinz Mandl: Lern- und Denkstrategien. In: Heinz Mandl/Helmut Felix Friedrich (Hrsg.): Lern- und Denkstrategien. Analyse und Intervention, Göttingen 1992, S. 3-54.

B. Prozesse der Wissenskonstruktion

Wissenserwerb wird erlangt und *Wissensvermittlung* geschieht im wesentlichen in drei Grundorientierungen (mit Übergängen und Überschneidungen):

1. in *systemorientierten* Lernumgebungen,
2. in *problemorientierten* Lernumgebungen,
3. in *adaptiven* Lernumgebungen. [23]

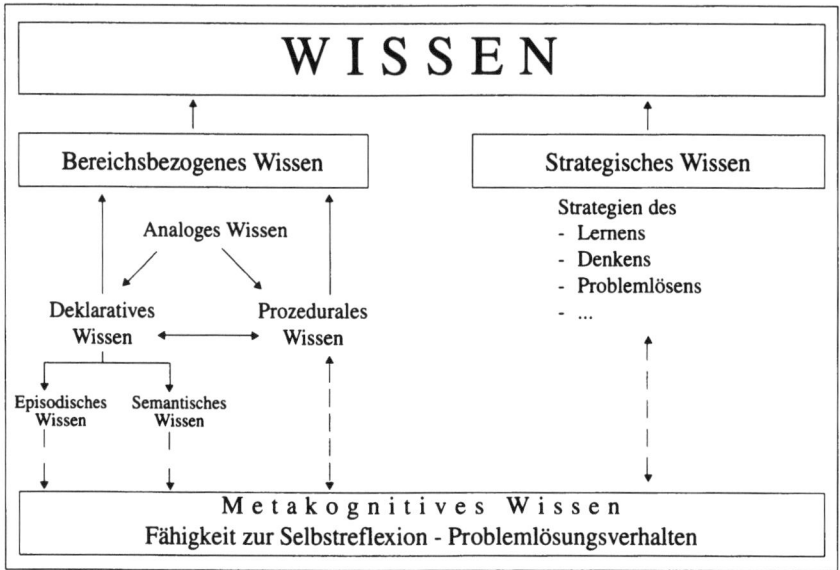

Abb. 2: Wissensarten (H. Raisch)

---

23 Gabi Reinmann-Rothmeier/Heinz Mandl: Wissensvermittlung: Ansätze zur Förderung des Wissenserwerbs. In: Friedhard Klix/Hans Spada (Anm. 11), S. 457-500; Vgl. dazu vor allem die Beiträge der Geschichtsdidaktiker: Heinz Dieter Schmid/Klaus Vorbach: Entdeckendes Lernen im Geschichtsunterricht der Sekundarstufe I. In: Geschichtsdidaktik 3 (1978), S. 129-135; Wolfgang Hug: Geschichtsunterricht in der Praxis der Sekundarstufe I. Befragungen, Analysen und Perspektiven, 2. A., Frankfurt a. M. 1980, S. 26-40; ders.: Das Einzelne in seinen Zusammenhängen. Zur Dialektik historischen Lernens. In: Hans Süssmuth (Hrsg.): Geschichtsunterricht im vereinten Deutschland. Auf der Suche nach Neuorientierung. Teil 2, Baden-Baden 1991, S. 181-195; Bodo von Borries: "Forschendes Lernen" in geschichtsdidaktischer Perspektive. In: Ernst Klett Schulbuchverlag (Hrsg.): Schülerwettbewerb Deutsche Geschichte, Stuttgart 1992, S. 67-101; ders.: Historische Projektarbeit im Vergleich der Methodenkonzepte. Empirische Befunde und normative Überlegungen. In: Bernd Schönemann/Uwe Uffelmann/Hartmut Voit (Hrsg.): Geschichtsbewußtsein und Methoden historischen Lernens. Schriften zur Geschichtsdidaktik 8 (1998), S. 276-306.

7. Erkenntnisse der Sozialisationsforschung

Die Veränderung der Kindheit ist unübersehbar: kleinere Familien, viele Alleinerziehende, häufigere Umzüge, verlängerte Ausbildungszeiten mit entsprechend langer Abhängigkeit und daher vermehrter Ablösungsprobleme. Dazu kommt die Unsicherheit gegenüber der Zukunft. Nicht nur drohende Arbeitslosigkeit, auch die unübersichtliche Vielzahl von Berufsmöglichkeiten lassen schon Kindern das kommende Leben als vielleicht spannende, aber auch beunruhigende Reise ins Ungewisse erscheinen.

Und die vielen Lehr-Jahre vermitteln Heranwachsenden nicht das Gefühl, etwas zu können, von Kunden, Kollegen, Chefs gefragt zu sein. Weil die (Kleinst)-Familie keinen überschaubaren Sozialraum mehr bieten kann zum Aufwachsen und Nebenbei-Lernen, wie man mit anderen klarkommt, ist die Schule als Erziehungsort um so mehr gefordert. Doch hier zählt vor allem die individuelle, benotete Leistung. Soziales Lernen spielt kaum eine Rolle. Hinzu kommt aus Gründen des „knappen Geldes" eine zunehmende Bürokratisierung der Schule an Stelle von Freiheit und Verantwortung der am Schulleben Beteiligten.

Die neuen Medien prägen den Alltag Jugendlicher, während viele Erwachsene oft hilflos danebenstehen. Mehr Menschen werden zum Beispiel durch das Internet, aber auch durch das Intranet, das Informationen innerhalb eines Unternehmens steuert, Zugang zu Spezialwissen bekommen. Wissen wird also breiter gestreut und bleibt nicht nur einem kleinen Zirkel vorbehalten. Die Hierarchien in Unternehmen werden flacher. Dadurch verändern sich auch die Anforderungen an die Mitarbeiter, die soziale Kompetenz wird entscheidend: Wie schaffe ich es, andere zu überzeugen und die Qualitäten jedes einzelnen im Team zur Geltung zu bringen? Unter diesen Prämissen schreitet die Akzeleration im außerschulischen Bereich rasch voran. Mobilität, Motorisierung, Gelderwerb und -ausgabe, Selbständigkeit und Sexualität werden immer früher beansprucht - trotz der oben geschilderten Abhängigkeiten und Ängste.

Merkmale handlungsorientierten Unterrichts

Handlungen sind absichtsvolle, sinnbestimmte zielgerichtete Tätigkeiten der Schülerinnen und Schüler, durch die sie sich mit ihrer Umwelt auseinandersetzen: Indem Lernende handeln, gestalten sie nicht nur subjektiv und aktiv die Wirklichkeit, sondern die Wirklichkeit nimmt ihrerseits Einfluß auf sie und ermöglicht ihnen dadurch Erfahrungen. Aus der fast unübersehbaren Literaturfülle zum handlungsorientierten Unterricht lassen sich übereinstimmend folgende Hauptmerkmale stichwortartig anführen.[24]

- **Subjektbezug:** Schülerinteressen und -erfahrungen sollten Ausgangspunkt des Unterrichts sein; diese können sich mit der Unterrichtsarbeit verändern bzw. weiterentwickeln. Zusammenhänge zwischen Leben und Lernen (lebensnahes Lernen) sind intendiert.
- **Ganzheitlichkeit:** Verstand, Körper (Sinne) und Gefühle sind an den durch Eigenverantwortung gekennzeichneten Handlungen beteiligt.
- **Schüleraktivität/Sinnvolles Lernen:** Zugunsten der Selbsttätigkeit, Selbständigkeit und Identifikation der Schülerinnen und Schüler treten Lehreraktivitäten möglichst zurück; die Lernenden werden so weit wie möglich an Idee, Planung, Durchführung, Ergebnis und Auswertung beteiligt. Es entsteht ein Sinn-Zusammenhang.
- **Öffnung der Schule nach „innen" und „außen"** bietet Möglichkeiten zur Erlangung personal-sozialer Kompetenz durch gemeinsames Handeln von Schülern und Lehrern im fachbezogenen und fächerübergreifenden Unterricht.
- **Produktionsorientierung:** Handlungsprodukte sind materielle und geistige Ergebnisse der Unterrichtsarbeit; sie stellen einen sinnvollen Gebrauchswert oder eine Dokumentation der Erfahrungen und Erkenntnisse dar.
- **Kognitive Reflexion:** Schüler gelangen durch Versprachlichung und Bewußtmachung sinnlich-praktischer Handlungen zur geistigen Operation; diese enthält also immer kognitive Elemente wie Überlegungen, Planungen, Organisation der Durchführung, Ergebnissicherung, Bewertung der Ergebnisse.

---

24 Herbert Gudjons: Handlungsorientiert (Anm. 3); Manfred Bönsch: Handlungsorientiert (Anm. 15); Heinz Klippert: Handlungsorientierter Politikunterricht. In: Bundeszentrale für politische Bildung (Hrsg.): Methoden in der politischen Bildung. Handlungsorientierung, Bonn 1991, S. 9-30; William Middendorf: Handlungsorientierung und offener Unterricht. Möglichkeiten und Grenzen. In: 5-10 Schulmagazin (1993) 10, S. 7-10; Hilbert Meyer/Liane Paradies: Handlungsorientierter Unterricht. In: Oldenburger Vor-Drucke 218 (1993); Tilman Grammes: Handlungsorientierung im Politikunterricht. In: Schriftenreihe der Niedersächsischen Landeszentrale für politische Bildung, Folge 14 (1995), S. 7-40.

Funktionen handlungs- und produktionsorientierten Unterrichts

„Wer einen verantwortlichen Unterricht gestalten will, muß nicht nur wissen, wie, sondern auch warum und wozu er das tut".[25] Intellektualität erweist sich in vielen Lebensbereichen als keineswegs einzige und immer beste und notwendigste Fähigkeit, die ein Mensch besitzen kann. Für viele Menschen führt der Weg zur analytischen Intelligenz über die emotionale Intelligenz. Emotionale Intelligenz ist eine der Kernkompetenzen für Erfolg jeder Art. So haben z. B. Selbstbewußtsein und Teambereitschaft, die Entwicklung eines eigenen Wertgefühls und einer Vertrauenskultur sowie die Fähigkeit zu Emotionsmanagement und Empathie maßgeblichen Anteil daran, inwieweit Ziele im allgemeinen und Lernziele im besonderen erreicht werden. Beide Formen des Begabtseins gehören zusammen und greifen ineinander, beide sind auszubilden, will man nicht von Systemen instrumentalisiert werden. Deshalb geht es heute mehr denn je um die Balance von Ratio und Emotionen, um die Ausbildung und Erlangung eines oftmals verlorengegangenen Gleichgewichts von Gefühl und Verstand.[26]

Allzu häufig fallen auch im Geschichtsunterricht emotionale und kognitive Prozesse auseinander, und sei es nur in der Trennung subjektiver Erstrezeption, historischer Informationen/Botschaften und darauf folgender objektivierender Quellenanalyse. Die fruchtbarsten Kernergebnisse entstehen aber gerade durch das Zusammenspiel emotionaler und kognitiver Verarbeitungsprozesse (s. o. die neuen Erkenntnisse der Medizin), wobei auch der Weg schon ein Teil des Ziels sein kann; es zählt eben auch schon Unterwegs sein und nicht nur Ankommen. Der Germanist und Literaturdidaktiker *Gerhard Haas* hat seit Ende der 70er Jahre in vielen Arbeiten Theorie und Praxis des „handlungs- und produktionsorientierten Literaturunterrichts" entwickelt.[27]

Bedeutet Handlungsorientierung ein sinnenhaft aktives Umgehen mit einem historischen Sachverhalt, ein prozeßhaftes Umgehen mit dem Stoff, so ist das Hauptziel dabei zuerst die intensive, auch affektive und emotionale Inbeziehungsetzung des Lernenden mit einem historischen Sachverhalt, die Herstellung eines intensiven Kontakts mit historischen Informationen/Botschaften durch handelndes Reagieren auf sie und dann erst das produktive Agieren mit ihnen. „Das Nebeneinander der beiden Ansätze, die sich an vielen Stellen berühren, die aber konzeptionell nicht völlig identisch sind, führt zu gewissen terminologischen Schwierigkeiten. Der Begriff „handlungsorientiert" schloß von Anfang an auch die reproduktive Rekonstruktion mit ein".[28] Aus diesem Grunde verwendet *Gerhard Haas* den Doppelbegriff „handlungs- und produk-

---

25 Gerhard Haas: Handlungs- und produktionsorientierter Literaturunterricht. Theorie und Praxis eines "anderen" Literaturunterrichts für die Primar- und die Sekundarstufe, Seelze-Velber 1997.
26 Pierre Bourdieu: Praktische Vernunft. Zur Theorie des Handelns, Frankfurt a. M. 1998; Joseph LeDoux: Das Netz der Gefühle. Wie Emotionen entstehen, München 1998; Gertrud Höhler: Die Entzweiung der Geschlechter, Stuttgart 1998.
27 Gerhard Haas (Anm. 25), vor allem S. 16 ff.
28 Gerhard Haas, Ebd. S. 44.

tionsorientiert". Es kommt im Unterricht also primär nicht auf das Produkt an, sondern auf den *Produktionsprozeß.* Schon durch den einlässig-aktiven und produktiven Umgang mit historischen Quellen/Darstellungen wird die Aneignung historischer Erkenntnis ein gutes Stück weit geleistet, wenn etwa Schülerinnen und Schüler ihre unterschiedlichen rekonstruktiven und produktiven Ergebnisse zum Beispiel darstellen, erklären, miteinander vergleichen, sie angreifen und verteidigen. Die Lehrenden haben dabei die Aufgabe, diese Vielfalt der Meinungen, Sichtweisen, Deutungen, Ergebnisse nicht - wie üblich - auf einen Nenner zu bringen, sondern sie vielmehr auch selbst kooperativ mitzugestalten, neugierig offen aufzunehmen und die Präsentation, Darstellung und Diskussion sachgerecht und phantasievoll zu organisieren - zugegebenermaßen eine nicht leichte, da ungewohnte, neue Rolle.

Handlungs- und produktionsorientierte Praxis erheischt eine Veränderung des Geschichtsunterrichts. Zentrales Anliegen ist dabei eine *Didaktik der impliziten Analyse,* d. h. der grundsätzlich sinnenhaft vermittelten, im produktiven Tun erfahrenen und, erst daraus herauswachsend, der kognitiv reflektierten Erkenntnis. Konstitutiv für Produktionsorientierung ist also das Verhältnis von produktivem Tun und kognitiver Erkenntnis. Damit ist für die Praxis klar postuliert, daß handlungs- und produktionsorientierte Operationen relativ früh in einer Lerneinheit, selbst in einer Einzelstunde, einsetzen sollten. Es wird deutlich, daß handlungs- und produktionsorientierter Unterricht eindeutig in den unteren Klassen dominiert und erst mit zunehmendem Alter der Schülerinnen und Schüler die analytische Beschäftigung mit historischen Sachverhalten zunimmt, daß er aber niemals aufhört. Insofern stellt Handlungs- und Produktionsorientierung im Verbund mit dem traditionellen Unterrichtsgeschehen eine gleichgewichtige didaktische Konzeption historischen Lernens dar. (vgl. Abb. 3 und Abb. 4)

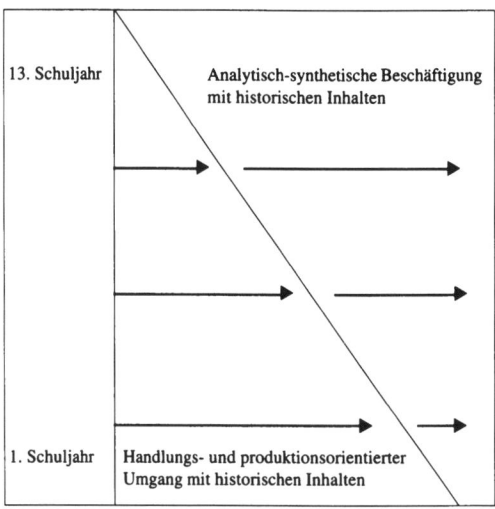

13. Schuljahr
Analytisch-synthetische Beschäftigung mit historischen Inhalten

1. Schuljahr
Handlungs- und produktionsorientierter Umgang mit historischen Inhalten

Abb. 3:
Das Verhältnis von handlungs- und produktionsorientierten und analytisch-synthetisch kognitiven Verfahrensweisen im Laufe der Schuljahre (H. Raisch)

Dimensionen handlungs- und produktionsorientierten Geschichtsunterrichts

Bislang sind nur relativ wenige systematische Arbeiten zur Handlungsorientierung im Geschichtsunterricht erschienen. *Ulrich Mayer* kommt das Verdienst zu, die „fachdidaktischen Traditionsstränge und Begründungszusammenhänge" dargelegt zu haben.[29] Er ist der Ansicht, daß sich Handlungsorientierung „doch als spezifische, genuine Eigenart unserer Disziplin begründen" läßt.[30] Um aussagefähig zu werden, muß Handlungs- und Produktionsorientierung also fachdidaktisch präzisiert werden. Dies kann aus Platzgründen hier nur holzschnittartig am Beispiel weniger Dimensionen geschehen - als Hinweise und Anregungen, in welche Richtung sich hierin geschichtsdidaktische Forschung bewegen könnte:

Zur operationalen Dimension

Die bisherigen Ausführungen verdeutlichen, daß Handlungs- und Produktionsorientierung nicht in emphatisch naivem Sinne verwandt werden darf. Es handelt sich nicht um eine Art Basteldidaktik, in der *Kerschensteiners* Starenkasten zur Collage mutiert. Grundsätzlich geht es darum, über die operationale Ebene durch Anregung der Imagination zur Reflexion zu gelangen. Wie aber steht es dabei um das Verhältnis der Elemente handlungs- und produktionsorientierten historischen Lernens zur Methode historischen Denkens?[31] Inwieweit steuert historisches Denken/Bewußtsein die Elemente handlungs- und produktionsorientierten historischen Lernens oder ist es umgekehrt? Hier liegen Einbindung und Kongruenz problemorientierten Geschichtsunterrichts (vgl. Abb. 4).[32]

---

29 Ulrich Mayer: Handlungsorientierung als Prinzip und Methode historischen Lernens. In: Gerhard Henke-Bockschatz (Hrsg.): Geschichte und historisches Lernen, Kassel 1995, S. 117-129, vgl. dort die Literatur S. 118, 122, 126; Brigitte Dehne/Peter Schulz-Hageleit: "Handeln ist keine Einbahnstraße". Anregungen zur Belebung des Geschichtsunterrichts im Alltag. In: Geschichte lernen (1989) 9, S. 6-14.
30 Ulrich Mayer (Anm. 29), S. 119.
31 Ulrich Mayer, Ebd. S. 126.
32 Vgl. Uwe Uffelmann in diesem Band S. 17.

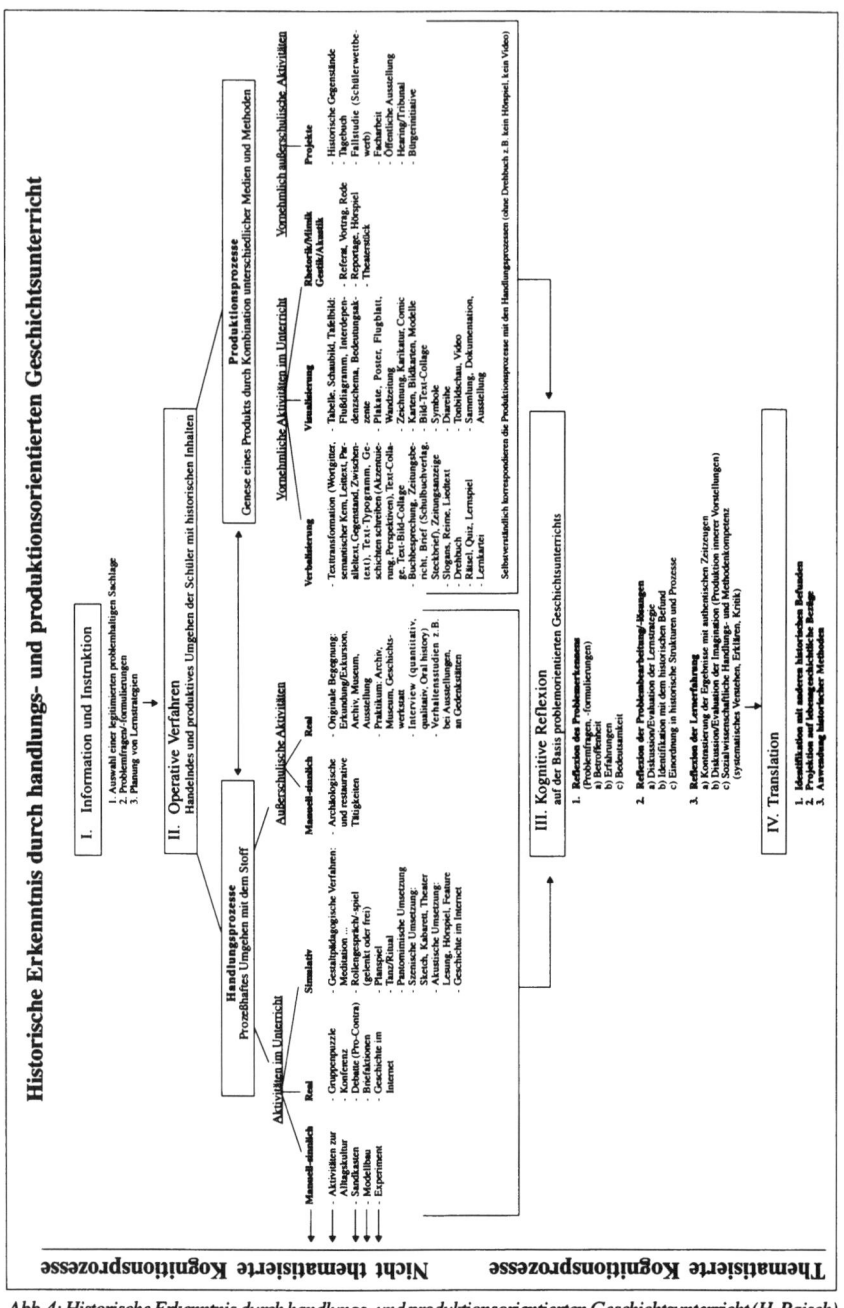

Abb. 4: Historische Erkenntnis durch handlungs- und produktionsorientierten Geschichtsunterricht (H. Raisch)

80

Allgemein anerkannt ist heute, daß der Prozeß der *Wissenskonstruktion* (Wissenserwerb und Wissensvermittlung) die *aktive Beteiligung* der Lernenden erfordert, die *situativ* und *sozial* eingebunden werden muß und bis zu einem gewissen Grad von Lernenden gesteuert und kontrolliert werden sollte. „*Problemorientierte* Lernumgebungen, die ihre Wurzeln in *Bruners* Konzept des *entdeckenden Lernens* haben, betonen vor allem die konstruktive Natur jeden Wissenserwerbs sowie die Bedeutung des Lernkontextes. Vorrangige Ziele sind der Aufbau flexibel anwendbarer Wissensstrukturen sowie die Entwicklung kognitiver Strategien. Zur Erreichung dieser Ziele wird eine direkte Informationsdarbietung weder als ausreichend noch als angemessen angesehen. Primäre Aufgabe des Lehrenden ist statt dessen die Bereitstellung einer Fülle von Problemen, mit denen sich die Lernenden aktiv, selbstgesteuert und explorativ auseinandersetzen."[33] Problemorientierte Lernumgebungen fördern durch *situiertes Lernen* in besonderem Maße *affektive Ziele.*[34] Situiertes Lernen hat vor allem die Prinzipien von *Kontextualisierung* bzw. *Dekontextualisierung von Lernen zu beachten:* „Die Kontextualisierung bzw. Einbettung des Lernens in spezifische Situationen soll sicherstellen, daß der Lernende nicht nur Wissen, sondern gleichzeitig die Anwendungsbedingungen dieses Wissens erwirbt. Um dieses Wissen nicht ausschließlich an einen Kontext zu binden, ist es gleichzeitig notwendig, durch die Vorgabe verschiedener Beispiele unterschiedliche Kontexte für die Wissensanwendung zu schaffen (Dekontextualisierung)".[35]

Ein besonderes Problem situierten Lernens, handlungs- und produktionsorientierten Geschichtsunterrichts im besonderen, stellt sich mit dem Prinzip der *Authentizität.* Natürlich verschaffen Simulationen und sogenannte Mikrowelten dem Lernenden die Möglichkeit - zunächst in nichtthematisierter Kognition - selbständig Handlungsabläufe, Zusammenhänge und Regeln zu entdecken, in nachfolgender kognitiver Reflexion Konzepte und Prinzipien zu erkennen, um sodann authentisches Handeln im weitesten Sinn anzubahnen. Authentizität geht von der Annahme aus, „daß die Übertragung von Wissen auf neue und komplexe Situationen nur dann gelingen kann, wenn

---

33 Roland Arbinger: Komplexität (Anm. 9), S. 30. – Vgl. zum aktiven, selbstgesteuerten Lernen Herbert Raisch/ Heinz Dieter Schmid (Hrsg.): Theorie und Praxis des kooperativen Unterrichts II, H. 5 – Geschichte und Erdkunde, Stuttgart 1971.

34 Da die Wissenspsychologie immer noch zu sehr kognitiv ausgerichtet zu sein scheint, wird dieser Aspekt erst allmählich erkannt; dies hängt natürlich an der bislang wenig untersuchten, da schwierigen Operationalisierung affektiver Ziele. Vgl. zum "situierten" Lernen v. a. M. F. Young: Instructional design for situated learning. In: Educational Technology Research 41 (1993), S. 43-58.

35 Roland Arbinger (Anm. 9), S. 30.

auch der Erwerb von Wissen in authentischen und damit notwendigerweise komplexen Situationen erfolgte."[36] Dies bedeutet für den Unterricht, daß man sich durch gewissenhafte Reduktion und Elementarisierung der Inhalte davor hüten sollte, historische Probleme allzu sehr zu vereinfachen.

Handlungs- und Produktionsorientierung beginnt deshalb schon bei der historischen Problemfrage. Problemformulierungen/Hypothesenbildung aufgrund von Vorwissen, Interesse, subjektiver Beziehung (lokale, soziale, psychische Nähe), Schlüsselerlebnissen, prägenden Lebenslagen, altersabhängigen Erfahrungen usw. intendieren bereits methodische Möglichkeiten handlungs- und produktionsorientierten Geschichtsunterrichts (z. B. perspektivisch: Menschen in anderem Umfeld, in anderer Zeit/ subjektiv: wie hätte ich gehandelt?). Diese steuern die operationalen Entscheidungen.

Da im handlungs- und produktionsorientierten Geschichtsunterricht das Verhältnis von Handlung und Erkenntnis durch das didaktische Handlungsziel bestimmt wird, scheint evident zu sein, daß wir von unserem von Gefühlen und Einstellungen mitbestimmten Vorwissen, von historischem Fühlen und Denken als Sinngehalt menschlichen Seins ausgehen, um sodann über das operationale Umgehen mit einem historischen Sachverhalt historisches Bewußtsein anzubahnen, aufzubauen und zu stabilisieren. Schon im *Produktionsprozeß* werden erkenntnisfördernde Aspekte und Strukturen einsichtig; schon während der operativen Verfahren erfolgt nicht thematisierte Kognition. (vgl. Abb. 4)

Im Handeln und Produzieren und nachfolgenden Reflektieren werden neue Eigenschaften wahrgenommen, erfolgt eine Qualifizierung. Handlungs- und produktionsorientierter Geschichtsunterricht ist ein Vehikel zur Erlangung historischer Grundeinsichten menschlichen Daseins. In Kenntnis aller Gefahren bei Analogiebildungen wie zum Beispiel auch „der Projektion gegenwärtiger Erfahrungen auf die Vergangenheit"[37], haben Schüler die Möglichkeit, sich sinnenhaft und gedanklich in historische Situationen, Akteure und Prozesse hineinzuversetzen und probehandelnd gestaltungsorientierende Kompetenzen zu erwerben.[38]

Aus diesem Grunde ist im handlungs- und produktionsorientierten Geschichtsunterricht eben nicht das Produkt entscheidend, sondern der *Prozeß der Produktion* als ständiges Zusammenspiel von Handeln und Denken, Kurzzeit- und Langzeitgedächtnis, Emotion und Kognition. Dabei sind bislang viele Fragen offen, vor allem muß darauf hingewiesen werden, daß auch ein Erfahrungen ermöglichender Geschichtsunterricht der didaktischen Legitimierung bedarf, da nicht jede Erfahrung einen angemessenen Beitrag zum Aufbau historischer Kompetenz im Schüler leistet.[39]

---

36 Roland Arbinger, ebd.
37 Ulrich Mayer (Anm. 29), S. 127.
38 Tilman Grammes (Anm. 24), S. 20.
39 Peter Schulz-Hageleit: Erfahrungsunterricht. In: GWU (1997) 3, S. 161-169.

Zur Methodendimension

Produktionsorientierung benötigt einen *konstitutiven Methodenbegriff*.[40] Methodik - ein komplexer, umfassender Begriff, der weit über schulisches Lernen hinausreicht - umfaßt ganz unterschiedliche Aspekte des Lernens: Arbeits- und Verfahrensweisen, Lehr- und Lernformen. Methoden im Geschichtsunterricht sind einem didaktisch-pädagogischen Bedingungsgefüge unterworfen: Zielsetzungen, Inhalten in Reduktion und Elementarisierung, Medien oder personalen und organisatorischen Rahmenbedingungen. Innerhalb der Methodendimension kommt im handlungs- und produktionsorientierten Geschichtsunterricht dem *Medienproblem* besondere Bedeutung zu. Medien transportieren außerschulische Realitäten in den Unterricht. „Schüleraktivität wird begünstigt durch die Begegnung mit menschlicher Aktivität, vergegenständlicht in (historischen) Dokumenten, vermittelt über die Unterrichtsmedien".[41] Historische Realität wird durch Medien immer nur in einem Ausschnitt von Wirklichkeit und Perspektivik repräsentiert. Authentizität ist nur *konvergent* zu bekommen, indem unterschiedliche Sichtweisen miteinander konfrontiert werden. Gerade durch handlungs- und produktionsorientierten Geschichtsunterricht können Schüler Prozesse der Realitätskonstruktion und -verzerrung real und simulativ selbst anwenden. Dabei ist es notwendig darauf zu achten, Realität mehrperspektivisch anzubieten. Schüler müssen erfahren und sich reflektiv damit auseinandersetzen, daß Objektivität nur durch Inbezugnahme und Konfrontation unterschiedlicher Quellen annähernd zu erreichen ist. Gerade deshalb sind Auxiliarkompetenzen, hier vor allem kritische und logisch-logistische Kompetenz, Projektions- und ästhetische Kompetenz, gefragt. *Hans-Jürgen Pandel* hat in mehreren Arbeiten auf Bedeutung und Defizite in der geschichtsdidaktischen Methodik hingewiesen.[42]

Zur Dimension kognitiver Reflexion

Tilman Grammes hat feinsinnig bemerkt, daß die reformpädagogische Formel „learning by doing" im handlungsorientierten Unterricht heißen müßte „learning by doing, about what we are thinking.[43] Allzu häufig fehlt die Auswertungsphase, eben die kognitive Reflexion der handlungs- und produktionsorientierten Prozesse und Produkte.

---

40 Tilman Grammes (Anm. 24), S. 19; Ulrich Mayer (Anm. 29), S. 128.
41 Tilman Grammes, ebd. S. 24.
42 Hans-Jürgen Pandel: Textquellen im Unterricht. In: Geschichte lernen (1995) 8, S. 14-21; ders.: Bild und Film. Ansätze zu einer Didaktik der Bildgeschichte". In: Schönemann/Uffelmann/Voit (Anm. 23), S. 157-168; Bernd Schönemann: Geschichtsbewußtsein methodisch. Bedingungs- und Entscheidungsfelder historischen Lernens. In: Schönemann/Uffelmann/Voit (Anm. 23), S. 39-65.
43 Tilman Grammes (Anm. 24), S. 15.

Erkenntnisse, die aus Erfahrungen gewonnen wurden, sind in der Regel kontextgebunden und subjektiv, so daß eine Reflexion solch subjektiver Erkenntnisse und ihrer Bedingungen im Unterricht zum Beispiel durch Methoden zur Synthese (Unterrichtsgespräche, weitere Operationen wie kritische Konfrontation und/oder Vergleich mit anderen Meinungen/Ergebnissen, Möglichkeiten der Ergebnissicherung usw.) für eine sachgemäße Einordnung in den allgemeinen Wissens- und Bewußtseinsbestand notwendig ist. Damit wird einerseits deutlich, daß die didaktische Legitimation eines konkreten historischen Inhalts der Entscheidung für oder gegen Handlungs- und Produktionsorientierung vorausgehen muß, da nicht alle für bedeutsam gehaltenen Unterrichtsinhalte in der konkreten Lebenswirklichkeit der Schüler in der Weise verfügbar sind, daß sie handlungs- und produktionsorientiert thematisiert werden können.

Im Hinblick auf die Reflexion, auf die Erlangung historischer Kompetenz bedarf daher handlungs- und produktionsorientierter Geschichtsunterricht andererseits der Ergänzung durch Unterricht, in dem Wissensgebiete unter didaktischen Gesichtspunkten systematisch, analytisch-synthetisch erschlossen und erworbene Kenntnisse und Erkenntnisse, Fähigkeiten und Fertigkeiten durch Üben gesichert und vertieft werden, soll es nicht zu einer Absenkung der Theorienanteile und -ansprüche kommen.[44] Das bedeutet, daß systemorientierte und adaptive Lernumgebungen in einem dem Inhalt bzw. der Sachstruktur angemessenen Verhältnis zu den problemorientierten Lernumgebungen stehen müssen, um sowohl flexibel anwendbares (transferierbares), bereichsbezogenes als auch strategisches und metakognitives Wissen zu vermitteln und zu erwerben.[45]

Bei der Planung von sozialwissenschaftlichem Unterricht im allgemeinen und von Geschichtsunterricht im besonderen geht es prinzipiell um das Phänomen der *Komplexität*. Es geht dabei zunächst darum, *dynamische Systeme* „aufzulösen", zu reduzieren, zu elementarisieren. „Systeme sind Konstrukte des menschlichen Denkens zur Beschreibung und Erklärung der Realität".[46] Was aber ist Realität? - Welche Fülle von Assoziationen taucht vor unserem inneren Auge auf, wenn wir die Worte Punische Kriege, Kreuzzüge, Reformation, Reconquista, Imperialismus, Drittes Reich usw. hören? Wußten die damaligen Menschen dies alles, was wir heute wissen? Sehr wahrscheinlich nicht. Und doch waren sie „dabei" und wir nicht. Ist unser Bild Phantasie? - Einerseits ja, da wir nicht dabei waren; andererseits nein, da wir die je unterschiedlichsten Quellen zu dynamischen Systemen konzentriert haben, indem wir die Entstehung, Dynamik und Funktion komplexer Systeme analysiert haben, um Realität zu erklären. Gerade deshalb ist unser Bild wahrer. Denn alles Irdische ist dazu bestimmt, sich zu Geist sowohl zu sublimieren wie zu konzentrieren. Erst dann wird es, in einem höheren Sinne, wirklich, ist Realität. Aber dieser Prozeß erfordert Zeit, und diesen Zeitvorsprung haben wir vor den „Zeitgenossen".

---

44 William Middendorf (Anm. 24), S. 9.
45 Vgl. Abb. 2.
46 Dieter Klaus: Systemtheoretische Grundlagen räumlicher Komplexität. Forschungsstand und

Kognitiver Reflexion kommt aber umgekehrt die Funktion zu, vor falscher Vereinfachung zu schützen, in gewisser Weise Komplexitätserfahrung und -einsicht insgesamt entstehen zu lassen. Historisch-handlungsorientierte Operationen allein genügen nicht. Der Weg von der Mediengesellschaft zur Wissensgesellschaft ist der Weg von der Information zur Bedeutung, von der Wahrnehmung zum Urteil. Es nützt nichts, wenn man im Unterricht alle Puzzlesteine in der Hand hält und dennoch das Bild nicht erkennen kann, das sie, richtig verbunden, ergeben. Wissen ist bedeutungsgerecht bewertete Information, zu erkennen, was wichtig ist, Wert hat, Sinn ergibt. Deshalb hat den handlungs- und produktionsorientierten Operationen logischerweise die kognitive Reflexion zu folgen.

Wie aber steht es dann mit der *Translation?* Wann und unter welchen Bedingungen gelingt ein *Transfer,* die Übertragung von Wissen auf neue Probleme? - Entstandenes Wissen bleibt oftmals „*träges"* Wissen, das nicht auf neue Situationen, Probleme übertragen wird oder werden kann. Der Erwerb anwendbaren, nutzbaren, übertragbaren Wissens, so z. B. auch Analogiebildungen, d. h. die Übertragung von Wissen auf strukturgleiche Probleme, wird nur dann gelingen, wenn die Wissensanwendung und -übertragung integrale Bestandteile des Lernprozesses sind.[47]

Aus den vielfältigen Ansätzen zur Erlangung historischer Erkenntnis/Geschichtsbewußtseins steht als Vermittlungsaufgabe für die Schule fest: Handlungs- und produktionsorientierter Geschichtsunterricht öffnet in besonderem Maße die Tür in die Welt der Geschichte und vermittelt Impulse zum intensiven Verweilen in Zeit und Raum. Ziel dieser didaktischen Konzeption ist es, nicht nur zu klären, was historische Sachverhalte bedeuten, sondern vor allem was sie als Aktiv- und Projektionsraum für den historisch Lernenden, stets auch später mit Historie Lebenden sind.

Handlungs- und produktionsorientierter Geschichtsunterricht aktiviert also zuerst in der Begegnung mit Personen und Personenkonstellationen, mit Problemen in Situationen und Prozessen die imaginative Kraft des historisch Lernenden, in einem weiteren Schritt das Problembewußtsein in allen Phasen.[48] Es findet zwar bereits in den operativen Verfahren nicht thematisierte Kognition statt, aber ohne eine auf den Handlungs- und Produktionsprozeß folgende kognitive Reflexion und gegebenenfalls den Transfer entsteht weder quantitativ noch qualitativ historische Erkenntnis.

Unterrichtsbeispiele. In: Geographie und Schule 20 (1998) 116, S. 2-17.

47 Vgl. dazu zusammenfassend Roland Arbinger: Psychologie des Problemlösens. Eine anwendungsorientierte Einführung, Darmstadt 1997.

48 Vgl. Uwe Uffelmann in diesem Band S. 17.

So gesehen vermittelt historisches Lernen durch handlungs- und produktionsorientierten Geschichtsunterricht Kompetenzen, d. h. grundlegende Fähigkeiten, die sowohl für Interesse an und Beschäftigung mit Geschichte im allgemeinen, für das Umgehen mit historischen Quellen/Darstellungen im weitesten Sinne wie für das historische Denken (Logik historischer Erkenntnis) und im ganzen für den Aufbau eines stabilen, gesicherten Geschichtsbewußtseins fördernd und letztlich unabdingbar sind (vgl. Abb. 5)[49].

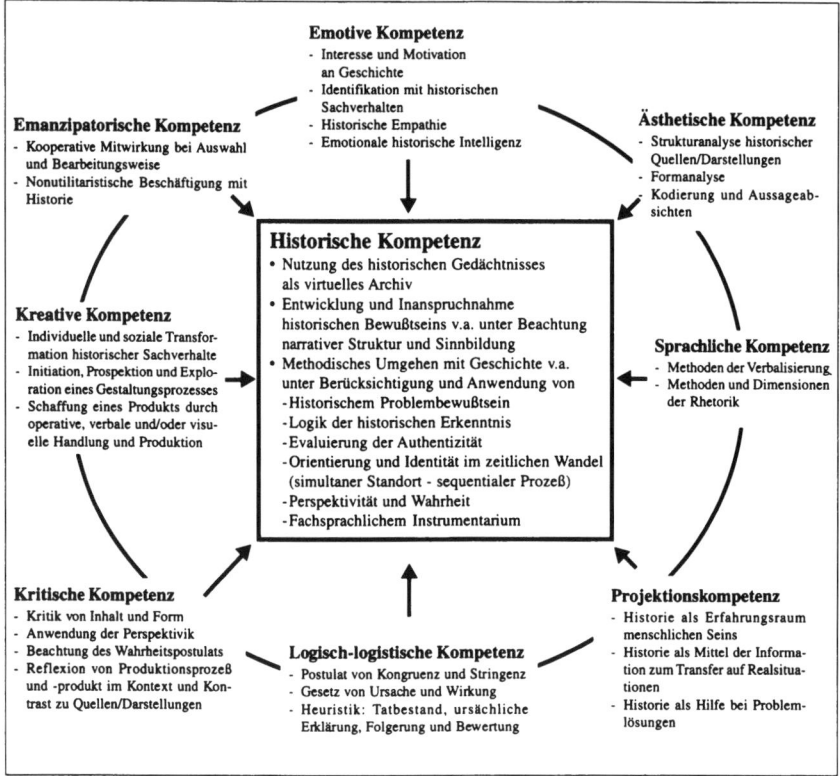

Abb. 5: *Kompetenzen historischen Lernens auf der Basis eines handlungs- und produktionsorientierten Geschichtsunterrichts (H. Raisch)*

---

49 Gerhard Haas (Anm. 25), S. 35 ff.

Historische Kompetenz korrespondiert dabei mit zahlreichen *Auxiliarkompetenzen* (Teilkompetenzen, deren sich historische Kompetenz bedient) in einem Netzwerk sich überschneidender Verflechtungen. Die Dominanz einzelner Bereiche der Kompetenzen richtet sich nach historischem Gegenstand, unterschiedlichen Quellen und Darstellungen. Im Hinblick auf den Aufbau eines historischen Lernsystems werden durch den handlungs- und produktionsorientierten Geschichtsunterricht vor allem folgende Kompetenzen angestrebt bzw. aufgebaut:

Historische Kompetenz
Historische Kompetenz verstanden als die Fähigkeit, mit einem historischen Sachverhalt durch ein historisches Medium Kontakt aufzunehmen und eine, wie auch immer geartete emotional-affektive und/oder kognitive Verbindung mit ihm einzugehen.

Partikularkompetenzen (Auxiliarkompetenzen) im Dienste historischen Lernens:

- **Emotive Kompetenz** verstanden als die Fähigkeit und zugestandene Freiheit, im Umgang mit historischen Sachverhalten Gefühle zu zeigen, sich durch Imagination identifikatorisch mit diesen Sachverhalten zu verbinden, d. h. z. B. auch bezogen auf historische Situationen/Prozesse emotionale Spannung zu erleben. Die Ausbildung einer emotionalen Intelligenz zielt eben darauf, die eigenen Gefühle kennen, strukturieren und mit ihnen umgehen zu lernen sowie die Fähigkeit der Empathie zu entwickeln; beides vollzieht sich, da der Mensch ein raumzeitliches Wesen ist, eben auch in der Begegnung mit historischen Inhalten, Figuren und Geschehnissen. Selbstverständlich bedarf Emotionalität - und darauf wurde immer wieder hingewiesen (s.o. passim) - der Korrektur durch Intelligenz, durch kognitive historische Reflexion. Es ist notwendig, emotiv wirksame Botschaften historischer Quellen/Darstellungen z. B. nach Effizienzgehalt, Ideologiegehalt usw. zu hinterfragen.[50]

- **Kreative Kompetenz** verstanden als auszubildende Fähigkeit, auf historische Quellen jeglicher Art aktiv-produktiv-handelnd zu antworten, d. h. sie zu verändern, zu ergänzen, zu erweitern, zu verkürzen, andere Akzente zu setzen, in andere Medien zu transformieren usw. Zentral ist beim Lernenden dabei die Befriedigung des elementaren Bedürfnisses, selbst handelnd und gestaltend tätig zu werden, ohne die Logik historischer Erkenntnis zunächst zu beachten - sicherlich für viele eine Gefahr! - fiktional, spielerisch-kombinatorisch über unterschiedliche Quellen/Darstellungen in historische Sachverhalte hineinzugehen, diese sich tätig anzueignen.

---

50 Bernd Mütter/Uwe Uffelmann (Hrsg.): Emotionen und historisches Lernen, Hannover ³1996.

- **Emanzipatorische Kompetenz** verstanden als die in gleichem Maße zu entwik-kelnde und festigende Fähigkeit, sowohl bei der Wahl historischer Situationen / Prozesse / Probleme / Quellen/ Darstellungen wie bei der Entscheidung über die Form des Umgangs mit ihnen kooperativ mitzuwirken und außerdem Interesse *an* sowie Beschäftigung *mit* Historie aus einer bestimmten Lage, Situation, Stimmung, Antizipation heraus als Form der Distanzierung vom Alltäglichen, Gewohnten, Nütz-lichen zu realisieren.

- **Projektionskompetenz** verstanden als die Fähigkeit, von bestimmten Interessen-lagen oder von aktuellen Problemen ausgehend, Beschäftigung mit Historie als Mittel der Information zu verwenden, als Impuls und Antrieb für die Übertragung in reale Situationen und Erfahrungen einzusetzen, d. h. auch kategorial als Hilfe bei Problemlösungen zu benutzen. Es geht darum, Möglichkeiten des Seins bzw. der Existenz sichtbar und diskutierbar zu machen, historische Situationen und Prozes-se als komplexe Wirklichkeit aufzunehmen, sich von ihnen ansprechen zu lassen oder sie in ihrer Fremdartigkeit, Alterität, aber auch in ihren Identifikationsmustern zu erfahren und kognitiv zu durchdringen.[51]

- **Ästhetische Kompetenz** verstanden als die Fähigkeit, vor allem Real- und Bild-quellen in ihrer spezifisch historischen Präsentation zu sehen, d. h. ihre Struktur zu erkennen, ihre Form zu analysieren, ihre historische Kodierung (z. B. visuelle Me-taphern usw.) zu enthüllen und zur Aussageabsicht in Beziehung zu setzen.

- **Kritische Kompetenz** verstanden als die Fähigkeit, Gehalt und Gestalt einer histo-rischen Quelle/Darstellung von ideologiekritischen, politischen, ökonomischen, so-zialen, ethischen oder ästhetischen Gesichtspunkten und Implikationen aus kritisch zu befragen, zu bewerten und zu beurteilen, insbesondere jedoch auch durch kogni-tive Reflexion des eigenen Produktionsprozesses und -produktes.

- **Logisch-logistische Kompetenz** verstanden als die Fähigkeit, historische Situatio-nen und Prozesse zu untersuchen nach kongruentem und stringentem Ablauf und Verhalten, nach dem Gesetz von Ursache und Wirkung sowie nach heuristischen Prinzipien wie Tatbestand, ursächliche Erklärung, Folgerung und Bewertung.

- **Sprachkompetenz** verstanden als die Fähigkeit, kommunikative Beziehungen zwi-schen historischen Quellen/Darstellungen und dem historisch Lernenden in Spra-che zu fassen, sowohl als allgemein-sprachliche Fähigkeiten und als fachspezi-fisch-begriffliche Fertigkeiten, sei es durch schriftliche Verbalisierung oder durch die Mittel der Rhetorik.

---

51 Hans-Jürgen Pandel: Bild und Film (Anm. 42), S. 165 f.

Offene Fragen

Auf dem Wege zur Realisierung der Konzeption handlungs- und produktionsorientierten Geschichtsunterrichts sind viele Fragen offen, von denen hier wenige angedacht werden:

- Für welche historischen Inhalte eignen sich welche operationalen Verfahren besser/weniger gut? Es geht dabei um die *didaktische Legitimierung* der Inhalte für affine sinnvolle, effiziente Handlungs- und Produktionsverfahren. Hierzu bedarf es empirischer Untersuchungen.
- Als nach wie vor ungelöst gilt das Problem der Auflösung der *Komplexität von Inhalten* als Prozesse der Wissenskonstruktion. Durch welche Kategorien wird denn die Auswahl historischer Lerninhalte in Unterrichtseinheiten, die richtige Reduktion auf Elemente in kleineren Lerneinheiten gesteuert (unter Berücksichtigung von Lehrplanvorgaben, Arbeitsökonomie usw.)? Selbstverständlich hängt diese Frage eng mit den zu wählenden Methoden bzw. mit den Lernumgebungen zusammen, also mit der Entscheidung für oder gegen handlungs- und produktionsorientierte Operationen.
- Wie steht es mit den *Verfahrensweisen* in den einzelnen Schritten der kognitiven Reflexion? Es ist zwar unstrittig, daß schon vor und während der Operationen im Lernenden nicht thematisierte Kognition abläuft, aber welche Verfahren der kognitiven Reflexion eignen sich im Anschluß an die Handlungs- und Produktionsprozesse, um historische Erkenntnis zu erlangen und historisches Bewußtsein aufzubauen? Genügen unterrichtliche Gesprächsverfahren und/oder müssen *neue Operationen* verschiedenster Art (Ergebnissicherungen wie Protokolle usw.) zusätzlich in welcher Weise angewandt werden, damit sich die Synthesen, und das ist häufig der Fall, nichts als „Hülsen" in den Köpfen der Schüler selbst bilden müssen? Insgesamt geht es nicht nur darum, sich Rechenschaft darüber abzulegen, was man eigentlich getan hat, sondern um eine *neue Methodik* (auch um ein neues Methodenbewußtsein), die z. B. auch das Verhältnis von Lingualität/Visualität und deren Wirkungen untersucht und berücksichtigt, es geht vor allem auch um eine *didaktisch kontrollierte Methodik der Medien*. Gerade in diesem Zusammenhang fehlen empirische Untersuchungen über Wirkung und Effizienz handlungs- und produktionsorientierten Geschichtsunterrichts in Relation zum Prozeß historischer Erkenntnis, vor allem auch unter dem Aspekt, welche *historischen Lernstrategien* beherrscht werden sollten.
- Bei der Notwendigkeit, exemplarische und orientierende Inhalte aus der Stoffülle auszuwählen, stellt sich unter den derzeitigen unterrichtlichen Bedingungen und Ressourcen zudem die nach wie vor ungelöste Frage nach dem *Transfer:* Welche Arten historischen Wissens lassen sich auf welche Weise auf neue Probleme übertragen?
- Methodik weist gleichzeitig wiederum zurück auf die *Inhalte*. Was sollte denn als *historisches Wissen* beim Lernenden nach einer Lerneinheit (Unterrichtseinheit,

Projekt ..., am Schluß der Schulzeit) vorhanden sein, was an bereichsbezogenem, strategischem und metakognitivem Wissen? - Solche Fragen führen auch zur Problematik eines Rahmenlehrplans als Grundkonsens zu vermittelnder Ziele und Inhalte des Geschichtsunterrichts.

Mit diesem Curriculumproblem korrespondiert die Frage nach der Veränderung von Schule. Handlungs- und produktionsorientierter Geschichtsunterricht benötigt mehr Freiräume. Da Aufwand und Effizienz - auch arbeitsökonomisch - in der richtigen Relation stehen müssen, bleibt für diese Konzeption unter den heutigen sozioökonomischen Prämissen in der Regel zunächst nur der kontinuierliche „Weg der kleinen Schritte".

- Unter den derzeitigen gesellschaftlich-schulischen Bedingungen läßt sich z. B. in Hauptschulen, insbesondere in Ballungsräumen, heute oft nicht anders arbeiten als handlungs- und produktionsorientiert. Wer den Versuch wagt, diese Konzeption in Schule und Hochschule(!) anzuwenden, wird belohnt.

  Ein weiteres Problem besteht in der *Leistungsmessung*. Aufgrund vielfältiger Erfahrungen in Produktions- und Dienstleistungsunternehmen müssen neben den traditionellen Möglichkeiten der Leistungsmessung neue diagnostische Verfahren der Evaluisierung (Bewertung, Notengebung) entwickelt werden. Als Maßstab könnten die Kompetenzen, natürlich unter Berücksichtigung von Objektivität, Reliabilität und Validität, dienen.

- Schließlich könnte sich geschichtsdidaktische Forschung Erkenntnisse der *Sozialisationsforschung, der Kognitionsforschung, der medizinischen Psychologie und auch der Hirnforschung* nutzbar machen. Unser Gehirn ist elementar auf emotionale und körperliche Rückkoppelungen angewiesen. Unbewußtes - bewußtes historisches Gedächtnis: *Vorwissen - Wissen - Erinnern - Vergessen!* - Moderne Hirnforschung versucht, durch ganzheitliche Lernprozesse, die hinter dem Lernenden stehenden Hirnprozesse dauerhaft zu verändern.

  Handlungs- und produktionsorientierter Geschichtsunterricht ist eine grundlegende Konzeption historischen Lernens. Gibt sie auch Impulse für die Reflexion der Geschichtsdidaktik?

Dieser Beitrag ist Prof. Dr. Armin Reese, Heidelberg, zum 60. Geburtstag gewidmet.

Elisabeth Erdmann

„Die Schüler etwas tun lassen..."
Handlungsorientierung und Problemorientierter Geschichtsunterricht am Beispiel frühindustrieller Wohnverhältnisse in Berlin

Auf der Suche nach neuen Lernformen wird derzeit das Prinzip der Handlungsorientierung immer wieder ins Spiel gebracht.[1] Das korrespondiert durchaus mit Schülermeinungen wie der folgenden: „Ich finde, man muß die Schüler etwas tun lassen und nicht dasitzen und zuhören lassen." So lautet das Fazit eines Schülers der 10. Klasse eines Gymnasiums, als er über seine Erfahrungen und Vorschläge zum Geschichtsunterricht befragt wurde.[2]

Im folgenden soll darauf verwiesen werden, daß bereits früher in der geschichtsdidaktischen und -methodischen Diskussion von Handlungsorientierung die Rede war. Dann werde ich auf die pädagogische, die kognitionspsychologische und sozialisationstheoretische Begründung von Handlungsorientierung eingehen. Aus geschichtsdidaktischer Sicht soll gefragt werden, inwieweit ein handlungsorientierter Geschichtsunterricht dazu beitragen kann, das historische Erklären und Verstehen zu fördern und welche Möglichkeiten, handlungsorientiert zu arbeiten, sich im Geschichtsunterricht verwirklichen lassen. Dann wird am konkreten Beispiel dargelegt, wie handlungsorientierter Unterricht im Rahmen des Problemorientierten Geschichtsunterrichts aussehen kann.

Hans Ebeling fordert in seiner Methodik und Didaktik eines zeitgemäßen Geschichtsunterrichts (1965) im Anschluß an die Darbietung des Stoffes auch die manuelle Aufarbeitung, die in bildhaftem Gestalten oder in Basteln und Werken bestehen kann. Für ihn lag der Wert des manuellen Gestaltens in einer Versenkung in die jeweilige historische Epoche, in dem Erkunden und Erforschen der Zusammenhänge.[3] In dem didak-

---

1   Ulrich Mayer: Handlungsorientierung als Prinzip und Methode historischen Lernens. In: Gerhard Henke-Bockschatz (Hrsg.): Geschichte und historisches Lernen. Jochen Huhn zum 65. Geburtstag, Kassel 1995, S. 117-129; ders., Handlungsorientierung. In: Klaus Bergmann u.a. (Hrsg.): Handbuch der Geschichtsdidaktik, 5. überarb. Aufl., Seelze-Velber 1997, S. 411-416. Herbert Raisch: Überlegungen zum handlungs- und produktionsorientierten Geschichtsunterricht. In: Praxis Geschichte, 11 (1998) 5, S. 30-36.

2   Elisabeth Erdmann: Was ist und soll Didaktik der Geschichte. In: Inf.-Int.Soc.Hist.Didact. 16 (1995) 2, S. 99-113, jetzt In: Geschichte, Politik und ihre Didaktik 24 (1996) 3/4, S. 189-196, S. 192ff.

3   Hans Ebeling: Didaktik und Methodik des Geschichtsunterrichts, Hannover ⁵1973, S. 255ff., bes. S. 264ff.

tischen Konzept Annette Kuhns dagegen (1974) ist „Handlungsorientierung" die dritte und abschließende Phase im Lernprozeß nach der „Hypothesenbildung" und der
„Historischen Aufklärung". Hier müssen sich die von den Schülern vertretenen Normen und Wertekategorien in ihrer Tragfähigkeit durch Diskussion erweisen. Annette
Kuhn spricht „von möglichen, transferfähigen politischen Lernzielen, d.h. einer Umsetzung des im Unterricht Gelernten in die gesellschaftliche Praxis".[4] Beide Konzepte
erwiesen sich als nicht tragfähig.

Die Forderung des Lernens mit „Kopf, Herz und Hand", die bekanntlich auf Pestalozzi zurückgeht, wird von heutigen Pädagogen wieder aufgegriffen; ebenso die Traditi-
onslinien, die aus der Reformpädagogik in Deutschland (Gaudig, Kerschensteiner,
Reichwein), aus der Projektidee des amerikanischen Pragmatismus (Dewey, Kilpa-
trick) und der sowjetischen kulturhistorischen Schule (Wygotsky, Leontjew, Galperin)
kommen. Die Pädagogen begründen diese Forderung aus dem sozialen Wandel und
der damit einhergehenden Entwicklung des Schulwesens, dann aus der Pflicht der
Schule, Begabung in einem breiteren Sinne zu entfalten als bisher sowie aus anthropologischen und entwicklungspsychologischen Erkenntnissen heraus. Ferner gehöre
praktisches Lernen zu den elementaren Lernerfahrungen, die für das Verständnis der
Gesellschaft und die Orientierung in ihren komplexen technisch-administrativen Vorgängen unerläßlich seien. Schließlich könne praktisches Lernen einen Lebensbezug
eröffnen und soziale Erfahrungen ermöglichen, die den Bedürfnissen der Jugendlichen in besonderem Maße entsprechen.[5]

Andererseits ist Handlungswissen ein zentraler Begriff der kognitionspsychologischen
Forschung Hans Aeblis. Am Anfang aller Wissensproduktion steht das Repertoire der
Handlungsschemata. Aus ihnen entwickeln sich Operationen, die ihrerseits zu Begriffen führen. Der Mensch wird bei Aebli nicht nur als ein rezeptives, sondern vor allem
als sein Wissen selbst produzierendes, tätiges Wesen gesehen, das die Mittel seiner
Wissensproduktion ebenfalls selbst produziert. Denken geht nach Aebli aus dem Handeln hervor. Danach haben Denken und Handeln wesentliche Züge gemeinsam: nämlich Zielsetzung, Funktion und Struktur.[6] Allerdings verwendet Aebli in seinen verschiedenen Veröffentlichungen verschiedene Formen des Handlungswissens, ohne sie
terminologisch zu explizieren. Zwar wird jedes Handlungswissen durch Tun erworben, doch hat es unterschiedliche Qualität, indem es zum einen die Wirk- und Sinnzu-
sammenhänge erkennt (Aebli bringt das Beispiel der Herstellung von Hartkäse)[7] , zum

---

4   Annette Kuhn: Einführung in die Didaktik der Geschichte, München 1974, ²1977, S. 68ff.
5   Literatur dazu bei Mayer und Raisch (Anm.1).
6   Hans Aebli: Denken: Das Ordnen des Tuns, Bd.I: Kognitive Aspekte der Handlungstheorie,
    Stuttgart 1980, S. 13.
7   Hans Aebli: Zwölf Grundformen des Lehrens, Stuttgart 1983, S. 186ff.

andern Problemlösungen erzielt, die allerdings noch nicht theoretisch vollzogen werden (Entdeckung des Messens im Turmbeispiel)[8] und schließlich theoriegeleitetes Operieren ermöglicht.[9] M.E. sind diese Unterschiede wichtig für den handlungsorientierten Unterricht. Doch darauf wird zurückzukommen sein.

Schließlich sind die Ergebnisse der Sozialisationsforschung zu berücksichtigen. Die Veränderung der Kindheit ist unübersehbar: Kleinfamilien, viele Alleinerziehende, häufige Umzüge, verlängerte Ausbildungszeiten mit entsprechend längerer Abhängigkeit und somit vermehrten Ablösungsproblemen. Dazu kommen ungewisse Zukunftschancen, die sowohl Spannung wie auch Beunruhigung hervorrufen können. Die Kleinstfamilie bietet auch nicht mehr die Möglichkeit, quasi nebenbei zu lernen, wie man mit anderen zurecht kommt. So kommen auf die Schule eine Reihe von Erziehungsaufgaben zu, mit denen sie eigentlich überfordert ist. Denn ihre primäre Aufgabe besteht, zumindest nach dem traditionellen Verständnis von Schule, nicht darin, Defizite der Gesellschaft auszugleichen.[10]

In neuerer Zeit hat Herbert Gudjons eine Reihe von Merkmalen genannt, die den handlungsorientierten Unterricht beschreiben. Darauf kann ich an dieser Stelle lediglich verweisen. Hervorzuheben ist m. E., daß es dabei nicht allein um Selbsttätigkeit der Schüler, sondern auch um Selbständigkeit der Schüler geht.[11] Herbert Raisch kommt das Verdienst zu, nachdrücklich auf die Produktionsorientierung verwiesen zu haben. Folgt man seiner Diktion, so muß nicht nur von handlungs-, sondern auch von produktionsorientiertem Unterricht die Rede sein.[12] Allerdings kann ich mich der von ihm getroffenen Definition von Handlungsorientierung einerseits als „sinnenhaft-aktives Umgehen mit einem historischen Sachverhalt" durch handelndes Reagieren auf ihn mit dem Ziel der Inbeziehungsetzung von Individuum und Sache und Produktionsorientierung andererseits als produktives Agieren mit Informationen zu einem Sachverhalt nicht anschließen.[13] Dasselbe gilt für seine Unterscheidung von Hand-

---

8   Aebli ebd., S. 205ff.
9   Hans Aebli: Denken: Das Ordnen des Tuns, Bd.II: Denkprozesse, Stuttgart 1981, S. 194ff. Vgl.
    zu den verschiedenen Formen des Wissens auch Norbert Diesenberg, Handlungswissen-
    Orientierungswissen-Existenzwissen. Zur Problematik, Abgrenzung und Explikation didaktisch
    relevanter Wissensformen. In: Manfred Jung (Hrsg.): Handlungswissen - Orientierungswissen
    - Existenzwissen, Stuttgart 1989, S. 76-100.
10 Peter Struck: Neue Lehrer braucht das Land. Ein Plädoyer für eine zeitgemäße Schule, Darm-
    stadt 1994, vgl. ders.: Die Kunst der Erziehung, Darmstadt 1996.
11 Herbert Gudjons: Handlungsorientiert Lehren und Lernen, Bad Heilbrunn 1994; ders.: Didak-
    tik zum Anfassen. Lehrer/in-Persönlichkeit und lebendiger Unterricht, Bad Heilbrunn 1977, S.
    109ff. - Allein aus stilistischen Gründen wird die männliche Form benützt und nicht jedesmal
    auch die weibliche.
12 Raisch (Anm.1), S. 31ff.
13 Raisch, ebd., S. 31.

lungs- und Produktionsprozessen im Unterricht.[14] Andererseits kann ich mir vorstellen, daß man analog zu der unterschiedlichen Qualität des Handlungswissens, wie sie sich Aeblis Schriften entnehmen läßt, auch nach den unterschiedlichen Qualitäten der Handlungs- und Produktionsorientierung in Geschichtsdidaktik und im Geschichtsunterricht fragen und zu einer Klassifikation kommen könnte. Allerdings kann ich hier noch keine Ergebnisse vorstellen, sondern nur anmerken, daß noch Forschungsbedarf besteht.

An dieser Stelle ist freilich zu fragen, inwieweit Geschichtsunterricht diese Erwartungen erfüllen kann.

Geschichte ist vergangenes Geschehen, das jeweils neu interpretiert wird, jedoch keine handlungsorientierte Wissenschaft. Erklären und Verstehen gehören zum Handwerkszeug des Historikers. Diese Begriffe sind nicht widersprüchlich und scharf zu trennen, sie gehören eher zusammen und ergänzen sich. Theodor Schieder hat folgendermaßen formuliert: „Die geschichtswissenschaftliche Grundfrage ist also immer die: Wie kann ich ein geschichtliches Phänomen mit meiner Vorstellungskraft erfassen, wie kann ich es in seiner Entstehung, seiner inneren Struktur, seiner historischen Bedeutung verständlich machen oder, kurz gesagt, verstehen?"[15] An dieser Stelle soll nicht näher auf die vielfältigen Auffassungen von Verstehen in Geschichtswissenschaft und Philosophie eingegangen werden. Vielmehr soll die Frage aufgeworfen werden, ob praktisches Tun, z.B. eine Tätigkeit, wie sie heute nicht mehr auf diese Weise ausgeübt wird, oder die Aktivierung aller Sinne sowie die Einbeziehung des Körpers dazu beitragen können, das Verstehen zu fördern. An dieser Stelle sei auf die Archäologie verwiesen, die mit guten Gründen als historische Wissenschaft bezeichnet werden kann. John Coles schreibt in seinem Buch „Experimental Archaeology" folgendes: „Yet all these archaeologists can benefit from participation in the growing field of experimental archaeology, a study designed to look at ancient man as an inventor, a technician, a craftsman, an artist, and a human being. By reproducing his actions archaeologists can better understand not only his technical abilities but also his reasons for choosing one course of action rather than another. This is the kind of information which all archaeologists seek, the meaning behind the surviving relics."[16] Hier soll der Hinweis genügen, daß experimentelle Archäologie der Geschichtswissenschaft Anregungen geben kann, daß diese von den Ergebnissen profitiert.[17] Vergleichbares gilt von den ebenfalls

---

14 Raisch, ebd., S. 34/35 Graphik 3.
15 Theodor Schieder: Die Fragestellungen der Geschichte. In: ders.: Geschichte als Wissenschaft. Eine Einführung, München-Wien ²1968, S. 33-61, S. 37.
16 John M. Coles: Experimental Archaeology, London, New York, Toronto, Sydney, San Francisco 1979, S. 2.
17 Zur Bedeutung und Aussagekraft der experimentellen Archäologie auch für die Geschichte vgl. Pascale B. Richter: Experimentelle Archäologie: Ziele, Methoden und Aussage-Möglichkeiten. In: Staatliches Museum für Naturkunde und Vorgeschichte Oldenburg (Hrsg.): Experimentelle Archäologie. Bilanz 1991, Oldenburg 1991, S. 19-49, bes. S. 39ff. mit Abb. 3.

neueren Forschungsgebieten der Geschichtswissenschaft wie z.b. Alltags-, Mentalitäts-, Geschlechtergeschichte, aber auch historische Anthropologie. Sie zeigen, wie stark sich die Geschichtswissenschaft weiterentwickelt und in Zusammenarbeit mit Nachbardisziplinen neue Felder erschlossen hat.[18]

Fragt man nun nach den Möglichkeiten, wie Handeln im Geschichtsunterricht aussehen kann, so hat Ulrich Mayer eine vorläufige Strukturierung vorgelegt:

a) Reales Handeln (Erkundungen, Befragungen, Initiativen ...)
b) Manuelles Tun (Werken, Zeichnen, Nachbauen ...)
c) Simulatives Handeln (Rollenspiel, Planspiel, Nachvollzug...)
d) Produktive Medienarbeit (Lernspiel, Wandzeitung, Referat...)[19]

Handlungs- und produktionsorientierter Unterricht dominiert in den unteren Klassen und erst mit zunehmendem Alter nimmt die analytische Beschäftigung mit Geschichte zu. Dennoch hört die Handlungs- und Produktionsorientierung nicht auf, sondern stellt im Verbund mit dem traditionellen Unterrichtsgeschehen eine gleichgewichtige didaktische Konzeption historischen Lernens dar. Darauf haben bereits Aebli und, bezogen auf den Geschichtsunterricht, Raisch hingewiesen.[20]

Wie kann nun handlungs- und produktionsorientierter Unterricht im Rahmen des problemorientierten Geschichtsunterrichts aussehen?
Die Lebensverhältnisse der verarmten Handwerker und Arbeiter in der Zeit der beginnenden Industrialisierung in Deutschland und wenige Jahre vor der Revolution 1848 sind ein Thema, das sich mit den Kategorien des problemorientierten Geschichtsunterrichts verbinden läßt. Erfahrungen von Schülern lassen sich dabei mit Erfahrungen von lebenden und historischen Personen verbinden, denn Schüler haben ihre eigenen Wohnerfahrungen, es gibt die Möglichkeit, die Wohnverhältnisse der Asylanten kennenzulernen, es gibt Zeitzeugen, die die Wohnverhältnisse der Nachkriegszeit schildern können, und wir haben die Berichte von Grunholzer aus dem Jahr 1843 und den Grund- und Aufriß des Langen Hauses in Berlin (1823 gebaut und erst 1882 abgerissen). Außerdem stellt sich das Problem einer vorrevolutionären Situation und die Frage, welche Versuche vom Staat oder von privaten Gruppierungen unternommen werden, diese Situation zu verändern. Weiter spielt das Problem der Arbeitslosigkeit eine Rolle, das heute den Lebensbereich der Schüler berührt. Im folgenden will ich mich vor allem auf die Wohn- und Lebenssituation, wie sie sich in den von Wülcknitzschen

18 Vgl. dazu Jacques Le Goff/ Roger Chartier/ Jacques Revel (Hrsg.): Die Rückeroberung des historischen Denkens. Grundlagen der Neuen Geschichtswissenschaft, Frankfurt am Main 1990.
19 Mayer 1995, (Anm.1), S. 127.
20 Aebli 1983 (Anm. 7), S. 195f. Raisch (Anm.1), S. 31 mit Grafik 2 (S. 33).

Familienhäusern darstellt, eingehen und zeigen, wie sich bei diesem Thema ein handlungs- und produktionsorientierter Geschichtsunterricht geradezu anbietet. Dann werde ich auch noch auf die „gemeinnützige Baugesellschaft" und ihre Häuser in Berlin eingehen.

Heinrich Otto von Wülcknitz hatte auf seinem Gelände vor dem Hamburger Tor in Berlin in der Gartenstraße zwischen 1820 und 1824 Wohnhäuser gebaut. Es handelte sich um sogenannte Familienhäuser, in denen viele Familien zu niedrigem Mietzins wohnten. Das „Lange Haus", Gartenstr. 58, später 92, das „Querhaus", Nr. 58 a und das sog. „Schulhaus", Nr. 58 b enthielten 312 von insgesamt 426 Stuben. Vom „Langen Haus" existiert ein rekonstruierter Bauplan, außerdem eine Baubeschreibung (Abb. 1,2).[21] Eine Stube wurde jeweils an eine Familie vermietet, die bis zu 10 Personen umfassen konnte. Eine Stube war ca. 3,77 m breit und im Keller und in den Vollgeschossen 6,60 m tief, besaß zwei Fenster und war 2,98 m hoch. Gerade dieses Haus gab immer wieder Anlaß zu Klagen des Innenministers, der Stadträte und der Polizei; vor allem wurden für den Fall eines Brandes, der glücklicherweise nie eintrat, die zwei Treppenaufgänge dieses Hauses für nicht ausreichend gehalten. Die sanitären Verhältnisse wurden von Armenärzten und von Stadträten immer wieder bemängelt.[22] Bettina von Arnim (1788 - 1859) veröffentlichte 1843 ein Werk mit dem Titel „Dies Buch gehört dem König", worin es vor allem um den Pauperismus und die soziale Frage geht.[23] Wie in ihren anderen Werken wird auch hier ihre Phantasie und Improvisation, aber auch ihr verworrener und dunkler Stil deutlich. Der Anhang enthält „Erfahrungen eines jungen Schweizers im Voigtlande". Es handelt sich dabei um Besuchsprotokolle in den von Wülcknitzschen Familienhäusern, die ein junger Schweizer Pädagoge schrieb. Heinrich Grunholzer (1819 - 1873) war bereits Lehrer in der Nähe von Zürich und erhielt auf seinen Antrag im Sommer 1842 ein Jahr Urlaub, um sich an der Universität Berlin in Philosophie, Philologie und Pädagogik weiterbilden zu können. Über Wilhelm Grimm, bei dem er hörte, wurde er mit Bettina von Arnim bekannt, die ihn bat, ihr Material über das Leben der Armen, die in den Familienhäusern wohnten, zu liefern. Vieles spricht dafür, daß lediglich die Einleitung zum Anhang von Bettina von Arnim stammt.

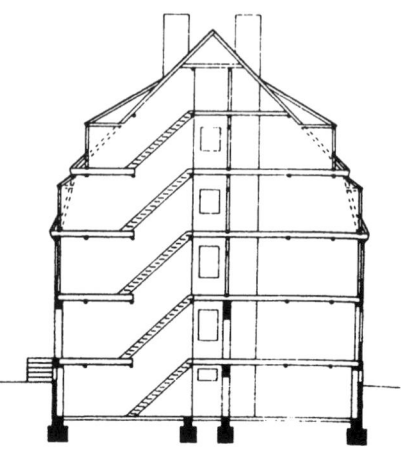

Abb. 1: Das „Lange Haus"

---

21 Johann Friedrich Geist/ Klaus Kürvers: Das Berliner Mietshaus 1740 - 1862, München 1980, S. 82ff.; 104ff.
22 ebd., S. 103ff.
23 Bettina von Arnim: Dies Buch gehört dem König, Berlin 1843.

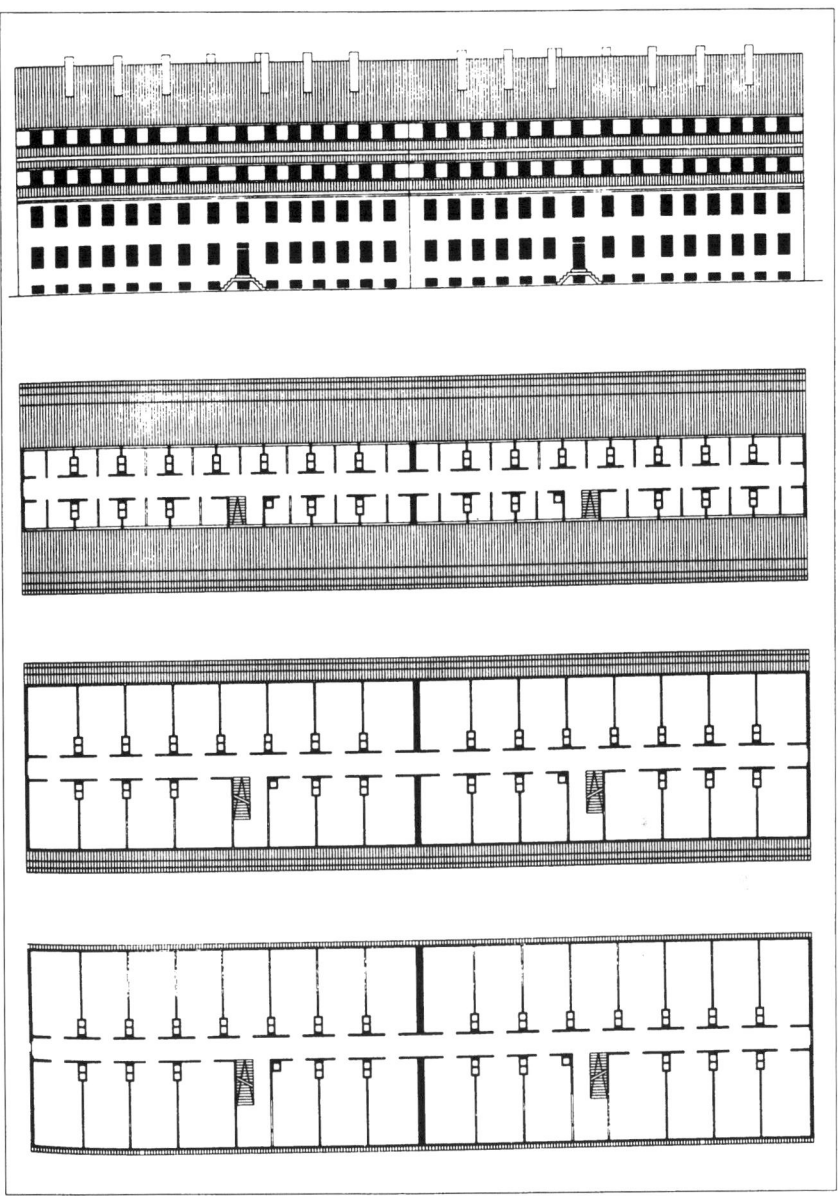

Abb. 2: Das Lange Haus, Gesamtansicht, 2. Oberdach, 1. Oberdach und Mansarde

Zwar weisen die Tagebucheinträge Grunholzers Textunterschiede zu den abgedruckten Protokollen auf, doch ist nicht zu entscheiden, ob die endgültige Fassung von Bettina von Arnim oder von Grunholzer stammt.[24] Im folgenden wird ein Besuchsprotokoll wiedergegeben, um einen Eindruck zu vermitteln:

„St[ube] Nr.69. Berwig war ein Leineweber, fand als solcher keine Arbeit und kam vor
sechs Jahren als Tagelöhner nach Berlin. Er arbeitet in einer Firnißfabrik, wo er die
Späne wegfährt. Da man diese nur trocken braucht, so hat er bei schlechter Witterung
nichts zu thun. Bei ununterbrochener Arbeit stiege die wöchentliche Einnahme bis auf
3 Thlr. In diesem Winter war er aber schon sechs bis sieben Wochen nacheinander
ohne Verdienst. Um nicht hungern zu müssen, ging er mit seiner Frau in einen zwei
Meilen entlegenen Wald. Das Holz, welches Beide an einem Tage nach der Stadt bringen konnten, wurde für 7 1/2 Sgr. verkauft. B. ist einige Thaler Miete schuldig und
keinen Tag vor Exmission sicher. Die Frau wird bald mit dem zehnten Kinde nie-
derkommen. Sechs Kinder leben noch; der älteste Knabe ist sechzehn Jahre alt und bei
einem Schmied in der Lehre. Ein neunjähriger Knabe besucht seit fünf Jahren die
Schule, liest noch ganz schlecht und kann gar nicht rechnen. Einige Schuld mag an der
Ungelehrigkeit des Knaben liegen; die größere fällt aber auf die untere Knabenschule
im Familienhause.“[25]

Bereits aus diesem Protokoll wird deutlich, wie genau und anschaulich Grunholzer
schildert. Aus seinen Angaben lassen sich auch das Einkommen einer Familie sowie
ihre Ausgaben für Nahrung und Miete berechnen:

„Gestern hat F. folgende Ausgaben gemacht (für vier Personen)

Morgens	7 Uhr fr.	1/2 L. Kaffee	- Sgr.	2 Pf.
		Cichorien	- =	1 =
		Salzkuchen	- =	8 =
		Holz	- =	3 =
	10 Uhr	Brod	1 =	- =
	12 Uhr	Roggenmehl	- =	6 =
		Holz	- =	4 =
	4 Uhr	Brod	- =	9 =
		Rauchtabak	- =	3 =
	7 Uhr	Brod	1 =	- =
		Kaffee	- =	3 =
		Holz	- =	3 =
		Öl	- =	9 =
		Schlichte	- =	8 =

		Summa	6 Sgr.	11 Pf.“ [26]

---

24 Geist/ Kürvers (Anm. 21), S. 218ff.
25 von Arnim (Anm. 23), S. 572f.
26 Seit 1821 hat in Preußen 1 Thaler = 30 Silbergroschen, 1 Silbergroschen = 12 Pfennige.

98

Daraus läßt sich entnehmen, daß bei vielen Familien trotz härtester Einschränkung die Einnahmen nie ausreichen und Schulden gemacht werden müssen. Hauptnahrungsmittel sind Kartoffeln und Hafergrütze, was in der Regel zweimal täglich gegessen wird. Das beträgt pro Person im Monat 21 1/2 Silbergroschen. Zugleich klagt Grunholzer, die Armendirektion zahle, wenn überhaupt, viel zu spät und zu wenig Unterstützung.[27]

Schon in dem zuerst zitierten Besuchsprotokoll wird die Knabenschule im Familienhaus angesprochen. Grunholzer hat sie ebenfalls besucht. Wie aus seinen Tagebüchern und den Berichten hervorgeht, ist er als Schweizer Pädagoge entsetzt. Er äußert in seinem Tagebuch, solcher Unsinn würde in keinem Schweizer Dorf geduldet. Schließlich kommt Grunholzer aus dem Kreis der Schulreformatoren um Pestalozzi.[28]

Aus dem Geschilderten ist deutlich, daß sich mit diesem Material handlungs- und produktionsorientiert arbeiten läßt. Die Schüler können die Größe einer Stube im Klassenzimmer abmessen, oder sie haben die Möglichkeit, eine solche Stube maßstabsgetreu nachzubauen. Dabei ergeben sich Fragen nach der Zahl der Bewohner, die aus den Protokollen entnommen werden kann. Praktische Fragen, wie in einer solchen Stube eine Familie wohnen, schlafen und z.T. auch arbeiten konnte, kommen auf. In diesem Zusammenhang wird auch die Frage nach der Heizung und der Kochgelegenheit sowie den sanitären Verhältnissen gestellt werden. Die Protokolle können ebenfalls ausgewertet werden, vor allem, was die Lebenshaltungskosten und die ständige Geldknappheit angeht. Rollenspiele bieten sich an. Oder es lassen sich eigene Berichte der Schüler über die Situation in den Familienhäusern verfassen.

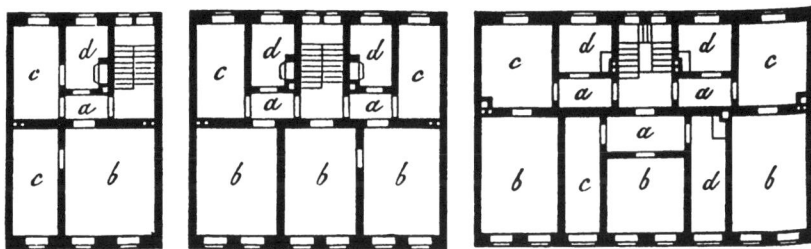

Abb. 3: Es gibt drei Typengrundrisse. Durch eine Tür gelangt man vom Treppenhaus aus durch eine Tür in den Vorraum a, die Wohnstube(n) b sind 12 - 15 Fuß breit, 14 - 17 Fuß tief, liegen nach der Straßenseite und haben zwei Fenster. Die Schlafzimmer c sind 6 - 7 Fuß breit, 13 - 14 Fuß tief. Die Küche d ist mit einer Herdheizung ausgestattet.

Anders als diese Stuben in den Familienhäusern sehen die Grundrisse der Bauten der „Berliner Gemeinnützigen Baugesellschaft" aus. Der Literaturhistoriker Victor Aimé Huber (1800 - 1869), der den christlichen Sozialreformern zuzurechnen ist (übrigens Sohn von Therese Huber, deren erster Mann der Forschungsreisende und revolutions-

---

27 Geist/ Kürvers (Anm. 21), S. 292ff.; von Arnim (Anm. 23), S. 534; 554f.

28 Geist/ Kürvers (Anm. 21), S. 218; 224.

begeisterte Georg Forster war, der 1794 in Paris starb), bemühte sich mit Gleichgesinnten seit 1846, in Berlin den Verein zur Verbesserung der Arbeiter-Wohnungen zu gründen, aus dem die „Berliner Gemeinnützige Baugesellschaft" hervorging.[29] Zwischen 1849 und 1852 wurden dann 12 vierstöckige Häuser realisiert.[30] Wie die Grundrisse zeigen, gelangt man vom Treppenhaus durch eine Türe in den Vorraum (a), von dem aus die einzelnen Räume erreichbar sind. Die meisten Wohnungen haben ein Wohnzimmer (b), ein Schlafzimmer (c) und eine Küche (d) (Abb. 3). Die „Berliner Gemeinnützige Baugesellschaft" wollte ermöglichen, daß nach 30 Jahren Miete die Wohnung in das Eigentum des Mieters übergehe. Allerdings ist darauf zu verweisen, daß die künftigen Eigentümer der Wohnungen sich nichts zuschulden kommen lassen durften. Insofern war auch ein Disziplinierungselement vorhanden. Noch heute sind mit den Häusern Wilhelm-Pieck-Str. 85 und 87 (ursprünglich Wollankstraße 8/9) in Berlin Bauten der „Berliner Gemeinnützigen Baugesellschaft" erhalten (Abb. 4,5).[31] Sofern die Schule in Berlin Mitte oder nicht allzu weit davon entfernt liegt, bietet es sich an, die beiden Häuser zumindest von außen zu betrachten und zugleich festzustellen, daß die Vorgärten, die im Plan zu sehen sind, im Laufe der Zeit der Straßenverbreiterung weichen mußten. Hier bieten sich wiederum die bereits bei den Familienhäusern erwähnten Formen des handlungs- und produktionsorientierten Ge-

Abb. 4: Wollankstraße 8 - 9 heute: Wilhelm-Pieck-Str. 85/87

schichtsunterrichts an. Bei dem geschilderten Beispiel ist also durchaus ein prozeßhaftes Umgehen mit dem Stoff möglich. Selbstverständlich ist es notwendig, die Einordnung in den allgemeinen wirtschaftlich-sozialen und politischen Kontext zu leisten, d.h. den Übergang zur Industrialisierung, die Situation vor dem Ausbruch der Revolution, die Revolution von 1848/49 und die Zeit danach. Wichtig in diesem Zusammenhang ist auch, daß sich Huber trotz seiner konservativen Grund-

Abb. 5: Plan und Ansicht Wollankstr. 8/9

---

29 Huber, Victor Aimé. In: Meyers Konversations-Lexikon, Leipzig-Wien 1896, 9. Bd., S. 2. Geist/ Kürvers (Anm. 21), S. 425ff.
30 ebd., S. 451.
31 ebd., S. 453 Abb. 59 fälschlicherweise als Wilhelm-Pieck-Str. 32-33 bezeichnet.

haltung enttäuscht von der Reaktion und ihrer Herzlosigkeit gegenüber den unteren Klassen 1852 nach Wernigerode am Harz zurückzog. Dort war er dann immer noch auf sozialem Gebiet tätig.

Zusammenfassung:
1. Handlungs- und produktionsorientierter Geschichtsunterricht ist lediglich *ein* Verfahren des Problemorientierten Geschichtsunterrichts unter anderen.
2. Handlungs- und produktionsorientierter Geschichtsunterricht hat eine heuristische Funktion. Unbestritten wirkt er auch motivierend, beschränkt sich aber nicht darauf.
3. Nicht jedes Handeln und Produzieren hat dieselbe Qualität. Sicherlich ist z.B. zwischen dem Nachbauen nach einem vorgegebenen Plan (vergleichbar wäre das Imitationsspiel) und einem Simulationsspiel oder dem Erstellen einer Ausstellung zu unterscheiden (vergleichbar der unterschiedlichen Qualität des Handlungswissens bei Aebli).
4. Perspektivität und Empathie können durch den handlungs- und produktionsorientierten Geschichtsunterricht angeregt werden. Um aber zu vermeiden, daß heutige Perspektiven die Sicht auf die Vergangenheit verfälschen, ist es unbedingt notwendig, auf die Einordnung in den historischen Zusammenhang zu achten.

Hans H. Pöschko

Problemorientierung aus gestalttheoretischer Perspektive[*]

Im Titel dieses Beitrags und in der Ankündigung von Herrn Uffelmann[1] sind Begriffe verwendet, die in Beziehung zueinander stehen, jedoch nicht inhaltsgleich sind. Es handelt sich um die beiden Begriffe Gestalttheorie und Gestaltpädagogik. Um ihre Bedeutung besser zu verstehen, will ich in Kürze den Zusammenhang skizzieren, dem sie entstammen. Ich spreche damit gleichzeitig die wesentlichen Gesichtspunkte des gestellten Themas an. Dem lasse ich die Beschreibung zweier Beispiele aus der Praxis folgen, um mich schließlich einer Möglichkeit der gestalttheoretischen Orientierung bei der Planung und Durchführung von Geschichtsunterricht zuzuwenden.

1. Grundlagen der Gestalttheorie

Die Gestalttheorie ist ein Ansatz der Psychologie, dessen Vorgeschichte sich ins letzte Jahrhundert, dessen Blütezeit sich im wesentlichen auf die Weimarer Zeit datieren lässt. Der Begriff „Gestalttheorie" ist weitgehend synonym mit „Gestaltpsychologie" gebraucht worden, wobei mit dem Begriff „Gestalttheorie" wohl der Anspruch, ein grundlegend neuer Ansatz mit wissenschaftstheoretischer Tragweite zu sein, betont werden sollte.

Die Gestalttheorie wurde denn auch als Ansatz verstanden, der zu den traditionellen Ansichten über die Natur des Denkens in Konkurrenz stand. Max Wertheimer, von dem zu Beginn dieses Jahrhunderts die entscheidenden Impulse zur Entwicklung der Gestaltpsychologie ausgingen, war der Meinung, dass in den Schulen die Lage oft nicht gut sei. Obwohl die in New York und London erfolgte Erstveröffentlichung seines Buches „Productive Thinking" schon mehr als fünfzig Jahre zurückliegt und auch die deutsche Erstausgabe mehr als vierzig Jahre alt ist, stellt sich die Frage, ob sich die Verhältnisse in unseren Schulen so grundlegend gebessert haben, dass die gestalttheoretische Auffassung vom Lernen und die gestalttheoretischen Impulse überholt sind. Wenn man sich damit eingehender beschäftigt, wird einem das eine oder andere bekannt vorkommen. Gestaltpsychologische Vorstellungen scheinen zum Allgemeinwissen geworden zu sein, ohne dass sie für gewöhnlich als solche bewusst wären. Man kann aber auch sehr schnell erkennen, dass eine grundlegende Aufarbeitung dieses Ansatzes in weiten Bereichen der Pädagogik und Didaktik nicht stattgefunden hat.

---

[*]   Auf Wunsch des Autors erscheint dieser Beitrag nach der neuen Rechtschreibung.
[1]   Siehe: „Was ist eigentlich Problemorientierter Geschichtsunterrricht?" in diesem Band, S. 19

103

Wertheimer war der Meinung: „Wie Lehrer vorgehen, wie sie einen Stoff behandeln, wie Lehrbücher geschrieben werden, all das ist weitgehend festgelegt durch zwei überlieferte Ansichten über die Natur des Denkens: die Ansicht der traditionellen Logik und die Ansicht der Assoziationstheorie. Diese beiden Ansichten haben ihre Verdienste. Zu einem gewissen Grad scheinen sie auf gewisse Typen von Denkvorgängen, auf gewissen Arten von Denkgeschäften zuzutreffen; aber es ist zumindest eine offene Frage, ob die Art und Weise, in der sie das Denken auffassen, nicht für die eigentliche Denkfähigkeit ernste Hindernisse schaffe, ja sie geradezu schädige."[2] Wertheimer gab an, er habe sein Buch geschrieben „weil in den überlieferten Ansichten wichtige Eigentümlichkeiten der Denkvorgänge übersehen sind, weil in vielen anderen Büchern diese Ansichten ohne wirkliche Forschungsarbeit als bewiesene Wahrheiten hingenommen werden, weil in solchen Büchern die Erörterung des Denkens sich weithin in leeren Allgemeinheiten bewegt, und weil zumeist die Ansicht der Gestalttheorie nur oberflächlich bekannt ist. Die Frage ist wichtig genug, und es erscheint geboten, diese vernachlässigten Gesichtspunkte zu prüfen, die entscheidenden Probleme an konkreten Beispielen schönen produktiven Denkens zu erörtern, und dabei eine Gestalttheorie des Denkens zu entwickeln."[3]

Was mit der traditionellen Logik bzw. mit der Assoziationstheorie gemeint ist, stellt Wertheimer wie folgt dar:

„Die traditionelle Logik hat die Probleme höchst scharfsinnig angegriffen: Wie können wir in der unübersehbaren Mannigfaltigkeit der Fragen des Denkens die wesentlichen Gesichtspunkte finden? Wir können es folgendermaßen machen: Denken hat mit der Wahrheit zu tun. Wahr oder falsch zu sein, ist eine Eigenschaft von Behauptungen, von Aussagen, und nur von solchen. Die einfachste Form einer Aussage behauptet oder leugnet ein Prädikat eines Gegenstandes, in der Form 'alle S sind P', oder 'kein S ist P', oder 'manche sind', oder 'manche sind nicht'. Aussagen sind allgemeine Begriffe - Klassenbegriffe. Diese sind grundlegend für alles Denken. Für die Richtigkeit einer Behauptung ist es entscheidend, ob man mit ihrem 'Inhalt' oder ihrem 'Umfang' richtig umgeht. Auf Grund von Behauptungen werden Folgerungen gezogen. Die Logik untersucht die formalen Bedingungen, unter denen Folgerungen richtig oder falsch sind. Gewisse Zusammenstellungen von Behauptungen machen es möglich, 'neue' richtige Behauptungen abzuleiten. So sind die Syllogismen mit ihren Prämissen und Folgesätzen die Krone, das eigentliche Kernstück der traditionellen Logik."[4]

Wahrscheinlich ist den meisten von uns der Syllogismus „Alle Menschen sind sterblich" - „Sokrates ist ein Mensch" - also „ist Sokrates sterblich,, bekannt. Auf den ersten Blick scheint diese Art des Denkens für die Auseinandersetzung mit Geschichte ohne Belang zu sein. Und es leuchtet uns unmittelbar ein, dass diese Logik von eminenter Bedeutung für die Naturwissenschaften ist. Man muss sich allerdings nur ver-

---

2   M. Wertheimer 1957, S. 3.
3   M. Wertheimer 1957, S. 3.
4   M. Wertheimer 1957, S. 6.

gegenwärtigen, dass die Geisteswissenschaften im letzten Jahrhundert sehr darum bemüht waren, als Wissenschaften nach dem Vorbild der Naturwissenschaften anerkannt zu werden. Ich habe dies am Beispiel der geisteswissenschaftlichen Ansätze der Psychologie und der Soziologie deutlich zu machen versucht.[5]

Die Bedeutung der Logik für die Geschichtswissenschaft scheint in der Weiterentwicklung der klassischen Logik, wie sie von Aristoteles stammt, einleuchtender zu sein. Diese Weiterentwicklung betont nicht so sehr das Verfahren der Deduktion als das der Induktion, „das mit seiner Betonung der Erfahrung und des Experiments, ein methodologischer Ansatz [ist], der seine größte Vollendung in *John Stuart Mills* berühmtem Kanon der Induktionsregeln erreichte."... Der Hauptnachdruck liegt hier nicht auf der rationalen Deduktion aus allgemeinen Prämissen, sondern auf dem Sammeln von Tatsachen, auf dem Studium der erfahrungsmäßig beständigen Verbindung von Tatsachen, von Veränderungen, und auf der Beobachtung der Folgen der Veränderungen, die man an faktischen Situationen vornimmt, Verfahrensweisen, die in allgemeinen Annahmen gipfeln. Syllogismen werden dabei als Werkzeuge betrachtet, mit denen man aus solchen hypothetischen Annahmen Folgerungen ziehen kann, um sie zu prüfen.[6] Da die Geschichtswissenschaft wie das Lernen von Geschichte ohne Kenntnis und ohne die Sammlung von Tatsachen nicht auskommt, scheint ihnen diese induktive Methode zumindest nicht ganz fremd zu sein. Fraglich bleibt allerdings, ob diese Logik dem Wesen der historischen Zeugnisse und damit dem Wesen der Geschichte gerecht werden kann.

Möglicherweise kann Entsprechendes auch von dem zweiten Ansatz gesagt werden, von dem sich Wertheimer abzusetzen sucht: „Die zweite große Theorie des Denkens hat ihren Schwerpunkt in der klassischen Theorie des Assoziationismus. Denken ist eine Kette von Vorstellungen (oder, in modernerer Fassung, eine Kette von Reizen und Reaktionen, oder eine Kette von Verhaltens-Elementen). Der Weg zum Verständnis des Denkens ist klar: Wir haben die Gesetze zu studieren, die die Folge der Vorstellungen (oder, in modernerer Fassung, der Verhaltens-Elemente) beherrschen. In der klassischen Assoziationstheorie ist eine 'Vorstellung' eine Art Überbleibsel einer Wahrnehmung, ein Abbild, in modernerer Ausdrucksweise eine Spur von Reizungen. Was ist das Grundgesetz der Folge, der Verbindung dieser Daten? Antwort - sehr elegant in ihrer theoretischen Einfachheit: Wenn zwei Daten, a und b, oft genug zusammen vorgekommen sind, ruft ein späteres Vorkommen von a im Subjekt b wach. Grundsätzlich sind die Daten verbunden nach der Art, in der die Telefonnummer meines Freundes mit seinem Namen verbunden ist, in der sinnlose Silben reproduzierbar werden, wenn man sie in einer Reihe solcher Silben gelernt hat, oder in der man einem Hund den bedingten Reflex beibringt, auf einen bestimmten Ton mit Speichelfluß zu antworten... Manche Psychologen würden sagen: die Fähigkeit zu denken beruht auf der

---

5   Pöschko 1991.
6   M. Wertheimer 1957, S. 8f.

Wirksamkeit assoziativer Verbindungen; sie kann gemessen werden an der Zahl der Assoziationen, die ein Mensch erworben hat, an der Leichtigkeit und Richtigkeit, mit der er sie lernt und sich ins Gedächtnis ruft."[7]

Das Verfahren der von ihm kritisierten beiden Ansätze der traditionellen Logik und der Assoziationstheorie charakterisierte Wertheimer folgendermaßen:

„In ihrem Bestreben, zu den Elementen des Denkens zu gelangen, schneiden sie die lebendigen Denkvorgänge in Stücke, behandeln sie blind für ihren Gesamtaufbau, in der Annahme, der Denkvorgang sei eine Anhäufung, eine Summe der Elemente. Wenn sie sich mit Vorgängen unseres Typs beschäftigen, wissen sie nichts, als sie zu sezieren, und zeigen uns dann gewissermaßen Leichenteile, die alles desjenigen beraubt sind, was daran lebendig war. Die Schritte, die Operationen, kommen von außen her in das Bild: Auf Grund der Rückbesinnung, auf Grund irgendwelchen früher erworbenen Wissens, sei es allgemein oder analog, auf Grund von Assoziationen in Verbindung mit gewissen Bestandteilen der Situation (oder sogar mit der Summe von diesem allem) oder wiederum durch bloßen Zufall. Die benutzten Bestandstücke und Verbindungen sind blind oder gleichgültig gegenüber Fragen nach ihrer spezifischen strukturellen Funktion in dem Prozeß. Solcherart sind die klassischen Assoziationen zwischen einem a und irgend einem b, die blinden Verbindungen zwischen Mittel und Zweck; so ist auch die Art, in der die traditionelle Logik mit Sätzen der Form 'alle S sind P', oder 'wenn A, dann B' umgeht. Die Verbindungen, die Bestandstücke, Daten, Operationen sind strukturblind oder strukturfremd: blind für ihre strukturelle dynamische Funktion innerhalb des Ganzen, und blind für die strukturellen Forderungen."[8]

Die visuelle Wahrnehmung stand zunächst im Mittelpunkt der gestalttheoretischen Forschung, die der experimentellen Psychologie verhaftet war. Wichtige Gegenstände blieben die seelischen Vermögen Denken, Fühlen, Wollen. Die gestaltpsychologische Forschung vollzog sich keineswegs einheitlich, sondern spaltete sich schon bald in verschiedene Schulen auf. Insofern kann nur mit Vorbehalten von Gestalttheorie bzw. Gestaltpsychologie gesprochen werden. Was allen Schulen und Richtungen der Gestaltpsychologie gemeinsam ist, ist ihr Interesse an der Frage nach der Ordnung. Wolfgang Metzger, ein Schüler Wertheimers, hat diese Frage folgendermaßen formuliert: „Wie und auf welche Weise kann in dieser Welt so etwas wie Ordnung 1. zustande kommen, 2. auf die Dauer erhalten bleiben und 3. bei Störungen wiederhergestellt werden? Diese Frage gilt nicht nur für die Ordnung *seelischen* Geschehens, sondern bezieht sich auch auf sämtliche anderen Bereiche des Seins, vom Reich der unbelebten Natur über das des Lebenden und des Beseelten, bis zu der Ordnung von Tätigkeiten und Unternehmungen, die durch irgendwelche Ziele erreicht werden sollen, sowie zur Ordnung gesellschaftlicher Gebilde und der Werke von Menschen, die man sich als 'Objektivierungen' des Geistes zu bezeichnen gewöhnt hat.

---

7   M. Wertheimer 1957, S. 9-11.
8   M. Wertheimer 1957, S. 223.

Um ein naheliegendes Mißverständnis auszuschließen, sei ausdrücklich bemerkt, daß 'Ordnung' hier nicht im wertfreien Sinn beliebiger *An*ordnung gemeint ist, sondern in dem guten und ausgeprägten Sinn des Gegensatzes von *Un*ordnung, wie er auch in der alltäglichen Rede vom 'Ordnung machen' oder 'In-Ordnung-bringen' gemeint ist - wobei Ordnung einen ausgezeichneten Zustand eigener Art darstellt. Dieser ausgezeichnete Zustand ist nicht mit Brauchbarkeit und Funktionsfähigkeit zu verwechseln. Brauchbarkeit und Funktionsfähigkeit sind vielfach mit ihm verbunden. Er geht aber nicht in ihnen auf, wie der Blick auf jedes von fremder Hand ergänzte Kunstwerk zeigt, in dem in der Regel 'irgend etwas nicht stimmt'.[9]

Es genügt demnach nicht, eine Erscheinung in immer weitere Elemente zu zerlegen, um zum Verständnis seiner Ordnung zu kommen. Im Gegenteil, diese Art des Vorgehens führt zu nichtssagenden Feststellungen. Metzger führt in diesem Zusammenhang als Beispiele die Erfassung einer Melodie bzw. eines Gesichts an. Was den Charakter, die „Ordnung", einer Melodie oder eines Gesichts ausmacht, kann nur begriffen werden, wenn man sie als Ganzes betrachtet.

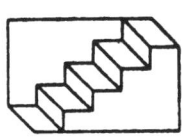 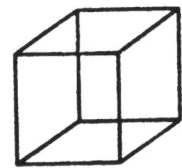 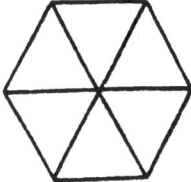

Abb. 1: Einfach nur Linien oder geordnete Linien, also Gestalten? Was sehen Sie?

Der Aufbau, die Struktur dieses Ganzen, das Geflecht der Beziehungen der Elemente, die sich in ihm unterscheiden lassen, machen seine Ordnung aus, machen die Gestalt dieses Ganzen aus, geben ihm seine Gestaltqualitäten.

Was sich aus den angeführten Beispielen in Bezug auf dieses Ganze unschwer ablesen läßt: Dieses Ganze besteht nicht nur aus seinen Teilen, ist nicht nur mehr als die Summe seiner Teile, sondern „etwas anderes als die Summe seiner Teile... was zu einem Teil eines Ganzen wird, nimmt selbst neue Eigenschaften an."[10] Dies vollzieht sich nicht beliebig, sondern nach bestimmten Gesetzmäßigkeiten. Man spricht deshalb von Gestaltgesetzen, die sich, ohne auf Einzelheiten eingehen zu können, folgendermaßen formelhaft zusammenfassen lassen: „Zusammenschluß nach innen und Absetzung nach außen erfolgen bevorzugt so, daß im Wahrnehmungsfeld die bestgestalteten Einheiten, d.h. die größte bei der gegebenen Reizverteilung mögliche Ordnung verwirklicht wird. Man spricht daher von einer Tendenz zur guten Gestalt oder Prägnanztendenz."[11]

9   W. Metzger 1976, S. 661.
10 W. Metzger 1976, S. 6.
11 W. Metzger 1976, S. 7.

Da man die Teile eines Ganzen nach verschiedenen, sich widerstreitenden Gesichtspunkten ordnen kann, besteht die Möglichkeit von Umstrukturierungen (z.B. durch
die Verlagerung von Schwerpunkten, Bezugspunkten, Achsen), die entscheidende Vorgänge bei dem sind, was Wertheimer „kreatives Denken" nannte.

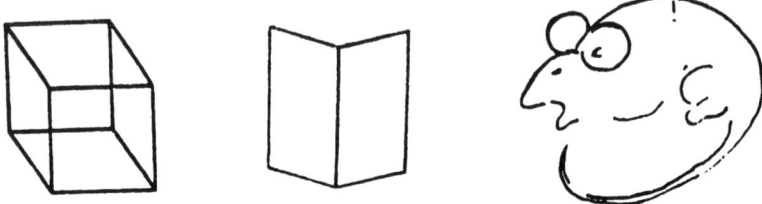

*Abb. 2: Ordnung durch Schwerpunktsetzung: Blick von oben, Blick von unten; was ist vorn, was
hinten?*

Metzger stellte zusammenfassend fest, „daß die Ordnung des Seelischen *allgemein
teils* durch *Festlegung von außen* (leitende Verbindungen, assoziative Verknüpfungen)
aufgezwungen, teils durch *dynamische Selbststeuerung* im Sinne von Gestalttenden-
zen gewährleistet ist."[12] Weitere, differenziertere Prinzipien der Gestaltpsychologie
füge ich später noch hinzu.

Wenn die Gestaltpädagogik auch in gewisser Weise der Gestaltpsychologie verpflichtet
ist, so folgt sie jedoch nicht direkt aus ihr. Die Gestaltpädagogik ist ein Abkömmling
der Gestalttherapie, auf die ich also zunächst eingehen und deren Abhängigkeit von
der Gestaltpsychologie ich skizzieren will.

2. Grundlagen der Gestalttherapie

In wichtigen Teilen, vor allem in den erkenntnistheoretischen Ansätzen, basiert die
von dem deutschen Arzt und Psychoanalytiker Fritz S. Perls (1893-1970) begründete
Gestalttherapie auf der Gestaltpsychologie. Außerdem waren für ihn das psychoanaly-
tische Gedankengut der zwanziger und dreißiger Jahre, vor allem die Grundannahmen
des Existentialismus maßgebend. Allerdings war er an Anwendung in der Therapie
interessiert. Deshalb übernahm er Elemente aus dem Psychodrama Jacob L. Morenos,
von dem die Idee des Rollenspiels stammt, und anderen erlebnisorientierten 'Humani-
stischen Verfahren' sowie aus dem Behaviorismus und fernöstlichen Meditationsformen.
Von dem Neurophysiologen, Psychiater und Gestaltpsychologen Kurt Goldstein - und

---

12 W. Metzger 1976, S. 15 (kursive Hervorhebungen durch Metzger).

damit komme ich zu einigen weiteren Erkenntnissen der Gestaltpsychologie - übernahm Perls die Vorstellung von der Figur-Grund-Bildung, die besagt, dass wir die
Elemente eines Phänomens nicht gleichmäßig, sondern gewichtet wahrnehmen, dass
also bestimmte Elemente hervor-, andere zurücktreten. [13]

*Abb. 3: Schwarz und weiß- was ist Figur, was ist Hintergrund? Welche Ge-
stalten sehen Sie? (Zimbardo 1983, S. 324)
„Umkehrung von Figur und Grund
Es kommt ab und zu vor, daß ein Reizmuster so organisiert ist, daß mehrere Figur-Grund-Beziehungen wahrgenommen werden können, die miteinander konkurrieren. In dem hier gezeigten Beispiel wird der Becher zur
'Figur', wenn der schwarze Grund zurücktritt. Das Gegenteil ereignet sich,
wenn die beiden Gesichter als Figur wahrgenommen werden." (Zimbardo a.a.O.)*

Mit der Figur-Grund-Bildung steht die Vorstellung von der organismischen Selbstregulierung in Verbindung: Der Körper weiß selbst am besten, was er braucht. Dies
wird für ihn Figur, bis es befriedigt ist. Das einfachste Beispiel in diesem Zusammenhang ist der Hunger. Er wird sich solange störend bemerkbar machen, bis er gestillt ist
und dann der Aufmerksamkeit den Raum freigibt, sich auf anderes zu richten.
Ein Beispiel aus der Unterrichtspraxis, das gleichzeitig belegt, welche Folgen die unan-
gemessene Anwendung einer Methode haben kann: Thema einer Unterrichtsstunde ist
Marco Polo. Die Praktikantin schildert den Schülern die Rückkehr Marco Polos nach
siebenundzwanzigjähriger Abwesenheit nach Venedig und versetzt sie in seine Lage.
Wie kann er den Venezianern glaubhaft machen, dass er der Marco Polo ist, der sich
vor so langer Zeit auf die Reise begeben hat? Die Schüler fühlen sich angesprochen,
die Frage der Identität scheint für sie ein brennendes Problem zu sein: Wie kann ich
vermitteln, wer ich bin? Sie sind offensichtlich motiviert. Der Zweck dieser Unterrichtsphase ist erreicht. Die Praktikantin setzt ihren Unterricht fort und arbeitet mit
den Schülern an der Reiseroute und den Erfahrungen und Erlebnissen Marco Polos.
Doch der Unterricht wird immer wieder von Meldungen der Schüler unterbrochen, die
meist beginnen mit: Vielleicht hat er ja ... Die Konzentration ist offensichtlich gestört.
Der Unterricht geht weiter, aber innerlich sind die Schüler mit der Frage beschäftigt,
wie Marco Polo seine Identität nachweisen kann. Schließlich, gegen Ende der Stunde,
meldet sich eine Schülerin und bemerkt: Also, dann haben sie es ihm einfach glauben
müssen. Das war zwar keine überzeugende, aber wohl eine notwendige Erklärung,
damit die Sache ihr Ende haben konnte. In ihrem Bestreben, die Schüler für das Thema zu motivieren, war es der Praktikantin offensichtlich gelungen, die Schüler in einen intensiven Kontakt mit dem Problem der Identität zu bringen: Vergrößerung der
Kontaktfläche, wie es mein ehemaliger Kollege Peter Knoch wohl gesagt haben wür-

---

13 Siehe im Anhang: 1. Die wesentlichen Hypothesen Kurt Goldsteins.

de. Dieses ist gleichzeitig ein Beispiel für die Wirkung unerledigter Geschäfte, auf die ich noch kommen will.

Von dem Gestaltpsychologen Kurt Koffka stammt die Orientierung an der „kreativen Begegnung", die besagt, dass das Subjekt seine Umgebung in Sinneinheiten wahrnimmt, dass es aus seiner Umgebung Sinneinheiten hervortreten lässt, vielleicht ein Ausdruck der im Zentralnervensystem ablaufenden Gestaltphänomene.[14] Von dem Gestaltpsychologen Wolfgang Köhler ist die Vorstellung von der Isomorphie übernommen, nach der „sich die dynamischen Prozesse im Bereich des Physikalisch-Physiologischen und im Bereich des Seelischen grundsätzlich gleichartig vollziehen ..., daß sich psychische Vorgänge auch gleichzeitig in körperlich-physiologischen ausdrücken."[15]

Kurt Lewin hat die Vorstellung des psychologischen Feldes entwickelt, wobei es um „das Beziehungsgesamt eines Menschen zu seiner Umwelt" geht, um „ein Beziehungsgefüge aus gleichzeitig bestehenden Tatsachen, die voneinander abhängig sind". Bei Lewin tritt der Begriff der Kausalität hinter den der Motivation zurück.

Fritz Perls scheint Max Wertheimer besonders geschätzt zu haben, denn er widmete ihm sein erstes Buch. Von ihm übernahm er die Vorstellung, „daß Einsicht kein rein intellektuelles Geschehen ist, sondern vielmehr ein ganzheitliches Phänomen, das den Menschen in all seinen Schichten umfaßt."[16] Ich habe die von Wertheimer festgestellte Prägnanztendenz schon angesprochen, also das Bestreben, „Wahrgenommenes, auch wenn es rudimentär ist, zu Gestalten zu schließen".[17]

„Geschlossenheit
Wir neigen dazu, unvollendete Figuren als vollendet wahrzunehmen. Wir sehen z.B. die unten gezeigte Linie als einen Kreis mit einem Spalt und die unregelmäßigen Fragmente als ein Tier." (Zimbardo 1983, S. 323)

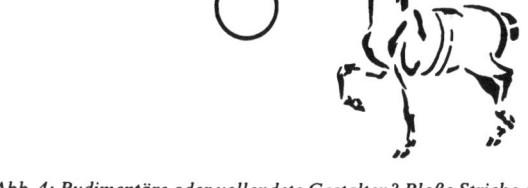

Abb. 4: Rudimentäre oder vollendete Gestalten? Bloße Striche oder vollständige Eindrücke? (Zimbardo 1983, a.a.O.)

---

14 L. Hartmann-Kottek-Schroeder 1987, S. 290.
15 L. Hartmann-Kottek-Schroeder 1987, a.a.O.
16 L. Kottek-Hartmann-Schroeder 1987, S. 291.
17 H.H. Pöschko 1996, S. 283.

Ich nehme an, dass hier Beispiele aus der Kunstgeschichte in Erinnerung gerufen werden etwa aus der impressionistischen oder der expressionistischen Malerei. Diese Prägnanztendenz ist in der Gestaltpsychologie in der Vorstellung von den „unerledigten Geschäften" wiederzufinden, die Energie binden und die Konzentration auf das Anstehende behindern oder sogar verhindern. Ich denke, das Beispiel des Unterrichts über Marco Polo illustriert dies eindrucksvoll. Diese Erkenntnis macht auch die Regel „Störungen haben Vorrang" einsichtig, die Ruth C. Cohn in der Darstellung ihrer Themenzentrierten Interaktion formuliert hat.

3. Gestaltpädagogik als Ansatz für persönlich bedeutsames Lernen

Dass aus therapeutischen Ansätzen pädagogische Konzepte abgeleitet werden, ist nicht selbstverständlich. Therapie hat es schließlich mit psychisch kranken Menschen zu tun. Nach landläufiger Ansicht haftet also einer solchen Pädagogik der Geruch an, zu sehr personenbezogen zu sein, sich zu sehr an den Bedürfnissen der (Schüler als) Individuen zu orientieren, zu wenig den sachlichen Erfordernissen und Zusammenhängen gerecht zu werden, den Stoff zu sehr zu vernachlässigen. Wenn man jedoch auch therapeutische Prozesse als Lernprozesse versteht, kann man durchaus darüber nachdenken, wie diese „persönlich bedeutsamen Lernprozesse" auch für das Lernen von Inhalten, für das Lernen von Geschichte fruchtbar gemacht werden können.[18]
Die Gestaltpädagogik - der Begriff wird Mitte der siebziger Jahre geprägt[19] - kann als Ausbruch aus der Unterrichtsroutine verstanden werden[20], als Antwort auf die Krise der Schule und des Geschichtsunterrichts. Susanne Zeuner hat als das „Neue" an der Gestaltpädagogik gegenüber anderen Lerntheorien festgestellt, dass sie den Lernprozess als Kontaktprozess betrachtet.[21] Was aber ist Kontakt, wie kommt er zustande und was behindert ihn?
Kontakt ist einer der zentralen Begriffe der Gestalttherapie, von wo er übernommen ist. Für Perls ist „Kontakt" der zentrale Begriff bei der Beschreibung des Prozesses der Entwicklung der Person in Auseinandersetzung mit der Umwelt. Kontakt findet an der Grenze der Person zur Umwelt statt. Er schließt also das Getrenntsein von der Umwelt ein, wie auch die Berührung mit ihr. Erst der Kontakt macht es möglich, dass Angebote und Herausforderungen der Umwelt angenommen und integriert oder abgelehnt und abgewiesen werden können und damit der Selbstregulierung des Organismus dienen. Kontaktfähigkeit ist demnach ein zentrales Ziel der Therapie im Hinblick auf die Entwicklung der Person.

---

18 Ich verwende hier den Ausdruck "persönlich bedeutsames Lernen" nur in diesem Sinn und gehe auf den spezifischen Zusammenhang nicht weiter ein; s. hierzu Bürmann 1992, S. 38ff.
19 R. Reichel/E. Scala 1996, S. 11.
20 S. Zeuner 1983, S. 35.
21 S. Zeuner 1983, S. 36.

Der Begriff der Vermeidung meint in diesem Zusammenhang die Unfähigkeit, mit Angeboten und Herausforderungen der Umwelt in Kontakt kommen und sie prüfen zu können. Vermeidung geht also immer mit Verleugnung der Realität einher, weshalb sie in der Gestalttherapie als Ursache für neurotische Störungen angesehen wird. Als Erlebens- und Verhaltensweisen, mit denen Kontakt vermieden wird, sind Konfluenz, Introjektion, Projektion, Retroflexion und Deflexion festgestellt worden.[22] Diese Fähigkeiten haben jedoch nicht nur negativen Charakter. Sie sind zugleich die Vermögen der Herstellung von Kontakt. Insofern sind sie auch Methoden, mit denen Personen (auch Schüler) in Kontakt mit ihrer Umwelt gebracht werden können, um in diesem Prozess bisher Nicht-Eigenes integrieren, sich einverleiben zu können, d.h. zu lernen. Identifikation wäre demnach eine Methode, die der Erzeugung von Konfluenz dient, die allerdings nur dann positiv zu verstehen ist, wenn sie wieder aufgelöst wird und wenn die Differenz zwischen dort und damals und hier und heute wie zwischen die (dort und damals) und wir (oder ich hier und heute) sachlich gesättigt wieder hergestellt wird. Gestaltpädagogisch gesprochen sollen die Schüler im Kontaktvollzug „bei der Sache sein", „in der Sache aufgehen", danach aber im Nachkontakt sich wieder aus dieser „Verschmelzung" lösen.[23]

Als weitere Grundannahmen der Gestaltpädagogik - als anthropologische Grundannahmen - sind Lust zur Spannung, Selbstverwirklichung, Ganzheitlichkeit, Hier-und-Jetzt, Freiheit des Handelns, Entscheidung und Verantwortung formuliert worden, die hier nur als Stichworte angeführt werden können.[24]

Als Methoden, um den Kontakt zwischen den Schülern und dem Unterrichtsgegenstand zu intensivieren, dienen Identifikationen, Phantasieübungen und -reisen, Übungen zur Selbst- und Fremdwahrnehmung, zur Wahrnehmung des Selbst- und Fremdbildes, Körperkontakt und Bewegung, Kreative Medien, die Kommunikation in der Gruppe sowie die Steigerung der Bewusstheit (awareness) und der Kontakt mit der Schule des Lebens, die als Unterrichtsprinzipien die anderen Methoden durchdringen sollen. Diese Methoden werden nicht allein von der Gestaltpädagogik verwendet und werden von der Gestaltpädagogik auch nicht als ihr ureigener Besitz in Anspruch genommen.[25]

---

22 W.E. Büntig 1977, S. 1049; O.-A. Burow 1988, S. 58 (mit "Egotismus" statt "Deflexion").
23 L. Hartmann-Kottek-Schroeder 1987, S. 300; O.-A. Burow 1988, S. 59ff.
24 Burow/Quitmann/Rubeau 1987, S. 13-22; Zusammenfassung s. Anhang: 3. Anthropologische Grundannahmen der Gestaltpädagogik; Burow 1988, S. 97-118, hat diese Prinzipien auf insgesamt zwölf erweitert.
25 Burow/Quitmann/Rubeau 1987, S. 32-83.

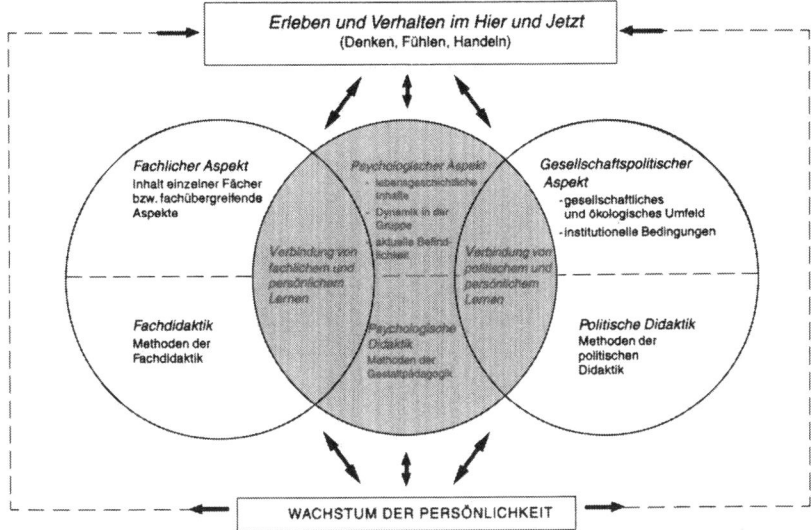

Abb. 5: Das Modell der gestaltpädagogischen Didaktik (Burow/Quitmann/Rubeau S. 27)

Mein leider viel zu früh verstorbener Ludwigsburger Kollege Peter Knoch ist bei seinen gestaltpädagogischen Versuchen in Seminaren und im Geschichtsunterricht zu folgenden fünf Methoden gekommen, von denen er dachte, sie seien für den Geschichtsunterricht geeignet:

1. Der Besuch historischer Stätten (Raum und Geschichte)
2. Der eigene Körper als Erfahrungsinstrument[26]
3. Das Rollenspiel als Annäherung an historische Phänomene[27]
4. Gelenkte Phantasie
5. Identifikation und Distanz zu Personen in historischen Bildern

---

26 Die prägendste Körpererfahrung, die Schüler heute in der Schule ohne es zu merken immer noch häufig machen, ist, dass Lernen mit Stillsitzen-Müssen einhergeht. Zum heimlichen Lehrplan unserer Schulen gehört, dass der Körper die Erkenntnis stört und der Körper stillgestellt werden muss, wenn wir zu "objektiven" Erkenntnissen kommen wollen. Diese Annahme steht einer Erkenntnis über Körpererfahrungen häufig im Wege.

27 Die mitunter geäußerte Befürchtung, wie man damit umgehen könne, wenn Schüler "was Falsches" gespielt haben, kann unter gestalttheoretischer Perspektive eher als Hinweis auf eine Chance als auf ein Misslingen verstanden werden. Die Schüler haben dargestellt, was ihrem Vorwissen, ihren Vorstellungen entspricht. Das ist die Vorgabe für die Aufarbeitung mittels Quellen und weiterer Materialien. Es geht dann darum herauszufinden, was wir belegen bzw. einleuchtend begründen können. Wir können dann vielleicht feststellen, dass uns unzureichende Kenntnisse zu "falschen Vorstellungen" gebracht haben.

113

Damit nicht der Eindruck entsteht, das Geheimnis der Gestaltpädagogik liege in den Methoden, und die Anwendung der Methoden allein mache einen Unterricht aus, der Schüler in einen intensiven Kontakt mit dem Unterrichtsgegenstand bringen will, verweise ich auf das Rollenspiel, das häufig nur zur Auflockerung des Unterrichts verwendet und in seinen Möglichkeiten keineswegs ausgeschöpft wird. Wenn solche Methoden als bloße Techniken oder Motivationstricks verwendet werden, verlieren sie ihre Kraft.[28] Sie leben von der Haltung, die sich aus den anthropologischen Grundannahmen ergibt und die wesentlich geprägt ist von Wertschätzung und Respekt. Ihre Anwendung setzt voraus, dass auch der Lehrer auf sein eigenes Wachstum bedacht ist.

Die Methode der Identifikation wird häufig als mächtiges Instrument erlebt und löst anscheinend schon im voraus Bedenken, wenn nicht gar Ängste aus. Diese Bedenken und Ängste gipfeln dann gern in einer Frage wie: Was kann ich denn tun, wenn sich ein Schüler mit einem Übeltäter, Verbrecher usw. identifiziert? Wenn ich bei gestaltpädagogisch orientiertem Arbeiten den Schülern keine „richtige" Erkenntnis aufzwingen darf, stärke ich bei solchen Schülern inhumane, unsoziale, undemokratische Einstellungen und Vorstellungen? Eine solche Frage wurde beispielsweise an eine bei Stöckle angesprochene Vergewaltigungsszene angeknüpft.[29] Kognitive Information nützt hier erfahrungsgemäß nichts und bestärkt einen Schüler eher in seiner Rolle, bringt ihn in einen Widerstand. Reglementierungen sind eher noch kontraproduktiver. Dabei wird weitgehend außer acht gelassen, dass bei Identifikationen in Rollenspielen oder mit Personen auf Bildern „Tätern" in aller Regel auch „Opfer" gegenüberstehen. Wenn sich herausstellen sollte, dass ein Schüler am Ende dieser Arbeit die nötige Rollendistanz noch nicht hergestellt hat, dass er in seiner Rolle verhaftet bleibt, darf die Arbeit auch noch nicht beendet werden. Letztlich kann eine solche Arbeit - die sich zu einer Konfrontation darüber zuspitzen kann, was in unserer Gesellschaft für „gut" und „böse" gehalten wird - in einer Grundwertediskussion münden. Das scheint mir, wäre ein für den Geschichtsunterricht überaus ertragreiches Ergebnis.

4. Jugendliche und das Dritte Reich
Entwurf einer Unterrichtseinheit in der Absicht persönlich bedeutsamen Lernens durch Identifikation.
Im Praxis-Geschichte-Heft *Problemorientierter Geschichtsunterricht* habe ich einen (unvollkommenen) Versuch vorgestellt, eine Unterrichtseinheit über das Dritte Reich – ausgehend von einem Familienbild von 1938 – zu entwerfen.[30]
Ich bin hierbei davon ausgegangen, dass das Bild einer alltäglichen Situation aus dem Dritten Reich - wenn auch einer besonderen Situation einer einfachen Familie - Elemente enthält, die auf viele - in einem günstigen Fall vielleicht sogar alle wesentlichen

---

28 Ich verweise hierzu nur auf das oben gegebene Beispiel einer Behandlung der Reisen Marco Polos.
29 s. Stöckle 1996, S. 221f, 236f.
30 Praxis Geschichte 5/98, S. 8-13.

- Aspekte des Dritten Reiches verweist oder doch über weitere Materialien einen Zugang ermöglicht. Hier trifft Uffelmanns Feststellung zu, dass sich Erfahrungsgeschichte auf der Folie von Strukturen und ihren Wandlungen vollziehe und Erfahrung mithin von Strukturen geprägt ist und auf Strukturen verweist.

Die Arbeit an diesem Familienbild vollzog sich in folgenden Phasen.
1. Vorkontakt: Kontaktaufnahme mit der Klasse, Information über das Vorhaben
2. Kontaktnahme: Betrachten des Bildes, Meinungsäußerungen, Informationen
3. Kontaktvollzug: Identifikation mit einer Person auf dem Bild, Ich-Protokoll
4. Nachkontakt: Arbeit an diesem Bild mit Verortung der Themen[31]

Abb. 6: Ein Bild von einer deutschen Familie (Praxis Geschichte 5/1998, S. 11)

In dieser Phase arbeitet man am besten mit dem Overheadprojektor, der es erlaubt, auf die Folie mit dem Familienphoto eine leere Folie zum Beschriften aufzulegen. Nach der Arbeit mit dem Bild sollte eine rudimentäre Form des unten abgebildeten Themenfeldes entstanden sein, wobei zunächst das Angesprochene, das Auffällige im Mittelpunkt steht, die strukturellen Gesichtspunkte gemeinsam oder vom Lehrer hinzugefügt werden können.

Mir selbst ist bei dieser Arbeit deutlich geworden, dass sich für Schüler aus ihren Ich-Protokollen keineswegs selbstverständlich Fragen ergeben. Im Gegenteil tendieren sie dazu, die historische Situation durch die Folie ihrer Auffassung hindurch zu sehen und sich damit zufrieden zu geben, sie für selbstverständlich zu halten. Die Aufgabe des Lehrers besteht dann darin, ihnen die „Fragwürdigkeit" ihrer Auffassungen deutlich zu machen und sie fähig zu machen, Fragen zu stellen. Hierbei kann es eine große Hilfe sein, wenn unterschiedliche, ja konträre Auffassungen vertreten sind, womit diese Art des Geschichtsunterrichts einen deutlichen sozialen Charakter erhält: Wir brauchen die Beiträge aller, damit wir die wichtigen Fragen und die zutreffenden Lösungen finden können.

---

31 Dies wurde im Unterricht so nicht durchgeführt. Dieses Verfahren ist als methodischer Vorschlag zu verstehen.

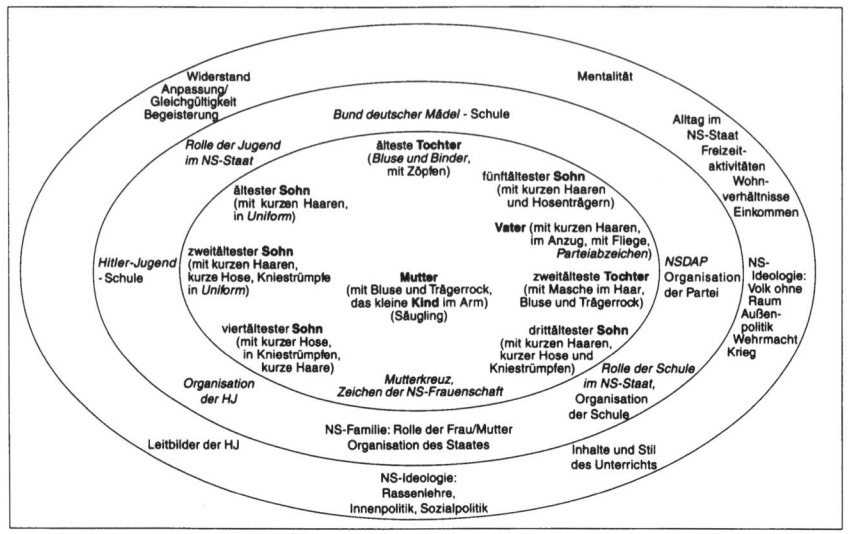

Abb. 7: Themenfeld zum Bild einer deutschen Familie (Praxis Geschichte 5/1998, S. 9)

5. Kolumbus „entdeckt" Amerika - Was entdecken die „Amerikaner"?
Rollenspiel zur Thematisierung der „Entdeckungsgeschichte"

In einem Kompaktseminar habe ich neben anderem auch ein Rollenspiel zur The-matisierung der Problematik durchgeführt, die mit der Entdeckung Amerikas verknüpft ist. Die Studenten waren in zwei Gruppen geteilt, um das Rollenspiel zweimal durch-führen zu können, so dass die Studenten einmal Akteure und einmal Zuschauer sein konnten. Diese Gruppen waren in jeweils zwei Untergruppen geteilt. Im Rollenspiel sollte die Situation dargestellt werden, die in mehreren Holzschnitten der frühen Neu-zeit wiedergegeben ist: Kolumbus geht mit seiner Mannschaft an Land und trifft auf die „Amerikaner" bzw. die „Amerikaner" sehen schwimmende Kästen an der Küste halten und fremde Männer an Land gehen. Wie vollzieht sich die Kontaktnahme, die dadurch noch erschwert war, dass diese beiden Gruppen sich sprachlich nicht ver-ständigen können sollten, also verschiedene Sprachen sprachen?

Die Studenten hatten zur Vorbereitung des Rollenspiels die Aufgabe, sich über verschie-dene Fragen klar zu werden:

- Was wissen wir von den andern?
- Was erwarten, erhoffen, befürchten wir von ihnen?
- Was wollen wir von ihnen?
- Wie wollen wir ihnen gegenübertreten?

116

Sie berieten sich darüber, welche Rollen in ihren jeweiligen Gruppen vorkommen sollten und wer welche Rolle übernehmen sollte. Im Anschluss an die beiden Vorführungen des Rollenspiels wurde über die folgenden Fragen diskutiert:

- Wie hat sich die Begegnung gestaltet?
- Welche Unsicherheiten, Unklarheiten gab es?
- Was müssten wir wissen, um diese historische Situation besser zu verstehen?
- Welche Quellen stehen uns hierzu zur Verfügung?
- Wie haben Historiker diese Situation beschrieben, welche Bedeutung haben sie ihr zugesprochen, in welchen Zusammenhang haben sie sie gestellt?

Aus der Gestaltung der Begegnung, aus den Fragen, die sich aus dem Rollenspiel ergaben, lassen sich im Sinn des Problemorientierten Geschichtsunterrichts die Hypothesen bilden und mögliche Lösungswege prognostizieren. Aus Zeitgründen war eine Ausfaltung der Thematik in diesem Sinn nicht möglich. Die Studenten waren jedoch begierig zu erfahren, wie es nun gewesen sei. Für sie hatte unser Vorhaben zu einer Lücke geführt, es hatte keine geschlossene Gestalt, und das Bedürfnis war groß, diese Gestalt zu schließen. Deshalb habe ich sie in einer Art Phantasiereise mit Auszügen aus dem Bordbuch des Kolumbus konfrontiert.[32] Zur Einstimmung und zur emotionalen Thematisierung habe ich mittelalterliche Pilgergesänge und die Musik zu indianischen Tänzen verwendet. Für die Studenten war besonders eindrucksvoll, mit welcher unverhohlenen Zweckrationalität sich Kolumbus über die Menschen in der „Neuen Welt" äußerte. Dabei wurde ihnen klar, mit welcher Friedensliebe und Verständigungsbereitschaft sie die Szenen gestaltet hatten und wie wenig das der Mentalität zumindest der Europäer damals entsprach.

Wo immer eine historische Begegnung, eine Konfrontation stattfand, ist ein solches Rollenspiel denkbar. Ich habe es auch zur Thematisierung der Kreuzzüge verwendet. Selbstverständlich muss man davon ausgehen, dass diese Rollenspiele vom Vorwissen und den Vorurteilen der Akteure geprägt sind. Das ist der Stand, von dem auszugehen ist. Aufgabe des Geschichtsunterrichts ist Ergänzung, Korrektur, Erweiterung und Umstrukturierung der Kenntnisse und Erkenntnisse. Wir erfahren dabei immer auch etwas über uns, darüber, wie wir mit solchen Situationen umgehen. Hier kann besonders deutlich werden, dass sich die historische Situation nur in dem Maße aufklären lässt, als sich auch unsere gegenwärtigen Auffassungen, Einstellungen, Meinungen aufklären.[33]

---

32 Berger 1991, S. 103-122.
33 Vgl. Habermas 1970, S. 158.

6. Umstrukturierung - eine Perspektive für den Geschichtsunterricht?

Die Gestaltpädagogik ist meines Erachtens ein Ansatz, der den Geschichtsunterricht deutlich intensivieren kann, der persönlich bedeutsames Lernen im Geschichtsunterricht möglich macht, der den sozialen Aspekt des Lernens betont und so die Gemeinschaftsfähigkeit, die Fähigkeit zur Teamarbeit fördert. Sie wird der Hauptaufgabe, die von der Geschichtsdidaktik gestellt wird, nämlich Aufbau und Entwicklung von Geschichtsbewusstsein und Förderung von Identität, vor allem von historischer Identität, in besonderer Weise gerecht. Darüber hinaus stimmt ein so gestalteter Geschichtsunterricht mit den Prinzipien und dem tatsächlichen Vollzug historischer Forschung überein. Dies hat sie wohl weitgehend ihrer gestalttheoretischen Fundierung zu verdanken.

Ich will deshalb zum Schluss noch fragen, welche Vorstellungen von Lernen die Gestalttheorie entwickelt hat. Selbstverständlich ist es nicht möglich, diese Vorstellungen hier umfassend zu entfalten. Ich will mich nur noch mit dem schon genannten Begriff der Umstrukturierung beschäftigen. Ich gehe hier also über das hinaus, was im Praxis-Geschichte-Heft zum Problemorientierten Geschichtsunterricht erarbeitet worden ist. Nach meiner Einschätzung sind die gestalttheoretischen und gestaltpädagogischen Möglichkeiten bei weitem noch nicht ausgeschöpft. In der Überprüfung der Grundlagen der Gestaltpsychologie, der Grundlagen und des Methodeninventars der Gestaltpädagogik sehe ich noch Desiderate der Geschichtsdidaktik im Hinblick auf einen Ansatz persönlich bedeutsamen Lernens.

Umstrukturierung hat einen Sinn, wenn es um die Struktur einer Sache, um die Struktur einer Gestalt, auf Geschichte bezogen um Vorstellungen von und Einstellungen zur Geschichte bzw. geschichtlichen Erscheinungen, Verhältnissen, Situationen geht, wenn es darum geht, wie die Elemente einer Sache geordnet sind und zusammenwirken.

Vom Dunckerschen Verfahren der Umstrukturierung ist schon die Rede gewesen. Herr Uffelmann hat es bei seinen Verfahren als Verfahren 2 vorgestellt.[34]

Es ist wohl kein Zufall, dass Wertheimer in seinem Buch „Produktives Denken" die Umstrukturierung vor allem an mathematisch-naturwissenschaftlichen Beispielen erläutert hat. Hier lässt es sich besonders gut deutlich machen.

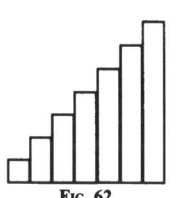
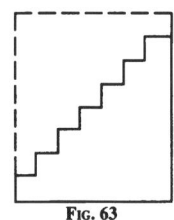

FIG. 62   FIG. 63

Abb. 8: Die berühmte Geschichte vom jungen Gauß - Eine Lösung durch Umstrukturierung: Zählen oder Denken? (Wertheimer 1957, S. 110)

---

34 Siehe S. 31 in diesem Band.

Wertheimer gibt aber auch ein Beispiel aus dem Alltag, um einsichtig zu machen, dass das Verfahren der Umstrukturierung überall Gültigkeit hat. Er erzählt die Geschichte von zwei Jungen, die Federball spielen. A ist B deutlich überlegen und gewinnt immer. B verliert die Lust und verweigert sich. An dieser Stelle fordert Wertheimer die Leser auf, über mögliche Lösungen nachzudenken und ihre Ideen mit Beispielen zu vergleichen, die er bei Versuchen gefunden hat. Die eigentliche Lösung wird durch A gefunden, der feststellt, dass kein Spiel stattfinden kann, wenn er darauf beharrt, B immer zu besiegen. Sein Lösungsvorschlag lautet: Lass uns so miteinander spielen, dass wir den Ball möglichst oft hin-und-herspielen können, bevor er herunterfällt. A hat einen Lernprozess durchgemacht. Von seinem eigenen Wunsch, B zu besiegen, kommt er über die Identifikation mit B zur Identifikation mit dem Spiel. Er ist damit dem Problem auf den Grund gekommen, weshalb das Spiel nicht stattfinden konnte und konnte somit eine Lösung finden, die der Sache angemessen war. Dabei hat eine Umstrukturierung bzw. Umzentrierung in folgender Weise stattgefunden.

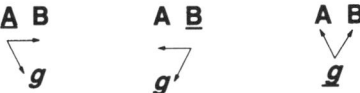

Abb. 9: Lösung durch Umzentrierung in einer Alltagssituation: Wo ist das Problem? (Wertheimer 1957, S. 154)

Was ist daraus für den Geschichtsunterricht zu lernen? Ein Problem ist nicht zu lösen, wenn man es nicht erfasst hat. Ganz im Sinn des Problemorientierten Geschichtsunterrichts geht es also zuerst darum, das Wesen, den Charakter, die Struktur eines Problems zu erfassen. Erst dann kann eine Lösung gefunden werden. Eine solche Lösung kann sich in adäquaten Situationen als Fähigkeit zu angemessenem Verhalten bewähren. Der Prozess der Problemfindung und -lösung kann selbst als eine erworbene Fähigkeit, als Disposition, zur Verhaltenssicherheit führen, selbst wenn noch unklar ist, worin das Problem besteht und wie es gelöst werden kann. Geschichte wäre also von ihrer Problemhaltigkeit her zu sehen, nicht auf bloße Inhalte zu reduzieren. Bei Geschichte ist darüber hinaus zu bedenken, dass wir es immer mit zumindest zwei Zeitebenen zu tun haben, der historischen und der gegenwärtigen, von der aus wir unseren Blick auf vergangene Ereignisse und Verhältnisse richten, um Orientierung in der Gegenwart zu gewinnen.

Probleme können in der Sache selbst liegen, sich also aus der Struktur der historischen Ereignisse und Verhältnisse ergeben. Wir können dabei daran denken, dass sie sich aus unterschiedlichen Perspektiven ganz unterschiedlich ausnehmen können und bestimmte Orientierungen (Werthaltungen) und Machtverhältnisse gar keine wirkliche Lösung historischer Probleme zugelassen haben. Dies könnte mit einem multiperspektivischen Ansatz bearbeitet werden.[35]

---

35 Dementsprechende Materialien sind z.b. zur Eröffnung der Generalstände zusammengestellt in: Pöschko 1994, S. 117.

Probleme können sich auch daraus ergeben, wie wir zu diesen historischen Ereignissen und Verhältnissen stehen, welche Probleme wir also mit ihnen haben. Angesichts der globalen Verhältnisse und Entwicklungen ist die „Entdeckung Amerikas" ein solches Problem. Beim oben beschriebenen Rollenspiel wurde das Problem in der Konfrontation zweier Kulturen gesehen, die bis heute weiterwirkt und ein aktuelles politisch-wirtschaftliches Problem darstellt. Umstrukturierung bzw. Umzentrierung würde hier bedeuten, sich in die Situation der anderen zu versetzen, seine eigenen Strebungen und Wünsche zu überprüfen und sich auf dieser Basis klarzumachen, dass die Fortsetzung dieses Gegeneinanders - als Fortsetzung der Ausbeutung mit anderen Mitteln - am Kern des Problems vorbeigeht, dass es nämlich für alle nur diese eine Erde gibt, dass also die Fortsetzung dieses Gegeneinanders zur Zerstörung der Erde oder von Teilen der Erde führt. Das ist etwas, das tatsächlich ständig geschieht und unser Gerechtigkeitsgefühl und unsere ethische Orientierung herausfordert.

Worin besteht - nach dem Beispiel des Federballspiels - hier das „Spiel"? Wer profitiert in welcher Weise davon, wie es derzeit läuft? Wie sollte es laufen, damit alle gleicherweise und in Anerkennung des Gleichheits- und Freiheitsgrundsatzes davon profitieren können? Konkret würde die Frage lauten: Was können wir tun, dass die Waren- und Geldströme zur Befriedigung der Bedürfnisse aller möglichst gut strömen können? Umstrukturierung müsste hier zu einer Einsicht, zu einem Bewusstseinswandel führen, der eine andere Einstellung und ein anderes Verhalten uns selbst und anderen gegenüber zur Konsequenz haben müsste. Insofern würde Geschichtsunterricht auch zu einer Verflüssigung von geronnenen Vorstellungen über die Geschichte und die Bedingtheit gegenwärtiger Verhältnisse beitragen.

Anhang:

1. Die wesentlichen Hypothesen Kurt Goldsteins

„ 1) Das Verhalten eines Organismus wird von den Gesetzmäßigkeiten der 'Figur-Grund-Bildung' organisiert.

2) Als 'Figur' wird dabei jeder Prozeß aufgefaßt, der sich gegen einen 'Grund' (Reizgesamt) abhebt. Eine 'Figur' kann sowohl ein Wahrnehmungs- als auch ein Verhaltensimpuls sein.

3) Die Wahrnehmung bzw. das Auftauchen einer bestimmten 'Figur' wird dabei von der Bedürfnislage des Organismus bzw. von der jeweiligen Problemlösungssituation mitbestimmt.

4) Wenn das Bedürfnis befriedigt oder die Aufgabe gelöst ist, tritt die alte 'Figur' in den Hintergrund zurück, um einer anderen Konstellation den Vortritt zu lassen. - Diese Vorstellung enthält gleichzeitig den Gedanken, daß die 'Figur-Grund-Bildung' im Dienste der *Selbstrealisierung* und *Selbstaktualisierung* steht, ... Goldstein ist der Überzeugung, daß der Organismus am besten 'weiß', wie und was er als nächstes ... realisieren will und [zu realisieren] hat."[36]

2. Formen der Kontaktvermeidung:

Unter *Konfluenz* wird der Zustand der Kontaktlosigkeit verstanden, indem das Individuum keine Grenze zwischen sich und der Umwelt ausmachen kann, wenn sich also das Individuum als nicht von der Umwelt abgegrenzt erlebt oder die Grenzen zwischen sich und der Umwelt ignoriert.

Unter *Introjektion* wird die nicht assimilierte Übernahme von Einstellungen, Gefühlen, Werten usw. verstanden.

Während die Introjektion die Tendenz ist, das Selbst für das verantwortlich zu machen, was in Wirklichkeit Sache der Umwelt ist, besteht die *Projektion* dagegen in der Tendenz, die Umwelt für das verantwortlich zu machen, was im Selbst begründet liegt.

Das Wesen der *Retroflexion* besteht darin, dass sich das Individuum selbst das antut, was es gern anderen antun möchte.

Das Wesen der *Deflexion* bzw. des *Egotismus* als neurotischem Mechanismus besteht darin, dass der Kontaktprozeß in der letzten Phase nicht vollendet wird. Er äußert sich in einem Aufgeben des Kontaktvollzugs zugunsten eines Sich-selbst-Vergewisserns, einer kontaktunterbrechenden Introspektion.[37]

---

36 L. Hartmann-Kottek-Schroeder 19, S. 289f., mit geringfügiger sprachlicher Korrektur.
37 O.-A. Burow 1988, S. 58; W.E. Büntig 1977, S. 1046.

3. Anthropologische Grundannahmen der Gestaltpädagogik:

1. *Lust zur Spannung*: Der Mensch hat die Tendenz, seine jeweils bestehenden (Persönlichkeits-)Grenzen zu erweitern. Zu diesem Zweck hält er nach Goldstein Spannungszustände nicht nur aus bzw. gleicht sie aus, sondern sucht sie auch aktiv auf.

2. *Selbstverwirklichung*: Menschen wollen ihr Leben als sinnvoll empfinden und sind dazu bereit, jeweils bestehende Grenzen zu erweitern oder zu überschreiten, oder, wenn ihnen das nicht möglich erscheint oder nicht gelingt, das Bestehende als sinnvoll zu deuten.

3. *Ganzheitlichkeit*: Nach Auffassung der Gestaltpädagogik ist in Anlehnung an die Gestaltpsychologie das Ganze mehr und etwas anderes als die Summe seiner Teile, was sich aus der Interdependenz dieser Teile ergibt.

4. *Hier-und-Jetzt*: Der Mensch ist eine Einheit aus Vergangenheit, Gegenwart und Zukunft. Erfahrbar wird diese Einheit nur in der Gegenwart. Vergangenheit ist in der Gegenwart erinnert. Zukunft ist in der Gegenwart imaginiert. Wer sich jedoch auf vergangene Erlebnisse oder auf Vorstellungen von der Zukunft fixiert, ist zur Erledigung seiner Geschäfte in der Gegenwart handlungsunfähig. Geschichte ist in diesem Sinn als Erinnerung an vergangene Ereignisse und Verhältnisse vor allem von deren Bedeutung für uns in der Gegenwart zu verstehen. Schüler bringen dies auch zum Ausdruck, wenn sie fragen, was ihnen das heute bringt, was sie das heute angeht, oder negativ formuliert, dass sie das nicht juckt.

5. *Freiheit des Handelns, Entscheidung und Verantwortung*: Die Existenzphilosophie kam zu der Erkenntnis, dass der Mensch nicht nur wählen und entscheiden kann, sondern dass er ununterbrochen damit konfrontiert ist, Entscheidungen fällen zu müssen, ob er will oder nicht. Ganz gleichgültig, ob er sich entscheidet oder nicht, ob er handelt oder nicht, er legt sich damit fest. Das entspricht der Feststellung von Watzlawick, dass man nicht nicht-kommunizieren könne, oder der alltäglichen Wendung, keine Antwort sei auch eine Antwort.[38]

Abbildungsverzeichnis

---

38 nach: Burow/Quitmann/Rubeau 1987, S. 13-22.

Literatur

(Ich habe hier nur die zitierte Literatur aufgenommen; für weitere Angaben s. Brötel/Pöschko 1996, S. 296-298.)

Friedemann Berger (Hrsg.): Christoph Columbus. Dokumente seines Lebens und seiner Reisen. Erster Band 1451-1493, Leipzig 1991.

Wolf E. Büntig: Die Gestalttherapie Fritz Perls'. In: Dieter Eicke (Hrsg.): Die Psychologie des 20. Jahrhunderts, Bd. 2, Zürich 1977, S. 1044-1066.

Jörg Bürmann: Gestaltpädagogik und Persönlichkeitsentwicklung. Theoretische Grundlagen und praktische Ansätze eines persönlich bedeutsamen Lernens, Bad Heilbrunn 1992.

Olaf-Axel Burow: Grundlagen der Gestaltpädagogik, Dortmund 1988.

Olaf-Axel Burow: Gestaltpädagogik. Trainingskonzepte und Wirkungen. Ein Handbuch. Paderborn 1993.

Olaf-Axel Burow/Helmut Quitmann/Martin P. Rubeau: Gestaltpädagogik in der Praxis. Unterrichtsbeispiele und spielerische Übungen für den Schulalltag, Salzburg 1987.

Jürgen Habermas: Erkenntnis und Interesse. In: Jürgen Habermas: Technik und Wissenschaft als >Ideologie<. Frankfurt a.M. ⁴1970, S. 146-168.

Lotte Hartmann-Kottek-Schroeder: Gestalttherapie. In: Handbuch der Psychotherapie, hrsg. von Raymond J. Corsini, Weinheim/Basel ²1987, S. 281.

Peter Knoch: Phantasie und historisches Verstehen. Versuche und Erfahrungen. In: Hans-Jürgen Pandel (Hrsg.): Verstehen und Verständigen, Pfaffenweiler 1991, S. 99-114.

Wolfgang Metzger: Gibt es eine gestalttheoretische Erziehung? In: Kurt Guss (Hrsg.): Gestalttheorie und Erziehung, Darmstadt 1975, S. 18-24.

Hans H. Pöschko: Geschichte und Gestalt. In: Dieter Brötel/Hans H. Pöschko (Hrsg.): Krisen und Geschichtsbewußtsein. Mentalitätsgeschichtliche und didaktische Beiträge. Zum Gedenken an Peter Knoch, Weinheim 1996, S. 272-301.

Hans H. Pöschko: „Ich fand Hitler gut, nur ..." Jugendliche und das Dritte Reich. In: Praxis Geschichte 11/1998, Heft 5, S. 8-13.

Hans H. Pöschko: Die Prozession der Generalstände in Paris - Vorabend einer Revolution. In: Peter Knoch (Hrsg.): Spurensuche Geschichte 2, Stuttgart 1994, S. 114-117.

Hans H. Pöschko: Psychologische und soziologische Aspekte des Verstehens. In: Pandel 1991, S. 25-37.

Frieder Stöckle: Der Dreißigjährige Krieg im Geschichtsunterricht. Wahrnehmung und Verarbeitungsmuster bei Schülerinnen und Schülern. In: Bernd Mütter/Uwe Uffelmann (Hrsg.): Emotionen und historisches Lernen. Forschung - Vermittlung - Rezeption, Hannover ³1996, S. 215-239.

Max Wertheimer: Produktives Denken, Frankfurt a.M. 1957 (Deutsche Übersetzung der amerikanischen Erstausgabe von 1945).

Susanne Zeuner: „Ich bin höflich, du bist mutig, er ist witzig ...". In: päd. extra 12/1983, S. 35-44.

Philip G. Zimbardo: Psychologie, Berlin u.a., ⁴1983.

Hans H. Pöschko

„Jugendliche und das Dritte Reich" als Thema persönlich bedeutsamen Lernens im Geschichtsunterricht*

Nach wie vor ist das Dritte Reich ein brisantes Thema der deutschen Geschichte, das brisanteste Thema überhaupt. Es verliert diese Brisanz auch nicht mit dem zeitlichen Abstand. Es scheint, dass wir mit dem zeitlichen Abstand allein innerlich noch keinen Abstand gewinnen. Und für Jugendliche wird immer unverständlicher, weshalb sie sich so ausführlich und verknüpft mit der Forderung, dass so etwas nie wieder passieren dürfe, mit diesem Thema auseinandersetzen sollen. Möglicherweise hat dies seine Ursachen darin, dass Schülern dabei zu wenig bewusst wird, was es mit ihnen selbst zu tun hat. Mit diesem Beitrag wird deshalb ein Vorschlag gemacht, wie Schülern ein Zugang zu dieser Problematik eröffnet werden kann, wie ihnen nahegebracht werden kann, dass sie persönlich bedeutsam für sie ist.

Wissen oder Bewusstsein?
Wir stecken in einem Dilemma. Wie kaum ein anderes Thema ist das Dritte Reich von Vorstellungen überdeckt, von Legenden verdunkelt, die Aufhellung erforderlich machen und Aufklärung verlangen. In ihnen ist Ausdruck geworden, was Einstellungen hervorbringen, die bestimmten Bedürfnissen folgen, Bedürfnissen etwa nach Anerkennung, nach Geltung, nach Wertschätzung und positiver Einschätzung der eigenen ethnischen Zugehörigkeit. Aufklärung wäre also eine naheliegende Aufgabe, Aufdeckung des „Verkehrten" und Richtigstellung des „Verbogenen", orientiert daran, „wie es wirklich gewesen ist". Dies könnte dem Interesse folgen, sich über diese Epoche der deutschen Geschichte keine Illusionen mehr zu machen, um damit die Voraussetzungen zu schaffen, dass „so etwas nie wieder passieren kann". Dies scheint eine nüchterne Analyse zu erfordern, Orientierung an den Erkenntnissen der Geschichtswissenschaft. Wie wir allerdings wissenschaftsgeschichtlich nicht nur an diesem Thema nachvollziehen können, sind auch die Erkenntnisse der Geschichtswissenschaft kein Besitz auf ewig. Die Orientierung an Aufklärung läuft also Gefahr, selbst in die Fangleinen des Objektivismus zu geraten, läuft Gefahr, vermeintlich festen Besitz zu vermitteln, wo es sich nur um eine perspektivische Auffassung, um ein vorläufiges Ergebnis, wo es sich möglicherweise nur um eine Gegen-Legende zu tradierten Vorstellungen handelt. Wie kann man aber dieser Gefahr entgehen, wie solche - sich vielleicht einander ablösenden - Legendenbildungen vermeiden?

---

*   Auf Wunsch des Autors erscheint dieser Beitrag nach der neuen Rechtschreibung.

Paradigmenwechsel in der Geschichtsdidaktik

Solange Geschichte als Lernfach galt, in dem die - „kanonisierten" - Inhalte auf möglichst interessante, die Schüler ansprechende Weise vermittelt werden sollten, war die Gefahr der Legendenbildung durch Geschichtsunterricht unmittelbar gegeben. Das ist vor allem dann augenfällig, wenn Schulbücher die Vorgaben der Lehrpläne - fast - ohne kritische Distanz übernehmen und in der Ausstattung mit Bild- und Textquellen weitgehend übereinstimmen, ohne dass wenigstens zur Diskussion darüber angeregt würde, welche „Legenden" sie transportieren. Dass die Fragen, die erörtert und beantwortet werden sollen, häufig auch noch vorgegeben sind, nicht von den Schülern selbst gestellt werden, also weder ihrem Erfahrungshorizont noch ihrer Frageintention entsprechen, verstärkt die Gefahr der Legendenbildung und trägt dazu bei, dass Schülern die Geschichte äußerlich bleibt.

Manche Geschichtsdidaktiker sind deshalb der Meinung, dass dies zu den Ursachen mangelnden Interesses der Schüler an Geschichte zählt. Wenn ihnen nicht zugestanden wird, dass sie in Bezug auf die Geschichte Fragen haben, dass sie auch zur Sache relevante Fragen stellen können, werden sie sich von dem angebotenen Stoff auch nicht angesprochen fühlen. Es hat deshalb die verschiedensten Versuche gegeben, dieses Problems Herr zu werden, Schülern Geschichte nicht nur als „Fertigkost" zu verabreichen, sondern sie zum Fragen zu bringen und mit diesen Fragen zu arbeiten. Von diesen Ansätzen soll im folgenden das Verfahren des Problemorientierten Geschichtsunterrichts in Verbindung mit gestaltpädagogischen Methoden - auf das Thema „Jugendliche und das Dritte Reich" angewendet - vorgestellt werden.

Problemorientierter Geschichtsunterricht

Die Konzeption des Problemorientierten Geschichtsunterrichts geht davon aus, dass „menschliches Fragen... existentiell bedingt" ist und dass deshalb auch menschliches Fragen nicht nur die Auseinandersetzung mit historischen Gegenständen leiten kann, sondern notwendig leiten muss, wenn sie nicht äußerlich bleiben soll. Menschliches Fragen ist die Grundlage für die Erfassung von Problemen, die immer aus einem Komplex von Fragen bestehen und in Gegenwartserfahrungen entstandene historische Fragen sind. Insofern ist die *Problemfindung* mit Hypothesenbildung logischerweise die erste Phase des Problemorientierten Geschichtsunterrichts. Diese Hypothesen sind Leitlinien für die Erarbeitung von *Problemlösungen* in der zweiten Phase dieses Verlaufsschemas. In ihr soll die historische Analyse in selbständiger Tätigkeit der Lernenden stattfinden. Damit hat Problemorientierter Geschichtsunterricht sein Ziel jedoch noch nicht erreicht. In einer dritten Phase hat die *Reflexion* der Erträge zu erfolgen, in der die Deutungs- und Handlungskonsequenzen zu diskutieren sind, wodurch erst Aufbau und Differenzierung des Geschichtsbewusstseins erfolgen.

Grundlagen der Gestaltpädagogik

Die Gestaltpädagogik geht davon aus, dass menschliches Leben und Lernen bestimmten *Prinzipien* folgt. Es ist demnach gekennzeichnet durch die Lust zur Spannung, durch ein Bestreben nach Selbstverwirklichung, durch die Tendenz zur Ganzheitlichkeit der Wahrnehmung, durch die Erfahrung der Einheit von Vergangenheit-Gegenwart-Zukunft im Hier-und-Jetzt, durch die Erkenntnis, dass der Mensch Freiheit des Handelns, Entscheidens und Verantwortens gewinnt, wenn er das Entscheiden-Müssen als ein Grundmerkmal seiner Existenz akzeptiert. (Siehe oben i.d. Band). Zentrale *Anliegen der Gestaltpädagogik* sind schließlich „Kontakt" und „Begegnung". Lernen wird als Kontaktprozess verstanden, in dem es ein ständiges „Hin-und-Her" zwischen dem menschlichen *Bedürfnis nach Autonomie* (Eigenständigkeit, Einzigartigkeit, Eigenverantwortung) *und Interdependenz* (Zugehörigkeit, Sicherheit, Abhängigkeit) gibt. In diesem Prozess nehmen Lernende neue Dinge der Umwelt (neue Informationen über die Umwelt) in sich auf und geben eigenes an die Umwelt ab. Begegnung findet statt, wenn in einem Gegenüber, sei es ein Mensch oder ein Ding, nicht nur ein Teilaspekt gesehen wird, sondern dieses in seiner Ganzheit und Gegenseitigkeit mit dem Ich wahrgenommen wird. Erst wenn der Lehrer seine Beziehung zu einem Stoff geklärt hat, kann er auch eine Beziehung mit den Schülern und eine Beziehung zwischen den Schülern und eine Beziehung zwischen den Schülern und dem Stoff stiften. (Burow/Quitmann/Rubeau S. 22-25)

Im *Kontaktmodell*, das aus der Gestalttherapie entlehnt wurde, kann eine idealtypische Beschreibung von Kontaktprozessen gesehen werden, die sich in der Verlaufsplanung des Unterrichts niederschlägt. Hier ist zu unterscheiden zwischen Vorkontakt, Kontaktnahme, Kontaktvollzug und Nachkontakt (Burow 1988, S. 79ff.).
Zum *Vorkontakt* gehören das Ankommen in der Lernsituation, das Abklären von Bedürfnissen und die Einstimmung auf das Thema. In der *Kontaktnahme* setzen sich Lehrer und Schüler mit der Frage auseinander, welche Kenntnisse, Interessen und sonstigen Bezüge sie zu diesem Thema haben, „um einen persönlichen Bezug herzustellen". Im *Kontaktvollzug* soll es zu einem „Bei-der-Sache-sein" kommen, bei dem die Grenze zwischen dem Lernenden und dem Lerngegenstand aufgehoben ist. Im *Nachkontakt* schließlich soll der Kontaktvollzug nachwirken und die Erfahrung integriert werden können. Die „Verschmelzung" von „Selbst" und Lerngegenstand muss hier wieder aufgehoben werden, im Geschichtsunterricht die historische Distanz wieder hergestellt werden. Für den Geschichtsunterricht ist noch von Wichtigkeit, dass es historische Situationen sind, mit denen wir uns auseinandersetzen, mit denen wir also im Kontaktvollzug „verschmelzen" und deren Struktur wir im Unterschied zu unserer gegenwärtigen Situation durch historische Information und Analyse kennenlernen sollen. Das geschieht in der Regel durch die Arbeit an historischen Quellen und Materialien.

Zusammenfassend kann also gesagt werden, dass Problemorientierter Geschichtsunterricht wie Gestaltpädagogik im Geschichtsunterricht davon ausgehen, dass Geschichte als Prozess zu verstehen ist und deshalb auch das Lernen von Geschichte ein Prozess ist, bei dem es unverzichtbar ist, dass sich die Lernenden mit ihren Vorstellungen und Fragen einbringen, es in einer Annäherung an dieses Verfahren zumindest können und sollen.

Aspekte der Relevanz des Themas „Drittes Reich" und Geschichtsbewusstsein

„Ich fand Hitler gut, nur ..." - dieser Satz kann auf die verschiedenste Weise ergänzt werden. In dieser Hinsicht hat wohl jeder von uns schon Erfahrungen gemacht. Es ist eine immer wieder gebrauchte Aussage über das Dritte Reich, die nicht nur Schlechtes an ihm finden will, die ihm auf differenzierte Weise gerecht werden will. *Dieter Bossmann*, aus dessen Buch die Formulierung entnommen ist (S. 293), hat in seinen Auszügen aus Schüler-Aufsätzen eine Fülle solcher Versuche dokumentiert. Dabei wird greifbar, dass solche Urteile meist gegen die Bemühungen der Geschichtslehrer zustandekommen. Schüler scheinen sich mit diesem Thema auseinanderzusetzen, sie scheinen sich in diese Zeit hineinzuversetzen, auch wenn der Geschichtsunterricht nicht dazu ermuntert. Dass diese Schüler-Aufsätze vor mehr als zwanzig Jahren geschrieben wurden, fällt nicht ins Gewicht. Entsprechende Äußerungen - nicht nur - von Jugendlichen, sind auch heute noch durchaus geläufig. Es gibt also gute Gründe, sich mit diesem Thema auseinanderzusetzen.

Aufbau und Veränderung des Geschichtsbewusstseins von Jugendlichen ist in gewünschter Weise wohl nur dann zu erreichen, wenn sie einen Bezug zu sich selbst herstellen können, wenn sie die historischen Verhältnisse in gewisser Weise als gleich - oder zumindest ähnlich - und in gewisser Weise als anders - als ganz anders - erfahren und erkennen können.

Die Arbeit mit den Materialien

In Orientierung an den skizzierten Ansätzen des Problemorientierten Geschichtsunterrichts und der Gestaltpädagogik wurden im Juni und Juli 1997 in einer neunten Realschulklasse insgesamt sechs Stunden zum Thema „Drittes Reich" gehalten.[1] Dieses Unterrichtsvorhaben wurde in eine schon laufende und fortgeschrittene Unterrichtseinheit eingeblendet. Thematisiert worden waren die *Biographie Hitlers*, im Zusammenhang damit die *Ideologie des Dritten Reiches* und die politische Entwicklung bis 1938. Es sollten noch einige Stunden über *Jugend und Familie, Alltag, Judenverfol-*

---

1 Die im Anhang bereitgestellten Materialien stellen eine teils wesentliche Erweiterung gegenüber den in Praxis Geschichte 5/98 abgedruckten dar.

gung und *Widerstand* folgen. Der Kontakt zu diesem Teil der Unterrichtseinheit sollte hergestellt werden mit dem Bild einer deutschen Familie, das 1938 - wohl anlässlich der Verleihung des goldenen Mutterkreuzes - aufgenommen worden ist (M 1). Dieses Bild sollte den Schülern Gelegenheit geben, mit dem Thema von der Alltags- und Lebenswelt her in Kontakt zu kommen, von Erscheinungen und Zusammenhängen, die ihnen vertraut sind.

Die Schüler können, wenn sie sich mit einer der Personen auf dem Bild identifizieren, eigene Erfahrungen aus ihrer Familie einbringen, sie auf das historische Bild projizieren und dabei zu Unterstellungen bzw. Behauptungen über das Bild und zu Fragen an das Bild kommen, die eine historische Aufklärung nahelegen oder notwendig machen. Dabei können auch Fragen gestellt werden, die ein Interesse eines Schülers erkennen lassen, das ganz persönliche Gründe hat, sich etwa aus der aktuellen familiären Situation ergibt. Der Lehrer muss dann entscheiden, inwieweit auch eine solche Frage im Hinblick auf die Thematik ergiebig sein kann, ob er sie weiter verfolgen will oder ob er sie auf sich beruhen lassen soll, auch um die Privatsphäre des Schülers und seiner Familie zu schützen. In der Regel wird er Fragen aufgreifen, die sich zu einem historischen Problem verdichten, zum Beispiel was Menschen im Dritten Reich dazu gebracht hat, sich in das nationalsozialistische System wortlos einzufügen, sich sogar aktiv dafür einzusetzen oder sich ihm - auch unter Lebensgefahr - zu widersetzen.

Nach der Konzeption des Problemorientierten Geschichtsunterrichts wäre dies, die *Problemfindung*, die Aufgabe der ersten Phase eines Unterrichtsvorhabens, das mit Hypothesen zu dieser Frage abschließen sollte. Wie kann es zu dieser Problemfindung kommen?

Nach gestaltpädagogischen Prinzipien ist die Intensivierung des Kontakts zu einem Unterrichtsgegenstand eine wichtige Aufgabe bei jedem Unterrichtsvorhaben. Sie vollzieht sich - wie oben skizziert - in den Phasen Vorkontakt, Kontaktaufnahme, Kontaktvollzug und Nachkontakt. *Vorkontakt* und *Kontaktaufnahme* sind in der Arbeit mit M 1 in folgenden Schritten hergestellt worden:

1. Das Bild anschauen und auf sich wirken lassen
2. Seinen Eindruck, seine Meinung äußern
3. Das Wahrgenommene mit den Vorkenntnissen in Verbindung bringen
4. Sachliche Informationen einfordern und erhalten
5. Identifikationsphase mit Wahl einer Person auf dem Bild und der Beschreibung dieser Person in einem Ich-Protokoll
6. Vermittlungsphase: Freiwillige Mitteilung der Ich-Protokolle
7. Einschätzung der verschiedenen Aussagen: Erfassung des Fragwürdigen
8. Formulierung von Hypothesen

Das gestaltpädagogische Verfahren hat hier also der Gewinnung von Fragen und Hypothesen gedient. Gleichzeitig ist die Schaffung eines Zugangs zum Thema nach den Interessen und aus der Sicht der Schüler erfolgt. Die Erfahrung hat allerdings gezeigt, dass nicht erwartet werden kann, dass die Schüler ihre Fragen und Meinungen so einbringen, dass sie direkt zur Formulierung von Problemen und Hypothesen dienen können. Wenn Schüler dies nicht gewohnt sind, dürfte die Anleitung und Hilfe des Lehrers notwendig sein. Was sich bei der Vermittlung der verschiedenen Ich-Protokolle an Perspektiven, Meinungen und Fragen ergibt, ist nicht in einer kausal geordneten Kette, sondern auf einem Feld unterzubringen, wobei das Familienbild selbst das Grundmuster abgeben kann, auf dem zunächst notiert wird, was konkret zu sehen ist, dann welche Bezüge zum Beispiel über bestimmte Gegenstände angesprochen sind und zu welchen Themen mit geringerer und größerer Reichweite sie gehören.

Auf diesem Themenfeld (M 2) können die Themen eingeordnet werden, denen das größte Interesse entgegengebracht wird, wozu Materialien eventuell leicht zu beschaffen sind, wozu ein Lösungsweg näher liegt, was eventuell auch durch den Lehrplan vorgegeben, von der Sache her angebracht ist. Es ist als Problemaufriss immer verfügbar, so dass im Verlauf der Arbeit immer wieder darauf zugegriffen werden kann. In dem hier vorzustellenden Beispiel war die Situation der Jugend im Dritten Reich von vorrangigem Interesse, von dem aus sich über das zur Verfügung stehende Material ein Zugang zum Widerstand gegen das NS-Regime nahelegte. Hier wurde eine lokalgeschichtlich-biographische Aufarbeitung der gestellten Fragen gewählt (*Problemlösung* bzw. *Kontaktvollzug*, siehe 2.: Vom Pimpf zum Anhänger Niemöllers). Diese Materialien sind der Autobiographie des ehemaligen Architekten Heinrich Kling entnommen, der darin seine „Ludwigsburger Jugend" beschrieben und sich damit auseinandergesetzt hat, dass viele seiner Altersgenossen die Zeit des Dritten Reiches verdrängt zu haben schienen. In diesen „Bildern aus dem Dritten Reich" stellte er dar, wie er - beeinflusst von der allgemeinen Atmosphäre und von persönlichen Erfahrungen - sich hin-und-hergerissen fühlte zwischen evangelischer Jugend und HJ. Was nach den ausgewählten Materialien nach einem Gesinnungswandel aussieht, war in Wirklichkeit Ausdruck dieser Ambivalenz. Noch am Ende des Krieges glaubte Kling an den Endsieg.[2] Hier kann man sich fragen, wie es zu Begeisterung, Anpassung/Gleichgültigkeit und Widerstand kam und wie sie zu verstehen sind. Aufgabenstellungen könnten darauf abzielen, was passiert ist, welche Stimmung vorherrschte und was diese Stimmung hervorbrachte.

Es wäre nun möglich, auch mit diesen autobiographischen Materialien gestaltpädagogisch zu arbeiten, indem sie von den Schülern als an sie selbst adressierte Briefe zu lesen wären, worauf Antwortbriefe verfasst werden sollen. Das könnte an dieser Stelle zu einer weiteren Intensivierung des Kontakts führen, brächte aber die Problemlösung

---

2   Diese Angaben beruhen auf telefonischer Auskunft von Herrn Kling.

nicht näher. Wenn diese Antwortbriefe nun nicht mehr nur spontan auf der Folie der eigenen Lebenserfahrungen der Schüler, sondern mit Hilfe von Materialien und Informationen inhaltlich/sachlich gesättigt verfasst werden sollen, verlangt das Verfassen einer solchen Antwort historische Aufklärung. Eine andere Form der Auseinandersetzung bestünde in der Erarbeitung der sachlichen Aussagen, der emotionalen Betroffenheit und der Meinung und Meinungsänderung bzw. eben der Ambivalenz des Autors. Aus den Materialien ist zu schließen, dass es dem Autor als Jugendlichem – und mit ihm auch vielen anderen – vor allem darauf ankam, dass jemand sie begeistern konnte. Inhalte scheinen von untergeordneter Bedeutung gewesen zu sein. Möglicherweise haben die Schüler ähnliche Erfahrungen auch schon gemacht. Diese Entscheidung wäre mit einer anderen Zielsetzung verbunden.

Die Ambivalenz des Autors als Jugendlicher, die Verwendung der Begriffe „Widerstandsgruppe" und „Bekennende Kirche" können im nächsten Schritt zum Anlass werden, sich mit den verschiedenen Widerstandsgruppen auseinanderzusetzen (siehe 3.: Jugendliche und junge Erwachsene im Dritten Reich, und 4.: Jugend und Widerstand), die einer historischen Analyse unterzogen werden sollten. In diesem Zusammenhang muss angemerkt werden, dass in der Literatur häufig nicht unterschieden wird zwischen Jugendlichen, jungen Erwachsenen und oft auch noch Erwachsenen. Die Unterscheidung dürfte auch schwerfallen, wenn man das Alter nicht als einziges Kriterium gelten lässt. Ebensowenig einheitlich beantwortet ist die Frage, was unter Widerstand, was vor allem unter Jugendwiderstand zu verstehen ist, ob nicht manches eher der Jugenddelinquenz zuzurechnen ist. Die Kölner Kontroverse, die hier in M 10, M 12 und M 13 angesprochen ist, soll Gelegenheit zu einer Diskussion über diese Frage geben. Wenn man sich außerdem vor Augen hält, dass vor allem durch Goebs Buch über Bartholomäus Schink ein bestimmtes - unkritisches - Bild vom Jugendwiderstand entworfen worden und weit verbreitet ist, kann sie Anlass sein, über Legendenbildung und Aufhellung von Legenden nachzudenken.[3] Aufgabenstellungen - eventuell vom Lehrer angeregt - sollten das Kennzeichnende der jeweiligen Widerstandsgruppe und ihre Ziele thematisieren.

Damit wäre von den Fragen und Interessen der Schüler ausgehend über biografische und lokalgeschichtliche Phänomene eine Verbindung zum historischen Thema Widerstand hergestellt, das dann in der sachlich angemessenen Differenzierung behandelt werden kann. Dies war ein Aspekt, der in den zur Verfügung stehenden Unterrichtsstunden verfolgt worden ist. Schule und Unterricht waren ein anderes Thema, das den Interessen der Schüler folgend behandelt wurde. Weitere Interessen wurden zur geschlechtsspezifischen Arbeitsteilung, zur sozialen Situation und der staatlichen Unterstützung von Familien zum Ausdruck gebracht. Wie dem Themenfeld zu entnehmen

---

3 In diesem Sinn war neben anderen auch M 6 in meinem Beitrag in Praxis Geschichte 5/98, S. 13 zu verstehen.

ist, wären bei der entsprechenden Äußerung von Interessen weitere Phänomene und Probleme anzuschließen gewesen. Es ist denkbar, die Unterrichtseinheit Drittes Reich insgesamt von einem solchen Dokument und seiner von den Interessen der Schüler ausgehenden Aufschlüsselung - mit einer wo nötig erneuten Intensivierung des Kontakts zum Thema - zu organisieren. Dies käme einer konsequenten Planung des Unterrichts von den Schülerinteressen her gleich.

Nach dem Konzept des Problemorientierten Geschichtsunterrichts muss sich an diese historische Analyse nun die *Reflexion* der Erträge dieser Arbeit anschließen, aus gestaltpädagogischer Sicht der *Nachkontakt*. Sie beinhaltet die Würdigung der Erkenntnisse aus dieser Arbeit, sollte also auch den historischen Abstand herstellen und dabei die Einschätzung der Verschiedenheit der heutigen Situation der Jugendlichen zu damals einschließen. Zu dieser Reflexion ist es bei dem vorgestellten Vorhaben aus Zeitgründen nicht mehr gekommen.

Selbstverständlich können die vorgestellten Materialien und Möglichkeiten - trotz der Erweiterung und Ergänzung gegenüber dem Beitrag in Praxis Geschichte 5/98 - nur einen kleinen Ausschnitt bieten aus einer in dieser Weise zu organisierenden Unterrichtseinheit. Denkbar ist jedoch, dass ausgehend von dem vorgestellten Familienbild oder einer entsprechenden anderen Quelle, die eine Problematisierung bzw. einen Kontaktvollzug nahelegt, über sich nach und nach ergebende Fragen und Probleme auf dem Themenfeld schließlich alle wesentlichen Aspekte des Dritten Reiches behandelt werden können. Ein Vorteil dieses Verfahrens wäre, dass die Schüler mit ihren Interessen und Fragen die Inhalte und die Vorgehensweise mitbestimmen. Aufgabe des Lehrers bleibt es, mit seiner Sachkenntnis für die Bereitstellung der geeigneten Materialien zu sorgen.

Materialanhang

1.: Deutsche Familie

- **M 1: Ein Bild von einer deutschen Familie**
  (Foto auf S. 115 in diesem Band)

  Wähle eine Person auf dem Bild aus und beschreibe dich als diese Person!
  Hilfen zur Formulierung: - Ich bin ... und heiße ...
  - Ich habe ... an.
  - Ich habe eine ... Haltung, sehe ... aus, mache ein ... Gesicht.
  - Ich spüre ..., fühle ...
  - Ich denke ..., ich meine...

- **M 2: Themenfeld zum Bild einer deutschen Familie**
  (Foto auf S. 116 in diesem Band, s.o.)

  Diese Grafik soll verdeutlichen, wie - ausgehend von einer konkreten Situation - auf immer umfassendere Zusammenhänge ausgegriffen werden kann. Das Aussehen der Personen, ihre Bekleidung - die Mode - , spezielle Merkmale wie die verschiedenen Abzeichen verweisen auf die Zeit, auf Zugehörigkeiten, über diese auf Organisationen und die diesen zugrundeliegenden Ideen und Ideologien. In der Anwendung wäre denkbar, daß das Familienbild mit dem OHP auf ein großes Plakat projiziert wird, die Kennzeichnungen, Feststellungen, Vermutungen in das Bild geschrieben werden und dann nach Wegnahme des Bildes als Themenfeld vorliegen - ein Akt der Abstraktion.[4] Grundsätzlich ist dieses Verfahren - vergleichbar dem Mind Mapping - als Alternative zur schriftlichen Nacheinanderordnung mit ihrer Einlinigkeit bei vielen Themen und Medien denkbar.

2.:   *Vom Pimpf zum*
        Anhänger Niemöllers

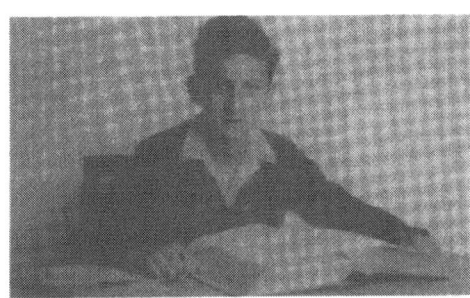

- **M 3: 1938 - Heinrich Kling (geb. 1925)**
  (Kling 1988, 12. gezählte Seite der Abb. im Anschluß an S. 136, Abdruck in Praxis Geschichte 5/1998, S. 12)

- **M 4: 1934 - Ich werde Pimpf!**
  "Noch nicht einmal neun Jahre und schon Pimpf! Und das kam so: Mein Bruder Fritz ging schon Ende 1933 zum Jungvolk, und sein Jungzugführer suchte krampfhaft ein Heim für die Heimabende. Fritz bearbeitete unsere Großmutter so lange, bis sie endlich einwilligte und unser Bügelzimmer im Souterrain zur Verfügung stellte. Bald herrschte hier reges Treiben. Bänke und Hocker wurden zusammengenagelt, die Wände vom Jungzugführer mit lauter hehren Gestalten, mit Germanen, mit Soldaten des 1. Weltkrieges und einem Konterfei von Horst Wessel bemalt. Zur Belohnung für die Überlassung des Heimes durfte Fritz seinen kleinen Bruder mitbringen. Obwohl ich noch keine zehn Jahre alt war! Ich war unheimlich beeindruckt, vor allem von unserem Fähnleinführer. Sein Spitzname war 'Dachs', er konnte uns alle begeistern.

---

4   Eine andere Möglichkeit wäre das Auflegen einer zweiten Folie zum Beschriften.

Die Heimabende unseres Jungzuges waren meist langweilig. Wir mußten die Geschichte der Partei, mußten Namen auswendig lernen: Rudolf Heß, der Stellvertreter des Führers, Baldur von Schirach, unser Reichsjugendführer, Darrée, der Reichsbauernführer, von Tschammer und Osten, der Sportminister und Alfred Rosenberg, der für die geistige Führung zuständig war. Die Namen unserer Vorgesetzten, vom Stammführer bis hin zum Bannführer, wer Kreisleiter war, und schließlich den Namen unseres Gauleiters Murr. Ganz feierlich wurde es, wenn wir die Namen der Gefallenen des 9. November 1923 hersagen mußten. Toll war es, wenn es hieß: heute geht das ganze Fähnlein auf den großen Exe! Singend marschierten wir dann zum großen Exerzierplatz, die Stelle, wo heute Pattonville ist. In der Nähe eines kleinen Wäldchens wurde ein großes Lagerfeuer angezündet. Wir saßen drumherum, im Westen ging langsam die Sonne unter, der Schäfer mit seiner Schafherde gesellte sich zu uns, und 'Dachs' begann zu erzählen. Vom Bauernkrieg, von tollen Abenteuern. Und wir sangen:

'Wir sind des Geyers Schwarze Haufen, ha-jo-oho,
und wollen mit Tyrannen raufen, ha-jo-oho,
Spieß voran
drauf und dran
setzt auf's Klosterdach den roten Hahn.'

Ein anderes Mal erzählte er von den Kriegserlebnissen junger deutscher Studenten, die im 1. Weltkrieg bei Langemark mit dem Deutschlandlied auf den Lippen gegen den Feind stürmten und für ihre Heimat den Heldentod starben. Wir waren beeindruckt! Ob auch wir mal die Gelegenheit finden würden, solchen Heldenmut zu beweisen!" (Kling 1988, S. 20f.)

• **M 5: Jugend marschiert**
(Aus dem von Horst Frö-
scher in Ludwigsburg verfas-
sten "Kriegstagebuch Fähnlein 3/180 'Fuchshof' ")

134

• **M 6: 1937 - Tolle Jungscharstunden**

„Etwas anderes trat plötzlich in unser Leben - die evangelische Kirche! Fritz wurde dieses Jahr in der Garnisonskirche bei Pfarrer Kommerell konfirmiert. Noch stand unsere evangelische Kirche treu zu Volk und Vaterland, Gebete für den Führer waren selbstverständlich, und noch wußten wir nichts von einer 'Bekennenden Kirche'. Wohl hörten wir bald schon den Namen von Pfarrer Niemöller. Er beeindruckte uns aber wohl mehr als U-Boot-Kapitän... In Ludwigsburg war inzwischen ein Mann eingetroffen, dem wir bald begegnen sollten und der uns lange Zeit begleiten würde. Ich spreche von Eugen Wolfer, seines Zeichens Jugendwart. Er war bei der Ludwigsburger Jugend sehr schnell wegen seiner tollen Jungscharstunden bekannt. Auch wir wurden Stammgäste bei ihm, wenn er im Saal am Karlsplatz seine Stunden abhielt. Selbstverständlich gingen wir nicht wegen seiner Andachten dort hin, vielmehr weil er sagenhaft spannende Geschichten erzählen konnte. Aber Erzählen ist wohl nicht das richtige Wort dafür. Wir lebten alle Abenteuer regelrecht mit, sei es bei den 'Jungen von der Feuerburg' oder beim 'Roten U'. Und das Gemeine war: Eugen Wolfer brach seine Geschichten immer dann ab, wenn es besonders spannend wurde und vertröstete uns auf die nächste Stunde." (Kling 1988, S. 42-44)

• **M 7: Du sollst das nicht tun!**

Anordnung des „Reichsführers der SS Himmler als Stellvertretender Chef und Inspekteur der preußischen Geheimen Staatspolizei und politischer Polizeikommandeur", 1935:

„§1:
Allen konfessionellen Jugendverbänden, auch den für den Einzelfall gebildeten, ist jede Betätigung, die nicht rein kirchlich-religiöser Art ist, insbesondere eine solche politischer, sportlicher und volkssportlicher Art untersagt.

§2:
Für die konfessionellen Jugendverbände und ihre männlichen und weiblichen Angehörigen, einschließlich der sogenannten Pfarrjugend, gelten folgende Bestimmungen:
Es ist verboten,
1. das Tragen von Uniformen (Bundestracht, Kluft, usw.), uniformähnlicher Kleidung und Uniformstücken, die auf die Zugehörigkeit zu einem konfessionellen Jugendverband schließen lassen. Hierunter fällt auch das Tragen von Uniformen oder zur Uniform gehörenden Teilstücke unter Verdeckung durch Zivilkleidungsstücke (z.B. Mäntel) sowie jede sonstige einheitliche Kleidung, die als Ersatz für die bisherige Uniform anzusehen ist.
2. das Tragen von Abzeichen, welche die Zugehörigkeit zu einem konfessionellen Jugendverband kenntlich machen (PX-, DJK-Abzeichen, pp.).
3. das geschlossene Aufmaschieren, Wandern und Zelten in der Öffentlichkeit, ferner die Unterhaltung eigener Musik- und Spielmannszüge.
4. das öffentliche Mitführen oder Zeigen von Bannern, Fahnen und Wimpeln, ausgenommen bei der Teilnahme an althergebrachten Prozessionen, Wallfahrten, Primiz- und anderen Kirchenfeiern, sowie Begräbnissen.
5. jegliche Ausübung und Anleitung zu Sport und Wehrsport aller Art.

§3:
Wer dieser Anordnung zuwider handelt oder wer zu einer solchen Zuwiderhandlung auffordert oder anreizt, wird gemäß §§33,55,56 des Polizeiverwaltungsgesetzes mit Zwangsgeld oder Zwangshaft bestraft. Unerlaubt getragene Uniformstücke oder Abzeichen, unerlaubt mitgeführte Banner, Fahnen oder Wimpel sind einzuziehen..."

Verbote konfessioneller Jugendarbeit (Klönne 1995, S. 167)

- **M 8: 1941 - Jeder war für den anderen da**

„*Sonntag, der 22. Juni 1941. Ich kam gerade aus der Garnisonskirche und traf auf dem Karlsplatz einen Freund. 'Hast du gehört, seit heute früh greifen wir Rußland an!' Meine Antwort überraschte mich selbst: 'Dann haben wir den Krieg verloren! Der Führer persönlich hat in seinem 'Mein Kampf' betont, daß der große Fehler im ersten Weltkrieg ein Zweifrontenkrieg war, jetzt macht er selber den gleichen Fehler!' Als dann am Ende des Jahres, nach dem japanischen Angriff auf Pearl Harbour, die Achsenmächte treu ihrem Bündnis mit Japan den Krieg erklärten, wurde ich in meiner Annahme erst recht bekräftigt. Nun standen wir im Krieg mit der ganzen Welt. In diesem Jahr nahmen die Fliegeralarme gewaltig zu... Der Schlaf fehlte mir sehr, mußte ich doch am nächsten Morgen wieder in die Fabrik. Durch die Auflösung der Spielschar ging ich lange Zeit der Hitlerjugend verloren... So konnte ich meine ganze Freizeit der Evangelischen Jugend widmen... Wir in der Evangelischen Jugend waren ein richtig zusammengeschweißter Haufen, und fast alles, was wir taten, geschah im Untergrund, denn es war verboten. Aber gerade dieser Umstand brachte uns immer näher zusammen. Höhepunkte waren die Bezirkstreffen in verschiedenen Kreisgemeinden, in Möglingen, in Schwieberdingen, in Markgröningen. Und wenn dann noch der 'Ami' [gemeint ist der Jugendpfarrer Dr. Manfred Müller von der Landeskirche] zu den Treffen kam, gingen wir frisch gestärkt an unsere Arbeit. Wußten wir doch, daß wir nicht allein waren, daß im ganzen Land Gruppen beisammen waren mit der gleichen Einstellung. Wir waren bestimmt keine Widerstandsgruppe, aber wir zählten uns zur 'Bekennenden Kirche', und die wurde ja verfolgt. Martin Niemöller war uns ein leuchtendes Vorbild. Wir hörten von Bonhöfer und ließen uns nicht irre machen, wenn in allen Zeitungen Hetzkampagnen gegen die Kirche geführt wurden. Wir hielten bedingungslos zusammen. Jeder war für den anderen da.* "
(Kling 1988, S. 76f.)

3: Jugendliche und junge Erwachsene im Dritten Reich
Wir sind anders!

- **M 9a: Angehörige der Hamburger Swing-Jugend bummeln im Sommer 1940 über den Hamburger Jungfernstieg**
(Geschichte lernen 24/1991, Beilage S.12, Abb. 38)

Was ist Swing? -
(K)eine harmlose Sache?

- **M 9b: Ein Brief in Sachen „Swing-Jugend"**

(Peukert 1983, S. 155.: BA Koblenz,
NS 19/neu 219, Bl. 68)

DER JUGENDFÜHRER DES DEUTSCHEN REICHS
UND REICHSJUGENDFÜHRER DER NSDAP.

Berlin-Charlottenburg · Kaiserdamm 44 · Ruf 94 46 61

8. Januar 1942

An den
Reichsführer-SS
Pg. H i m m l e r
B e r l i n   SW 11
Prinz Albrecht-Str. 8

Sehr verehrter Parteigenosse Himmler!

In Hamburg hat sich in den Oberschulen bzw. in der Jugend der Kaufmannschaft eine sogenannte "Swing-Jugend" gebildet, die zum Teil eine anglophile Haltung zeigt. Dieser Kreis umfasst einige Hundert Jugendliche, zum Teil auch Personen über 18 Jahre. Da die Tätigkeit dieser "Swing-Jugend" in der Heimat eine Schädigung der deutschen Volkskraft bedeutet, halte ich die sofortige Unterbringung dieser Menschen in ein Arbeitslager für angebracht. Die beteiligten Dienststellen haben bereits in Hamburg die entsprechenden Maßnahmen in Betracht gezogen.

Beiliegend übermittle ich Ihnen zu Ihrer Kenntnis einige Berichte aus den Schulen. Ich wäre Ihnen für einen Hinweis an Ihre Hamburger Dienststelle sehr dankbar, dass mit den schärfsten Mitteln gegen die "Swing-Jugend" vorzugehen ist.

Heil Hitler!
Ihr

- **M 9c: Die Konsequenzen**

Der Chef der SS wendet sich an den Chef der Geheimen Staatspolizei
(Peukert 1983, S. 156f.: BA Koblenz, NS 19/neu 219, Bl. 71f.)

137

4.: Jugend und Widerstand

- **M 10: „Edelweißpiraten" - oppositionelle Jugendliche**

Aus den Erinnerungen Fritz Theilens, der wegen „undisziplinierten Verhaltens" aus dem „Jungvolk" ausgeschlossen worden war und sich den „Edelweißpiraten" angeschlossen hatte:

„Wir haben Flugblätter verteilt. die Flugblätter waren für Soldaten bestimmt... Nachts haben wir Farbe organisiert. Mit den Farbeimern sind wir losgezogen und haben auf Trümmergrundstücke gemalt:

*GESTERN HAT DAS HAUS NOCH GESTANDEN
DAS VERDANKEN WIR DEM FÜHRER!...*

Ja, wir haben wirklich einen Güterzug entgleisen lassen...
Nach dieser Aktion bin ich mit andern Freunden unserer Gruppe in den Trümmern (Köln-) Ehrenfelds untergetaucht. Alle möglichen Leute hausten in den Trümmergrundstücken, entflohene Kriegsgefangene und Zwangsarbeiter, fahnenflüchtige Soldaten, Jugendliche, die nicht Soldat werden wollten. In den Trümmern hat keiner gefragt: Woher kommst Du? Was machst Du? Uns interessierte nur eines an den Leuten, dass sie gegen die Nazis waren...
Die Nazis richteten in Ehrenfeld ein furchtbares Blutbad an. Am 25. Oktober 1944 wurden elf entflohene russische und polnische Zwangsarbeiter öffentlich erhängt. Am 10. November wurde dieses grausame Schauspiel an dreizehn Deutschen, darunter die Hälfte jugendliche Edelweißpiraten, wiederholt. Auch sie wurden an der gleichen Stelle ohne Gerichtsverfahren aufgehängt..." (I. Hübner: Unser Widerstand. Deutsche Männer und Frauen berichten über ihren Kampf gegen die Nazis. Frankfurt a.M. 1982, S. 124ff.)

Die Idee zum Anschlag auf den Güterzug am 20.4.1944 wird Bartholomäus Schink zugeschrieben. Es ist allerdings nicht nachweisbar, ob er überhaupt stattgefunden hat, und sogar eher unwahrscheinlich. (Rusinek 1989, S.182ff.)

- **M 11: Jugendliche wehren sich**

Flugblatt einer Wuppertaler Gruppe (Peukert 1983, S. 81f.: HStA-Dü-G 3692)

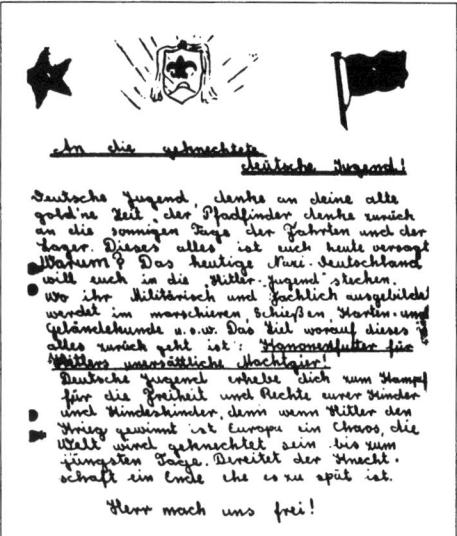

138

Widerstandskämpfer oder Kriminelle?

• **M 12: Aus einer wissenschaftlichen Untersuchung:**

"Im Oktober und November 1944 fanden in Köln-Ehrenfeld zwei öffentliche 'Sonderbehandlungen' - Gestapo Morde - statt. Bei der ersten Erhängung wurden elf ausländische Arbeiter getötet, bei der zweiten sieben deutsche Erwachsene und sechs Jugendliche. Die Jugendlichen hatten zeitweise zu den Edelweißpiraten gehört, jenen Gruppen in der NS-Zeit, die außerhalb der HJ standen, sich von ihr absetzten und sich oft mit HJ-Angehörigen Prügeleien lieferten.
Dieses Buch soll einen Streit beenden, die 'Kölner Kontroverse' um die Frage, ob die Gruppe der am 10.11.1944 erhängten Menschen - die Steinbrück-Gruppe - kriminell gewesen sei oder zum Widerstand gerechnet werden müsse. Im Zentrum der Kontroverse stehen die Edelweißpiraten, und zur Symbolfigur des Jugendwiderstandes wurde der am 10.11.1944 im Alter von sechzehn Jahren von der Gestapo ermordete Bartholomäus Schink...
Ein Großteil dessen, was als Argumente von der 'Widerstandspartei' angeführt worden ist, stellte sich als Irrtum heraus. Es waren nicht Edelweißpiraten, die im Kreis um Hans Steinbrück eine führende und Aktionen festlegende Rolle innehatten; Diebstähle, die in überraschend großer Zahl durchgeführt wurden, sollten nicht zur Unterstützung bedürftiger Illegaler oder 'arbeitsvertragsbrüchiger' Ostarbeiter dienen; die Gruppe schloß sich nicht zusammen, um Widerstand gegen das NS-Regime zu leisten. Von einer einheitlichen Gruppe kann nicht gesprochen werden.
Keine einzige Äußerung, die auf eine Widerstandshaltung gegenüber dem Regime schließen lassen könnte, ist von den Jugendlichen aus dem Kreis um Steinbrück zuverlässig überliefert. An der versuchten Rettung der Juden waren sie nicht beteiligt... Als Widerstand zu deutende Taten der Jugendlichen lassen sich nicht nachweisen...
Wie es einzelne Edelweißpiraten gab, die Widerstand geleistet haben, so gab es Edelweißpiraten, die weder in die HJ noch etwa in die Sozialistische Arbeiterjugend der SPD zu integrieren gewesen wären. Es gab keine einheitliche und fixe Edelweißpiraten-Identität, die mit einer Widerstandshaltung gleichgekommen wäre, es hätte sich in seinem Handeln zeigen müssen.
Schink war dem Einfluß anderer preisgegeben... Die Steinbrück-Gruppe war nur eine von vielen 'Banden' in der Kölner Schlußkriegsphase... Gegen alle 'Banden' führten die Kommandos der Sicherheitspolizei Krieg. Die größte Zahl der Opfer kam aus den Reihen der Ostarbeiter." (Rusinek 1989, S. 458-460)

Weshalb wollen Menschen zum Widerstand gehört haben?

• **M 13: „31. Dezember 1952**

Bei der Stadtverwaltung Köln, Stelle für Wiedergutmachung, ist unter V 910 ein Antrag auf Anerkennung von Bartholomäus Schink als politisch Verfolgter eingegangen. Absender ist Barthels Mutter, Gertrud Schink, wohnhaft Keplerstraße 33."

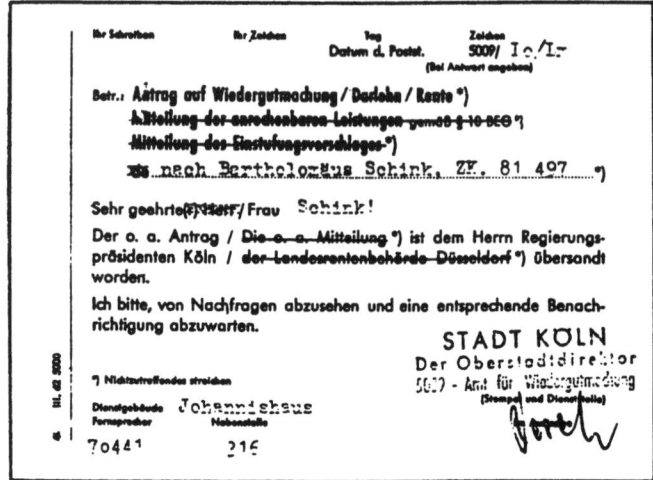

Antrag auf Wiedergutmachung (Goeb 1981, S. 139f.)

• **M 14: Erfahrungen eines politisch engagierten Jugendlichen**

Aus den Erinnerungen von Willy H., dem ehemaligen Vorsitzenden des kommunistischen Jugendverbandes in Duisburg (der im Juni 1934 aus dem KZ Oranienburg entlassen worden war):

„Ja, da war ich wieder draußen, in Duisburg. Und jetzt hieß die Frage: was war draußen los? Die meisten der Kameraden wußten mir keine Antwort zu geben. Aber dann besuchten mich doch Kameraden, die mich genau informierten..., dass Adolf Hitler den Krieg vorbereite, und dass wir dagegen etwas unternehmen müßten, und dass wir Materialien verteilen, Propaganda machen und neue Kräfte um die Fahne des Widerstandes sammeln müßten, neue Verbindungen herstellen... Wir haben dann Parolen geschrieben, wir haben uns mit zwei, drei Mann zusammengefunden, wir haben Zeitungen unter die Leute gebracht... Unser Hauptziel war es, die Einheitsfront aller Demokraten gegen die Nazidiktatur herzustellen, also ein antifaschistisches Bündnis zu schmieden..."
(nach: Rudolf Tappe/Manfred Tietz (Hrsg.): Tatort Duisburg 1933-1945. Widerstand und Verfolgung im Nationalsozialismus. Essen 1989, S. 176f.)

140

Letztes Flugblatt der "Weißen Rose"

(Aufstand des Gewissens 1985, S. 118)

Manifest der Münchner Studenten

Erschüttert steht unser Volk vor dem Untergang der Männer von Stalingrad. 330.000 deutsche Männer hat die geniale Strategie des Weltkriegsgefreiten sinn- und verantwortungslos in Tod und Verderben gehetzt. Führer, wir danken Dir!

Es gärt im deutschen Volk. Wollen wir weiter einem Dilettanten das Schicksal unserer Armeen anvertrauen? Wollen wir den niedrigsten Machtinstinkten einer Parteiclique den Rest der deutschen Jugend opfern? Nimmermehr!

HJ, SA und SS haben uns in den fruchtbarsten Bildungsjahren unseres Lebens zu uniformieren, zu revolutionieren, zu narkotisieren versucht. Weltanschauliche Schulung hieß die verächtliche Methode, das aufkeimende Selbstdenken und Selbsturteil in einem Nebel leerer Phrasen zu ersticken. Eine Führerauslese, wie sie teuflischer und zugleich bornierter nicht gedacht werden kann, zieht ihre künftigen Parteibonzen auf Ordensburgen zu gottlosen, schamlosen und gewissenlosen Ausbeutern und Mordbuben heran, zur blinden, stupiden Führergefolgschaft. Wir „Arbeiter des Geistes" wären gerade recht, dieser neuen Herrenschicht den Knüppel zu machen.

Frontkämpfer werden von Studentenführern und Gauleiteraspiranten wie Schulbuben gemaßregelt, Gauleiter greifen mit geilen Späßen den Studentinnen an ihre Ehre. Deutsche Studentinnen haben an der Münchner Hochschule auf die Besudelung ihrer Ehre eine würdige Antwort gegeben, deutsche Studenten haben sich für ihre Kameradinnen eingesetzt und standgehalten. Das ist ein Anfang zur Erkämpfung unserer freien Selbstbestimmung, ohne die geistige Werte nicht geschaffen werden können. Unser Dank gilt den tapferen Kameradinnen und Kameraden, die mit leuchtendem Beispiel vorangegangen sind.

Es gibt für uns nur eine Parole: Kampf gegen die Partei! Heraus aus den Parteigliederungen, in denen man uns politisch weiter mundtot machen will! Heraus aus den Hörsälen der SS-Unter- und Oberführer und Parteikriecher! Es geht uns um wahre Wissenschaft und echte Geistesfreiheit! Kein Droh-

Der Tag der Abrechnung ist gekommen, der Abrechnung unserer deutschen Jugend mit der verabscheuungswürdigsten Tyrannei, die unser Volk je erduldet hat. Im Namen des ganzen deutschen Volkes fordern wir von dem Staat Adolf Hitlers die persönliche Freiheit, das kostbarste Gut der Deutschen zurück, um das er uns in der erbärmlichsten Weise betrogen hat.

In einem Staat rücksichtsloser Knebelung jeder freien Meinungsäußerung sind wir aufgewachsen. mittel kann uns schrecken, auch nicht die Schließung unserer Hochschulen. Es gilt den Kampf jedes einzelnen von uns um unsere Zukunft, unsere Freiheit und Ehre in einem seiner sittlichen Verantwortung bewußten Staatswesen.

Freiheit und Ehre! Zehn Jahre lang haben Hitler und seine Genossen die beiden herrlichen deutschen Worte bis zum Ekel ausgequetscht, abgedroschen, verdreht, wie es nur Dilettanten vermögen, die die höchsten Werte einer Nation vor die Säue werfen. Was ihnen Freiheit und Ehre gilt, das haben sie in zehn Jahren der Zerstörung aller materiellen und geistigen Freiheit, aller sittlichen Substanz im deutschen Volk genugsam gezeigt. Auch dem dümmsten Deutschen hat das furchtbare Blutbad die Augen geöffnet, das sie im Namen von Freiheit und Ehre der deutschen Nation in ganz Europa angerichtet haben und täglich neu anrichten. Der deutsche Name bleibt für immer geschändet, wenn nicht die deutsche Jugend endlich aufsteht, rächt und sühnt zugleich, seine Peiniger zerschmettert und ein neues, geistiges Europa aufrichtet.

Studentinnen! Studenten! Auf uns sieht das deutsche Volk. Von uns erwartet es, so wie 1813 die Brechung des napoleonischen, so 1943 des nationalsozialistischen Terrors aus der Macht des Geistes. Beresina und Stalingrad flammen im Osten auf, die Toten von Stalingrad beschwören uns: Frisch auf, mein Volk, die Flammenzeichen rauchen!

Unser Volk steht im Aufbruch gegen die Verknechtung Europas durch den Nationalsozialismus, im neuen gläubigen Durchbruch von Freiheit und Ehre!

141

Im Namen
des Deutschen Volkes

In der Strafsache gegen

1.) den Hans Fritz S c h o l l aus München, geboren in Ingersheim am 22. September 1918,

2.) die Sophia Magdalena S c h o l l aus München, geboren in Forchdenberg am 9. Mai 1921,

3.) den Christoph Hermann P r o b s t aus Aldrans bei Innsbruck, geboren in Murnau am 6. November 1919,

zur Zeit in dieser Sache in gerichtlicher Untersuchungshaft,

wegen landesverräterischer Feindbegünstigung, Vorbereitung zum Hochverrat, Wehrkraftzersetzung

hat der Volksgerichtshof, 1. Senat, auf Grund der Hauptverhandlung vom 22. Februar 1943, an welcher teilgenommen haben

als Richter :

Präsident des Volksgerichtshofs Dr.Freisler, Vorsitzer,
Landgerichtsdirektor Stier,
SS-Gruppenführer Breithaupt,
SA-Gruppenführer Bunge,
Staatssekretär und SA-Gruppenführer Köglmaier,
als Vertreter des Oberreichsanwalts:
Reichsanwalt Weyersberg,

für Recht erkannt :

Die Angeklagten haben im Kriege in Flugblättern zur Sabotage der Rüstung und zum Sturz der nationalsozialistischen Lebensform unseres Volkes aufgerufen, defaitistische Gedanken propagiert und den Führer aufs gemeinste beschimpft und dadurch den Feind des Reiches begünstigt und unsere Wehrkraft zersetzt.

Sie werden deshalb mit dem
T o d e
bestraft.

Ihre Bürgerehre haben sie für immer verwirkt.

(Aufstand des Gewissens 1985, S. 119)

- **M 17: Ein Offizier nimmt Stellung - auch er kein Jugendlicher mehr**

Aus Notizen von General Ludwig Beck für einen Vortrag vor den Spitzen des Heeres im Jahr 1938 :

- 1 -

Vortrags-Notiz 16. Juli 38 36 277

Der Führer hält anscheinend eine gewaltsame
Lösung der sudetendeutschen Frage durch Einmarsch in die
Tschechei für unabwendbar; er wird in dieser Auffassung
bestärkt durch eine Umgebung verantwortungsloser, radi-
kaler Elemente. Über die Einstellung von Göring ist man
geteilter Auffassung. Die einen glauben, dass er den Ernst
der Lage erkennt und versucht, auf den Führer beruhigend
einzuwirken, die anderen meinen, dass er wie in dem
Falle Blomberg und Fritsch ein doppeltes Spiel treibt
und umfällt, wenn er vor dem Führer steht.

Alle aufrechten und ernsten deutschen Männer in
staatsverantwortlichen Stellungen müssen sich berufen
und verpflichtet fühlen, alle erdenklichen Mittel und
Wege bis zur letzten Konsequenz anzuwenden, um einen
Krieg gegen die Tschechei abzuwenden, der in seinen
Auswirkungen zu einem Weltkrieg führen muss, der das
finis Germaniae bedeuten würde.

Die höchsten Führer in der Wehrmacht sind hierzu
in erster Linie berufen und befähigt, denn die Wehrmacht
ist das ausübende Machtmittel der Staatsführung in der
Durchführung eines Krieges.

Es stehen hier letzte Entscheidungen für den Bestand der Nation auf dem Spiel; die Geschichte wird
diese Führer mit einer Blutschuld belasten, wenn sie
nicht nach ihrem fachlichen und staatspolitischen
Wissen und Gewissen handeln.

- 2 -

37 274

Ihr soldatischer Gehorsam hat dort eine Grenze, wo
ihr Wissen, ihr Gewissen und ihre Verantwortung die Aus-
führung eines Befehles verbietet.

Finden ihre Ratschläge und Warnungen in solcher Lage
kein Gehör, dann haben sie das Recht und die Pflicht vor
dem Volk und vor der Geschichte, von ihren Ämtern abzu-
treten.

Wenn sie alle in einem geschlossenen Willen so handeln, ist die Durchführung einer kriegerischen Handlung
unmöglich. Sie haben damit ihr Vaterland vor dem
Schlimmsten, vor dem Untergang bewahrt.

Es ist ein Mangel an Grösse und an Erkenntnis der
Aufgabe, wenn ein Soldat in höchster Stellung in solchen
Zeiten seine Pflichten und Aufgaben nur in dem begrenz-
ten Rahmen seiner militärischen Aufträge sieht, ohne sich
der höchsten Verantwortung vor dem gesamten Volke bewusst
zu werden.

Aussergewöhnliche Zeiten verlangen aussergewöhnliche
Handlungen!

Andere aufrechte Männer in staatsverantwortlichen
Stellungen ausserhalb der Wehrmacht werden sich auf ihrem
Wege anschliessen.

Wenn man die Augen und Ohren offen hält, wenn man
sich durch falsche Zahlen nicht selbst betrügt, wenn man
nicht in dem Rausch einer Ideologie lebt, dann kann man
nur zu der Erkenntnis kommen, dass wir zurzeit wehrpoli-
tisch (Führung, Ausbildung und Ausrüstung), wirtschafts-
politisch und stimmungspolitisch für einen Krieg nicht
gerüstet sind.

(Aufstand des Gewissens 1985, S. 68)

143

- **M 18: Folgen des Ungehorsams**

Erste Untersuchungsergebnisse der Gestapo vom 24. Juli 1944:

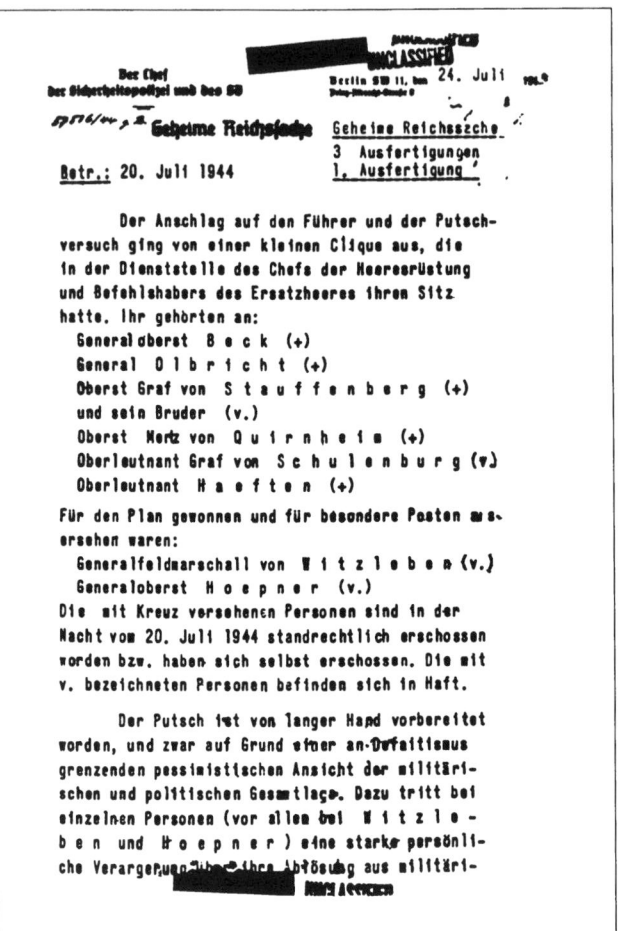

Der Chef
der Sicherheitspolizei und des SD

Berlin SW 11, den 24. Juli 194.

Geheime Reichssache
Geheime Reichssache
3 Ausfertigungen
1. Ausfertigung

Betr.: 20. Juli 1944

Der Anschlag auf den Führer und der Putsch-
versuch ging von einer kleinen Clique aus, die
in der Dienststelle des Chefs der Heeresrüstung
und Befehlshabers des Ersatzheeres ihren Sitz
hatte. Ihr gehörten an:
Generaloberst B e c k (+)
General O l b r i c h t (+)
Oberst Graf von S t a u f f e n b e r g (+)
und sein Bruder (v.)
Oberst Mertz von Q u i r n h e i m (+)
Oberleutnant Graf von S c h u l e n b u r g (v.)
Oberleutnant H a e f t e n (+)
Für den Plan gewonnen und für besondere Posten aus-
ersehen waren:
Generalfeldmarschall von W i t z l e b e n (v.)
Generaloberst H o e p n e r (v.)
Die mit Kreuz versehenen Personen sind in der
Nacht vom 20. Juli 1944 standrechtlich erschossen
worden bzw. haben sich selbst erschossen. Die mit
v. bezeichneten Personen befinden sich in Haft.

Der Putsch ist von langer Hand vorbereitet
worden, und zwar auf Grund einer an Defaitismus
grenzenden pessimistischen Ansicht der militärischen und politischen Gesamtlage. Dazu tritt bei
einzelnen Personen (vor allem bei W i t z l e -
b e n und H o e p n e r) eine starke persönliche Verargerung über ihre Ablösung aus militäri-

(Aufstand des Gewissens S. 178)

144

• **M 19: Propaganda für die Hitler-Jugend**

"Mit Mut voran"

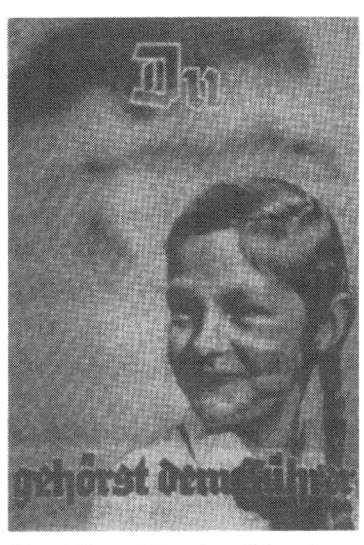

"Auch Du gehörst dem Führer"

"SS - auch Du"

(aus: Lebeck/Schütte 1980, S. 41; Vespigniani 1976, S. 66; Lebeck/Schütte 1980, S. 167)

• **M 20: Der Aufbau der Hitlerjugend**

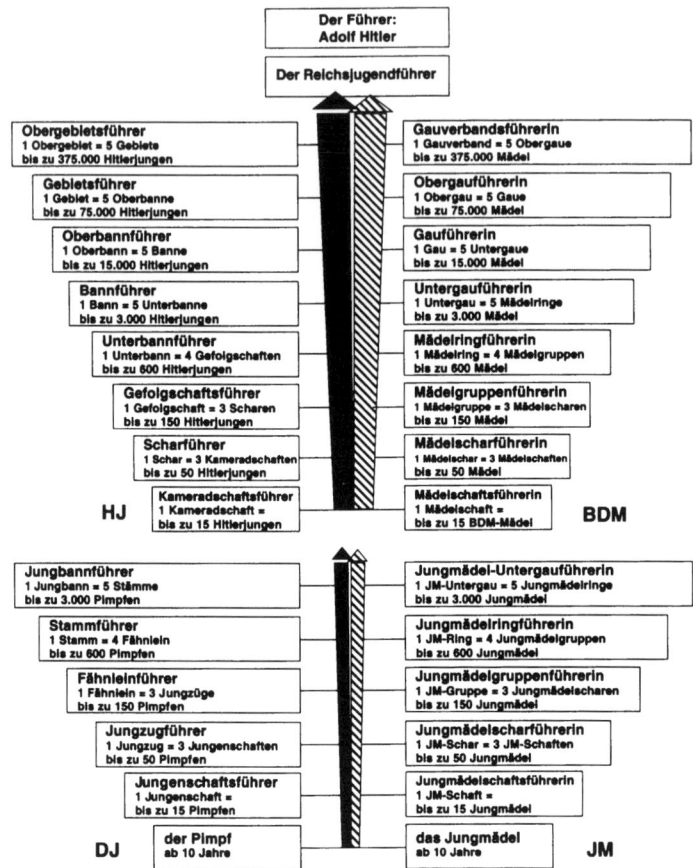

(aus: Zeitlupe Nr. 13.1982, S. 7)

- **M 21: Der Weg des gleichgeschalteten Staatsbürgers**

(aus: Vespigniani 1976, S. 62)

147

Literatur

D. Boßmann (Hrsg.): >> Was ich über Adolf Hitler gehört habe ...<<. Frankfurt a.M. 1977.

O.A. Burow/H. Quitmann/M. P. Rubeau: Gestaltpädagogik in der Praxis. Salzburg 1987.

P. Buscher: Das Stigma. „Edelweiß-Pirat". Koblenz 1988.

A. Goeb: Er war sechzehn, als man ihn hängte. Das kurze Leben des Widerstandskämpfers Bartholomäus Schink. Reinbek b. Hamburg 1981.

K.-H. Huber: Jugend unterm Hakenkreuz. Berlin 1982.

M. von Hellfeld: Edelweißpiraten in Köln. Jugendrebellion gegen das 3. Reich. Das Beispiel Köln-Ehrenfeld. 2., durchges. u. erw. Aufl. Köln 1983 (= Kleine Bibliothek 219).

G. Helmers/A. Kenkmann: „Wenn die Messer blitzen und die Nazis flitzen ...". Der Widerstand von Arbeiterjugendcliquen und -banden in der Weimarer Republik und im 'Dritten Reich'. Lippstadt 1984.

K.-H. Jahnke: Jugend im Widerstand 1933-1945. Neu bearb. u. erw. Aufl. Frankfurt a.M. 1985.

A. Kenkmann: Wilde Jugend. Essen 1996.

M. Kirckhoff: Mind Mapping. Einführung in eine kreative Arbeitsmethode. Offenbach [12]1998.

H. Kling: Zeit mit Wunden. Bilder aus dem 3. Reich. Eine Ludwigsburger Jugend. Erdmannhausen 1988.

A. Klönne: Jugend im Dritten Reich. Die Hitler-Jugend und ihre Gegner. München/Zürich 1995.

D. Peukert: Die Edelweißpiraten. Protestbewegung jugendlicher Arbeiter im Dritten Reich. Eine Dokumentation. 2., erw. Aufl. Köln 1983 (= Geschichte der Arbeiterbewegung).

H. H. Pöschko: Jugendliche und das Dritte Reich. Vorarbeiten und Versuche zu einer gestalttheoretisch orientierten Unterrichtspraxis (erscheint im Tagungsband der Konferenz für Geschichtsdidaktik).

H. H. Pöschko: Geschichte und Gestalt. In: Brötel, D./Pöschko, H.H. (Hrsg.): Krisen und Geschichtsbewußtsein. Weinheim 1996, S. 272-301.

B.-A. Rusinek: Gesellschaft in der Katastrophe. Terror, Illegalität, Widerstand - Köln 1944/45. Essen 1989 (= Düsseldorfer Schriften zur Neueren Landesgeschichte und zur Geschichte Nordrhein-Westfalens, Bd. 24).

U. Uffelmann et al. (Hrsg.): Problemorientierter Geschichtsunterricht. Grundlegung und Konkretion. Villingen-Schwenningen 1990.

U. Uffelmann: Problemorientierter Geschichtsunterricht. In: Bergmann, K. u.a. (Hrsg.): Handbuch der Geschichtsdidaktik. Seelze-Velber, 5. überarb. Aufl. 1997, S. 282-287.

148

Uwe Uffelmann

Gestaltpädagogik und Problemorientierter Geschichtsunterricht

1 Gestaltpädagogik als Methode historischen Lernens

Es ist das Verdienst Peter Knochs, die Gestaltpädagogik für die Geschichtsdidaktik aufgeschlossen und für historisches Lernen fruchtbar gemacht zu haben.[1] Wo ist dieser Ansatz im Kontext der Ebenen geschichtsdidaktischer Reflexion anzusiedeln? Knoch verweist sie auf die der Lehr- und Lernmethoden: „Das Anliegen dieser Methodik besteht darin, den Lernenden in einem intensiven Kontakt zu geschichtlichen Phänomenen zu bringen oder - in einem Bild gesprochen - die Kontaktfläche zwischen Subjekt und Phänomen zu vergrößern. Der im Unterricht gewöhnlich auf kognitive Operationen beschränkte Umgang mit Geschichte soll dabei erweitert werden, durch imaginative, affektive, psychische, körperlich-haptische u. a. Kontakterfahrungen."[2] Schon diese Beschreibung läßt erkennen, daß hier nicht etwa Unterrichtstechniken gemeint sind, sondern ganzheitliches Lernen konzipiert wird, das eine umfassende allgemein- und geschichtsdidaktische Reflexion voraussetzt. Diese kommt darin zum Ausdruck, daß Knoch „gestaltpädagogisch orientierte Methoden im Geschichtsunterricht nicht allein als Kontakt-, sondern auch als Verstehensprozeß" unter den Fragen „wie also kommt das Eigene und das Fremde in Kontakt, wie werden im Kontakt mit geschichtlichen Phänomenen neue Sinnhorizonte aufgebaut?" konzipiert wissen wollte.[3] Insofern stimmt die vorgenommene Eingrenzung auf die Methodenebene des Unterrichts nur bedingt. Sie ist jedoch geeignet, die Frage zu stellen, ob die Gestaltpädagogik in der von Knoch für das historische Lernen instrumentalisierten Form von unterschiedlichen Gesamtkonzepten, also auch dem Ansatz eines Problemorientierten Geschichtsunterrichts zum Zwecke der Differenzierung und Erweiterung nutzbar gemacht wer-

---

1 Peter Knoch: Geschichte und Gestaltpädagogik - Einige experimentelle Erfahrungen. In: Uwe Uffelmann (Hrsg.): Didaktik der Geschichte. Aus der Arbeit der Pädagogischen Hochschulen Baden-Württembergs, Villingen-Schwenningen 1986, S. 73-105; ders. (Hrsg): Kriegsalltag, Die Rekonstruktion des Kriegsalltags als Aufgabe der historischen Forschung und der Friedenserziehung, Stuttgart 1989; ders.: Phantasie und historisches Verstehen. Versuche und Erfahrungen. In: Hans-Jürgen Pandel (Hrsg.): Verstehen und Verständigen (Jahrbuch für Geschichtsdidaktik II), Pfaffenweiler 1991, S. 99-114; ders.: Luftkrieg 1940-1945, Massenvernichtung im Erlebnis von Zeitzeugen und Nacherleben von Jugendlichen heute. In: Bernd Mütter/Uwe Uffelmann (Hrsg.): Emotionen und historisches Lernen. Forschung - Vermittlung - Rezeption, Frankfurt/M. 1992, 1994[2] (= Studien zur internationalen Schulbuchforschung 76), S. 255-280.
2 Knoch, Phantasie (Anm. 1), S. 99.
3 Ebd., S. 99.

den kann. Bereits 1989 hat der Verfasser den Ansatz in einem Seminar diskutiert, ein Unterrichtsbeispiel konzipiert und durchführen lassen, das sich der Methode der Identifikation mit und Distanz zu Personen in historischen Bildern bediente, der Knoch neben dem Besuch historischer Stätten (Raum und Geschichte), dem eigenen Körper als Erfahrungsinstrument, dem Rollenspiel als Annäherung an historische Phänomene und der gelenkten Phantasie besondere Aufmerksamkeit gewidmet hat.[4] Lassen sich Problemorientierter Geschichtsunterricht und gestaltpädagogische Methode vereinbaren? Sicher meinte Knoch auch diesen Ansatz, als er sein KRIM-Modell (Körper, Ratio, Imagination, Moral) in 'Spurensuche Geschichte' von üblichem historischem Lernen abgrenzte: „Die alltägliche Praxis des Geschichtsunterrichts hat nach neueren Befunden eine gewisse Neigung zum Kopflernen": Wissen wird vermittelt, Probleme werden besprochen, Methoden der Text- und Bilderschließung werden eingeübt. Dies alles sind zwar unverzichtbare Arbeitsformen im Umgang mit Geschichte, doch sie führen - zumal sie nach immer gleichem Schema ablaufen - zur Monotonie".[5]

2 Problemorientierter Geschichtsunterricht

„Probleme werden besprochen...": Was versteht Problemorientierter Geschichtsunterricht unter Problem, und wie stellt sich der Ansatz insgesamt dar?[6] Problemorientierter Geschichtsunterricht lehnt es prinzipiell ab, Wissen als Fertigkost zu verabreichen. Er will die Lernenden vielmehr historische Einsichten gewinnen lassen, zu denen sie durch eigenes Suchen und Forschen, d. i. „problembewußtes Erkennen", gelangen.[7] Das geht nur, wenn die Schülerinnen und Schüler eine Beziehung zwischen sich und dem historischen Sachverhalt herzustellen vermögen. Die Probleme des Problemorientierten Geschichtsunterrichts sind in Gegenwartserfahrungen entstandene historische Fragen, welche die Lernenden selber stellen und nicht von außen an sie herangetragene.

---

4 Ebd., S. 99ff.
5 Peter Knoch (Hrsg.): Spurensuche Geschichte, Bd. I: Anregungen für einen kreativen Geschichtsunterricht, Stuttgart 1990, S. 3.
6 Der Begriff Problemorientierter Geschichtsunterricht wurde von Hans Heumann ohne theoretische Absicherung über ein geschichtliches Unterrichtswerk eingeführt. Bodo von Borries und Walter Fürnohr verwendeten ihn, ohne sich dauerhaft auf ihn festzulegen. Der Verfasser wählte ihn als Leitbegriff für eine über Jahrzehnte hin ausdifferenzierte Unterrichtskonzeption: Erkenntnisweise, Arbeitsform, Unterrichtsstrategie, Rezeption des Ansatzes: Sybilla Löhnert: Problemorientierter Geschichtsunterricht (Literaturbericht) in Otto Lange/Sybilla Löhnert (Hrsg.): Problemlösender Unterricht II: Ansätze und Fragestellungen, Oldenburg 1983, S. 292-302; Hans-Jürgen Pandel: Problemorientierter Geschichtsunterricht und didaktische Zeitgeschichte. In: Uwe Uffelmann u.a.: Problemorientierter Geschichtsunterricht, a.a.O., S. 7-17; Bernd Mütter/Erika Richter: Problemorientierter Geschichtsunterricht - zu dem Buch von Uwe Uffelmann. In: Geschichte, Politik und ihre Didaktik, 19 (1991) 3/4, S. 252-254.
7 Hermann Wein: Untersuchungen über das Problembewußtsein, Berlin 1937 (= Beiheft 33 für die Mitglieder der Internationalen Vereinigung für Rechts- und Sozialphilosophie), S. 136.

'Frage' und 'Problem' sind die zentralen Begriffe. Umgangssprachlich werden sie in der Regel synonym gebraucht. „Das Uns-selber-fragen und das Andere-fragen begleitet unser tätiges Darinstehen in der Welt auf Schritt und Tritt."[8] Denn die natürliche und soziale Umwelt, in der wir leben, ist für uns anders nicht erschließbar. Menschliches Fragen ist existentiell bedingt. Seine mangelhafte konstitutionelle Verfassung als endliches Seiendes einerseits wie seine Zugehörigkeit zum Sein andererseits zwingen den Menschen zum Fragen nach den Bedingungen, dem Ort und der Sinnhaftigkeit seines Daseins. Muß er also nach etwas fragen, was er nicht hat, weiß oder kann, so vermag dieses jedoch nur deshalb zum Gegenstand seiner Frage zu werden, weil er einen existentiellen Anteil daran hat. Die mangelhafte konstitutionelle Verfassung zwingt den Menschen zwecks Überwindung seiner Bedürftigkeit zur Auseinandersetzung mit seiner Umwelt. Insofern ist er nie isoliert zu sehen, sondern stets als in seine natürliche und soziale Umwelt eingebunden. Die Bedürfnisse als objektive, lebensnotwendige Bedingungen menschlicher Existenz und Ergebnisse phylogenetischer, soziohistorischer Entwicklung[9] (physiologische Bedürfnisse, Bedürfnisse nach Sicherheit, zwischenmenschlichen Beziehungen und sozialer Anerkennung, Sinngebungsbedürfnisse) markieren den Ort, an dem die defiziente Natur des Menschen sichtbar wird. Indem die Bedürfnisse über die kurzfristige Befriedigung der Daseinsnot hinausreichen, erfährt der Mensch die Umwelt prinzipiell als problemhaltig.[10] Und indem er sie gleichzeitig als in der Zeit sich verändernd und durch seine Einwirkungen veränderbar wahrnimmt, bleibt sie ihm auch immer aufs neue problemträchtig, entstehen ihm immer neue Probleme.

Der Gebrauch des Begriffs „Problem" an dieser Stelle verweist auf eine die Komplexität betreffende Abgrenzung vom Begriff 'Frage'. Ein Problem ist keine einfache, auf einen Sachverhalt bezogene Frage, sondern konstituiert sich durch die Verbindung verschiedener dem Fragenden verknüpfbar erscheinender Sachverhalte (Fragestellung) und ihrer Benennung eben als Problem. Zu einer solchen Verbindung verschiedener Sachverhalte gelangen Fragende aber erst dann, wenn sie herausgefordert sind, weil das ihnen Fragliche für das je eigene Selbstverständnis und das je eigene Handeln entscheidend wird und befriedigende Antworten in der normalen Kommunikation nicht gefunden werden können. Mit etwas fertigwerden zu müssen, verlangt dann eine Anstrengung, die darin besteht, sich auf einen offensichtlich komplexen Sachverhalt einstellen zu müssen, d. h. das Denken, das die Freizügigkeit hat, alles Mögliche zu denken, in den Dienst des Erkennens zu stellen. Das Fragliche durch Erkenntnisarbeit selber beantworten zu müssen, markiert den Übergang vom Fragen zum Problembewußtsein: dadurch „gehen Fragen in Probleme über".[11]

Die Auffassung, daß das lebenspraktische Interesse, bedingt durch die Zugehörigkeit des Menschen zum Sein ebenso wie durch seine defiziente Natur, Probleme erst kon-

8   Wein (Anm. 7), S. 6.
9   Vgl. dazu u. a: Seev Gasiet: Menschliche Bedürfnisse, Frankfurt-New York 1981.
10 Uffelmann: Problemorientierter Geschichtsunterricht, a.a.O., S. 146 f.
11 Wein, a.a.O., S. 6.

stituiert, die Umwelt also für ihn stets problemhaltig ist, sieht 'Problem' folglich nicht nur als einen erkenntnistheoretischen Begriff an, der die Spannung zwischen Wissen und Nicht-Wissen ohne handlungspraktischen Bezug bezeichnet.[12] 'Problem' ist vielmehr auch ein Begriff, „der den aus den praktischen Interessen entspringenden Widerspruch zwischen Wirklichem und Möglichem kennzeichnet. Gesellschaftliche Probleme existieren immer schon vor der Benennung, Beschreibung und Entdeckung durch die Sozialwissenschaften. Als lebenspraktische Probleme liegen sie gleichsam vor und quer zu jeder Facheinteilung".[13]

Diesen lebenspraktischen Problemen eignet auch eine historische Dimension, denn jeder Mensch ist lebensweltlich in die Geschichte eingebunden. Ihm ist folglich eine historische Fragestellung eigen, da er sich als historische Person aufgegeben ist. Seine Deutungs- wie Handlungsentwürfe, die er in Auseinandersetzung mit seiner Umwelt konzipiert, haben, ob ihm bewußt oder nicht, eine historische Dimension. Geschichte ist somit immer Bestandteil der Identität. Identität ist das „strukturierende Zentrum des Geschichtsbewußtseins". Denn: Geschichte ist „Der nächste Umweg zum Ich", unentbehrliches Mittel der Selbstvergewisserung in allen Lebensaltersstufen.[14] Ausgangspunkt des 'Umweges' sind die gegenwärtigen Lebensbedingungen - Strukturen und Ereignisse der Makroebene, sozialökonomische und geistige Verhältnisse des Nahbereichs -, die lebensgeschichtlichen Erfahrungen und die in kultureller Kommunikation tradierte Geschichte verarbeitende Autobiographie.[15]

Die o. g. Facheinteilung meint die Gliederung in Wissenschaftsdisziplinen mit je eigenen Erkenntnisgegenständen und entsprechenden Methoden und - nicht substantiell, sondern nur graduell davon unterschieden - in Schulfächer. Hier geht es um das Schulfach Geschichte, das an den vorwissenschaftlichen Wurzeln historischen Fragens an-

---

12 Wein, a.a.O., S. 79; Karl R. Popper: Die Logik der Sozialwissenschaften. In: Theodor W. Adorno et al: Der Positivismusstreit in der deutschen Soziologie, Darmstadt-Neuwied 1974³, S. 103-123.

13 Pandel, S. 14; vgl. Theodor W. Adorno: Zur Logik der Sozialwissenschaften (Anm. 7), S. 125-143; siehe dazu auch die Problematisierung der Positionen im Positivismusstreit durch Joachim Rohlfes. Geschichte und ihre Didaktik, Göttingen 1986, S. 77-79.

14 Rolf Schörken: Geschichte in der Alltagswelt, Stuttgart 1981; Karl-Friedrich Wessel: Über die den Individuen möglichen Vermittlungen zwischen Vergangenheit und Gegenwart - Oder: Gibt es eine individualisierte Geschichte? In: Dagmar Klose/Uwe Uffelmann (Hrsg.): Vergangenheit - Geschichte - Psyche. Ein interdisziplinäres Gespräch (Forschen - Lehren - Lernen 7) Idstein/Ts., S. 23-34; Bern Mütter: Identitätsbildung - Identitätsvision in Deutschland. Das Beispiel des geisteswissenschaftlichen Konzepts der Erwachsenenbildung (Erich Weniger). In: Uwe Uffelmann (Hrsg.): Identitätsbildung und Geschichtsbewußtsein nach der Vereinigung Deutschlands, Weinheim 1993, S. 35-57.

15 Wessel, a.a.O.; Lothar Steinbach: Der Einzelne und das Allgemeine - Überlegungen zu unserem Umgang mit Geschichte aus historischer und sozialpsychologischer Sicht. In: Dagmar Klose/Uwe Uffelmann (Hrsg.): a.a.O., S. 35-56; Jörn Rüsen: Die kleine und die große Geschichte. Zum Zusammenhang von Autobiographie und Geschichtswissenschaft. In: Jörn Calließ (Hrsg.): Lebenslauf und Geschichte. Zur historischen Orientierung im Einigungsprozeß, Rehburg-Loccum 1992 (Loccumer Protokolle 63/92), S. 53-65; Hans-Jürgen Pandel: Geschichtsbewußtsein. In: GWU 44 (1993) II, S. 725-728.

setzen muß, gleichwohl in seinem Instrumentarium an den Methoden der als Sozial-wissenschaft verstandenen Geschichtswissenschaft orientiert und damit der Disziplin verpflichtet bleibt.

Geschichtsunterricht hat mit der Bewußtmachung der lebensweltlichen Einbindung des Individuums in die Geschichte seine erste spezifische Aufgabe. Er wird sie, wenn er von der Einsicht in die Bedingungen menschlichen Fragens und derjenigen der an Lebenspraxis gebundenen Problementstehung ausgeht, mit dem Mittel der Problemorientierung wahrnehmen. Die im Geschichtsunterricht abzuhandelnden Probleme sind dann aber nicht schlicht diejenigen der die Basisebene nur im Hinblick auf historische Erkenntnisgewinnung generell reflektierenden Geschichtswissenschaft. Das heißt allerdings nicht, daß Fragestellungen, die Historiker an die Geschichte richten und mit ihren Analysen beantworten, keine Relevanz für problemorientiertes historisches Lernen haben könnten. Läßt sich ihr 'Sitz im Leben' so festmachen, daß sie die Lernenden 'treffen', gibt es keine Bedenken, sofern es dann im Lernprozeß nicht nur um den für die Schülerinnen und Schüler beziehungslosen Nachvollzug bereits gelöster Probleme geht. Vielmehr sollen sie, um „in ein eigenes Verhältnis zur Geschichte" treten zu können, Gelegenheit erhalten, ihre eigenen Problemerfahrungen „auf geschichtliche Situationen und auf Menschen in früherer Zeit zu übertragen".[16]

Wer meint, die Probleme des Geschichtsunterrichts seien Scheinprobleme, sollte sich von der erkenntnistheoretischen Ebene lösen: Indem die Lernenden eigene Problemerfahrungen aus ihrer Gegenwart mit historischen Sachverhalten zu verknüpfen lernen, sind ihre auf Geschichte bezogenen Probleme für sie echte Probleme.

Der Unterricht muß dort ansetzen, wo die Schülerinnen und Schüler ihre eigenen Problemerfahrungen machen. Ihr 'sozialer Ort' ist auch der Ort, an dem sie - bewußt oder unbewußt - ihre historischen Erfahrungen gewinnen. Hier muß über die Begegnung mit historischen Sachverhalten 'Betroffenheit' zu erzeugen versucht werden. „Betroffenheit als didaktische Kategorie meint die Erkenntnis, daß bestimmte historische Zusammenhänge für uns nicht 'vergangen' sind, sondern einen existentiellen Bezug zu unserer eigenen Situation haben." Betroffenheit ist zunächst einmal eine „emotionale Affizierung."[17] Für historischen Unterricht heißt dies, daß die Lernenden geschichtliche Sachverhalte emotional in Besitz nehmen, sich eigenständig mit ihnen auseinandersetzen, d. h. Probleme finden, Probleme lösen, um die eigene historische Identität aufzubauen bzw. zu erweitern. An welchen historischen Unterrichtsinhalten läßt sich dies tun? Sicher müssen sie für die Schülerinnen und Schüler objektiv bedeutsam sein (Ursachen gegenwärtiger Probleme, gelebte und gedachte Möglichkeiten menschlich-gesellschaftlicher Existenz). Wie ist jedoch diese Bedeutsamkeit subjektiv zu wenden, damit die gewünschte emotionale Inbesitznahme realisierbar wird?

Die Kategorie 'Betroffenheit' reicht weiter als die bisher gegebene Definition. „Betroffenheit setzt Nicht-Betroffenheit voraus. Das kann sowohl sozial als auch zeitlich

---

16 Wolfgang Hug: Geschichtsunterricht in der Praxis der Sekundarstufe I, Frankfurt/M. 1977, S. 36f.
17 Ursula A.J. Becher: Didaktik der Zeitgeschichte. In: Handbuch der Geschichtsdidaktik, Seelze-Felber 1992⁴, S. 307-309, hier S. 308.

sein. Sozial bedeutet es, daß eine Gruppe (oder auch ein einzelner) von einem Ereignis betroffen ist, eine andere Gruppe (oder ein anderes Individuum) nicht. Denn Betroffenheit tendiert ja dazu, den Zustand der Betroffenheit aufzuheben. Auch wenn man eine kollektive Betroffenheit annimmt, die alle meint, dann wird in zeitlicher Perspektive angenommen, daß diese Gruppe davon einmal nicht betroffen war, oder in Zukunft nicht mehr davon betroffen sein wird"[18] Betroffenheit ist Infragestellung sozialer Identität im Sinne der Infragestellung von Erwartungen, Routine sowie Interaktionen und Herausforderung zur Neubestimmung sozialer Identität.[19] Für einen problemorientierten Geschichtsunterricht bedeutet das die Chance, historische Unterrichtsinhalte an der Betroffenheit von Gruppen und einzelnen in der Vergangenheit festzumachen, die Infragestellungen ihrer Identitäten und Herausforderungen zu deren Neubestimmung zu thematisieren und dadurch die Brückenschläge der Lernenden zur Vergangenheit durch Verknüpfung subjektiver und objektiver Betroffenheit zu erleichtern. Unter dieser Perspektive können unschwer traditionelle Themen neue Akzentuierungen erfahren, wie auch neue Themen zu gewinnen sind (Inhaltsauswahl: Strukturierungskonzept, nicht Reduktionskonzept, partiell Konstruktionskonzept). U. a. bietet die Historische Verhaltensforschung dazu Ansätze, die, unter das erweiterte Betroffenheitskriterium subsumiert, bisher nicht gesehene Möglichkeiten problemorientierten historischen Lernens eröffnen. Konstitutiv für alle Themen sollte jedoch sein, daß sie Einsichten in Strukturen und Prozesse ermöglichen. Die Verknüpfung von Erfahrungs- und Strukturgeschichte erleichtert die Strukturanalyse.[20]

Zum problemorientierten historischen Lernen gehört die Befähigung der Lernenden, Hypothesen zu formulieren. Hypothesen sind probeweise Annahmen, die durch die Beobachtung nahegelegt werden und durch weitere Beobachtungen und Experimente bestätigt oder widerlegt werden sollen. Hypothesenbildung ist eng an den Vorgang der Problemfindung gebunden. Die Problemfindung und -akzentuierung über emotionale Besitznahme eines geschichtlichen Sachverhaltes durch die Schülerinnen und Schüler mit Hilfe historischer und gegenwärtiger Befunde führt zur Hypothesenbildung hinsichtlich der vermuteten Lösungsergebnisse. Die Hypothesen werden damit zu Leitlinien für die Problemlösung (1. Phase des auf Unterrichtseinheiten bezogenen Verlaufsschemas = Motivationsphase).

Diese ist im historischen Unterricht an Text-, Bild- und Sachquellen gebunden. Die historische Analyse verlangt selbständige Tätigkeit der Lernenden in Gemeinschaftsarbeit fördernden Sozialformen (2. Phase des Verlaufsschemas = Lösungsphase). Eigenes Suchen und Forschen, 'entdeckendes Lernen' ist Unterrichtsprinzip.[21]

---

18 Pandel: Problemorientierter Geschichtsunterricht, a.a.O., S. 16.
19 Uwe Uffelmann: Emotionen und historisches Lernen. In: Elmar Krautkrämer/Elisabeth Erdmann (Hrsg.): Geschichte erforschen, erfahren, vermitteln. Festschrift für Wolfgang Hug, Rheinfelden-Berlin 1992, S. 151-162.
20 Jürgen Kocka/Bernd Mütter: Strukturgeschichte als Darstellungsproblem. In: Guido Knopp/Siegfried Quandt (Hrsg.): Geschichte im Fernsehen. Ein Handbuch, Darmstadt 1988, S. 242-251.
21 Uwe Uffelmann. Identität, Psychologie historischen Lernens und Geschichtsunterricht. In: Geschichte - Erziehung - Politik 5 (1994), S. 289-301, S. 361-366.

Das ist jedoch noch nicht alles: Hypothesenbildung und Problemlösen müssen gelernt werden: „Das wichtigste ist geistige Beweglichkeit: Man muß zwischen den Ausgangsdaten und der Zielsetzung hin- und herpendeln, ständig neue Anläufe aus wechselnden Richtungen unternehmen, die Fragestellung fortwährend variieren können. Problemlösen fordert reflexives Denken: Der Schüler muß sein eigenes Vorgehen im Blick behalten, möglichst häufig Zwischenbilanzen ziehen, die erworbenen Lernerfahrungen in den weiteren Arbeitsablauf einfließen lassen. Schließlich ist antizipierendes Denken verlangt: sich mögliche Lösungen vorstellen, dem aktuellen Kenntnisstand vorgreifen, das geht nicht ohne Phantasie, die sich vorübergehend vom Gegebenen löst, die bekannten Daten versuchsweise neu gruppiert".[22]

Sicher gibt es keine Rezepte des Problemlösens. Von erziehungswissenschaftlicher Seite vorgeschlagene zwölf Leitlinien sind daraufhin geprüft worden, ob sie auch für historisches Lernen anwendbar sind.[23] Nicht zuletzt die 12. Leitlinie („Wenn Du ein Problem gelöst hast, gehe nicht zur Tagesordnung über, sondern blicke auf die Problemlösung zurück und versuche, aus ihr zu lernen") ist für problemorientiertes historisches Lernen von außerordentlicher Relevanz. Der Prüfung der Ergebnisse der historischen Analyse auf deren Erkenntniswert für die Klärung der Problematik muß die Diskussion der Deutungs- und Handlungskonsequenzen folgen (3. Phase des Verlaufsschemas = Reflexionsphase). Erst dann erweist sich im Hinblick auf das bearbeitete Problem dessen „Sitz im Leben" und damit sein Beitrag zur Ausgestaltung des Geschichtsbewußtseins der Lernenden, ist doch Aufbauen und Differenzieren des Geschichtsbewußtseins die zweite spezifische und zentrale Aufgabe des Geschichtsunterrichts. Da historisches Bewußtsein durch seine Dimensionierung jetzt faßbar geworden ist (Zeitbewußtsein, Wirklichkeitsbewußtsein, Historizitätsbewußtsein, Identitätsbewußtsein, Moralisches Bewußtsein, Politisches Bewußtsein, Ökonomisch-soziales Bewußtsein), sollte Problemorientierung des historischen Unterrichts für die Lehrenden immer auch heißen, Geschichtsbewußtsein bereits im Ansatz einer Unterrichtseinheit mitzureflektieren, um es ggf. in seinen jeweiligen Erscheinungsformen (beim Historischen Sachverhalt wie bei den Lernenden) zum Gegenstand des auswertenden Gesprächs zu machen.[24]

3 Gestaltpädagogische Methoden im Problemorientierten Geschichtsunterricht

In der für die 5. Auflage des Handbuches der Geschichtsdidaktik vorgesehenen Textfassung des Beitrages zum Problemorientierten Geschichtsunterricht heißt es im Hinblick auf die Lösungsphase, nachdem vom Unterrichtsprinzip des eigenen Suchens und Forschens und des entdeckenden Lernens die Rede war: „Das gesamte traditionelle arbeitsunterrichtliche Methodenrepertoire steht dafür ebenso zur Verfügung wie neue

---

22 Joachim Rohlfes (Anm. 13), S. 148.
23 Ebd., S. 148-150.
24 Hans-Jürgen Pandel: Dimensionen des Geschichtsbewußtseins. In: Geschichtsdidaktik 12 (1987) 2, S. 130-142.

Methoden, z. B. die 'themenzentrierte Interaktion' (TZI), die Gestaltpädagogik und an der Psychotherapie orientierte Verfahren. Gerade die Gestaltpädagogik ermöglicht über die Wege der Imagination (Identifikationsübungen) und den kritischen Vergleich der Ergebnisse mit den Quellen größere Annäherungen an den historischen Untersuchungs-gegenstand". Hier ist also die Gestaltpädagogik der Ebene der Methoden für die Pro-blemlösung zugeordnet. Zwar ist sie damit grundsätzlich in das Gesamtkonzept inte-griert, aber auch eingeengt.

Wird diese Einengung dem Ansatz Peter Knochs gerecht? Knoch würde das sicher mit Recht bezweifeln, vermutlich aber der Differenzierung des Problembegriffs zustim-men, die dazu dient, den Schülerinnen und Schülern den Weg zu ebnen, zwischen sich und einem historischen Sachverhalt eine Beziehung herzustellen, dann aber würde er Vorschläge dazu unterbreiten, wie man gleich zu Beginn einer Unterrichtseinheit ge-staltpädagogisch arbeiten könnte. Das ist die Motivationsphase der beschriebenen Ar-beitsschritte des Problemorientierten Geschichtsunterrichtes, in der es um Problem-findung über emotionale Besitznahme eines historischen Sachverhaltes und die Hypo-thesenbildung geht. Knoch verwendet synonym die Begriffe Imagination (Vorstellungs-fähigkeit und Aktivierung der inneren Bilderwelt des Individuums) und Phantasie und fragt: „Was geschieht eigentlich, wenn wir uns die vergangene Welt der Geschichte in einzelnen Szenen 'vor-stellen?"[25] Das Verb 'vor-stellen' bezeichne „einen Akt bildli-cher Produktion in unserem Kopf"[26] Da das Individuum, wie Jochen Huhn jüngst akzentuiert hat, immer auch „Vorstellungen über den Geschichtsverlauf" hat, „die in unterschiedlichem Maß durchdacht und bewußt sein können, aber die Sicht von der Vergangenheit bestimmten"[27], wird durch eine von außen gegebene historische Infor-mation dieser „Erinnerungs- und Wissensvorrat" aktiviert.[28] Die in Windeseile produ-zierte Fülle von Einzelbildern wird gebündelt, „und unsere Phantasie hat dabei zu-nächst keine Skrupel, sie fragt nicht, ob sie zusammenpassen, ob sie historisch richtig sind. Wir gehen mit ihnen fast wie jene Comic-Zeichner um, die aus Geschichte und Gegenwart die unpassendsten Figuren und Geräte, Waffen und Gebräuche vermi-schen."[29] Die historischen Phantasien sind also absolut subjektiv. Während sehr junge Kinder zu unwahrscheinlichsten Konstruktionen fähig sind, werden bei professionel-len Historikern „dagegen einige Annäherungsbilder entstehen, die dem kontrollierten Wissensvorrat der Wissenschaft entnommen sind. Es ist ein Unterschied, ob ich bei der Assoziation 'keltisches Bauernhaus' auf archäologische Rekonstruktionszeichnun-gen in meiner Erinnerung zurückgreifen kann, oder dafür ein beliebiges Bild 'Bauern-haus' einsetze. Ohne Phantasie geht es aber auch beim Historiker nicht. Das trifft im besonderen für die Hypothesenbildung zu. Die Phantasie „eilt den strengen Kontrol-

25 Peter Knoch, Spurensuche I (Anm. 1), S. 4.
26 Ebd., S. 4.
27 Huhn: Historische Identität, a.a.O., S. 23.
28 Knoch, Spurensuche I (Anm. 1), S. 4.
29 Ebd., S. 4.

len voraus, wenn es gilt ... die Frage zu beantworten, wie es gewesen sein könnte." Diese Entwürfe sind - den fachlichen Regeln genügend - zu rationalisieren. Als Ergebnis können Bestätigung, Modifizierung wie Verwerfung der Hypothesen stehen. „Sie können dann durch neue - wiederum der Phantasie entstammende Entwürfe und Bilder ersetzt werden."[30]

Was heißt das für die Motivationsphase des Problemorientierten Geschichtsunterrichts? Bedeutet Motivation gestaltpädagogisch die Vergrößerung der Kontaktfläche zwischen Individuum und Sache, so weitet Knoch das Spektrum der Zugänge zur Geschichte aus. Die Fähigkeiten des Menschen zur Imagination und seine immer schon vorhandenen Vorstellungen über den Geschichtsverlauf gestatten unkonventionelle Annäherungen mit Hilfe der rechten Gehirnhemisphäre, dem „Ort primär emotionaler, kreativer und visuell bildlicher Aktivitäten."[31]

Knochs Ansatz liegt früher als die neue Emotionen-Debatte der Geschichtsdidaktik, auf die der Problemorientierte Geschichtsunterricht 1992 reagiert hat und seitdem von emotionaler Inbesitznahme eines geschichtlichen Sachverhaltes durch die Schülerinnen und Schüler spricht, ohne diese Akzentuierung im einzelnen ausgefaltet und durch Beispiele belegt zu haben.[32]

Der Problemorientierte Geschichtsunterricht entstand im Zeichen der neuen Quellen-Diskussion am Anfang der 70er Jahre und hat Quellen auf ihre motivationale Funktion hin geprüft und ausgewählt, um sie zur Problemfindung zu instrumentalisieren.[33] Davon ist sicher prinzipiell nicht abzugehen, gibt es doch viele Variationsmöglichkeiten, und die zunehmende Verwendung bildlicher Quellen hat das anfängliche Spektrum erheblich erweitert. Allerdings - und das wäre Knochs Kritik - waren bis zur Emotionen-Debatte hier überwiegend kognitive Operationen gefragt. Warum soll nicht ein Bild von tanzenden Höflingen und tanzenden Bauern aus dem Mittelalterlichen Hausbuch eine Körpererfahrung vermittelnde Nachahmung provozieren, die in der Lösungsphase möglicherweise in eine systematische Einübung spezifischer Bewegungen unterschiedlicher gesellschaftlicher Gruppen ausgeweitet wird? Warum sollen sich die Schülerinnen und Schüler nicht mit Personen auf historischen Abbildungen zu identifizieren üben, um Nähe zum Sachverhalt zu gewinnen? Warum soll nicht ein mittelalterlicher oder neuzeitlicher Helm Kontaktfläche schaffen?[34] Das Rollenspiel ist schon lange erprobt, das spontane hat im Problemorientierten Geschichtsunterricht seinen Platz in der Motivationsphase, das elaborierte in der Lösungsphase. Entscheidend ist, daß diese Verfahren zur Problemfindung und Hypothesenbildung schüler- und sachgerecht eingesetzt werden und nicht mit dem 'Spiel' enden.

---

30 Ebd., S. 4.
31 Peter Knoch, Phantasie (Anm.1), S. 101.
32 Uffelmann (Anm.1).
33 Vgl. Gerhard Schneider (Hrsg.): Die Quelle im Geschichtsunterricht, Donauwörth 1975.
34 Knoch, Geschichte und Gestaltpädagogik (Anm. 1).

4. Identifikation mit historischen Personen auf Bildern

Haben gestaltpädagogische Methoden prinzipiell ihren Platz in den zentralen Phasen des Problemorientierten Geschichtsunterrichts, so ist nun zu fragen, was sie wirklich für das Verstehen historischer Phänomene zu leisten vermögen. Knoch hat die Methode der 'Identifikation mit und Distanz zu Personen in historischen Bildern' favorisiert und ihr eingehende Untersuchungen gewidmet. Der Gestaltpädagogin Susanne Zeuner folgend, unterschied er vier Phasen:

- Einführungsphase (Information und Assoziation),
- Projektionsphase (lebensgeschichtlicher Bezug und Thema),
- Ausweitung der eigenen Erfahrung durch Identifikation (Äußerungen in der 1. Person Singular) und
- Reflexion der Lernerfahrung (subjektive Erfahrung verlangt historische Aufklärung).[35]

Während die drei ersten Phasen eindeutig definiert sind, bleibt die vierte etwas verschwommen. Werden die Identifikationen nur vorgelesen und im Hinblick darauf problematisiert, ob die subjektive Erfahrung der historischen ent- bzw. widerspricht oder gehört die wirkliche historische Aufklärung dazu? Knochs Darstellung von 1986 zufolge schließt diese sich in weiteren Unterrichtsschritten an.[36] In der Projektbeschreibung von 1991 gehört sie dazu, allerdings nur insoweit, wie sich die selbstgemachte Erfahrung zu den Erfahrungen der historischen Personen verhält. Darüber hinausgehende Struktureinsichten in den historischen Kontext (1. Weltkrieg) werden nicht erarbeitet. Dasselbe gilt für die Angsterfahrung von Bomberpiloten und Menschen in Bunkern im 2. Weltkrieg. Historische Informationen - und sei es nur über die Abläufe des Luftkrieges zwischen 1940 und 1945 - in die die Erkenntnisse eingebettet werden, bleiben außen vor.[37]

Hier scheint ein Kernproblem der Zuordnung der Gestaltpädagogik zum Problemorientierten Geschichtsunterricht zu liegen, der historische Aufklärung mit der Absicht systematisiert, Einsicht in Strukturen und Prozesse zu vermitteln, wobei die Eigenaktivität der Schüler nicht in Frage steht. Dabei sind die Schwierigkeiten der Vermittlung von Strukturen im Anschluß an Kocka und Mütter durchaus erkannt worden. Eine Verbindung von Struktur- und Erfahrungsgeschichte wurde als Lösung angesehen. Und genau hier ist die Gestaltpädagogik gefragt. Die Identifikationsmethode ist integrierbar, aber sie darf sich nicht im Vergleich heute vermuteter und wirklicher historischer Gefühle erschöpfen. Das ist nur einer von mehreren Schritten. Das historische Verstehen vollendet sich erst in der Verknüpfung von Eigenerfahrung/Fremderfahrung und historischer Aufklärung über Ereignisse und Strukturen. Knochs Modell müßte aus dieser Sicht um einen Schritt erweitert werden. Die Erfahrungen von einzelnen und Gruppen in der Geschichte sind strukturgeschichtlich aufzuschlüsseln. Und dazu bedarf es weiterer Quellen in der Hand der Lernenden. Das Problem hat Knoch zweifels-

---

35 Knoch, Geschichte und Gestaltpädagogik (Anm. 1), S. 76f; ders.: Phantasie (Anm. 1), S. 101ff.
36 Knoch, Geschichte und Gestaltpädagogik (Anm. 1), S. 77.
37 Knoch, Luftkrieg (Anm. 1), S. 255-279.

ohne gesehen, nur kam es ihm zunächst - und darin besteht sein bleibendes Verdienst - darauf an, überhaupt neue Zugänge zur Geschichte zu finden und zu erschließen. Für den weiteren Schritt blieb ihm nicht mehr genügend Zeit.

5 Aus einem Beispiel zum Problemorientierten Geschichtsunterricht

In Anlehnung an Knoch, aber auch aus der 'strukturgeschichtlichen Distanz' heraus, hat der Verfasser mit Sabine Andresen die Identifikationsmethode in ein Unterrichtsbeispiel einbezogen.[38] Der spezifische Zugriff ist in einer diesen Teil der Einheit betreffenden Ertragssicherung so formuliert worden: „... alle Schülerinnen und Schüler haben sich intensiv mit dem Identifizierungsangebot auseinandergesetzt. Einige Ergebnisse und die Diskussion zeigen großes Einfühlungsvermögen in die vergangene Epoche. Dazu war es notwendig, daß *vorher* der Sachverhalt erarbeitet wurde, so daß die Beschreibungen den historischen Ereignissen gerecht werden konnten."[39] Unter dem Thema 'Schwierigkeiten der westdeutschen Demokratiegründung oder der Versuch, Geschichtsbewußtsein zum Gegenstand des Problemorientierten Geschichtsunterrichts zu machen' ging es am Beispiel des von der amerikanischen Besatzungsmacht gegründeten Landes Württemberg-Baden einmal darum, die Probleme der Deutschen mit der von den Siegern verordneten Demokratie zu identifizieren, zum anderen sowohl die amerikanische Sicht als auch die der in Pflicht genommenen Weimarer Demokraten im Hinblick auf eine wünschenswerte Zukunft herauszuarbeiten. Schließlich sollte gegenwärtiges Demokratiebewußtsein als Ergebnis eines Lernprozesses kritisch analysiert werden.

Das Lernziel lautete: Die Schülerinnen und Schüler sollen in der unmittelbaren Nachkriegszeit vorhandenes politisches Bewußtsein und Bewußtsein historischer Identität identifizieren und bewerten. Sie sollen Richtungen der wünschenswerten Bewußtseinsänderung diskutieren und die Erkenntnisse zu sich selbst in Beziehung setzen.

Die Verknüpfung des historischen Sachverhaltes mit den beiden Dimensionen des Geschichtsbewußtseins - Identitätsbewußtsein und politisches Bewußtsein - machte die Besonderheit des Unterrichtsinhaltes aus. Dabei durfte der Sachverhalt nicht unfachgerecht verkürzt, sondern mußte so strukturiert und präsentiert werden, daß die Lernenden das Bewußtsein der Menschen nach 1945 analysieren konnten und die Möglichkeit erhielten, sich in die Probleme hineinzudenken und sich infolge der erworbenen Kenntnisse vielleicht mit einigen Menschen zu identifizieren. Der Weg über das Bewußtsein der Menschen einer vergangen Zeit zu reflektieren, sollte die Jugendlichen zum Nachdenken über ihr je eigenes Geschichtsbewußtsein anregen.

---

38 Audiovisuelles Zentrum der Pädagogischen Hochschule Heidelberg (AVZ), Videoband Nr. 89017 A1 und A2, unterrichtende Lehrerin: cand.paed. Sabine Andresen; vgl. dazu: Sabine Andresen/ Uwe Uffelmann: Schwierigkeiten der westdeutschen Demokratiegründung oder der Versuch, Geschichtsbewußtsein zum Gegenstand des Problemorientierten Geschichtsunterrichts zu machen. In: Uwe Uffelmann u. a.: Problemorientierter Geschichtsunterricht, a.a.O., S. 244-259.
39 Ebd., S. 253.

Mit Hilfe von bis dahin unveröffentlichten Berichten über das Wahlverhalten der Bevölkerung bei den Kreistagswahlen vom 28. April 1946 wurde nach Gründen für die vielfältige Unzufriedenheit der Bevölkerung - gerade auch mit der Besatzungsmacht - gefragt.[40] Danach erschlossen die Schülerinnen und Schüler anhand zeitgenössischer Bilder die existentiellen Nöte wie Hunger, Kälte und Kohlenknappheit, Zerstörung und Wohnungsnot und diskutierten den besonderen Erkenntniswert von Bildquellen. Die Frage, wie man sich Bildern nähern könne, um ihren Quellenwert zu erschließen, führte zum Vorschlag der Lehrerin, sich einmal mit abgebildeten Personen zu identifizieren, um sie gleichsam von innen her zu betrachten.

Diese Phase des Unterrichts in einer 10. Realschulklasse lief folgendermaßen ab:

Die Jugendlichen erhielten den Auftrag, von einem ihnen vorliegenden Bild eine Person auszuwählen und für diese eine Tagebuchaufzeichnung vom 6. Dezember 1946 zu verfassen, nachdem ihnen auf einem Tablett, die einem Normalverbraucher an eben diesem Tag zustehende Essenration 'serviert' worden war. Es war ihnen einsichtig, daß eine Tagebuchnotiz in der 1. Person Singular geschrieben werden muß. Mit den zusätzlichen Hilfen 'Wie geht es mir heute?', 'Wie fühle ich mich?', 'Was denke ich?' 'Was habe ich erlebt?' gingen sie an die Arbeit. In der fünfzehnminütigen Schreibphase war ein intensives und angespanntes Arbeiten zu beobachten. Anschließend lasen einige sich freiwillig meldende Jugendliche ihre Ergebnisse vor. Ein Beispiel soll herausgegriffen werden. Die bearbeitete Abbildung zeigt einen mit Kohle beladenen Lastwagen, auf den sich Frauen, Männer und Kinder stürzen. Die Klasse verfolgte den Vortrag mit sichtlicher Spannung.

• „Markus: *Aufgestanden, Hunger! Aber nur noch abgestandenes Wasser vorhanden. Konnte mich schon wieder nicht waschen. Einer von uns wird aus dem Zimmer getragen. Er ist gestorben, weil er zu wenig zum Essen bekam und weil es so kalt ist. Er hatte eine Lungenentzündung, die er nicht überstand. Es ist kalt, die Kohlen sind uns seit Wochen ausgegangen. Schon gestern sollte ein LKW kommen. Endlich kam einer! Das ganze Dorf stand um ihn herum. Jeder nahm sich, soviel er konnte. Viele bekamen gar nichts ab. Ich hatte welche bekommen, gab sie aber einer Mutter mit fünf Kindern. Als ich zurückkam, hatte zum Glück jemand Kohle, die gerade für eine Nacht reichen würde.*"

Dem Schüler ist es offensichtlich gelungen, sich mit einem Mann auf seinem Bild zu identifizieren, Ereignisse, Gefühle und Gedanken zum Ausdruck zu bringen.

---

40 Uwe Uffelmann: Von einigen Schwierigkeiten, Demokratie zu lernen. Eine Dokumentation zu den Kreistagswahlen vom 28.4.1946 im Landesbezirk Baden. In: Zeitschrift für die Geschichte des Oberrheins (1993) 141, S. 337-358.

Nach weiteren Vorträgen einzelner Schülerinnen und Schüler kam es zu einer Diskussion über den Arbeitsauftrag und dessen Ergebnisse:

„Lehrerin: *Als ich die Stunde plante, habe ich lange überlegt, ob ich Euch das mal machen lassen soll. Könnt Ihr Euch vorstellen, warum ich es vielleicht ganz gut fand, daß Ihr so etwas probiert?*
Nina: *Da kann man sich besser in die hineinversetzen.*
Peggy: *Wir haben das ja überhaupt nicht erlebt. Wir haben ja nur gelesen oder kennen es aus Filmen.*
Yvonne: *Also wenn wir so darüber reden, dann sagt man allgemeiner, 'früher war das schlecht, die haben nichts zu essen gehabt' und jetzt haben wir uns in eine Person hineinversetzt und haben über sie geschrieben, als ob das unsere eigenen Gefühle wären.*
Lehrerin: *Und ist es Dir gelungen? Und ist es den anderen auch gelungen?*
Yvonne: *Ja, ich denke bei mir schon.*
Jeanette: *Nee, ich hab mich nicht so gefühlt.*
Marwin: *Ich glaube, daß man sich das nur ungefähr vorstellen kann, wie's war. Wir können gar nicht so sagen wie das ist, Hunger zu leiden, frieren, weil wir das nie erfahren haben. Wir wissen nicht, was das heißt.*"

Hier wird deutlich, daß die einzelnen Schülerinnen und Schüler unterschiedliche Erfahrungen gemacht haben. Es besteht die Möglichkeit, die Identifikation anzunehmen oder abzulehnen. Einigen scheint es gelungen zu sein, sich in ihre ausgewählte Person hineinzuversetzen, während zwei Mädchen diese Erfahrung nicht machen konnten.

Ein paar Schülerinnen und Schüler sahen darin ein Problem, daß man sich durch unseren heutigen Wohlstand kaum in die Nöte der Zeit hineinversetzen kann. Dabei bezogen sie sich nicht nur auf vergangene Epochen, sondern auch auf die Probleme unserer Zeit, wie z. B. den Hunger in der Dritten Welt.

„Peggy: *Wenn es bei uns heißt, 'ich habe Hunger', heißt es mehr: ich habe Appetit auf etwas. Aber die hatten ja wirklich Hunger und waren auch ausgemagert und so. Wenn wir Hunger haben, gehen wir an den Kühlschrank und holen uns was.*
Christina: *Das ist wie ein Außenstehender, daß man so sieht, wie es denen schlecht geht ... und wie der Markus das beschrieben hat, das holt eigentlich von der Wirklichkeit weg, finde ich, daß man sich dort hineindenkt. Also man merkt schon den Unterschied deutlich dazu, wie es jetzt ist, wie wir leben und wie es da ist. Vorstellen kann man sich das schon, aber die Gefühle wie Hunger und so, das kann man sich wirklich nicht vorstellen.*
Stefan: *Also, ich glaube, das geht überhaupt nicht. So gut wie den Deutschen heute ging es noch nie.*

Oliver: *Das liegt an dem Wohlstand ... wir sehen zwar die Bilder aus der Dritten Welt fast jeden Tag, aber uns geht es ja relativ gut, und darum können wir uns nicht richtig vorstellen, was Hunger bedeutet.*"

Die Einbettung der gestaltpädagogischen Übung in breiter angelegte historische Information ermöglichte Annäherungen der Schüler an die Erfahrungen der Menschen in der Nachkriegszeit, die so wohl kaum gelungen wären, wenn sie nur spontan über ein Bild in der Motivationsphase des Unterrichts angestrebt worden wären. Darauf konnte nun die nächste Sequenz aufbauen, in der Reden zur Demokratisierung von Oberst Dawson, Chef der Militärregierung, und dem schon in der Weimarer Republik agierenden SPD-Politiker Wilhelm Keil in Kleingruppenarbeit interpretiert und in Beziehung zur Unzufriedenheit der Deutschen mit den Siegern gesetzt wurden. Die Schüler kamen zu dem Schluß, daß die deutsche Bevölkerung die Militärregierung zunächst nur als neue Autorität sah, die für alles verantwortlich gemacht werden konnte. Ihrer Meinung nach konnten die Deutschen in ihrer Situation noch nichts mit den politischen Ideen der Amerikaner und der deutschen Demokraten anfangen, die an die Weimarer Republik anzuknüpfen versuchten. Ein Schüler fragte sehr skeptisch, ob die Menschen, die im Nationalsozialismus groß geworden waren, überhaupt wirkliche Demokraten werden konnten. In seinem Verständnis muß man zur Demokratie erzogen werden und sie täglich erleben. Die Diskussion ließ erkennen, daß die Schülerinnen und Schüler der Auffassung zuneigten, sich durch Beteiligung an Wahlen und durch eigenes demokratisches Verhalten die Demokratie vor demokratiefeindlichen Gruppen schützen zu müssen.

Der gestaltpädagogische Beitrag zum Erkenntnisprozeß des vorgestellten Unterrichts ist evident: Die Jugendlichen waren über das Identifikationsangebot in der Lage,
- die Schwierigkeiten zu begreifen, die sich heutigen Betrachtern bei dem Versuch stellen, sich in die Zeitumstände der ersten Nachkriegsjahre hineinzuversetzen;
- das Verhalten der von ihrer politischen und gesellschaftliche Tradition geprägten Deutschen besser zu verstehen;
- die Entwicklung der Demokratie in der Zeitspanne 1945 - 1989 zu sehen.

6 Fremdverstehen - Selbstverstehen durch Nacherleben
Die Instrumentalisierung gestaltpädagogischer Methoden im Unterricht ist sicher geeignet, historisches Verstehen zu fördern und ist somit ein wichtiger Baustein bei der Verbesserung historischen Lernens durch Intensivierung der Beziehung des lernenden Subjekts zum historischen Sachverhalt. Die Gefahr der Oberflächlichkeit liegt jedoch auf der Hand, wenn ihr Einsatz zur Routine wird. Aber auch das vorstehende Beispiel bleibt vergleichsweise an der Oberfläche, da ihm einmal viel zu wenig Raum gegeben wird, und da zum anderen die Annäherungen der Lernenden nicht an authentischen Berichten, z. B. der kohleheischenden Zeitgenossen, daraufhin überprüft wurden, ob

die Schülerinnen und Schüler nicht nur ihre eigenen Empfindungen in die Vergangenheit projiziert haben. Im Grunde müßte diese Kontrolle verpflichtend sein. Erst dann wäre feststellbar, ob die gestaltpädagogische Methode wirklich zum Verstehen historischer Sachverhalte hilfreich sein kann. Knochs Versuchsanordnungen erfüllen diese Anforderungen. Nur kommt dabei die Struktur der Epoche zu kurz.

Zu welchen Verstehensbereichen die Arbeit mit der Gestaltpädagogik vordringen kann, hat Knoch im Zuge der neuen Emotionen-Debatte der Geschichtsdidaktik gezeigt. Am Thema des Luftkrieges von 1940 bis 1945 - Massenvernichtung im Erlebnis von Zeitzeugen und im Nacherleben von Jugendlichen heute - ging es um die Emotion Angst.[41] Knochs Unterrichtsversuche der Gegenüberstellung von an Bildmaterial erfolgten Identifikationen der Lernenden und authentischen Aussagen von Bomberpiloten und in Bunkern Schutz suchenden Zivilisten schienen zu dem Ergebnis zu führen, daß die Gefühlslage Angst „eine Brückenfunktion hat zwischen der eigenen Lebenswelt und der fremden Welt der Geschichte", das graphisch wie Abb. 1 darstellbar wäre.[42]

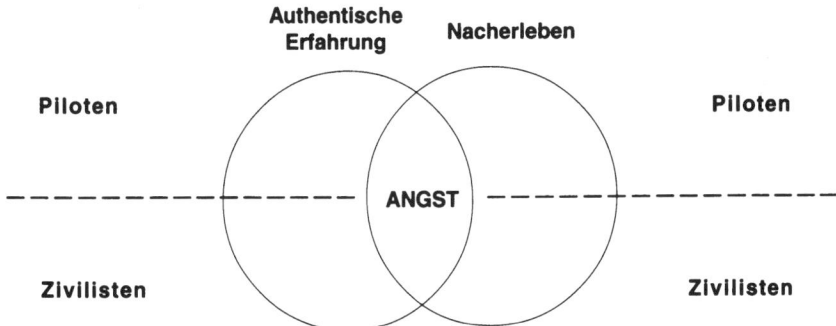

Abb.1

Daß erlebte und nacherlebte Angst aber wirklich deckungsgleich sind, muß bezweifelt werden. Das allgemeinmenschliche Gefühl der Angst hat sicher eine Brückenfunktion, aber es muß 'historiert' werden, und das geht nur über die Analyse schriftlich beschriebener Emotionen. Knoch kann daran nachweisen, daß die Angst der Piloten „sehr viel stärker an vorausgegangene Erfahrung gebunden" war und „sich auf das eigene Versagen und die beobachteten Formen des Sterbens in der Luft" bezog als die „ungerichtet-diffus" nachgelebte Angst der heutigen Lernenden. Diese war zwar auf das fremde historische Phänomen gerichtet, wies „aber eine andere Modellierung auf als die Affektlage der Zeitzeugen." So fürchteten die Nacherlebenden besonders um ihre Familien und neigten zur Klaustrophobie, während die Piloten und Bunkerinsassen Überlebenseuphorie und abergläubisches Verhalten angaben. Das differenzierte Bild stellt Knoch in einer weiteren Grafik dar (Abb. 2).[43]

41 Knoch, Luftkrieg (Anm. 1), S. 255-279.
42 Ebd., S. 276, Graphik I ebenfalls S. 277.
43 Ebd., S. 277, Graphik II ebenfalls S. 277.

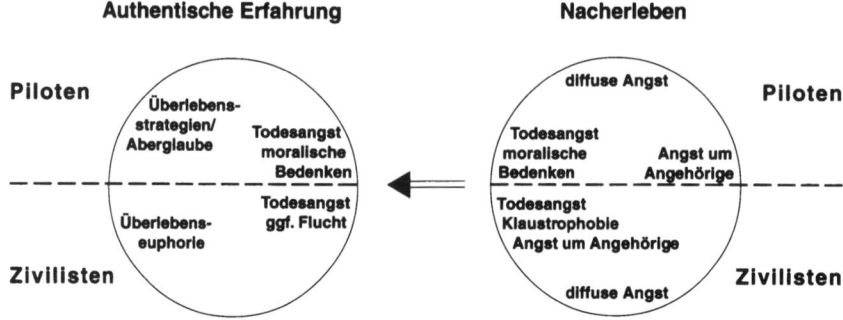

Abb. 2

Kann man daraus verallgemeinernd folgern, daß es bei Identifikationen heutiger Menschen mit historischen Personen und Gruppen immer nur eine partielle Übereinstimmung geben kann? Auch bei der Nachahmung höfischer wie bäuerlicher Tänze und ihrer Konfrontation mit authentischen Aussagen über mittelalterliche Feste kann die Annäherung nur ein Stück weit kommen, denn die Bewegungen der Tänzer können nur einen Teil vom Stellenwert vermitteln, den der Tanz in der spezifisch historischen Lebenswelt hatte und folglich auch von den ihn begleitenden Empfindungen. Und erst recht gilt dies für den Unterricht zum Bewußtsein der Menschen nach 1945, bei dem die Schülerinnen und Schüler die eigene Wohlstandskarriere als Identifikationshindernis erkannten.

Doch ist nicht bereits genug gewonnen, wenn es zu partiellen Übereinstimmungen kommt? Historisches Verstehen ist Fremdverstehen. Knoch meinte, dem Unterrichtsverlauf seines Luftkriegthemas entnehmen zu können, „daß neue Erkenntnisse gewonnen oder, hermeneutisch gesprochen, das Fremde im Horizont der eigenen Erfahrung wahrgenommen wird, der eigene Sinnhorizont durch das Fremde also auch erweitert wird.“[44]

Fremdverstehen ist gleichzeitig Selbstverstehen, Ausweitung der eigenen Identität. Gleichsam als sein didaktisches Vermächtnis hat Peter Knoch im Herbst 1993 global-historisches Lernen in Deutschland gefordert, das nach Bodo von Borries mit dem Einüben von Fremdverstehen beginnen müsse.[45] Jochen Huhn spricht von der Perspektivität historischer Erkenntnis. Erst wenn sich das Individuum der Perspektive von anderen - gegenwärtigen oder historischen - Menschen nähert, beginnt es, deren

---

44 Ebd., S. 277.
45 Peter Knoch: Neue deutsche Identität in der "Einen Welt"? Zusammenfassung und Auswertung der Diskussion. In: Uwe Uffelmann in Verbindung mit Dagmar Klose/Bernd Mütter (Hrsg.):

Verhalten zu verstehen. Und dabei erfährt es auch die Perspektivität der eigenen Sicht. Fremdverstehen und Selbstverstehen treten somit in eine innige Verbindung miteinander.[46]

Die Ergebnisse des Luftkriegbeispiels zeigen, daß Knoch die 'Methodik' Gestaltpädagogik über das Verständnis von Unterrichts-Methode hinaus in Richtung eines erkenntnistheoretischen Instrumentariums ausgeweitet hat und in den Rang einer wissenschaftsmethodischen geschichtsdidaktischen Kategorie zu heben im Begriff war. Hier sollte in seinem Sinne weitergearbeitet werden. Für den Problemorientierten Geschichtsunterricht könnte diese Kategorialisierung zur Folge haben, daß nicht mehr nur darüber nachgedacht wird, ob, wie und in welchem Umfang gestaltpädagogische Methoden in der Motivationsphase einer Unterrichtseinheit und/oder der Lösungsphase eingesetzt werden könnten, sondern daß 'historische Gestaltpädagogik' als der Kategorie des Verstehens subsumierte 'Funktionskategorie' (wie z. B. oral history) zu einem der Unterrichtsdisziplinen historischen Lernen erhoben wird, das erkenntnisleitend in die Grundsätze des Problemorientierten Geschichtsunterrichts eingeht.

Historisches Lernen im vereinten Deutschland. Nation - Europa - Welt, Weinheim 1994, S. 295-301 (= Schriften zur Geschichtsdidaktik 1); Bodo von Borries: Universalgeschichte ohne Ethnozentrismus und Moralisieren? In: ebd., S. 265-282.

46 Gerhard Henke-Bockschatz/Gunther Hoffmann/Jochen Huhn/ Gabriele Möhring/Antonius Wollschläger: Perspektivität im Prozeß historischen Lernens. Zwischenbericht über ein Projekt. In: Uffelmann (Anm. 45), S. 152-164.

Uwe Uffelmann

Emotionen und historisches Lernen

I Aspekte der Emotionsforschung. Eine Bestandsaufnahme

Im Jahr 1991 hat auch die Geschichtsdidaktik in die neue Debatte über die Bedeutung der menschlichen Emotionalität eingegriffen.[1] Neurologie, Psychologie, Soziologie und jüngst auch die Geschichtswissenschaft haben neue Erkenntnisse mitgeteilt, die es zu rezipieren gilt, will die Geschichtsdidaktik für ihre Emotionsforschung einen wissenschaftlich abgesicherten und methodisch operationalisierbaren Emotionsbegriff erarbeiten.

Neurologie
Die Neurologie hat erkannt, daß die Emotionalität ihre Basis im limbischen System des Gehirns hat und daß es angeborene Fundamentalemotionen (Angst, Freude etc.) gibt, die als Programme feststehen und folglich universell verstehbar sind. Das heißt jedoch nicht, daß sie nicht durch Erfahrungen und durch sozialkulturelle Einflüsse modifiziert werden können. Gerade die kulturelle Überformung der Fundamental-emotionen gestatten sozialwissenschaftliche Forschung generell und historische im besonderen.[2] Neu ist auch der Befund, daß nur starke Affekte wie Aggressionen, Angst und sexuelle Gefühle - Mensch und Tier gleichermaßen eigen - instinktiv und wesentlich autonom aktiv sind, nicht aber die bei Tieren nicht auffindbaren Emotionen wie Liebe, Schuld oder Melancholie. Sie weisen keine autonome Aktivität auf und sind folglich kulturell bedingt. Des weiteren ist erkannt worden, daß die Emotionen nicht - wie bisher gemeint - im ältesten Bereich des Gehirns angesiedelt sind und keine ge-sonderten Hirnareale haben.[3] Neurophysiologisch ist es also nicht möglich, Emotio-nen und Kognitionen streng zu trennen. Vielmehr liegen Interpenetrationsverhältnisse vor. „Beim Wahrnehmen von Gefühlen anderer Menschen ist die Kognition beteiligt. Somit gehen über die Kognition kulturelle Orientierungen und historischer Wandel wieder in die Emotionalität ein."[4]

---

1 Emotionen und historisches Lernen. Erforschung, Vermittlung, Rezeption. Tagung der Konfe-renz für Geschichtsdidaktik vom 7.-9.10.1991 im Georg-Eckert-Institut für internationale Schul-buchforschung in Braunschweig. Die Tagung wird 1992 dokumentiert: Mütter, Bernd/Uffel-mann, Uwe (Hrsg.): Emotionen und Historisches Lernen, Forschung, Vermittlung und Rezepti-on. Schriftenreihe des Georg-Eckert-Instituts für internationale Schulbuchforschung, Frankfurt 1992; darin zum Stand der geschichtswissenschaftlichen Emotionsforschung: Pandel, Hans-Jürgen: Emotionalität - Ein neues Thema der Sozialgeschichte?
2 Pandel, ibid., S. 9.
3 Canavan, Anthony G.M./Sartory, Gudrun: Klinische Neuropsychologie, Stuttgart 1990, S. 114.
4 Pandel (wie Anm. 1), S. 10.

167

Die referierten Erkenntnisse gestatten eine sozialwissenschaftliche Untersuchung kultur-spezifischer Emotionen und ihres Wandels, indem sie mit der Identifikation von Fundamentalemotionen und dem Nachweis der Interpenetration von Emotionen und Kognitionen das Analyseinstrumentarium konstituieren.

Psychologie

Die enge Verbindung von Emotion und Kognition hat die Emotionspsychologie neuerdings bestätigt.[5] Die Entstehung von Gefühlen ist ein kognitiver Vorgang, mit Hilfe dessen körperliche Veränderungen und emotionale Reize verknüpft werden. Wie hat man sich dies vorzustellen? Physiologische Erregung ohne auslösenden emotionalen Reiz (Versuche mit Adrenalinzufuhr) ist gänzlich diffus und „hat keine emotionale Färbung".[6] Aber auch der Reiz alleine führt noch nicht zum Gefühlserlebnis. Unabdingbar dafür ist eine sinnhafte Spezifizierung des Erregungszustandes, und diese erfolgt über seine sprachliche Benennung. Diese Benennung aber ist nur mit Hilfe des kulturell vermittelten und damit in einer Gesellschaft verfügbaren Sprachschatzes möglich. Der Sprachschatz für den emotionalen Bereich ist wiederum das Ergebnis eines kulturell erarbeiteten Gefühlshaushaltes, den ganz bestimmte Spielregeln funktionieren lassen. Eine Gesellschaft prägt somit Gefühlsregeln aus, innerhalb derer sich Emotionalität eine Zeitlang - Historiker denken in Jahrhunderten - in ihren Mitgliedern in einer Spannweite manifestiert, welche die spezifische Struktur dieser Gesellschaft aufgrund ihrer Bewertung durch eben diese Mitglieder spiegelt.[7]

Soziologie

Diese Überlegung führt zur Frage nach dem Beitrag der Soziologie zur Emotionsforschung. Theodore D. Kempers Auffassung, daß die Sozialstruktur, d. h. reale und vorgestellte bzw. antizipierte Beziehungen spezifische Emotionen direkt hervorbringen, haben Vertreter des Symbolischen Interaktionismus dahingehend widersprochen, daß soziale Wirklichkeit generell sich letztendlich erst durch Interpretationsprozesse der einzelnen an der Interaktion beteiligten Akteure konstituiere und folglich auch die Emotionen sich nicht reflexartig aus der Sozialstruktur, sondern immer nur mittels der Interpretation dieser Gegebenheiten durch die Handelnden bilden.[8] Für die Bewertungsebene wählt Gerhards 'Kultur' als „Gegenbegriff zur Sozialstruktur : Kultur meint

---

5 Scheele, Brigitte: Emotionen als bedürfnisrelevante Bewertungszustände. Grundriß einer epistemologischen Emotionstheorie, Tübingen 1990.
6 Schmidt-Atzert, Lothar: Emotionspsychologie, Stuttgart 1981, S. 97.
7 Gerhards, Jürgen: Soziologie der Emotionen. Fragestellungen, Systematik und Perspektiven, Weinheim 1988, S. 168f.
8 Kemper, Theodore D.: A Social Interactional Theory of Emotions, New York 1978; ders.: Auf dem Weg zu einer Theorie der Emotionen: Einige Probleme und Lösungsmöglichkeiten. In: Kahle, Gerd (Hrsg.): Logik des Herzens. Die soziale Dimension der Gefühle, Frankfurt 1981, S. 134-154; Gerhards (wie Anm. 7), S. 167ff.

dann ein System kollektiver Sinnkonstruktionen, meint die Schemata der Weltinterpretation, mit denen Menschen Wirklichkeit definieren, indem sie definieren, was gut und was schlecht, was richtig und was falsch und was schön und was häßlich ist".[9] Kultur ist folglich auch der Sinnzusammenhang, „der auf vielfältigste Art und Weise Einfluß auf die Entstehung von Emotionen nimmt".[10] Die Kultur prägt die Emotionalität durch Gefühlsregeln, Kodierung von sozialer Struktur und auch Definitionen von Identität. Gerade zum Bild des Individuums von sich selbst gehören auch Vorstellungen „über das emotionale Selbst, über die Gefühlsidentität", die durch Selbstbeobachtung entstehen, in die immer auch die Perspektive der anderen einfließt.[11]

Das von Gerhards aufgestellte Modell einer Soziologie der Emotionen sieht Gefühle als das Ergebnis des Zusammenspiels von Organismus, Persönlichkeit, Sozialstruktur und Kultur.[12]

Was aber sind Emotionen? Auf die Vielfalt der Emotionsdefinitionen ist erst jüngst wieder mit dem Akzent hingewiesen worden, daß das auf diese Weise entstehende Maß an Beliebigkeit sehr unbefriedigend ist.[13] Angesichts dieses Dilemmas bietet der soziologische Zugriff von Gerhards eine nicht zu unterschätzende Hilfestellung bei der Suche nach einer sozialwissenschaftlich griffigen und methodisch handhabbaren Definition. Emotionen und Kognitionen zu haben, gehört zur conditio humana.[14] Der Mensch muß seine Hilflosigkeit (Mängelwesen Mensch) durch Handlungen überwinden (Internationalität), die ihn mit seiner inneren und äußeren Umwelt in Kontakt treten lassen.[15] Dies geschieht mit Hilfe emotionaler und kognitiver Kräfte. „Emotionen und Kognitionen sind bewußtseinsmäßige Prozesse der Konstruktion sozialer Wirklichkeit."[16] Sie sind das Instrument des Menschen, „sich die Welt anzueignen, den Hiatus seiner Existenz zu überwinden; Emotionen haben die Funktion, den Menschen an die Welt zu binden, ihn in die Welt zu involvieren. Es gibt keine Form des menschlichen In-der-Welt-Seins ohne Emotionen".[17] Diese Bindung an die Welt erfolgt über Bewertungen der inneren und äußeren Umwelt, die Sinn stiften. Auf diese Weise werden der soziale Raum strukturiert und Sozialbeziehungen hergestellt, d. h. Menschen aneinander gebunden und voneinander getrennt. Durch seine emotionale

---

9 Gerhards, ibid., S. 200.
10 ibid., S. 204.
11 ibid., S. 203.
12 ibid., S. 205.
13 Gies, Horst: Emotionalität versus Rationalität? Die neue Rolle von Emotionen in der historischen und geschichtsdidaktischen Forschung. In: Mütter/Uffelmann (wie Anm. 1).
14 Gerhards (wie Anm. 7), S. 72.
15 ibid., S. 75; vgl. Uffelmann et al.: Problemorientierter Geschichtsunterricht, (Forschen - Lehren - Lernen 4), Villingen-Schwenningen 1990, S. 170.
16 Gerhards (wie Anm.7), S. 73.
17 ibid., S. 72.

und intentionale Gerichtetheit auf seine Mitwelt eignet sich der Mensch seine eigentliche Existenz an, wird also erst zum Menschen und zwar in einem Kultivierungsprozeß durch andere und mit anderen. Ohne Emotionen ist personale und soziale Identität nicht möglich. Sinn konstituiert sich nur mit ihrer Hilfe. Der emotionale Zugriff auf die Welt erfolgt in simultaner Form, d. h. in ihrer flächendeckenden Erfassung, während der kognitive die Welt dank der Fähigkeit des Menschen zur Symbolisierung und Sprachanwendung in ein sequentielles Hintereinander aufschlüsselt.[18] Ist die Emotionalität konstitutiv an der Welterfassung des Menschen beteiligt, dann bestimmt sie folglich auch sein tägliches Verhalten. Gesellschaftliche Relevanz gewinnt sie im Hinblick auf alle Formen der Vergesellschaftung, da sie sinnstiftend wirkt (s. o.). Gruppenbildungen verschiedenster Größe (Familie - Staat) und zu unterschiedlichsten Zwecken (enge Gemeinschaften - zweckrationale Zusammenschlüsse) haben ihre jeweilige emotionale Qualität. In einer gelungenen Gruppenbildung werden „die emotionalen Energien der einzelnen an den gemeinsamen Sinnzusammenhang gebunden."[19] In den Vergesellschaftungsprozessen, welche die Sozialstruktur als Ganze konstituieren, gelten Macht und Status als die relevantesten Dimensionen.[20] Sie bedingen emotionale Bindungen, ohne daß diese von den Gebundenen aus freien Stücken gewünscht und gewährt werden. Soziologische und damit auch historische Emotionsforschung findet hier ein reiches Betätigungsfeld.

Geschichtswissenschaft

Worin besteht nun der Anteil der Geschichtswissenschaft an der Emotionsforschung? Während in den USA und in Frankreich seit Anfang der achtziger Jahre die Emotionalität zunehmend zum Gegenstand historischer Forschung wird, ist „Gefühlsgeschichte in der deutschen Geschichtswissenschaft immer noch kein Thema".[21] Erste Ansätze liegen in den Arbeiten der Historischen Anthropologie vor.[22] Wenn auch Emotionen in bisherigen geschichtswissenschaftlichen Forschungen u. a. zur Beschreibung des Hintergrundes von politischem, ökonomischem und sozialem Handeln durchaus ihren Ort hatten, so wurden sie doch nicht *direkt* zum Erkenntnisinteresse erhoben. Die Forderung, dies vermehrt zu tun, sollte jedoch nicht bedeuten, sie zu isolieren, sondern sie auch weiterhin im Kontext der Strukturen und Prozesse zu begreifen.[23]

---

18 ibid., S. 80.
19 ibid., S. 76.
20 Kemper, Theodore D.: Power, Status and Emotions: A Sociological Contribution to a Psychophysiological Domain. In: Scherer, Klaus/Ekmann, Paul (Hrsg.): Approaches to Emotion, Hillsdale 1984, S. 369-383.
21 Pandel (wie Anm. 1), Ms. S. 2.
22 Medick, Hans/Sabean, David: Emotionen und materielle Interessen, Göttingen 1984; Ebrecht, Angelika/Hentschel, Helga: Das verstandene Gefühl - der gefühlte Verstand. In: Anselm, Sigrun, et al.: Theorien weiblicher Subjektivität, Frankfurt 1985, S. 118-137.
23 Steams, Carol Z./Steams, Peter N.: Introduction. In: dies.: Emotion and Social Change, New York 1988, S. 2; vgl. Pandel (wie Anm. 1), Ms. S. 4.

Nach Pandel sollte eine Geschichte der Emotionalität erarbeitet werden, die Körper, Psyche und Gesellschaft integriert und ihre Veränderung in der Zeit erkennbar macht. Sie sollte von einem Menschenbild ausgehen, welches das Individuum als fühlend und fähig zur Steuerung von Gefühlen, zu deren aktiver Darstellung in Kontaktaufnahme- bzw. -löseprozessen sowie Befolgung von Gefühlsnormen identifiziert. „In dieser Sicht sind Gefühle dadurch nicht etwas, was unserem Selbst *angetan* wird, sondern wir *handeln*, und zwar gefühls*bestimmt*."[24]

Und welche Leistungen kann die Gefühlsgeschichte Pandel zufolge für die Gesellschaftsgeschichte erbringen?

Sie kann zum Verständnis von sozialem Wandel beitragen, indem sie nicht nur Entstehen und Vergehen einzelner Gefühle beschreibt, sondern "ganze Empfindungsbündel" in ihren Veränderungen erforscht. Durch Einbettung individueller psychischer Strukturen in historische Konjunkturen und langfristige Gefühlslagen überwindet sie die Schwächen der Psychohistorie. Sie vermag Beiträge zu sozialwissenschaftlichen Gefühlstheorien über die Dynamisierung von emotionalem Handeln und Verhalten durch Zeiterfahrung zu erbringen sowie die Verbindung zwischen traditionalen Themen und neuen emotionsgeschichtlichen Erkenntnissen herzustellen. Schließlich fördert sie eine neue Interdisziplinarität zwischen Sozial-, Kultur-, Religionsgeschichte, historischer Anthropologie und Geistesgeschichte, indem sie anthropologische Grundlagen, Sozialstrukturen und kulturelle Orientierungen aufeinander bezieht.[25]

II Der Weg der heutigen Geschichtsdidaktik zur Emotionsproblematik

Das neue Interesse der Geschichtsdidaktik an der menschlichen Emotionalität soll mit einem Blick auf Aspekte des Gesellschaftsprozesses der Bundesrepublik seit Ende der sechziger Jahre transparent gemacht werden, da die damals sich in ihrer heutigen Form herausbildende Disziplin entscheidend von einem dem Emotionalen kritisch gegenüberstehenden „Zeitgeist" geprägt worden ist.

Sicher waren die damalige Wiederentdeckung der Zivilisationstheorie von Norbert Elias und ihr Siegeszug kein Zufall, denn sie geschahen in der Phase der Geschichte Westdeutschlands, die von grundlegender Infragestellung der in der Nachkriegszeit geschaffenen Strukturen und dem Ringen um neue theoretische Durchdringung gesellschaftlicher Prozesse und daraus ableitbarer Handlungsorientierungen zur Veränderung des Bestehenden bestimmt waren.[26] Neben dem Kritischen Rationalismus, der Kritischen Theorie und verschiedenen, an den inhaltlichen Aussagen der marxisti-

---

24 Pandel (wie Anm. 1), Ms. S. 1.
25 ibid., S. 4.
26 Elias, Norbert: Über den Prozeß der Zivilisation, 2 Bände, Bern 1969.

schen Geschichtsauffassung ausgerichteten Ansätzen bot sie eine Deutung des abendländischen Gesellschaftsprozesses, die zugleich anschaulich-konkret, theoretisch plausibel und politisch unverdächtig war. Politisch unverdächtig war sie deshalb, weil sie
ohne Vernachlässigung des Ökonomischen die Faszination des Basis-Überbau-Mo-
dells zugunsten einer Interdependenz der sozialökonomischen und politisch-kulturel-
len Triebkräfte im Gesellschaftsprozeß erheblich zu reduzieren vermochte.[27]

Elias schien dadurch, daß er gesellschaftliche Entwicklung und menschliches Verhalten in Beziehung setzte, dem einzelnen umfassende Antworten und Fragen der eigenen gesellschaftlichen Standortbestimmung wie des richtigen - zivilisierten - Verhaltens geben zu können. Dieses Verhalten ist durch Dominanz der Ratio und Kontrolle
der Affekte gekennzeichnet. Kontrolle der Affekte bedeutet Unterordnung der Emotionen unter die Kognitionen. Diese sind jedoch nicht einfache Normsetzung, sondern
nach Elias, der seine Theorie noch zwei Jahrzehnte verteidigen und differenzieren
konnte, Ergebnis nicht nur des bisherigen, sondern auch des derzeitigen Gesellschaftsprozesses in die Zukunft hinein. So wie die Zentralisierung der Gewalt und ihr permanenter Differenzierungsprozeß bis heute identifizierbar seien, entwickele sich auch
die Affektkontrolle immer weiter.[28]

Das von Elias ausgebreitete Gesellschafts- und Menschenbild fügte sich in die geistige Landschaft der Bundesrepublik in den siebziger Jahren bestens ein, welche die
kritische Rationalität des Menschen zum Maßstab für gesellschaftliches Handeln erhob. Ob die gesellschaftliche Wirklichkeit diesem Anspruch gerade auch in dieser
Phase (vgl. Anm. 28) gerecht wurde, ist fraglich. Denn mit der Distanzierung von den
Normen der Nachkriegszeit ging auch die Befreiung des Emotionalen einher. Emotional vorgetragener Jugendprotest gegen die ältere Generation und Enttabuisierung der
Sexualität markieren das Ausmaß eines Wandels, das zu der Frage berechtigt, ob denn
wirklich die Affektkontrolle fortschreite und nicht vielmehr eine Aufwertung und Neu-
bewertung des Emotionalen geschehe, und das nicht nur in Deutschland. In der Tat
gibt es Befunde, die erkennen lassen, daß die Kontrolle von Emotionen als gesellschaftliche Norm zugunsten einer Orientierung des Verhaltens an den eigenen emotionalen Befindlichkeiten abgebaut, das Emotionale umkodiert und damit zum gesellschaftlichen Wert wird.[29] Das geht so weit, daß gerade das Ausleben und Darbieten
von Emotionen bei ihrer gleichzeitig zunehmenden Versprachlichung deren Kontrolle

---

27 ibid., Bd. 2, S. 437.
28 Ob die Tatsachen der Diagnose von Elias wirklich recht geben, ist allerdings bezweifelt wor-
    den, besonders, daß vom 18. bis 20. Jahrhundert durchgehend eine Disziplinierung der Gefühle
    stattgefunden habe und stattfinde. Dabei wird nicht bestritten, daß Elias' Diagnose für "ausge-
    wählte Bereiche des emotionalen Haushaltes" richtig sei. So Pandel (wie Anm. 1), MS. S. 7.
29 Brinkgreve, Christian/Korzec, Michael: Verhaltensmuster in der niederländischen Gesellschaft
    (1938-1977). In: Gleichmann, Peter, et al. (Hrsg.): Materialien zu Norbert Elias' Zivilisations-
    theorie, Frankfurt 1979, S. 299-310.

mehr und mehr dominiert. So entstehen auch neue Identitätskonzepte, die das Emotionale stärker als bisher integrieren, aber auch verabsolutieren können, indem die Emotionen als funktionelles Äquivalent für andere Formen der Sinngebung dienen, zumal sie Authentizität beanspruchen können und somit nicht widerlegbar sind.[30] Das Gefahrenpotential dieser Entwicklung zeigt sich gerade in dem letzten Befund. Wenn die Authentizität der Emotionen verabsolutiert wird, erlischt die menschliche Kommunikation.

Angesichts dessen, daß Emotionalität zunehmend die Identitätssuche der jungen Generation bestimmt und zugleich auch als theoretische Kategorie verstärkt ins gesellschaftliche Bewußtsein dringt, ist die historisch-politische Bildung gefordert, sie nach jahrelanger Vernachlässigung, wenn nicht gar Tabuisierung, neu zu reflektieren.

Die politische Didaktik hat sich dem Problem unter der Frage nach den Anteilen von Rationalität und Emotionalität im politischen Unterricht gestellt.[31] Die Vorgehensweise richtete sich jedoch vorrangig auf den Unterricht. Ein systematischer Zugriff auf die Kategorie Emotionalität in der Forschung erfolgte ebensowenig wie ihre Standortbestimmung in der Theorie der politischen Didaktik. Gleichwohl wurde hier ein wichtiger Schritt getan, um die Bedeutung der Emotionalität des Menschen für die politische Bildung bewußt werden zu lassen.

Die Geschichtsdidaktik ist herausgefordert, sich auf ihre in den siebziger Jahren beiseite geschobene Tradition der Emotionsverarbeitung zu besinnen. Diese Tradition wurzelte in der Erlebnispädagogik, die affektive Dimension des Menschen war dort fest verankert. Die ganzheitliche Erfassung des zu bildenden Menschen hatte auch nach dem Zweiten Weltkrieg wieder Konjunktur. Daß die Bildungsarbeit „ganzheitlich (sei), weil sie alle Kräfte und Fähigkeiten des jungen Menschen anspricht", ist Leitgedanke nicht nur von Hans Ebeling, dessen Didaktik bis Ende der sechziger Jahre als Wegweiser historischer Bildung galt.[32] Im Zuge des durch neue gesellschaftstheoretische, geschichtswissenschaftliche sowie lern- und curriculumtheoretische Positionsbestimmungen bewirkten geschichtsdidaktischen Umdenkens, das den Anspruch, wissenschaftliche Disziplin zu sein, einschloß, wurde die traditionelle Emotionsverarbeitung als unzureichend verworfen. Obwohl das Problem natürlich weiterbestand, vernachlässigte man es trotz der Identifizierung der Betroffenheit als didaktische Kategorie in unzulässiger Weise.

---

30 Gerhards (wie Anm. 9), S. 250ff.
31 Schiele, Siegfried/Schneider, Herbert (Hrsg.): Rationalität und Emotionalität in der politischen Bildung, Stuttgart 1991.
32 Ebeling, Hans: Didaktik und Methodik des Geschichtsunterrichts, 4. Auflage Hannover 1970, S. 58.

Nur wenige Geschichtsdidaktiker folgten nicht ausschließlich dem auf Rationalität und kritische Aufklärung ausgerichteten Weg. „Daß Gefühle und Erleben untrennbar mit dem Denken, Erkennen und Verstehen verbunden sind", blieb für Peter Schulz-Hageleit ein stets präsenter Aspekt seiner Überlegungen, der 1987 erneut herausgestellt wurde.[33] Von der Gestaltpädagogik beeinflußt, entwickelte Peter Knoch in den achtziger Jahren ein Konzept ganzheitlichen historischen Lernens.[34] Obwohl beiden Autoren positive Aufmerksamkeit geschenkt wurde, fanden sie nur zögernd breitere Resonanz. Indem sie ihre Überlegungen - ohne allerdings die Emotionalität systematisch anzugehen - aber immer wieder zur Diskusssion stellten, bereiteten sie den Boden für eine grundsätzliche Zuwendung zur Emotionsproblematik. Diese Zuwendung erachtete der Vorstand der Konferenz für Geschichtsdidaktik im Herbst 1989 für so wichtig, daß er das Thema, 'Emotionen in Erforschung, Vermittlung und Rezeption von Geschichte' zum Gegenstand einer Tagung für 1991 machte. In der Erkenntnis, daß die Emotionsverarbeitungen aus der Zeit vor 1970 nicht mehr tragen, neue Ansätze aber sichtbar sind, galt es, die gesamte Disziplin Geschichtsdidaktik mit dem Thema zu konfrontieren. Insofern stellt sich die Emotionalität als ein *neues* Thema der Geschichtsdidaktik dar. Und kaum war es formuliert, da brachten der Fall der Mauer und der Weg zur deutschen Einheit einen neuen starken, nicht voraussehbaren Impuls und bestätigten die Richtigkeit der Themenwahl: Die Vereinigung der Teile Deutschlands setzte nicht nur fundamentale Umdenk-Prozesse, sondern auch erhebliche neue emotionale Bewertungen in Gang, die noch lange andauern werden. Der Aufbau neuer gemeinsamer Identitäten in West und Ost fordert gleichermaßen kognitive wie emotionale Kräfte und verlangt Hilfestellungen, für die die historisch-politische Bildung Teilleistungen zu erbringen hat.

Die Tagung fand im Oktober 1991 im Georg-Eckert-Institut für internationale Schulbuchforschung in Braunschweig statt und stand unter folgenden Leitfragen:

1. Was sind Emotionen?
   - Was sind historische Emotionen, und wie sind sie überliefert?
   - Welche Emotionen hat der Forscher gegenüber einem historischen Sachverhalt, den er erforscht?
   - Welche Emotionen spielen bei der Vermittlung eine Rolle, und zwar Emotionen des Vermittlers gegenüber der Sache, gegenüber den Emotionen des Forschers und gegenüber den Emotionen der Rezipienten?

---

33 Schulz-Hageleit, Peter: Geschichte: erleben - lernen - verstehen, Düsseldorf 1987, S. 141 Anm. 7.
34 Knoch, Peter: Geschichte und Gestaltpädagogik - Einige experimentelle Erfahrungen. In: Uffelmann (Hrsg.): Didaktik der Geschichte. Aus der Arbeit der Pädagogischen Hochschule Baden-Württemberg, S. 73-105; ders.: Phantasie und historisches Verstehen. Versuche und Erfahrungen. In: Pandel (Hrsg.): Verstehen und Verständigen, Pfaffenweiler 1991, S. 99-114.

- Welche Emotionen werden beim Rezipienten aktiviert, Emotionen gegenüber der Sache, gegenüber den Emotionen des Forscher und denen des Vermittlers?

2. Was sind gesellschaftlich erwünschte bzw. unerwünschte Emotionen? Was ist 'Kultivierung der Affekte', und unter welchen Kriterien läßt sich von einer solchen sprechen?

3. Wie kann man Emotionen in der Geschichte, als historische Emotionen, und wie kann man Emotionen bei der Erforschung, Vermittlung und Rezeption von Geschichte erforschen?

Natürlich konnte die Tagung, die 1992 publiziert wird, nur einige systematische Schneisen in ein geschichtsdidaktisches Forschungsgebiet schlagen, dessen Qualität und Konturen sich in den beiden vergangenen Jahrzehnten grundsätzlich gewandelt haben.[35] Sie hatte aber den Zweck, eine neue Debatte in Gang zu bringen, an der sich in Zukunft nicht nur einzelne Autoren, sondern auch die Disziplin als solche beteiligen sollte.

III Emotionen und historisches Lernen

Im letzten Teil dieses Aufsatzes soll ein erster kleiner Beitrag zu dieser Debatte geboten werden.

Die Einordnung der Entstehung der modernen deutschen Geschichtsdidaktik in die geistige Landschaft der Bundesrepublik der siebziger Jahre könnte den Eindruck vermitteln, als sei das emotionale Element vollständig unterdrückt worden. Wenn es auch nur wenige, voran Schulz-Hageleit, waren, die der menschlichen Emotionalität immer bewußt einen ranghohen Platz belassen haben, so ist sie doch auch in vielen anderen geschichtsdidaktischen Ansätzen gegenwärtig gewesen, allerdings nicht expressiv verbis, da man sich von den traditionellen Emotionsverarbeitungen distanzierte, sondern gleichsam 'verpackt' im Begriff der Betroffenheit. Dieser Begriff wurde von der Geschichtsdidaktik aus dem öffentlich-politischen Leben eben dieser Aufbruchsphase der westdeutschen Gesellschaft aufgegriffen und zu einer zentralen Kategorie der Disziplin erhoben. Stand der Begriff im politischen Leben für die Qualität, die anzeigt, „daß Bürger in einer bestimmten Weise von politisch-wirtschaftlichen Entscheidungen berührt ('betroffen') werden"[36] , so instrumentalisierte ihn die Geschichtsdidaktik als „emotionale Affizierung" für die Erkenntnis, „daß bestimmte historische Zusam-

---

35 Mütter/Uffelmann (Hrsg.): (wie Anm. 1).
36 Pandel, Hans-Jürgen: Geschichtsdidaktik und Problemorientierter Geschichtsunterricht. Eine Einführung. In: Uffelmann et al.: Problemorientierter Geschichtsunterricht. Grundlegung und Konkretion (Forschen - Lehren - Lernen 4), Villingen-Schwenningen 1990, S. 16.

menhänge für uns nicht 'vergangen' sind, sondern einen eigenen existentiellen Bezug zu unserer eigenen Situation haben".[37] Für meine eigenen Überlegungen „verbürgte Betroffenheit die Motivation für die erkenntnisleitenden Interessen" in einem problemorientierten Geschichtsunterricht[38] Ich habe die Kategorie an den sozialen Ort der Schülerinnen und Schüler gebunden und diesen wiederum mittels der Bedürfniskategorien 'Physiologische Bedürfnisse', 'Bedürfnisse nach Sicherheit, zwischenmenschlichen Beziehungen und sozialer Anerkennung' sowie 'Bedürfnisse nach Sinngebung' differenziert[39], gleichzeitig aber darauf verwiesen, daß Betroffenheit immer an Befunde der gesellschaftlichen Wirklichkeit der lernenden Subjekte gebunden sein müsse, um sie dann im historischen Unterricht auch nur an den geschichtlichen Inhalten und nicht mit Hilfe extrinischer 'Tricks' des Lehrers festzumachen.

Pandel sieht die bisherige Verwendung der Kategorie Betroffenheit durch die Geschichtsdidaktik noch als zu eng an und möchte sie bei aller Anerkennung der affektiven Beziehung zwischen den Lernenden und Teilen der Geschichte im Unterrichtsprozeß sozialwissenschaftlich-soziologisch erweitert wissen. Betroffenheit setze Nicht-Betroffenheit voraus, sozial wie zeitlich. Sozial gesehen bedeute das die Betroffenheit einer Gruppe, eines einzelnen, von einem Ereignis, einer anderen Gruppe, eines anderen einzelnen nicht, tendiere Betroffenheit doch dazu, diesen Zustand aufzuheben. „Auch wenn man eine kollektive Betroffenheit annimmt, die alle meint, dann wird in zeitlicher Perspektive angenommen, daß diese Gruppe davon einmal nicht betroffen war oder in Zukunft nicht mehr davon betroffen sein wird."[40] So definiert er Betroffenheit prozeßorientiert nach Ottheim Rammstedt als „Infragestellung sozialer Identität" im Sinne einer Infragestellung von Erwartungen, Routine und Interaktionen.[41]

Bin ich mit dieser Erweiterung des Betroffenheitskriteriums auch grundsätzlich einverstanden, so muß ich doch fragen, ob die Definition für die geschichtsdidaktische Verwendung nicht zu passiv formuliert ist. Betroffenheit im bisherigen Verständnis meint gleichermaßen die emotionale Inbesitznahme von historischen Sachverhalten durch die Lernenden und über das Betroffen-Werden durch dies hinaus eine aktive Wendung im Hinblick auf eigenständige Auseinandersetzung mit ihnen. Die 'Infragestellung sozialer Identität' sollte analog verstanden werden als Herausforderung zur Neubestimmung sozialer Identität.

37 Becher, Ursula: Didaktik der Zeitgeschichte. In: Handbuch der Geschichtsdidaktik, 3. Auflage Düsseldorf 1985, S. 308.
38 Pandel (wie Anm. 36), S. 16.
39 Uffelmann (wie Anm. 346), S. 147 und S. 241.
40 Pandel (wie Anm. 36), S. 16.
41 ibid., S. 16; Rammstedt, Ottheim: Betroffenheit - Was heißt das? In: Klingemann, Hans-Dieter/ Kaase, Max, (Hrsg.): Politische Psychologie, Opladen 1981, S. 460.

In diesem Verständnis läßt sich die erweiterte Definition dahingehend instrumentalisieren, daß Betroffenheit als geschichtsdidaktische Kategorie auch dazu dienen kann, historische Inhalte mit emotionaler Dimension zu gewinnen bzw. die emotionale Dimension historischer Sachverhalte erkennbar zu machen: Objektives Betroffensein bzw. die Perzeption von Betroffensein gesellschaftlicher Gruppen und einzelner von Umständen, die ihre Identität in Frage stellen, die also emotional in Problemzusammenhänge involvieren, ist gleichermaßen Veranlassung zu kollektivem wie individuellem Leiden und Handeln. Sind Historiker in der Lage, das Maß der individuellen und kollektiven Betroffenheit von Menschen vergangener Epochen an Verhaltensweisen[42] zu identifizieren, die das emotionale Involviertsein zum Ausdruck bringen, dann werden sie auch bei den daraus resultierenden Aktivitäten zur Neubestimmung der sozialen Identität einer Gruppe oder einer gesamten Gesellschaft - bei denen einmal mehr Einzelpersonen einmal mehr Kollektive handeln -, nicht nur die rationalen Anteile, sondern auch die emotionalen leichter fassen können.

Das bedeutet, daß es durchaus gelingen dürfte, den Anteil von Emotionalität bei vergangenen - und gegenwärtigen - politischen Entscheidungsprozessen, die von Gruppen oder Einzelpersönlichkeiten verantwortet werden, auch im historischen Unterricht zu thematisieren. Die Schülerinnen und Schüler werden dadurch in die Lage versetzt, die Macht der Gefühle im historischen Prozeß zu erkennen und zu bewerten. Gerade die Bewertung ist unabdingbar, denn sie ist vermutlich der einzige Weg, der dem Geschichtsunterricht zur Verfügung steht, indoktrinationsfreien, überwältigungsfreien Einfluß auf die Emotionsbildung junger Menschen zu nehmen, also Gefühlserziehung zu leisten. Damit ist gleichzeitig gesagt, daß diese Bewertung *nur* über die Ratio möglich ist und nicht etwa über eine wie immer geartete Emotionalisierung der lernenden Subjekte selbst. Mit Hilfe rationaler Einschätzung von Emotionen an immer wieder neuen Beispielen aus der Geschichte wird ein Reflexionsprozeß in Gang gesetzt, der die Emotionalität des Menschen ihrer vermeintlichen Diffusität und scheinbaren Nicht-Greifbarkeit beraubt und sie jedenfalls kalkulierbar macht. Dabei ist immer zu beachten, daß Gefühle als Teil der conditio humana prinzipiell nichts Schlechtes sind, auch wenn sie in historischen Fallbeispielen oft als Negativposten in Erscheinung treten. Wie die Emotionalität, so ist auch die Rationalität vor Mißbrauch nicht geschützt und bedarf, wenn eine 'Kultivierung der Affekte' - wie oft gefordert - notwendig ist, ebenfalls der Kultivierung. Kultivierung wäre diesem Verständnis zufolge in den Gesellschaften der modernen Welt ein permanent individueller und kollektiver Reflexionsprozeß über einen an den Menschenrechten orientierten Gebrauch von Emotionalität und Rationalität auf allen Handlungsebenen. Die im Geschichtsunterricht in Gang zu setzende Reflexion sollte bei den Lernenden einmal zu einer Bewußtseinsbildung über die Entstehung, Ausprägung und Veränderung von Emotionen in

---

42 Vgl. dazu: Uffelmann: Was kann die Historische Verhaltensforschung für die Geschichtsdidaktik leisten? (1986), Neudruck. In: Uffelmann (wie Anm. 36), S. 165 - 187.

Vorgängen führen, an denen immer auch Kognitionen beteiligt sind. Zum anderen sollte sie die eigenen Emotionen der jungen Menschen fördern bzw. dämpfen, die in ihrem Umgang mit historischen Themen entstehen und darüber hinaus vielleicht - und das wäre ein wünschenswertes Sozialisationsziel - auch auf ihr eigenes tägliches Verhalten wirken.

Liefert die sozialwissenschaftliche Erweiterung des Betroffenheitskriteriums unter der Perspektive der menschlichen Emotionalität auch einen Schlüssel für die Auffindung und die didaktisch produktive Verwendung von Gefühlen in der Geschichte, so muß doch gefragt werden, ob die jungen Menschen damit auch wirklich 'getroffen' werden. Hier sollte man die seit zwei Jahrzehnten vertraute geschichtsdidaktische Definition des Begriffes Betroffenheit zu Hilfe nehmen, die von ihrer Aktualität nichts eingebüßt hat, im Gegenteil ihr ganzes 'Emotionspotential' erst öffnet, wenn von dieser Seite her gefragt wird.

Armin Reese hat jüngst davor gewarnt, Emotionen so einfach in der Geschichte aufzusuchen, so notwendig dies auch sei.

„Damit ist noch nichts erreicht, sondern nur angebahnt... Wer kann schon die emotionale Seite der Konfessionskämpfe wirklich ohne weiteres zu seiner eigenen machen? Wer kann ohne entsprechende Quellenstudien und Kenntnis der Vorbildung und der darauf fußenden Erwartungen die Sorgen und Hoffnungen der frühen Entdecker oder die Begeisterung der Freiwilligen im Ersten Weltkrieg nachvollziehen? Zu diesen Emotionen müssen wir ebenso wie zu anderen historischen Fakten einen Zugang erst schaffen! Anders formuliert: Wir müssen historische Phänomene für die Lernenden so aufbereiten, daß sie emotional erreichbar sind."[43]

Das involviert die These, daß Geschichte *nur* über einen emotionalen Zugang erfahrbar sei.[44]

Historische Sachverhalte müssen, da sie über einen emotionalen Bezug zugänglich sind, so aufbereitet werden, daß sie für die Lernenden emotional erreichbar sind: *So ist die Aufgabe des Geschichtsunterrichts in seiner Motivationsphase bisher nicht formuliert worden.* Hier zeigt sich der Abstand zu den bekannten - auch meinen eigenen - Postulaten, die fast durchweg einen wie immer gearteten Gegenwartsbezug betreffen, der die Brücke zwischen dem lernenden Individuum und der Vergangenheit bilden sollte.[45] Dieser Abstand macht den Denkwandel (und vielleicht -fortschritt) deutlich,

---

43 Reese, Armin: Kann man aus der Geschichte lernen? Vortrag in Ottenhöfen bei der Gemeinschaft evangelischer Erzieher in Baden am 10.11.1991, Ms. S. 10; erscheint 1992. In: Beiträge Pädagogischer Arbeit. Gemeinschaft evangelischer Erzieher in Baden, 35/1992.

44 ibid., Ms. S. 9.

45 Uffelmann (wie Anm. 36), S. 19.

den die neue Fragestellung 'Emotionalität' ermöglicht. Wie kann man historische Phänomene für die Schülerinnen und Schüler emotional erreichbar werden lassen? Wohlgemerkt: Hier geht es jetzt nicht nur um emotionshaltige Sachverhalte, sondern gerade auch um solche, die dem traditionellen Themenkanon zugehörig sind. Das bedeutet, daß neben neuen Themen nun das gesamte Lernpotential Geschichte unter die Frage gestellt wird, wie es den Lernenden emotional zugänglich gemacht werden kann. Oft genügt, sagt Reese, ein sinnlich erfahrbarer Vergangenheitsrest, „der einem noch nie aufgefallen ist" [46], und meint neben Römerbrücken und Wölbäckern[47] Zeugnisse früherer Techniken und sogar sprachliche Überreste.

Dieser Weg ist sicher vielversprechend und gangbar, doch muß er nicht enden, wenn es um die Betrachtung von Strukturen und Prozessen geht? Darauf, wie schwierig die Vermittlung von Strukturen ist, haben Jürgen Kocka und Bernd Mütter unlängst verwiesen und eine Verbindung von Struktur- und Erfahrungsgeschichte postuliert [48], und das sicher mit Recht, da an Menschen, ihrem Leiden und Handeln immer Interesse besteht, gleich, wie weit man in die Vergangenheit zurückgeht. Mütter hat mit einer fachwissenschaftlichen Studie über einen oldenburgischen Agrarökonomen ein erfahrungshistorisches Beispiel bereitgestellt, das es gestattet, über die Geschichte eines einzelnen in spezifischen Ereigniszusammenhängen zur Struktur einer Gesellschaft in einer bestimmten Epoche vorzudringen und damit diese Struktur verstehbar zu machen[49].

Um Verstehbarkeit von Strukturen geht es auch bei der Frage, ob und wie eine emotionale Besetzung von Strukturen als Motivation für die Lernenden möglich ist. Hier dürfte es ebenfalls richtig sein, bei der Beziehung zwischen Individuen und Gruppen einerseits und den Strukturen andererseits zu bleiben. Eigentlich muß der Kerngedanke der Verknüpfung nur erweitert und damit neu akzentuiert werden. Aber wie?

Ich habe versucht, Ansatz und Ergebnis der Historischen Verhaltensforschung für die bessere Verstehbarkeit von Strukturen zu instrumentalisieren.[50] Vielleicht kann dieser Zugriff mehr Zustimmung erreichen, wenn er emotionstheoretisch erweitert wird. Dies

---

46 ibid., S. 10. Ein besonders eindrucksvolles Beispiel beschreibt Hug, Wolfgang. In: Geschichtsunterricht in der Praxis der Sekundarstufe I, Frankfurt 1977, S. 65.
47 Wölbäcker, auch Hoch- oder Rückenäcker, entstanden dadurch, daß sie mit dem Wendepflug zur Beetmitte zusammengepflügt wurden. Sie reichen sicher in das Mittelalter und z. T. noch weiter zurück. Vgl. Abel, Wilhelm: Geschichte der deutschen Landwirtschaft vom frühen Mittelalter bis zum 19. Jahrhundert, 3 neubearb. Aufl. Stuttgart 1978, S. 90 f.
48 Kocka, Jürgen/Mütter, Bernd: Strukturgeschichte als Darstellungsproblem. In: Knopp, Guido/ Quandt, Siegfried, (Hrsg.): Geschichte im Fernsehen. Ein Handbuch, Darmstadt 1988, S. 242-251.
49 Mütter, Bernd: Agrarmodernisierung als Lebenserfahrung. Friedrich Oetken (1850-1922), ein vermessener Pionier der oldenburgischen Landwirtschaft, Oldenburg 1990.
50 Vgl. Anm. 42.

soll hier aber nicht versucht werden. An dieser Stelle soll nur ganz schlicht die Aufforderung an Geschichtsdidaktiker und Geschichtslehrer ergehen, zu prüfen, welche Wege geeignet sein könnten, Strukturen durch ihre Umsetzung in „Wirkungen auf handelnde und leidende Menschen"[51] emotional zu besetzen. Die von Schulz-Hageleit und Knoch aufgezeigten Möglichkeiten gewinnen unter dieser Perspektive eine noch größere Aktualität. So gestattet der gestaltpädagogische Ansatz Knochs, den ich selber nachvollzogen habe, über die Identifikationsversuche der Lernenden eine Annäherung an erfahrene Vergangenheit[52]. Aber diese Versuche bergen die große, natürlich auch von Knoch gesehene Gefahr, daß die jungen Menschen ihre eigenen gegenwärtigen Vorstellungen und Erwartungen auf vergangenes Leben übertragen und damit weit von diesem entfernt bleiben. Empathie ist ein zweischneidiges Schwert und für den historischen Verstehensprozeß ist sie nach bisherigem Stand der Theorie nicht vonnöten[53]. Vermutlich wird aber durch die Neuentdeckung der menschlichen Emotionalität in Geschichtswissenschaft und Geschichtsdidaktik auch für die Theorie des Verstehens eine neue Buchseite aufzuschlagen sein. Hier eröffnet sich ebenso ein Forschungsfeld wie für die Frage, wie Strukturen emotional so besetzt werden können, daß heutigen und künftigen Schülerinnen und Schülern der Zugang zum historischen Denken erleichtert wird.

Da dies Jugendliche des vereinten Deutschland sind, ist die Aufgabe von besonderer Relevanz. Deutschland ist nicht die um die DDR erweiterte alte Bundesrepublik. Unterschiedliche Voraussetzungen in West und Ost bedingen ein Überdenken des historischen Unterrichts auch in den alten Bundesländern. Mit wieviel Emotionalität es der Geschichtsunterricht bei der vom Identitätsbruch getroffenen jungen Generation in den neuen Bundesländern zu tun bekommt, werden die nächsten Jahre zeigen. Maßnahmen zur Emotionserziehung sind hier ebenso gefordert wie nach dem Wegfall der Staatsdoktrin und ihrer Feindbilder notwendig gewordene neue Zugriffe zur jüngeren wie zur weit zurückliegenden gemeinsamen Vergangenheit. Und wenn die These stimmt, daß Geschichte ohne Nutzbarmachung emotionaler Zugänge nicht erfahrbar sei, dann ist die obengenannte Aufgabe in besonderem Maße eine gesamtdeutsche und steht unter dem Ziel, auch zu einer neuen gemeinsamen historischen Identität beizutragen.

---

51 Reese (wie Anm. 43), Ms. S. 12.
52 Uffelmann (wie Anm. 43), Ms. S. 12.
53 Wimmer, Franz Martin: Verstehen, Beschreiben, Erklären, Freiburg/München 1978; vgl. Uffelmann (wie Anm. 36), S. 262 f.

IV Fazit

Was hat der Beitrag gebracht?

Die neue Diskussion über die menschliche Emotionalität hat auch die Geschichtsdidaktik herausgefordert. Noch hat sie keinen wissenschaftlich abgesicherten und methodisch operationalisierbaren Emotionsbegriff. Um ihn zu finden, wurden wichtige Bezugswissenschaften der Geschichtsdidaktik nach ihren Erkenntnissen über Emotionen befragt: Neurologie, Psychologie, Soziologie und Geschichtswissenschaft.

Die Beschreibung des Weges der modernen Geschichtsdidaktik zur Eröffnung einer geschichtsdidaktischen Emotionsdebatte leitete zu der Frage über, wo denn beim historischen Lernen die Emotionalität angesiedelt sei und welche Bedeutung ihr zukomme.

Eine der wichtigsten Kategorien der Disziplin, die Betroffenheit, erwies sich als geeigneter Zugang zur Emotionsproblematik. Einmal kann sie beim Auffinden von Emotionen in der Geschichte helfen und damit zur Erkenntnis der Macht der Gefühle im historischen Prozeß wie zu ihrer Bewertung zum Zweck der Gefühlserziehung führen. Zum anderen ist sie die Brücke, welche die Lernenden emotional mit Teilen der Geschichte - Ereignissen wie Strukturen und Prozessen - verbindet und ihnen damit prinzipiell Zugang zum historischen Denken vermittelt.

Schließlich wird die Einbeziehung der Emotionalität des Menschen im Angesicht notwendigen neuen historischen Lernens im geeinten Deutschland als geschichtsdidaktische Aufgabe ersten Ranges erkannt.

Wolfgang Hasberg

Problemorientiertes Erzählen im Geschichtsunterricht

1 „Gewiß etwas Schönes für den kindhaften Menschen ...“

So konzedierte 1927 der Berliner Geschichtsmethodiker G.S. Kawerau der Erzählmethode, die sich seit der Jahrhundertwende im Volksschulbereich fest etabliert hatte und in den Weimarer Jahren zunehmend auf die Gymnasialpädagogik überzugreifen begann.[1] Seine reifste Ausformung erfuhr das methodische Konzept eines erzählenden Geschichtsunterrichts durch den Nürnberger Volksschullehrer A. C. Scheiblhuber, der - gestützt auf die psychologische Erkenntnis von W. Wundt, daß Phantasie anschauendes Denken sei - einem der kindlichen Phantasie entgegenkommenden Erzählunterricht das Wort redete. Nicht die trockene Geschichtsdarstellung in Form der fachwissenschaftlich orientierten Leitfadenerzählung, wie sie bis dahin das Fach beherrscht hatte, entspreche der kindlichen Psyche. Diese verlange vielmehr nach künstlerisch gestalteten Erzählungen, in denen die durch die fragmentarische Überlieferung gerissenen Lücken fiktiv aufgefüllt würden, damit ein geschlossenes Szenario entstehe, das die Phantasie der kindlichen Adressaten beflügele und sie befähige, das Dargestellte nachzuerleben.[2] Die Vorführung eines detailreichen und möglichst faktengetreuen Bildes sollte es den Kindern ermöglichen, sich nicht mit dem Verstande, sondern mit dem Gemüt der Geschichte zu nähern, nicht aus ihr zu lernen, sondern sich an ihr zu unterhalten. Denn die Jugend „will gar nicht Geschichte, sondern Geschichten aus der Geschichte, nicht eine unendlich fortlaufende Entwicklung, sondern ein für sich abgeschlossenes, leicht zu überschauendes Ganzes.[3] “ Dahinter stand bei Scheiblhuber kei-

---

1   Georg Siegfried Kawerau: Denkschrift über die deutschen Geschichts- und Lesebücher vor allem seit 1923, Berlin 1927, S. 12. Zu Kawerau, dessen Bedeutung für die moderne Geschichtsdidaktik bis heute nicht zureichend eingeschätzt ist, s. Jochen Huhn: Georg Siegfried Kawerau (1886 - 1936). In: Siegfried Quandt (Hrsg.): Deutsche Geschichtsdidaktiker des 19. und 20. Jahrhunderts, Paderborn/München/Wien 1978, S. 280 - 303.
2   Die einschlägigen Beiträge sind gesammelt bei Alois Clemens Scheiblhuber: Beiträge zur Reform des Geschichtsunterrichts, Nürnberg 1901 u. ders.: Kindlicher Geschichtsunterricht, Nürnberg 1905. Siehe darüber hinaus ders.: Erleben durch phantasiemäßige Darstellung. In: Drittes Jahrbuch der Pädagogischen Zentrale des Deutschen Lehrervereins 1913, Leipzig o.J., S. 217 - 233 u. die Erzählsammlung von dems.: Deutsche Geschichte, 3 Bde, Nürnberg 1903 f. Zur Verortung in der Tradition des erzählenden Geschichtsunterrichts s. Michael Jung: Die Geschichtserzählung in Geschichtsdidaktik und Geschichtsunterricht seit 1900 unter besonderer Berücksichtigung der Volksschule. In: Siegfried Quandt/Hans Süssmuth (Hrsg.): Historisches Erzählen. Formen und Funktion, Göttingen 1982, S. 104 - 128.
3   Scheiblhuber: Erleben durch phantasiemäßige Darstellung, a.a.O., S. 217.

neswegs die Absicht, die Schüler emotional zu überwältigen und sie für ein bestimmtes Gesellschaftsverständnis zu gewinnen, wie verschiedentlich unterstellt wird.[4] Auch wenn das Schicksal, das die Geschichtserzählung im Kaiserreich, in NS- und DDR-Diktatur erlebte, zeigt, wie leicht sie sich zum Vehikel weltanschaulicher und politischer Interessen machen läßt,[5] galt das Bestreben vieler Befürworter vor 1933 und nach 1945 in erster Linie der Möglichkeit, sie als eine kindgerechte Zugangsweise zu nutzen.[6] In H. Roths einflußreicher Studie, in der mit empirischem Material der Einsatz der Erzählung psychologisch fundiert wird, zeigt sich, daß mit der Präferenz einer erzählenden Zugangsweise häufig eine mangelnde Differenzierung zwischen Geschichte (res gestae) und Vergangenheit (rerum gestarum) einhergeht.[7] Auf dieser empirisch-psychologischen Basis gründeten H. Ebeling und andere eine Geschichtsmethodik, deren Kern die Geschichtserzählung bildete.[8]

2 „... aber eine Gefahr für den reiferen"

So führte Kawerau bereits 1927 seinen Satz fort, und erweist sich damit als einer der wenigen Kritiker, die bereits zu Weimarer Zeit gegen den Einsatz der Geschichtserzählung (im Gymnasialunterricht) zu Felde zogen. Erst Mitte der 60er Jahre geriet die psychologisch fundierte Methode der Geschichtserzählung als grundlegendes Verfahren des Geschichtsunterrichts in Verruf, als Soziologen in einer Synopse empirischer Untersuchungen feststellten, daß das real vorfindbare Geschichtsbild der Jugend geprägt sei durch die Orientierung an übermächtigen Subjekten, personalisierten Kollektiven, stereotypen sozialen Ordnungsschemata und anthropomorphen Bezugskategorien, wodurch ein der Demokratie adäquates Gesellschaftsverständnis verstellt würde. Ohne hinreichenden Beleg führten sie das feststellbare Geschichtsbild auf die erzählerische Gestaltung des Geschichtsunterrichts zurück.[9] Gelegentlich gar als „Achse" der

---

4   Vgl. die ausgewogene Darstellung des Scheiblhuber'schen Konzepts bei Wolfgang Schlegel: Geschichtserzählung oder Geschichtsquelle. In: Gerhard Schneider (Hrsg.): Die Quelle im Geschichtsunterricht, Donauwörth 1975, S. 113 - 137, insb. S. 122 - 125. S. auch Alois Clemens Scheiblhuber: Die Psyche im Geschichtlichen. In: Neue Bahnen 23 (1911/12), S. 97 - 105, wo er - ausgerichtet an einer universalistischen Anthropologie - gegen eine die Völkerverständigung behindernde Geschichtsvermittlung plädiert.

5   Jung, a.a.O., S. 115 - 119 u. Rudolf Bonna: Erzählung in der Geschichtsmethodik von SBZ und DDR, Bd. 1, Bochum 1996, S. 71 - 431.

6   Ebenso wie Scheiblhuber plädiert bspw. Karl Linke: Der erzählende Geschichtsunterricht (Handbücher für modernen Unterricht), Hamburg 1914 für einen auf das Gemüt wirkenden, erlebnishaften Erzählunterricht. Anders als dieser betont er den Vorrang pädagogischer vor fachwissenschaftlichen Aspekten (ebd., S. 38 ff.) und streicht im Gegensatz zu diesem die Vaterlands- und Heldenverehrung als zu intendierende Ziele heraus (ebd., S. 22) - worin man einen Tribut an die Erscheinungszeit erblicken mag.

7   Heinrich Roth: Kind und Geschichte, 5. Aufl. München 1968, S. 81 betrachtet die Geschichte als „große Menschheitserzählung".

8   Hans Ebeling: Didaktik und Methodik des Geschichtsunterrichts, 5.Aufl. Hannover 1973 u. insb. Stephan Metzger: Die Geschichtsstunde, Donauwörth 1970, insb. S. 54 - 64.

9   Ludwig v. Friedeburg/Peter Hübner: Das Geschichtsbild der Jugend, München 1964, S. 10 ff.

geschichtsdidaktischen Entwicklung bezeichnet,[10] markiert die Studie insofern eine Wende, als es geradezu ein Kennzeichen aller Neuansätze, die mit Beginn der 70er Jahre in wachsender Zahl entstanden, wurde, die Geschichtserzählung einem gnadenlosen Verdikt zu unterwerfen. In diesen Strudel geriet auch die Theorie des Problemorientierten Geschichtsunterrichts, die 1975 von U. Uffelmann grundgelegt wurde. Angelehnt an die kognitivistische Lernpsychologie H. Aeblis und dem motivationspsychologischen Überlegungen H. Heckhausens waren methodische und mediale Aspekte insoweit vorentschieden, daß in einem nach Selbsttätigkeit strebenden Unterrichtskonzept passive Unterrichtsformen und rein illustrative Medien keinen Platz besaßen. Mit dem Prinzip der Selbsttätigkeit, das die dreischrittige Verlaufsform (Motivations-, Lösungs-, Schlußphase) bestimmt, war eine Vorentscheidung für ein arbeitsunterrichtliches Verfahren auf Quellenbasis gefallen.[11] Als das Konzept des Problemorientierten Geschichtsunterrichts in seiner ersten Stufe zu Beginn der 80er Jahre ausformuliert war und gleichzeitig erste zaghafte Stimmen laut wurden, die für eine vorsichtige Rückkehr zur Geschichtserzählung plädierten, mahnte Uffelmann in aller Schärfe: „Es darf kein Zurück zur Lehrererzählung geben, die derzeit wieder durch Hintertürchen ... in Räume einzudringen versucht, aus denen sie noch kaum vertrieben worden ist."[12] Ist die Geschichtserzählung damit aus dem Problemorientierten Geschichtsunterricht kategorisch ausgeschlossen? Gibt es für sie kein Zurück in einen Unterricht, der von Problemen ausgehen und diese von den Schülern selbsttätig bearbeiten lassen will? „Problemorientierter Geschichtsunterricht lehnt es prinzipiell ab, Wissen als Fertigkost zu verabreichen. Er will die Lernenden vielmehr historische Einsichten gewinnen lassen, zu denen sie durch eigenes Suchen und Forschen, d.i. 'problembewußtes Erkennen', gelangen", konstatierte Uffelmann noch 1996.[13]

u. 50 ff. Vgl. insb. Ute Wernike: Zur Praxis der Geschichtserzählung in der Mittelstufe. In: Geschichte in Wissenschaft und Unterricht 21 (1979), S. 494 - 501 u. Dieter Riesenberger: Die Lehrererzählung im Geschichtsunterricht. In: Hans Süssmuth (Hrsg.): Historisch-politischer Unterricht. Medien (Anmerkungen und Argumente 7,2), Stuttgart 1973, S. 41 - 69.

10 So Kurt Pohl: Bildungsreform und Geschichtsbewußtsein. Empirische Befunde zu Wirkungen der Bildungsreform im Bereich des Geschichtsunterrichts (Geschichtsdidaktik. Studien, Materialien NF 11), Pfaffenweiler 1996, S. 7.

11 Uwe Uffelmann: Vorüberlegungen zu einem Problemorientierten Geschichtsunterricht im sozialwissenschaftlichen Lernbereich (1975). In: ders.: Problemorientierter Geschichtsunterricht. Grundlegung und Konkretion (Forschen - Lehren - Lernen 4), Villingen-Schwenningen 1990, S. 18 - 45, hier S. 42. In nahezu unveränderter Formulierung ders.: Entdeckendes Lernen (1978). In: ebd., S. 128 - 133, hier S. 131.

12 Uwe Uffelmann: Geschichte des Mittelalters - entlegene Vergangenheit oder Aufbruch in die Gegenwart? (1982). In: ders.: Problemorientierter Geschichtsunterricht, a.a.O., S. 134 - 142, hier 141 mit Verweis auf Dieter Morhart: Plädoyer für die Geschichtserzählung. In: Geschichte in Wissenschaft und Unterricht 33 (1982), S. 94 - 116.

13 Uwe Uffelmann: Gestaltpädagogik und Problemorientierter Geschichtsunterricht. In: Dieter Brötel/Hans H. Pöschko (Hrsg.): Krisen und Geschichtsbewußtsein. Mentalitätsgeschichte und didaktische Beiträge (Schriften zur Geschichtsdidaktik 3), Weinheim 1996, S. 232 - 249, hier S. 233.

Die Gründe für die radikale Zurückweisung der Geschichtserzählung nach 1964, die sich in diesem Zitat widerspiegeln, sind verständlich: Wenige andere Verfahren beschneiden in ähnlich rigider Weise die Selbsttätigkeit der Schüler. Kaum ein Medium ist besser geeignet als sie, persuasive Sinnofferten zu transportieren und den Schülern auf dem Wege emotionalisierter Manipulation Handlungskonzepte zu suggerieren. So geriet die Erzählung als Darstellungsform in den Verdacht, der Herrschaftsstabilisierung zu dienen. Und schließlich wies die erzähltheoretisch ausgerichtete Didaktik nach, daß die Geschichtserzählung als Vehikel historischer Information nicht dazu geeignet ist, historisches Denken zu fördern, da sie in geschlossener Form Sinnangebote unterbreitet, ohne konkurrierende Sichtweisen einzubeziehen und die diskursiven Momente des historischen Erkenntnisaktes zu erhellen.[14] Sie war und ist in aller Regel kein historisches, sondern pädagogisches Erzählen, wie H.-J. Pandel es formuliert hat, die den Edukanden Handlungsregeln vermitteln will, von denen sie suggeriert, sie seien historisch erprobt.[15]

Der Einsatz der Geschichtserzählung: „Gewiß etwas Schönes für den kindhaften Menschen, aber eine Gefahr für den reiferen. Es tritt dann an Stelle eigener Erarbeitung, kritischen Denkens - Poesie und Legende", vermerkte Kawerau,[16] ohne zu beachten, daß der Erzähleinsatz in den unteren Jahrgangsstufen unweigerlich die von ihm abgelehnten Haltungen in den höheren nach sich zieht. Seine Einwände vermochten indes nicht den Siegeszug der novellistischen Geschichtserzählung aufzuhalten. Seit den späten 60er Jahren hat seine frühe Kritik neue Nahrung erhalten, die teilweise empirisch unterfüttert war. Welcher Erfolg war der neuerlichen Ächtung der Geschichtserzählung beschieden? Ist sie zugunsten eines rekonstruktiven Quellenunterrichts aus der Praxis verschwunden?

3 Geschichtserzählung heute

Als 1998 eine Gruppe von Studentinnen und Studenten nach dem Stellenwert befragt wurde, den darstellende Verfahren in ihrem Unterricht eingenommen haben, behaupteten immerhin neun von 16 Probanden (56, 4 %), in ihrem Unterricht seien sie oft oder sehr oft zum Einsatz gekommen. Bei sechs (37, 5 %) sind sie immerhin noch gelegentlich als Vermittlungsform aufgetreten, während sie im Unterricht keines Befragten ausgespart geblieben sind.[17]

---

14 Vgl. etwa Gerhard Schneider: Geschichtserzählung. In: Klaus Bergmann u.a. (Hrsg.): Handbuch der Geschichtsdidaktik, 5.Aufl. Seelze-Velber 1997, S. 434 - 440, hier S. 437.

15 Hans-Jürgen Pandel: Geschichte erzählen. In: Geschichte lernen 2/1988, S. 8 - 12, hier S. 9.

16 Kawerau: Denkschrift über die deutschen Geschichts- und Lesebücher, a.a.O., S. 12.

17 Durchgeführt wurde die Befragung im Februar 1998 in einem Seminar an der Universität Augsburg, das sich mit den Methoden der empirischen Geschichtsdidaktik befaßte. Zugrunde lag ihr ein Ausschnitt aus dem Fragebogen, der im Projekt „Youth and History" eingesetzt worden ist. S. die deutsche Fassung in Jugend - Politik - Geschichte. Ergebnisse des europäischen Kulturvergleichs „Youth and History" (edition Körber-Stiftung), Hamburg 1997, S. 167 ff.

Fragt man nach der Beliebtheit, konkret danach, welche unterrichtliche Vermittlungsform den Studierenden während ihrer Schulzeit Spaß gemacht hat, sind es gar 13 von 17 (76, 5 %), die Formen wie der Geschichtserzählung eine solche Funktion einräumen. Wenn als alternative historische Vermittlungsformen nur Fernsehdokumentation, Museum oder historische Stätten (je 94 %) deutlich darüber rangieren, dann ist dies wohl zu einem gewissen Teil auf deren seltenen unterrichtlichen Einsatz zurückzuführen, der durch die Befragung belegt ist.[18] Vor allem schlägt die (erzählende) Darstellung die von der Geschichtsdidaktik präferierte Quellenarbeit um Längen, die zwar ebenso häufig wie diese zum Einsatz kommt (73, 3 %), in der Beliebtheit mit fünf (29, 4 %) gegen 13 (73 %) von 17 Nennungen aber deutlich hinter dieser zurücksteht.

Eine letzte Frage galt schließlich dem Vertrauen, das den unterschiedlichen Vermittlungsformen entgegengebracht wird. In der nicht-repräsentativen Zufallsstichprobe finden sich äußerst vertrauensvolle Studierende. Abgesehen vom Spielfilm und vom historischen Roman setzten sie großes Vertrauen in Quellen (100 %), in Fernsehdokumentation (94 %) sowie in museale Ausstellungen (94 %). Und selbst die Lehrererzählung vereinigt mit 11 (64, 7 %) noch ebensoviele Stimmen auf sich wie das Lehrbuch.

Trotz ihres relativ häufigen Einsatzes ist die Geschichtserzählung mithin eine beliebte Unterrichtsform, die selbst noch bei Studierenden auf Vertrauen stößt. Spricht dieser Befund nicht geradezu für ihre verstärkte Berücksichtigung - trotz aller didaktischen Einwände? Allerdings spricht das Ergebnis dafür - aber wegen der didaktischen Einwände! Denn diese finden in dem Moment ihre Bestätigung, in dem die Geschichtserzählung als eine vertrauenswürdige Darstellungsform zur Aneignung historischer Sachverhalte betrachtet wird. In diesem Falle hat der Geschichtsunterricht offensichtlich deren wahres Gesicht als eine in sich geschlossene, nach bestimmten Kategorien arrangierte Sinneinheit, hinter der eine bestimmte Aussageabsicht steht, mit der ihr Urheber einen Beitrag zur sinnhaften Bewältigung gegenwärtiger Orientierungsprobleme von fest umrissenen Adressatengruppen leisten will, nicht zu erkennen gegeben. Mit anderen Worten: Der kritische Umgang mit der Geschichtserzählung hat nicht stattgefunden! Zumindest hat er keine Spuren im Geschichtsbewußtsein der Studierenden hinterlassen!

Um didaktische oder methodische Aussagen auf diese Befunde zu gründen, ist die Stichprobengröße selbstverständlich viel zu gering. Doch bestätigen die Ergebnisse der Studentenbefragung tendenziell, was 1992 in repräsentativen Untersuchungen für Jugendliche verschiedener Altersstufen in der Bundesrepublik Deutschland und 1994

---

18 Nur vier bezeichneten den Einsatz von Tonbändern, Filmen und Videos als oft/sehr oft, neun dagegen als selten/sehr selten. Bei Rollenspielen, Projekten und Unterrichtsgängen behaupteten 14, diese hätten sehr selten/selten stattgefunden, während nur zwei sie als oft eingesetzt empfanden.

für Fünfzehnjährige in Europa zutage gefördert wurde.[19] Nicht 17 Studierende, sondern mehr als 30.000 Schüler stehen mithin dafür ein, daß die Geschichtserzählung nach wie vor eine zentrale Verfahrensweise im Geschichtsunterricht darstellt, die durchaus den Präferenzen der Probanden entspricht und deren Informationen vertrauensvolle Aufnahme finden.[20]

Aus den Forschungsberichten ergeben sich zudem weitere Hinweise, die einen kritischen Einbezug darstellender Vermittlungsformen und -medien in den Geschichtsunterricht erforderlich erscheinen lassen. Mit Verwunderung nämlich stellt B. v. Borries aufgrund einer Befragung von 1991 (n = 991) fest, daß die Geschichtserzählung nicht nur in höherer Gunst steht als Quellen und Schulbuch, sondern vor allem, daß sie in ihrer Bevorzugung sogar steigt, das heißt bei den Oberstufenschülern beliebter ist als bei Sechst- und Neuntklässlern. Selbst die Zuverlässigkeit, die ihr zugeschrieben wird, steigt gegenüber der neunten in der zwölften Jahrgangsstufe wieder leicht an.[21] Das kehrt geradezu die Tendenz einer 1970 publizierten empirischen Erhebung ins Gegenteil, bei der H. D. Schmid festgestellt hatte, daß das Interesse an der Geschichtserzählung von der achten zur zehnten Jahrgangsstufe rapide abnimmt, was er als Ausdruck einer entwicklungspsychologischen Stufe deutete. Nicht zuletzt auf diesem Befund gründete er seine arbeitsunterrichtliche Quellenmethode.[22]

Solche Ergebnisse, die weder mit zunehmendem Lernalter noch mit zunehmender Verfestigung der Quellenarbeit in der Unterrichtspraxis eine adäquate Einschätzung des wahren Charakters der Geschichtserzählung zu erkennen geben, lassen es angeraten erscheinen, durch den Unterricht in den kritischen Umgang mit erzählenden Darstellungsformen einzuführen. Damit sind wir an einem normativen Wendepunkt angelangt, der auf narrative Kompetenz als Ziel historischen Lernens verweist.

---

19 Bodo v. Borries: Das Geschichtsbewußtsein Jugendlicher. Eine repräsentative Untersuchung über Vergangenheitsdeutung, Gegenwartswahrnehmung und Zukunftserwartung von Schülerinnen und Schülern in Ost- und Westdeutschland (Jugendforschung), Weinheim/München 1995, S. 106 - 108 u. Magne Angvik/Bodo v. Borries (Hrsg.): Youth and History. A Comparative European Survey in Historical Consciousness and Political Attitudes among Adolescentes, Bd. 1, Hamburg 1997, S. 96 ff. Demnach ist im gesamten Sample der Lehrervortrag nach der Schulbucharbeit die am zweithäufigsten eingesetzte Methode. Vgl. ebd., S. 86 - 95.

20 Zu einem abweichenden Ergebnis gelangt Pohl, a.a.O., S. 193, der bezüglich der Methodenpräferenzen der Schüler als ein Resultat seiner 1992 in Hessen durchgeführten Erhebung konstatiert: „Erzählungen der Lehrenden ... nennen keine fünf Prozent."

21 Borries: Das Geschichtsbewußtsein Jugendlicher, a.a.O., S. 106 f.

22 Heinz Dieter Schmid: Untersuchungen zu einer stufengerechten Methode im Geschichtsunterricht der Mittelstufe. In: Der Gymnasialunterricht, Reihe IV, H. 5, Stuttgart 1967, S. 40 - 64, insb. S. 63. Vgl. ders.: Entwurf einer Geschichtsdidaktik der Mittelstufe. In: Geschichte und Wissenschaft und Unterricht 21 (1970), S. 340 - 363.

4 Narrative Kompetenz und historisches Lernen

Der Einsatz von Geschichtserzählungen - worunter nicht allein die für den Unterricht aufbereiteten, sondern die ganze Breite historischer Darstellungsformen gefaßt werden soll -[23] in historischen Vermittlungsprozessen kann nur dann gerechtfertigt erscheinen, wenn er einen Beitrag zur Ausbildung narrativer Kompetenz zu leisten vermag, die von J. Rüsen und Pandel als Ziel historischen Lernens betrachtet wird.[24] Da der Mensch nicht anders der Geschichte entgegentreten kann, als Fakten aus Quellen zu analysieren (Erfahrung), Zusammenhänge aus Fakten zu rekonstruieren (Deutung) und diese in Hinsicht auf ihre gegenwärtige Bedeutsamkeit zu gewichten (Orientierung), stellt historisches Denken respektive Lernen sich als ein rekonstruktiver Prozeß dar, in dessen Verlauf durch das Zusammenfügen von Einzelheiten und Wertgesichtspunkten eine Erzählung als Sinnprodukt entsteht, die Antwort auf ein Orientierungsproblem gibt, ohne das der Prozeß nicht in Gang gekommen wäre. „Historisches Lernen kann dann als ein mentaler Prozeß der Sinnbildung über Zeiterfahrung durch historisches Erzählen begriffen werden, indem die Kompetenzen zu diesem Erzählen entstehen und sich entwickeln."[25] Die durch historisches Lernen anvisierte narrative Kompetenz erweist sich mithin als die Fähigkeit, sich aufgrund eines gegenwärtigen Orientierungsbedürfnisses der Vergangenheit zuzuwenden, um auf die Zukunft gerichtetes Handeln zu orientieren. Damit erweist der narrative Ansatz sich als konsequent lebensweltliche Konzeption, in der für wissenschaftliches wie alltägliches historisches Denken der Gegenwartsbezug gleichermaßen konstitutiv ist.[26]

---

23 Vgl. etwa das Kapitel „Darstellungsstrategien". In: Klaus E. Müller/Jörn Rüsen (Hrsg.): Historische Sinnbildung, Reinbek 1997, S. 473 ff., wo Überreste, Film, Fiktion etc. einbezogen werden. Im Zusammenhang mit der Adressatengruppe von Kindern und Jugendlichen wären insb. solche Darstellungsformen einzubeziehen, in denen sie mit Geschichte konfrontiert werden, z.B.: Jugendromane (Baumann, Fährmann u.a.), Jugendzeitschriften (Geschichte mit Pfiff u.a.), Comics (Asterix u.a.) oder auch Computerspiele (Stadt im Mittelalter u.a.).

24 Jörn Rüsen: Geschichtsdidaktische Konsequenzen aus einer erzähltheoretischen Historik. In: Quandt/Süssmuth (Hrsg.): Historisches Erzählen, a.a.O., S. 129 - 107, hier S. 149 - 156; ders.: Historisches Erzählen als geschichtsdidaktisches Prinzip. In: Göran Behre/Lars-Arne Norborg (Hrsg.): Geschichtsdidaktik - Geschichtswissenschaft - Gesellschaft, Stockholm 1985, S. 63 - 82, hier S. 75 - 76; ders.: Historisches Lernen - Grundriß einer Theorie. In: ders.: Historisches Lernen - Grundlagen und Paradigmen, Köln/Weimar/Wien 1994, S. 74 - 121, hier S. 110 - 118 u. ders.: Historische Sinnbildung durch Erzählen. In: Internationale Schulbuchforschung 18 (1996), S. 501 - 544 sowie Hans-Jürgen Pandel: Historisches Erzählen, a.a.O.; ders.: Historische Narrativität und die Genese der Erzählkompetenz. In: Hans Süssmuth: Geschichtsunterricht im vereinten Deutschland, Bd. 1, Baden-Baden 1991, S. 169 - 180 u. ders.: Zur Genese narrativer Kompetenz. In: Bodo v. Borries/ders. (Hrsg.): Zur Genese historischer Denkformen (JfGd 4), Pfaffenweiler 1994, S. 99 - 121, wo er (S. 117) als Teilkompetenz narrativer Kompetenz „narrative Toleranz" anführt, womit die Fähigkeit bezeichnet wird, zwischen Aussagegehalt und Darstellungsweise zu unterscheiden, also zu verstehen, daß derselbe Sachverhalt in unterschiedlichen Darstellungsformen wiedergegeben werden kann.

25 Jörn Rüsen: Historisches Lernen. In: Bergmann u.a. (Hrsg.): a.a.O., S. 261 - 265, hier S. 262.

26 Rüsen: Historisches Lernen - Grundriß einer Theorie, a.a.O., S. 82.

189

Bestimmt man narrative Kompetenz lebensweltlich als die Fähigkeit, Handeln durch den historischen Rückbezug sinnvoll zu orientieren, dann erscheint ausschließlich aktivische Beschreibung, Geschichte erzählen können, als zu eng.[27] Soll narrative Kompetenz praktisch wirksam werden, muß sie die Fähigkeit umgreifen, sich mit gedeuteter Geschichte auseinanderzusetzen, mit anderen Worten: sich kritisch am Diskurs der öffentlichen Geschichtskultur zu beteiligen. Denn aus ihr erwachsen zu einem nicht unbeträchtlichen Teil die Kontroversen, die zu Orientierungsproblemen führen. Bedenkt man, daß im Geschichtsunterricht keine Historiker ausgebildet werden sollen, die in professioneller Manier den historischen Erkenntnisprozeß vollziehen können, sondern Laien in die Lage versetzt werden sollen, die durch die Öffentlichkeit an sie herangetragenen Geschichtsdeutungen kritisch zu reflektieren, dann erscheint dieser zweite Aspekt geradezu als der primäre. Insofern ein Lernprozeß nicht beendet ist, bevor die Anwendung des Erlernten vollzogen worden ist,[28] muß die kritische Dekonstruktion historischer Erzählungen ein integrales Element eines erzähltheoretisch fundierten, an der Ausbildung narrativer Kompetenz orientierten Geschichtsunterrichts sein. Das Verfahren der konstruktiven Narration muß folglich um das der Dekonstruktion ergänzt werden.[29] Von dieser Warte erscheint insbesondere vor dem Hintergrund der empirisch erhobenen Defizite im Umgang mit darstellenden Vermittlungsformen die Einübung in den kritischen Umgang mit historischen Darstellungsformen, die der kindlichen und jugendlichen Alltagswelt entstammen, geradezu unerläßlich. Ungeklärt ist damit aber noch die Stellung, die sie in einem Unterricht einnehmen können, der selbst als ein Erzählhandeln beschrieben wird.

5 Geschichtsunterricht als Erzählhandeln

Ausgehend von Rüsens Erzähltheorie und ihren geschichtsdidaktischen Implikationen hat sich kürzlich K. Fröhlich mit der neuaufflammenden Diskussion um das Erzählen im Geschichtsunterricht[30] auseinandergesetzt und dabei prinzipiell die Versuche verworfen, die „den methodischen Zweck der alten Erzählformen (zwar) in sein Gegenteil (wenden), ... aber im Repertoire der darbietenden Unterrichtsmethoden (verbleiben) und ... insofern für ihren Begriff des unterrichtlichen Erzählens weiterhin auf den Kopf des Lehrers" setzten.[31] Wenn er sich statt dessen darauf beschränkt, die Struktur des Geschichtsunterrichts selbst als eine erzählende zu „entlarven", führt dies in der

27 Vgl. Rüsen: Geschichtsdidaktische Konsequenzen, a.a.O.
28 Vgl. etwa Hans Aebli: Zwölf Grundformen des Lehrens. Eine allgemeine Didaktik auf psychologischer Grundlage, 3.Aufl. Stuttgart 1987, S. 275 f. u. 351 - 382.
29 Ein Anwendungsbeispiel, in dem konstruktive Narration und Destruktion miteinander verbunden sind, s. demnächst bei Wolfgang Hasberg: Geschichte(n) erzählen - aber wie? In: Anregung 41 (1999), H. 4.
30 Im Gegensatz zu Joachim Rohlfes: Editorial. In: Geschichte in Wissenschaft und Unterricht 47 (1997), S. 707, der „den Vorrat an theoretischen Argumenten für einstweilen erschöpft" hält, erfreut die Diskussion sich derzeit einer Neubelebung, was angesichts der vermehrt erscheinenden Beispielsammlungen erzählenden Unterrichtsmaterials durchaus gerechtfertigt erscheint.
31 Klaus Fröhlich: Narrativität im Geschichtsunterricht oder: Die Geschichtserzählung vom Kopf

Sache nicht weiter. Denn im narrativen Paradigma besteht daran keinerlei Zweifel.[32] Berücksichtigung erfordert vielmehr, daß nicht allein die Einheit einer Geschichtsstunde, auf die sich Fröhlich gelegentlich bezieht,[33] narrative Struktur aufweist. Erzählstruktur besitzen ebenso kleinere Lerneinheiten als auch übergreifende, thematisch verbundene Unterrichtsreihen, die den kommunikativen Kon-Text der Einzelstunde ausmachen und selbst wieder eingebettet sind in übergeordnete Kon-Texte, die letztlich in der Institution des schulischen Geschichtsunterrichts münden, der sich seinerseits als ein Binnenkontext der ihn umgreifenden Geschichtskultur erweist. Wenn es darum geht, den Ort und die Stellung der Geschichtserzählung als darbietendes Medium und Methode in einem erzähltheoretisch ausgerichteten Geschichtsunterricht zu verorten, führen derartige Erwägungen kaum weiter.

Dazu trägt auch die Dimensionierung des Geschichtsunterrichts nicht viel bei, den Fröhlich im Sinne von K. Röttger als kommunikativen Text versteht, d.h. als einen sozialen Interaktionsraum, in dem durch Erzählhandeln, eine Erzählung entsteht, die von den Kommunikationsteilnehmern als eine wahre Geschichte gedeutet und weitergetragen wird.[34] Wenn er den Dimensionen der historischen a) Rezeption, b) Rekonstruktion und c) Transformation die von Pandel unterschiedenen Erzählhandlungen des a) Nacherzählens, b) Umerzählens und c) rezensierenden Erzählens zuordnet, die er wiederum mit den Sinnbildungsstufen des a) traditionalen und exemplarischen, b) des kritischen und c) genetischen Erzählens (Rüsen) kombiniert, ist damit für die Pragmatik der Geschichtserzählung wenig gewonnen.[35] Denn diese taucht in den Unterrichtsformen, die Fröhlich den Dimensionen zuordnet, nur am Rande auf.[36]

Versäumt wird darüber hinaus, den Geschichtsunterricht als ein objektives und zugleich subjektives Interaktionsgeschehen zu erfassen. Betrachtet man ihn objektiv, kann sich in ihm kein ursprüngliches Erzählen ereignen. Quellen und Materialien, die zum Einsatz kommen, sind ausgewählt aufgrund virulenter Strömungen in der öffentlichen Geschichtskultur. Vorgaben der Zielrichtung sind vornehmlich den offiziellen Lehrplänen entnommen. Die Auswahl der einzelnen Materialien wird nachdrücklich bestimmt durch die zuhandenen Schulbücher und publizierten Unterrichtsmodelle. In-

---

des Lehrers auf Schülerfüße stellen. In: Horst Walter Blanke/Friedrich Jaeger/Thomas Sandkühler (Hrsg.): Dimensionen der Historik. Geschichtstheorie, Wissenschaftsgeschichte und Geschichtskultur heute (Fs Jörn Rüsen), Köln 1998, S. 165 - 178, hier S. 167 f. (Klammererg. W.H.).

32 Vgl. Wolfgang Hasberg: Klio im Geschichtsunterricht. Neue Perspektiven für die Geschichtserzählung im Unterricht? In: Geschichte in Wissenschaft und Unterricht 48 (1997), S. 708 - 726, hier S. 723.

33 Fröhlich, a.a.O., S. 178.

34 Kurt Röttger: Geschichtserzählung als kommunikativer Text. In: Quandt/Süssmuth: Historisches Erzählen, a.a.O., S. 29 - 48. Vgl. Fröhlich, a.a.O., S. 172 f.

35 Fröhlich, a.a.O., S. 174 - 176.

36 Vgl. ebd., S. 176, wo auf Schörkens „gebrochene Erzählformen" hingewiesen wird, an denen sich reflexives Erzählen, von dem Fröhlich in Abweichung von Pandels Terminologie spricht, verwirklichen lasse.

folgedessen findet im Unterricht kein ursprüngliches Erzählen statt, von dem Pandel sagt, es sei eine sinnproduktive Tätigkeit, bei der „unerhörte" Geschichten entstünden, d.h. solche, die neuartige Sinnangebote offerieren.[37] Es kann geradezu als eine elementare Aufgabe des Geschichtsunterrichts angesehen werden, mit gängigen Sinnangeboten vertraut zu machen.

Aus der Perspektive der beteiligten Subjekte allerdings entsteht im rekonstruktiven Quellenunterricht, im Vollzug der narrativen Rekonstruktion durchaus „Erzählen im ursprünglichen Sinne". Durch das Zusammenfügen aus Quellenexzerpten extrahierter Einzelheiten in Hinsicht auf ein elaboriertes zeitliches Orientierungsproblem produzieren die Schüler für sie neuartige Sinnkonstrukte - auch wenn diese in der Geschichtskultur längst gängig sind.

Zudem erweist sich auch die Zuordnung bestimmter Unterrichtsformen zu den Dimensionen des Geschichtsunterrichts als wenig stringent. Denn historische Rezeption, d.h. der Erwerb historischen Wissens, vollzieht sich keineswegs vorzugsweise in einem frontalen Methodenarrangement und in der Sozialform der Einzelarbeit. Ebensowenig ermöglichen vor allem problemorientierte und entdecken-lassende Unterrichtsverfahren das qualitative Erfassen von zeitlichen Unterschieden und Veränderungen, was Fröhlich der Dimension historischer Rekonstruktion zuweist. Unergründlich bleibt schließlich auch, warum ausgerechnet der Einsatz gebrochener Erzählformen in der Dimension der historischen Transformation auftaucht, um Standortreflexionen gegenüber den zeitlichen Veränderungen und Orientierung in der Zeit zu bewirken.[38] Hinter der instringenten Zuordnung kommt ein Merkmal der Dimensionen oder Verarbeitungsmodi des Geschichtsbewußtseins zum Vorschein, auf denen Fröhlichs Dimensionierung basiert. Diese treten in praxi nicht derart ungeschieden voneinander auf, als daß von ihnen her die Auswahl von Unterrichtsformen vorgenommen werden könnte.[39] Allenfalls geben sie einen orientierenden Rahmen für die Organisation des (unterrichtlichen) Vermittlungsprozesses vor.[40]

So ruft Fröhlichs Dimensionierungsversuch erneut die narrative Struktur des Geschichtsunterrichts eindrücklich in Erinnerung. Zwar beteuert er, „in einem solchen als 'historische Interaktion' didaktisch strukturierten Unterricht gewinnt dann auch die 'Geschichtserzählung als Medium oder partikulare Lehrmethode ihren angemessenen Platz im Bereich der Unterrichtspragmatik.'"[41] Doch vermag er die drängende Frage nicht zu

---

37 Pandel: Historisches Erzählen, a.a.O., S. 11.
38 S. Fröhlich, a.a.O., S. 175 f.
39 Karl-Ernst Jeismann: Grundfragen des Geschichtsunterrichts. In: Günter C. Behrmann/ders./ Hans Süssmuth: Geschichte und Politik. Didaktische Grundlegung eines kooperativen Unterrichts (Studien zur Didaktik 1), Paderborn 1978, S. 76 -107, hier S. 81 ff. u. Jörn Rüsen: Erfahrung, Deutung, Orientierung - drei Dimensionen des historischen Lernens. In: ders.: Historisches Lernen, a.a.O., S. 64 - 73.
40 Vgl. Jeismann: Grundfragen des Geschichtsunterrichts, a.a.O., S. 85 ff., wo von den Dimensionen Analyse, Sachurteil und Wertung aus ein Verlaufsraster entworfen wird.
41 Fröhlich, a.a.O., S. 173.

klären, in welcher Weise die Geschichtserzählung als Darstellungsform in die umgreifende narrative Struktur zu integrieren ist, damit sie ihre spezifische Potenz für die Ausbildung narrativer Kompetenz entfalten kann.[42]

6 Historisches Erzählen im narrativen Kontext des Geschichtsunterrichts

Wenn wir in unserer Phantasie über die Agora schlendern, um das Markttreiben zu beobachten, den griechischen Sklaven Hippios begleiten, der auf dem Trajansmarkt Besorgungen für seine römische Herrin zu erledigen hat, oder mit Lena den Jahrmarkt einer mittelalterlichen Stadt besuchen,[43] dann haben wir es mit statischen Bildern zu tun. Momentaufnahmen, die einen Ausschnitt des vergangenen Alltags festhalten, der über Jahrhunderte hinweg still zu stehen scheint. Selbst der diachrone Vergleich der beispielhaft angeführten Erzählungen gibt eine Entwicklung kaum zu erkennen. Historisches Erzählen, das im narrativistischen Paradigma als eine Erklärung der Veränderungen zwischen zwei gesetzten Zeitpunkten (Zäsuren) definiert ist,[44] steht dahinter also nicht. Es handelt sich um pädagogisch-belehrendes Erzählen zum Transport anthropologischer Konstanten und zeitlos gültiger Werte. Ebenso verhält es sich, wenn wir mit Ebeling einen Siedlertreck auf seinen Weg in den Osten begleiten und dabei die sozial-ökonomischen Verhältnisse der Mitreisenden kennenlernen und erleben, wie sich diese zum Besseren wenden.[45] Wenn wir es hier mit einer zeitlichen Verlaufsstruktur zu tun haben, beruht diese auf dem erzählunterrichtlichen Prinzip, durch Erzählen vergangene Zustände in Handlungen zurückzusetzen. Reale Gegebenheiten und Strukturen werden anhand eines fiktiven Ereignisses geschildert, das in der dargestellten Weise niemals statt gehabt hat.[46]

Zum einen wird an den Beispielen deutlich, Geschichtsbilder – als welche sich Erzählungen häufig erweisen – erlangen historische Dynamik erst durch die Einbettung in den narrativ-kommunikativen Kontext des Geschichtsunterrichts. Findet diese nicht statt, bleiben sie - dem traditionellen Schulwandbild vergleichbar - statische Gebilde, an denen historisches Denken nicht geschult werden kann.[47] Von daher verschärft sich

---

42 Dieses bislang unerfüllt gebliebene Desiderat markierte schon Pandel: Historisches Erzählen, a.a.O., S. 11.

43 Die Beispiele aus der Jugendliteratur sind der Reihenfolge nach entnommen aus Peter Musiolek/Detlef Rössler: Stadt der Athene, Berlin-Ost 1989, S. 87 - 95. Im Trajansmarkt. In: Geschichte mit Pfiff 9/1989, S. 12 ff. u. Jörg Müller/Anita Siegfried/Jörg E. Schneider: Auf der Gasse und hinter dem Ofen. Eine Stadt im Mittelalter, 2.Aufl. Aargau/Frankfurt/M./Salzburg 1996, S. 14 - 19.

44 Zusammenfassend Pandel: Historisches Erzählen, a.a.O., S. 8 f. u. Hasberg: Klio im Geschichtsunterricht, a.a.O., S. 709 f.

45 Die Reise in die Vergangenheit. Ein geschichtliches Arbeitsbuch, Ausg. N, Bd 1, S. 173 - 178.

46 Ebeling, a.a.O., S. 106.

47 Vgl. in diesem Zusammenhang die Ausführungen von Hans-Jürgen Pandel: Bild und Film. Ansätze zu einer Didaktik der „Bildgeschichte". In: Bernd Schönemann/Uwe Uffelmann/Hartmut Voit (Hrsg.): Geschichtsbewußtsein und Methoden historischen Lernens (Schriften zur Geschichtsdidaktik 8), Weinheim 1998, S. 157 - 168.

die Frage danach, welche Stellung narrative Darstellungsformen in einem narrativen Geschichtsunterricht einnehmen können, in dem sie - um im Bild zu bleiben - allenfalls einzelne Sentenzen des kommunikativen Textes ausmachen.

Eine zweite Beobachtung kann nur knapp angerissen werden. Im Fundus der traditionellen Erzählsammlungen wie der modernen Jugendliteratur existieren offensichtlich verschiedene Typen von Geschichten. Bislang sind keine Versuche unternommen worden, das Material nach kategorialen Gesichtspunkten zu klassifizieren.[48] Ein solches Unterfangen, wie es angesichts der Ausdehnung des Erzählbegriffs dringend erforderlich wäre, muß als Voraussetzung dafür betrachtet werden, die Funktion solcher Erzählungen im Geschichtsunterricht zu reflektieren. Da wir derzeit auf solche Vorarbeiten nicht bauen können, gilt es einstweilen, grundsätzliche Überlegungen zum Ort und zu den potentiellen Funktionen darstellender Medien im Unterricht vor dem Hintergrund des narrativen Paradigmas zu erwägen.

In einem anderen Zusammenhang hat Pandel neuerdings vorgeschlagen, die Geschichtserzählung herkömmlicher Art gemeinsam mit dem Unterrichtsfilm oder der Animationszeichnung als Pseudogattung historischen Lernens zu bezeichnen, um deutlich zu machen, daß es sich bei ihnen um Lehrbehelfe handelt.[49] Inwieweit diese Differenzierung sich als tragfähig erweist, muß angesichts der Tatsache, daß fiktive Geschichtsdarstellungen, historische Lehrfilme und bildliche Animationen in der alltäglichen Geschichtskultur allgegenwärtig und damit de facto Medien ungelenkten historischen Lernens sind, füglich bezweifelt werden. In Hinsicht auf die Unterrichtsmethodik mag die Unterscheidung ihre Berechtigung haben, als mit ihr zum Ausdruck gebracht werden soll, daß die Pseudogattungen den Lehrabsichten entspringen, mit ihnen jedoch nicht das Ziel verbunden ist, „Schüler und Schülerinnen zu befähigen, im geschichtskulturellen Leben mit ihnen umzugehen."[50] Geht man - wie empirische Studien nahelegen[51] - davon aus, daß die alltägliche Geschichtsbeschäftigung vornehmlich vermittels Medien geschieht, die in Pandels Schema den Pseudogattungen zuzuordnen sind, muß es ein wichtiges Anliegen der schulischen Instruktion sein, in den kritischen Umgang mit diesen einzuführen.

Deshalb greifen alle Versuche zu kurz, die sich um eine Modifikation des Mediums der Geschichtserzählung bemühen, indem sie bspw. Kriterienkataloge entwerfen, die

---

48 Anbieten würde sich, den Materialfundus entsprechend den Erzähltypen von Jörn Rüsen: Die vier Typen des historischen Erzählens. In: ders.: Zeit und Sinn. Strategien historischen Denkens, Frankfurt/M. 1990, S. 153 - 230 oder den Tropen von Hayden White: Metahistory. Die historische Einbildungskraft im 19. Jahrhundert in Europa, Frankfurt a.M. 1993, S. 15 - 62 zu ordnen. Auf diese Weise ließe sich eruieren, welche Funktion verschiedenen Typen von Erzählungen im Unterricht zugedacht war.

49 Pandel: Bild und Film, S. 166 f.

50 Ebd., S. 167.

51 Borries: Das Geschichtsbewußtsein Jugendlicher, a.a.O., S. 105 beobachtet in seinen Daten eine „Vorliebe für geschichtliche Unterhaltensmedien" und spricht S. 106 hinsichtlich der Medien von einer „Schere zwischen schulisch-kognitiver Motivation und außerschulisch-abenteuerlicher Motivation".

darauf ausgerichtet sind, die Erzählrezepte der 50er und 60er Jahre zu überwinden, um der Erzählung ihre Suggestivität, ihre Parteilichkeit und narrative Geschlossenheit usf. zu nehmen.[52] Weitgehend unberührt bleibt auf diese Weise die mit dem Erzählen verbundene Methode. Weiterhin dient sie vornehmlich der Motivation sowie dem Transport historischer Wissensbestände. In der Nachbereitung werden pädagogisch-moralische Implikationen aufgedeckt und entweder in ihrer zeitlichen Bedingtheit hinterfragt oder zur Internalisierung universalistischer Werte aufbereitet. Es ist nicht ersichtlich, wie - trotz gegenteiliger Beteuerung - der historischen Diskursivität Rechnung getragen wird.

In dieselbe Richtung weist R. Schörkens vielbeachteter Vorschlag, durch den Einsatz der Erzählung einerseits die historische Einbildungskraft der Adressaten zu stärken, gleichzeitig aber deren Kritikfähigkeit zu fördern, indem durch das Einbringen „kritischer Brüche" die harmonische Oberfläche der Erzählung aufgeraut wird, wodurch Angriffsstellen für ein kritisches Hinterfragen des Mitgeteilten geschaffen werden.[53] Gemeint ist damit der Einsatz von Erzählformen, wie sie aus der modernen Belletristik (z.B. P. Härtling) her bekannt sind. Damit weist er einen Weg, die Erzählung als Medium der Vergegenwärtigung zu bewahren, und kann damit einen wichtigen Grundstein zur Ausbildung der imaginativen Einbildungskraft als Grundbedingung historischen Verstehens legen. Durch die neuartige Gestaltung entkleidet er die Geschichtserzählung aber ihres hervorstechendsten Charakteristikums: ihrer narrativen Geschlossenheit. Gerade die Auseinandersetzung mit historischen Sinnangeboten, die in der öffentlichen Geschichtskultur in narrativ-geschlossener Form auftreten und es tunlichst vermeiden, diese durch kritische Brüche in ihrer Funktionalität zu paralysieren, kann auf die von Schörken intendierte Weise nicht gelernt werden. Deshalb ist nicht ersichtlich, wie der Ansatz zur Ausbildung narrativer Kompetenz beizutragen vermag. In dieser Hinsicht erscheinen die Vorschläge tragfähiger, die nicht das Medium, sondern die didaktische Funktion und die Methode der Geschichtserzählung einer Umgestaltung unterziehen wollen.[54] Was die didaktische Funktion anbetrifft, so erfordert die Eigenart der Geschichtserzählung Berücksichtigung, die sich als eine geschlossene

---

52 Bodo v. Borries: Erzählte Hexenverfolgung. Über legitime und praktikable Medien für die 5. bis 8. Klasse. In: Geschichte lernen 2/1988, S. 27 f. u. 41 - 49, insb. S. 47. Zustimmend Karl Filser: „Ohne Imagination keine Geschichte, ohne die Sprache keine Imagination!" Marginalien zur Diskussion um die Erzählmethode im Geschichtsunterricht. In: Herbert Raisch/Armin Reese (Hrsg.): Historica Didactica. Geschichtsdidaktik heute (Fs Uwe Uffelmann), Idstein 1997, S. 53 - 64, hier S. 57.

53 Rolf Schörken: Historische Imagination und Geschichtsdidaktik, Paderborn 1994; ders.: Das Aufbrechen narrativer Harmonie. Für eine Erneuerung des Erzählens mit Augenmaß. In: Geschichte in Wissenschaft und Unterricht 48 (1997), S. 727 - 735 u. ders.: Imagination und geschichtliches Verstehen. In: Neue Sammlung 38 (1998), S. 203 - 212.

54 Neben Pandel: Historisches Erzählen, a.a.O., v.a. Hasberg: Klio im Geschichtsunterricht, a.a.O.; ders.: Geschichte(n) erzählen - aber wie?, a.a.O., u. ders.: Zum Umgang mit Geschichte in Geschichten. In: Hans-Michael Körner/Waltraud Schreiber (Hrsg.): Geschichtliches Lernen in der Grundschule, Bd. 1 (Bayerische Studien zur Geschichtsdidaktik 1), München 1999.

Form des möglichst reibungslosen Sinntransports darbietet. Infolgedessen sollte sie an den Stellen des Unterrichts zum Einsatz gelangen, wo es gilt, historische Sinnangebote zu reflektieren. In einem narrativ angelegten Unterricht sind dies insbesondere die Eingangsphase, in der zeitliche Orientierungsangebote auf ihre Tragfähigkeit hin erwogen werden, sowie die Reflexionsphase gegen Ende des Lernprozesses, wo die eingangs aufgestellten Hypothesen einer erneuten Prüfung unterzogen werden. Dies entspricht einem Einsatz in der Funktion als Anwendung narrativer Kompetenz: Zu Beginn einer Lerneinheit ermöglicht sie, das Vor-Wissen und die Vor-Urteile ans Licht zu heben, um in der Auseinandersetzung mit gesellschaftlich virulenten Deutungen Orientierungsprobleme der Adressaten festzumachen. Am Ende des Lernprozesses schafft die Auseinandersetzung mit ihrem Sinnangebot die Möglichkeit, die im rekonstruktiven Quellenunterricht erworbenen - formalen wie inhaltlichen - Kenntnisse zur Anwendung zu bringen.[55]

Entscheidend ist die methodische Befähigung zur kritischen Distanz gegenüber narrativ unterbreiteten Geschichtsdeutungen, wozu gelernt werden muß, Triftigkeitsvorbehalte gegenüber dem offerierten Sinnangebot zu machen.[56] Gefordert ist mithin, darstellende Geschichtsdeutungen im Unterricht einer Triftigkeitsanalyse in Anlehnung an Rüsen zu unterziehen, bei der die empirische, normative und narrative Triftigkeit von Geschichten hinterfragt wird, d.h. erwogen wird, inwieweit die Erzählungen ihren Geltungsanspruch durch den Hinweis auf überlieferte Fakten (Begründungszusammenhang), durch die Auseinandersetzung mit konfligierenden Deutungsweisen (Konsensobjektivität) und durch den Ausweis einer kritisierbaren Theorie (Konstruktionsobjektivität) zu sichern sucht.[57] In einem ersten Entwurf wurde versucht, ein Raster für die unterrichtliche Triftigkeitsanalyse vorzulegen, das zunächst nicht in allen Schritten, jedoch zunehmend selbständiger und vollständiger durchzuführen ist:[58] (s. Abb. 1).

Wie das Schema deutlich macht, geht es nicht darum, den hergebrachten Erzählunterricht zu reanimieren, um dem kindhaften Menschen etwas „Schönes" zu bieten. Es geht darum, die Geschichtserzählung als narratives Sinngebilde in den Unterricht zurückzuholen und methodisch zu hinterfragen, um den reiferen Menschen zur Auseinandersetzung mit gedeuteter Geschichte zu befähigen. Insofern mit dem Verfahren ein „problembewußtes Erkennen" von Rekonstruktivität und Werthaftigkeit der Geschichte angestrebt ist, scheinen seinem Einsatz im Problemorientierten Geschichtsunterricht keine Bedenken entgegen zu stehen.

---

55 Vgl. Hasberg: Klio im Geschichtsunterricht, a.a.O., S. 722 ff.
56 So Pandel: Historisches Erzählen, a.a.O., S. 10.
57 Jörn Rüsen: Historische Vernunft (Grundzüge einer Historik I), Göttingen 1983, S. 85, der von Methodisierung des Erfahrungs-, Norm- und Ideenbezugs spricht.
58 Hasberg: Geschichte(n) erzählen - aber wie?, a.a.O.

a. Diffuser Gesamteindruck

macht im Anschluß an den Vortrag resp. Textlektüre erforderlich:

- Textaussagen abzuklären
- spontane Hinweise zur Erzählform aufzugreifen und der Überprüfung zugänglich zu machen
- spontane Vermutungen zur Aussageabsicht aufzugreifen und der Überprüfung zugänglich zu machen
- spontane Beurteilung des Wertes der Erzählung für die historische Orientierung aufzugreifen und der Überprüfung zugänglich zu machen

b. Normative Triftigkeit

Betrifft   die Geltungssicherung der leitenden Perspektive (= normative Prämisse) durch die diskursive Einbeziehung konfligierender Sichtweisen (Konsensobjektivität)

H.-Frage: Erfüllt die Erzählung die Kriterien der Standpunktreflexion und bemüht sie sich um die Erweiterung der eigenen Perspektive?

E.-Fragen: - Woraufhin wird erzählt? Wozu hält der Verfasser das Erzählen seiner Geschichte für wichtig?
- Wird der eigene Standpunkt offen dargelegt?
- Werden konfligierende Standpunkte benannt und diskursiv erörtert?
- Werden zeitliche, soziale, örtliche u.a. Bedingungen des eigenen Standpunkts reflektiert?
- Macht die Erzählung deutlich, wo sie höheren Normen verpflichtet ist?

c. Empirische Triftigkeit

Betrifft   die Geltungssicherung des über die Vergangenheit Berichteten durch den Verweis auf noch existente Quellen, Zeugen, etc. (Begründungsobjektivität)

H.-Frage: Erfüllt die Erzählung die Kriterien der historischen Forschung und bemüht sie sich um einen Erkenntniszuwachs?

E.-Fragen: - Werden Aussagen über die Vergangenheit durch den Hinweis auf Quellen resp. wissenschaftliche Literatur abgesichert?
- Welche Einzelfakten werden in der Darstellung benannt? Welche werden akzentuiert?
- Entspricht das Mitgeteilte dem Wißbaren, d.h. den Quellen bzw. dem Kenntnisstand der fachwissenschaftlichen Forschung?

d. Narrative Triftigkeit

Betrifft   die Geltungssicherung des mitgeteilten Sinns durch eine kritisierbare Theorie (Konstruktionsobjektivität)

H.-Frage: Erfüllt die Erzählung die Kriterien der konstruktiven Theoriebildung und bemüht sie sich um eine Identitätserweiterung?

E.-Frage: - Werden Anfang, Mitte und Ende der Erzählung als solche markiert?
- Findet sich eine explizite Theorie, die im Textverlauf verifiziert wird?
- Welcher Textgattung/Genre (Wissenschaft/Literatur/Publizistik etc.) gehört die Erzählung zu?
- Welche Funktion besitzt die Erzählung? Betreibt sie traditionale, exemplarische, kritische oder genetische Sinnbildung?
- Kann die Erzählung zur eigenen historischen Orientierung dienlich sein?

Abb. 1: Triftigkeitsanalyse im Unterricht (W. Hasberg)

197

7 Historisches Erzählen im Problemorientierten Geschichtsunterricht

Es ist als ein Zeichen für die Wandlungsfähigkeit des Problemorientierten Geschichtsunterrichts zu nehmen, wenn er in der jüngsten Stufe seiner Konzeptentwicklung, der geschichtsdidaktischen Diskussion folgend, seinen Vorbehalt gegenüber erzählenden Unterrichtsformen aufgegeben hat.

Die Anlehnung an das geschichtsdidaktische Paradigma des Geschichtsbewußtseins, die seit 1990 vollzogen wurde,[59] gibt eine weitreichende Kompatibilität mit den an diesem orientierten Richtungen zu erkennen, die sich auf alle drei zentralen Sektoren des Problemorientierten Geschichtsunterrichts beziehen, die sich als Erkenntnisweise, Unterrichtsstrategie und Arbeitsweise definieren lassen.[60]

Als Erkenntnisweise stellt er nicht das Ergebnis, sondern den Prozeß der Erkenntnisgewinnung in den Mittelpunkt, der sich vornehmlich anhand von Quellen und unter Transparenthaltung der Erkenntnisweisen vollzieht.[61] Die Einbeziehung narrativer Darstellungsformen unterliegt mithin ähnlichen Bedingungen wie in den am Geschichtsbewußtsein ausgerichteten Unterrichtskonzeptionen.[62]

Auch betreffs der Unterrichtsstrategie ergeben sich weitgehende Übereinstimmungen. Wenn Problemorientierung und forschend-entdeckendes Lernen als tragende Prinzipien der Unterrichtsgestaltung benannt werden und sich in dem dreischrittigen Verfahren von Problemfindung, Problemlösung und Reflexion widerspiegeln, ist die Analogie zum differenzierteren Verfahrensvorschlag von K.-E. Jeismann offenkundig.[63] Während bei ihm der Gegenwartsbezug vornehmlich über kontroverse Wertungen historischer Sachverhalte geknüpft wird, geht Uffelmann von einem Problembegriff aus, der sich als breiter gefächert erweist. Verstanden wird darunter eine komplexe Fragehaltung, die Fragen des eigenen Selbstverständnisses und der eigenen Handlungsperspektiven betrifft. Insofern handelt es sich um lebensweltliche Probleme, denen eine historische Dimension inhäriert, auf die in der alltäglichen Kommunikation keine Antworten zu finden sind. Von daher ist der Geschichtsunterricht der geeignete Ort, sie aufzugreifen und zu beantworten.[64] Während in Jeismanns Verlaufsmodell der Unterrichtsprozeß mit einem Rückbezug auf die Vor-Urteile, mit einer Reflexion der eige-

---

59 Uwe Uffelmann: Geschichtsbewußtsein und Problemorientierter Geschichtsunterricht (1990). In: ders.: Problemorientierter Geschichtsunterricht, a.a.O., S. 230 - 243 u. Sabine Andresen/ Uwe Uffelmann: Schwierigkeiten der westdeutschen Demokratiegründung oder der Versuch, Geschichtsbewußtsein zum Gegenstand des Problemorientierten Geschichtsunterrichts zu machen (1990). In: ebd., S. 244 - 259.

60 So Uwe Uffelmann: Problemfindung, Problemlösung, Reflexion. Problemorientierter Geschichtsunterricht in der Schulpraxis. In: Praxis Geschichte 11 (1998) 5, S. 4 - 7, hier S. 4.

61 Uwe Uffelmann: Strukturbild und Erläuterung des Problemorientierten Geschichtsunterrichts. In: Praxis Geschichte 11 (1998) 5, S. 37 - 39, hier S. 37.

62 Vgl. etwa Jeismann: Grundfragen des Geschichtsunterrichts, a.a.O., S. 104 ff. sowie Jochen Huhn: Geschichtsdidaktik. Eine Einführung, Köln 1994, insb. S. 29 ff.

63 Karl-Ernst Jeismann: Grundfragen des Geschichtsunterrichts, a.a.O., S. 85 - 88. Ähnlich auch Huhn: Geschichtsdidaktik, a.a.O., S. 33 ff.

64 Uffelmann: Gestaltpädagogik und Problemorientierter Geschichtsunterricht, a.a.O., S. 233 f.

nen Erkenntnisbedingungen also endet,[65] bezieht die „Reflexion der Erträge" sich im Problemorientierten Unterricht auf das methodische Vorgehen ebenso wie auf die Beantwortung des Problems und kann sogar Handlungskonsequenzen umfassen.[66] Trotz der unterschiedlichen Akzentuierung treffen problemorientierter und narrativer Ansatz sich in ihrer konsequent lebensweltlichen Ausrichtung, für die der Gegenwartsbezug und die Reflexion des eigenen Tuns gleichermaßen konstitutiv sind. Damit steht einer narrativistischen Deutung des Problemorientierten Geschichtsunterrichts als kommunikativer Text nichts im Wege, ohne daß dieser etwas von seinem Proprium einbüßen müßte.

Geht man zu den Arbeitsformen über und fragt nach den pragmatischen Möglichkeiten des Erzähleinsatzes, erweist das problemorientierte Didaktikkonzept sich auch in dieser Hinsicht als wandlungsfähig. Zumindest spricht dafür die Aufnahme des Geschichte(n)erzählens unter die Verfahrensweisen. Der Verweis auf die von Pandel unterschiedenen Erzählhandlungen läßt zunächst noch nicht sicher erkennen, ob damit der Einsatz narrativer Darstellungsformen intendiert ist. Keinen Zweifel daran läßt hingegen der Einbezug von Schlüsselgeschichten im Sinne von F. Stephan-Kühn. Dabei soll die „Ansiedlung eines schülerbezogenen 'personalisierten' Nebenschauplatzes der Quelle in Gestalt einer Schlüsselgeschichte" dargeboten und eine oder mehrere Quellen als Kern der Schlüsselgeschichte im Unterricht offengelegt werden.[67] Eine der historischen Erzählung und dem historischen Erzählen angemessene Aufarbeitung der Schlüsselgeschichte kann auf dem von Stephan-Kühn beschrittenen Wege freilich nicht gelingen, da der Schüler, der auf diese Weise mit Erzählung und Quelle(n) konfrontiert wird, in einen hermeneutischen Zirkel gerät, weil er zu keinem anderen Ergebnis gelangen kann, als die Historizität der Erzählung und zugleich ihre epochale Repräsentativität zu verifizieren. Eine ihrer narrativen Eigenart angemessene Funktion besitzt die Erzählung nicht. Der für die Erzählung typische Mangel an Diskursivität, der aus der perspektivisch-harmonischen Geschlossenheit resultiert, wird auf diese Weise nicht erkennbar.[68]

---

65 Jeismann: Funktion und Didaktik der Geschichte. In: Geschichtsunterricht - Inhalte und Ziele (GWU-Beiheft), Stuttgart 1974, S. 106 - 139, insb. S. 130 - 136 benennt „kritische Urteilsfähigkeit" als Ziel.

66 Uffelmann: Problemfindung, Problemlösung, Reflexion, a.a.O., S. 5 in Anlehnung an die unterrichtspraktische Konkretisierung von C. Dahl.

67 Uwe Uffelmann: Strukturbild und Erläuterung des Problemorientierten Geschichtsunterrichts. In: Praxis Geschichte 11 (1998) 5, S. 37 - 39, hier S. 39, wo sich auch ein Hinweis auf „historische Kinder- und Jugendbücher" als Medien der Problemfindung findet.

68 Vgl. die Einwände gegen das von Freya Stephan-Kühn: Schlüsselgeschichten. In: Geschichte/ Politik und ihre Didaktik 22 (1994), S. 82 - 86 vorgetragene Konzept bei Hasberg: Klio im Geschichtsunterricht, a.a.O., S. 720 f.

Ein zweites Defizit bei der Wiederaufnahme erzählender Unterrichtsverfahren in die gegenwärtige Ausbaustufe des Problemorientierten Geschichtsunterrichts besteht in ihrer Verortung unter den Verfahren zur Problemlösung. Als auf Sinnstiftung angelegte Medien, deren persuasive Funktion in einem der Aufklärung verpflichteten Geschichtsunterricht aufgedeckt werden sollte, gehören narrative Darstellungsformen wie die Geschichtserzählung in die Unterrichtsphasen, in denen über Sinnangebote reflektiert wird (s.o.). An zwei Beispielen soll abschließend aufgezeigt werden, wie ein problemorientierter Erzähleinsatz zur Problemfindung beitragen und die Reflexion initiieren kann.

8 Problemorientierter Erzähleinsatz

Das Frageraster zur Triftigkeitsanalyse (Abb. 1) bewegt sich auf einer recht allgemeinen Ebene und bedarf der unterrichtlichen Ausgestaltung, wobei an das jeweils erreichte Niveau der Lerngruppe anzuschließen ist. In Anerkenntnis aller ihm noch anhaftenden Mängel kann im folgenden nur versucht werden, seine Anwendbarkeit anhand eines Beispiels aus dem Problemorientierten Geschichtsunterricht plausibel zu machen, nachdem die Erzählung als Mittel der Problemfindung erläutert worden ist. In der von ihr entworfenen Unterrichtseinheit verfolgt M. Buttig die Absicht, anhand der Kreuzzugsbewegung aufzuzeigen, wie aus Aggression Gewalt entsteht, die Gegengewalt erzeugt, unter der schließlich auch die Aggressoren zu leiden haben. Strukturelle Analogien zwischen Vergangenheit und Gegenwart entdeckt sie auch in den Ursachen, die zu Aggressionen führen. Als auslösende Momente der Kreuzzugsbewegung verweist sie auf die wirtschaftliche Bedrängnis der Teilnehmer als auch auf den Machtverlust der Kirche, den diese durch eine „Konfliktverlagerung nach außen" zu kompensieren suchte. Es sei dahingestellt, inwieweit diese Ursachenanalyse fachwissenschaftlich hinreichend ist.[69] Entscheidend ist im vorliegenden Zusammenhang die Problemfindung, zu der Buttig die Gegenüberstellung des bekannten Bildes „Christus als Anführer der Kreuzritter" (14. Jh.) mit dem eines Opfers aus dem Jugoslawienkrieg (1998) empfiehlt, um über den Kontrast (Heerführer - Opfer) auf die strukturelle Analogie der Ereignisse hinzuweisen und die Frage nach dem vergangenen Geschehen zu evozieren. Erst durch die Analyse jüdischer und muslimischer Quellen zur Eroberung Jerusalems 1099 entsteht die Problemfrage nach den Ursachen der kriegerischen Ereignisse und Entwicklungen.[70]

Zu einer ganz ähnlichen Problematisierung eignet sich der Auszug aus einem Jugendroman von W. Hohlbein, der bereits in einer unterrichtlichen Aufbereitung vorliegt. Der Roman schildert das Schicksal des fränkischen Ritters Ulrich von Wolkenstein, der auf dem dritten Kreuzzug in muslimische Gefangenschaft gerät und als Sklave

69 Vgl. allein das noch immer fundamentale Buch von Carl Erdmann: Die Entstehung der Kreuzzugsbewegung, Stuttgart 1935 (ND Darmstadt 1980).

70 Margit Buttig: „Das wahre Unheil war die Unfähigkeit zu begreifen ...". In: Praxis Geschichte 11 (1998) 5, S. 14 - 18.

verkauft wird. Der Ausschnitt gibt ein Gespräch zwischen Ulrich und Malik, seinem muslimischen Herrn, wider.[71] Thematisiert wird darin vornehmlich die Diskrepanz zwischen christlichem Liebesgebot und kirchlichem Kreuzzugsaufruf. Nach seinen Motiven befragt, zeigt Ulrich sich zunächst außerstande, eine Antwort zu geben. Deutlich macht der Autor die Gewohnheitsmäßigkeit der Kreuzfahrt, wie sie sich 100 Jahre nach dem Ersten Kreuzzug im europäischen Adel verbreitet hatte. Dagegen weist Malik auf die Geschehnisse hin, die während dieses Jahrhunderts zur Unterdrückung der Sarazenen geführt haben; von denen wiederum Ulrich kaum Kenntnisse zu besitzen scheint. Im Ergebnis läuft das Gespräch auf die Unkenntnis Ulrichs und das moralische Dilemma hinaus, die Kreuzzugsbewegung zu rechtfertigen. Bei Ulrich, dem Protagonisten der Erzählung, mit dem sich wohl auch die Schüler identifizieren, erzeugt dies „Betroffenheit". Eine Betroffenheit, die sich dadurch nach außen kehrt, daß Ulrich, der auf der Seite der Aggressoren steht, selbst längst zum Opfer geworden ist. Was ist tatsächlich in der Kreuzzugsbewegung geschehen? Wie wurde versucht, die Aggression gegenüber Andersgläubigen zu begründen? Welche Motive standen tatsächlich dahinter? Das sind Problemfragen, die sich auf der Basis der eigenen Betroffenheit als Christ oder Muslim im Unterricht thematisieren lassen. Von daher erscheint der Erzählausschnitt vortrefflich geeignet, einen problemorientierten Unterricht über die Kreuzzugsbewegung einzuleiten, wenn die Fiktionalität des szenischen Textes offengelegt wird - was über die moderne (bis saloppe) Sprache und anderen Anachronismen leicht möglich ist.

Die Anwendung des Frageasters soll an einem zweiten Beispiel erläutert werden, das sich auf die Reflexionsphase einer Unterrichtseinheit zum Stellingaaufstand bezieht, in dem 841 sächsische Bauern gegen ihre Feudalherren aufbegehrten.[72] Beabsichtigt war, die Fähigkeit zu fördern, die unterschiedlichen Interessen gesellschaftlicher Gruppen historisch wahrzunehmen und die Angemessenheit der eigenen Parteinahme begründen zu können.[73] „Die abschließende Bewertung", so faßt Uffelmann das Ergebnis zusammen, „ergab eine begründete Parteinahme für die Bauern. Sie wurde aber nicht zur ... Reflexion des eigenen Bezugrahmens, durch die Frage nach dem Warum dieser Parteinahme ausgeweitet."[74] Hätte es dazu eines weitergehenden Impulses bedurft, stellt sich die Frage, ob die Reflexion der Erträge nicht durch eine Erzählung wie jene von H. Mühlstätt hätte angestoßen werden können, in der die Ereignisse aus

---

71 Wolfgang Hohlbein: Das Siegel, Wien 1987. Exzerpt bei Martin Kronenberg: Geschichte und Abenteuer. Eine Sammlung von Jugendbuchauszügen für den Geschichtsunterricht, Bamberg 1993, S. 25 - 27.

72 Uwe Uffelmann: Der Stellinga-Aufstand oder die Perspektivübernahme beim historischen Lernen - Ein Unterrichtsbeispiel zum Problemorientierten Geschichtsunterricht. In: Gerhard Henke-Bockschatz (Hrsg.): Geschichte und historisches Lernen (Fs Jochen Huhn), Kassel 1995, S. 149 - 163. Zum Ereignis s. S. 153 f. mit weiteren Literaturangaben.

73 Ebd., S. 153.

74 Ebd., S. 162.

der Sicht der Bauern dargestellt werden.[75] Die ideologische Ausrichtung im Sinne des Marxismus-Leninismus ist offenkundig, wenn das Scheitern der Bewegung auf mangelnde Solidarität und das Fehlen einer einheitlichen Führung zurückgeführt wird. Sie zu entdecken, setzt voraus, die historischen Vorgänge erfaßt zu haben. Mithin erscheint die Erzählung vornehmlich in der Funktion anwendbar, narrative Kompetenz zu erproben, indem sowohl Sachkenntnisse als auch formale Fähigkeiten wie Erfahrungsoffenheit, Perspektivwechsel und Identitätserweiterung (Rüsen) bei der Triftigkeitsanalyse (vgl. Abb. 1) zum Einsatz kommen.

a) In einem ersten Zugriff wird die Erzählung als eine geschlossene Geschichte erscheinen, als ein Bericht der Vorgänge, der sprachliche Verständnisprobleme nicht aufkommen läßt. Eng an den spärlich verfügbaren Fakten angelehnt, welche die Schüler in der Rekonstruktionsphase erarbeitet haben, mag die Erzählung sich für die Schüler möglicherweise in einer positivistischen Schilderung erschöpfen, deren ideologischer Gehalt nicht erfaßt wird.

b) Ein genaueres Hinterfragen der Aussageabsicht fördert zutage, daß der Text Ursachen für das Scheitern mitteilen will. Aus welchem Grund er es für wichtig hält, die mangelnde Solidarität und das Fehlen einer einheitlichen Führung herauszustellen, wird für die Schüler aus dem Text nicht ersichtlich. Dazu sind Informationen zur Herkunft des Textes sowie über den Marxismus-Leninismus erforderlich, die in den Jahrgangsstufen, in denen das Mittelalter behandelt wird, nicht vorausgesetzt werden können. Herausgearbeitet werden kann indes, daß der Verfasser keine andere Deutung als die eigene ins Kalkül zieht. Eine Standpunktreflexion findet textimmanent nicht statt.

c) Leicht kann festgestellt werden, daß der Erzähler zwar keinerlei Hinweis auf die Herkunft seiner Kenntnisse gibt, daß die berichteten Fakten aber ausnahmslos den in der rekonstruktiven Phase auf Quellenbasis ermittelten Tatsachen entspricht. Erarbeitet werden kann die Akzentuierung der mangelnden Solidarität und des Fehlens einer Führung, sozusagen als „Moral von der Geschicht'". An der empirischen Triftigkeit der Erzählung läßt sich nicht zweifeln.

d) Der Aufbau der Erzählung weist zwar Anfang und Ende, jedoch keinen eindeutigen Höhepunkt auf. Bei genauerer Betrachtung erweisen sich als solche die Solidarisierung der Bauern und ihre Bereitschaft, für die eigene Sache zu kämpfen, die sich in der Wiederbelebung der Thinggemeinde sowie im Anfertigen neuer Waffen Ausdruck verschaffen. Daß dem Text keine explizierte, wohl aber eine implizite Theorie zugrunde liegt, läßt sich unschwer erkennen, wenn vorab die Aussageabsicht ans Licht gehoben ist (a). Damit wirft sich die Frage nach der Funktion des Textes auf, die wiederum nur kontextuell, d.h. aufgrund von Informationen über den ursprünglichen Einsatzort ermitteln läßt. Die persuasive Absicht entlarvt ihn als einen Propagandatext, der auf der Ebene traditionaler Sinnbildung angesiedelt ist. Wenn der Sachverhalt des Aufstandes zuvor im quellenkritischen Unterricht erörtert worden und dabei um Deu-

---

75 Herbert Mühlstädt: Der Geschichtslehrer erzählt - Neue Fassung, Bd 2., 2.Aufl. Berlin-Ost 1984, S. 61 f.

tungsmöglichkeiten gerungen worden ist, stellt sich unweigerlich die Frage, inwieweit die von dem offerierten Sinnangebot abweichende eigene Deutung sich als tragfähig erweist, d.h. der eigenen Orientierung dienen kann. Damit ist der Impuls für die Reflexion des Bezugsrahmens gegeben, der den Einsatz des Erzählens in der Reflexionsphase des Problemorientierten Geschichtsunterrichts rechtfertigt.

In seiner ganzen Breite läßt sich ein solches Programm allenfalls in der Kollegstufe realisieren. Narrative Kompetenz kann in elementaren Formen jedoch bereits im Heimat- und/ oder Sachkundeunterricht der Grundschule angebahnt werden.[76] Nur wenn der Umgang mit Geschichte in Geschichten in einem kontinuierlichen Lernprozeß eingeübt wird, bei dem die Triftigkeitsanalyse eine immer differenziertere Form annimmt, kann die unhaltbare Auffassung überwunden werden, Geschichtserzählungen seien etwas Schönes für Kinder, aber eine Gefahr für Ältere. Weil Geschichtserzählungen Gefahren in sich bergen, gehört es zu den permanenten Aufgaben des Geschichtsunterrichts, seine Adressaten - ob kindhaft, ob reif - in den Umgang mit ihnen einzuführen.

---

76 Zum Einsatz von Geschichtserzählungen in der Primarstufe s. demnächst Hasberg: Zum Umgang mit Geschichte in Geschichten, a.a.O.

Stefan Semel

Comics im Problemorientierten Geschichtsunterricht:
Die spinnen, die Comicer

Niemand wird auf die Idee kommen, Problemorientierten Geschichtsunterricht und Comic[1] unter einen Hut zu bringen. Ich bin dieser Niemand. Denn der Comic zeigt Wege aus dem Dilemma, daß bei der Quellenanalyse, dem Kernstück dieses Konzepts, die emotionale Betroffenheit leicht auf der Strecke bleibt. Der Comic ermöglicht es, neben das Problem zu treten, ohne den emotionalen Bezug zu verlieren. Auch andere zentrale Bereiche, die jüngst in den Mittelpunkt der Diskussion gerückt sind - die Ermöglichung sinnlich-emotionaler Erfahrung und der Identifikation, der souveräne Umgang mit Zeit und eine stärkere Handlungs- und Produktorientierung – profitieren von der besonderen Erzählstruktur des Comics.

1 Struktur
Wie erzählt der Comic?[2] Diese Frage lenkt unseren Blick darauf, wie Zeit im Comic dargestellt wird und welche spezifischen Stilmittel und Wirkungsweisen dabei Verwendung finden.

1.1 Die Darstellung von Zeit
Elementares Instrument zur Handhabung von Zeit im Comic ist das Einzelbild, das sogenannte Panel. Jedes Panel stellt die Zusammenfassung eines ganzen Handlungsablaufes in einer Momentaufnahme dar.

---

1 Comic wird hier verstanden als eine Form der Bildgeschichte mit spezifischen Gattungsmerkmalen. Zur Definitionsfrage siehe u. a.: Bernd Dolle-Weinkauff: Comics. Geschichte einer populären Literaturform in Deutschland seit 1945, Weinheim und Basel 1990, S. 13-16; Peter Tischer: Der gezeichnete Held. Die Serienfigur im modernen französischen Humor-Comic, Tübingen 1994, S. 13-40.
2 Die besten weil ebenso ausführlichen wie anschaulichen Veröffentlichungen dazu stammen von Comicproduzenten: Will Eisner: Mit Bildern erzählen, Wimmelbach 1995; Scott McCloud: Comics richtig lesen, Hamburg 1994.

Der ganze Ablauf einer Szene, durch die Augen des Lesers betrachtet.

Abb. 1: Das Panel als gerahmte Zeit
(aus: Eisner, a.a.O., S. 41)

Betrachtet man es isoliert, so wird weder eine narrative noch eine zeitliche Struktur sichtbar. Erst eine Aneinanderreihung von Bildern kann die zunächst eingefrorene Zeit wieder auftauen und verflüssigen – allerdings nur, wenn die Bilder durch verschiedene Bezugspunkte wie Figuren, Dialog oder Ort miteinander verknüpft sind (Vgl. Abb. 5).

Ein Comic erzählt nicht lückenlos, sondern in Zeitsprüngen. Der Ort dieser Zeitsprünge, der Spalt zwischen den Panels (Hiatus), wird so zum zweiten elementaren Darstellungsinstrument von Zeit. Während die Zeit innerhalb der Panels dem Leser vorgegeben ist, kann er die Zeit außerhalb der Panels formen – zumindest in den Grenzen des Erzählrahmens (Abb 2).

Abb. 2a: Die Zeit außerhalb der Panel: Eine kurze Geschichte
Die kleinstmögliche Bildsequenz erzählt eine Geschichte, die sich zum größten Teil im Kopf des Lesers abspielt. (aus: Mc-Cloud, a.a.O., S. 92)

Abb. 2b: Die Zeit außerhalb der Panels: Eine andere Geschichte?
Die Anzahl der Zeitsprünge zwischen den Bildern steuert auch unsere Wahrnehmung:
der Freiraum zwischen den Bildern wird zum Freiraum für die Vorstellungskraft des Lesers.
(aus: McCloud, a.a.O., S. 92)

Daraus ergibt sich auch eine Hierarchie im Umgang mit der Zeit, denn dem Comic-Produzenten sind keine Grenzen auferlegt, er handelt völlig souverän. Er kann das alte Ägypten ebenso wie die Zukunft vor unseren Augen entstehen lassen, und wenn er es will, führen Napoleon und Hannibal ein Streitgespräch über Feldzüge im Winter.

1.2 Stilmittel

Die spezifische Struktur des Comics bildet sich vor allem im Zusammenspiel bestimmter Stilmittel heraus, die teilweise konstitutiven Charakter haben.

Comics vereinfachen sehr stark. Die Konzentration auf bestimmte Details und die Reduktion auf wesentliche Gehalte führt zu einer Darstellung, die nicht nur schnell verstanden wird, sondern auch leichter zur Projektionsfläche eigener Wünsche wird. (Abb. 3) Diese Identifikationsmechanismen sind bei kommerziellen Produkten gewollt, denn sie fördern Beliebtheit und Absatz. Das funktioniert sogar oder gerade bei Tierfiguren, die durch entsprechende Gestik und Mimik vermenschlicht werden. Als wichtigstes Mittel der Kommunikation nehmen Augen und Mund breiten Raum ein. Ein sehr schönes Beispiel hierfür ist Donald Duck, der nur aus überdimensionierten Augen und einem breiten Schnabel zu bestehen scheint, dem Leser aber eine große Bandbreite an Gemütsverfassungen übermittelt.

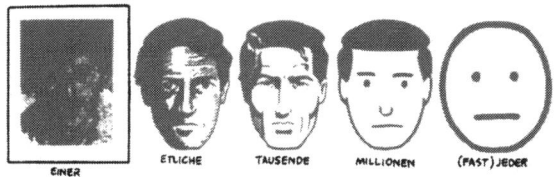

Abb. 3: Vereinfachung als Stilmittel und Einladung zur Identifikation (aus: McCloud, a.a.O., S. 39)

Damit ist freilich nicht gesagt, daß die Bildsprache des Comics universell wäre, denn sie greift zurück auf einen gemeinsamen Schatz an Erfahrungen und ist deshalb immer zeit- und kulturgebunden. Der durchschnittliche Europäer beispielsweise würde bei der japanischen Comic-Lektüre wohl schon daran scheitern, daß er nicht auf der letzten Seite rechts unten zu lesen anfinge.

Hinzu kommt, daß das Bild im Comic durch Schrift ergänzt wird und sich aus dieser Verbindung neue Bedeutungszusammenhänge ergeben. Situationsbeschreibungen finden in einem Textblock statt. Die direkte Rede zeigt sich im Comic mit dem wohl bekanntesten Stilmittel, der Sprechblase. Durch die äußere Form wird über den Inhalt hinaus auch eine Bedeutung vermittelt:

Abbildung 4: Sprechblasen als Vermittler von Inhalt und Bedeutung (aus: Goscinny/Uderzo: Das Geschenk Cäsars, Stuttgart 1976, S. 18)

207

Zu dem Bemühen, Geschichten vor dem Auge des Lesers lebendig werden zu lassen, eine Art innerer Film zu erschaffen, gehört neben Dialogen auch die Darstellung von Geräuschen. Dazu bedient sich der Comic der Lautschrift, die eine erstaunliche Ausdifferenzierung ermöglicht.[3] Dynamik und Geschwindigkeit werden durch Bewegungslinien dargestellt.

1.3 Wirkungsweisen und Rezeption

Auch eine Untersuchung der Wirkungsweise des Comics führt zum Panel. Es ist zum einen ein Kontrollinstrument, durch dessen Anordnung der Blick des Lesers gelenkt werden soll. Zum anderen wird es zu einem Mittel der Erzählung, mit dem bewußt Gefühle hervorgerufen werden sollen. Wenn eine heranstürmende Figur den Rahmen sprengt, so wird uns ihre unbändige Kraft vor Augen geführt und als Bedrohung empfunden. Eine gezackte Umrandung verdeutlicht einen heftigen Gefühlsausbruch, ein langgezogenes Panel verstärkt den Eindruck von Höhe, ein breitgezogenes von Weite und Entfernung. Ebenso beeinflußt die Wahl der Perspektive die Wirkung: Die Vogelperspektive verschafft uns einen beruhigenden Überblick, während die Froschperspektive ein Gefühl der Bedrohung vermittelt. Neben der Perspektive zeigt auch die Wahl der Einstellung oder die Simulierung einer Kamerafahrt die Nähe zum Film. Anders als beim Betrachten eines Filmes liegt bei der Comic-Lektüre sowohl die Geschwindigkeit als auch die Richtung in der Hand des Lesers: Man kann vor- und zurückblättern, sich dem Einzelbild länger widmen oder es überfliegen. Die Rezeption ist also wesentlich individueller und ermöglicht eine größere Distanz als der Film.

Wie selbstverständlich war bisher davon die Rede, daß wir Comics „lesen". Dieser Begriff hat sich zwar eingebürgert , stellt aber, wie Hans-Hagen Hartter[4] zurecht bemerkt, eine eher metaphorische Umschreibung dar. Durch die Vermischung von Bild- und Textebene liegt ein Rezeptionsprozeß vor, der „reichlich diskursiv" verläuft, „denn die Sinnentnahme besteht ... aus einer ständigen Umlenkung und Ablenkung des Blickes"[5] . Der Rezipient wird abwechselnd auf einer abstrakt-kognitiven und einer visuell-sinnlichen Ebene gefordert – nicht nur für Kinder ein Lustgewinn.

---

3 Siehe dazu Friederike Wienhöfer: Untersuchung zur semiotischen Ästhetik des Comic Strip unter besonderer Berücksichtigung von Onomatopoese und Typographie. Zur Grundlage einer Comic-Didaktik, Dortmund 1979; E. J. Havlik: Lexikon der Onomatopöien. Die lautimitierenden Wörter im Comic, Frankfurt am Main 1991.
4 Hans-Hagen Hartter: Die Comics von Walt Disney. Aus ästhetischer und didaktischer Sicht. In: Pädagogische Welt 8 (1988), S. 339 – 346.
5 Hartter a.a.O., S. 344.

Abbildung 5:
Struktur und Wirkungsweise

Durch Ort und Figur werden die Bilder miteinander verknüpft, der Leser nimmt die Bildfolge als narrative Einheit wahr. Das „Lesen" der Seite verläuft allerdings nicht so linear wie bei einem Text.

In einer Nahaufnahme blicken wir zunächst in einen Heuschreckenschwarm. Die Breite des Panel suggeriert einen riesigen Schwarm. Die Sprechblase sagt uns, daß jemand in dem Schwarm sein muß. Form und Inhalt der Blase verweisen auf Ekel- oder Spuckgeräusche. Mit dem nächsten Bild entfernt sich unser Blick etwas und richtet sich auf den Boden: Wir erkennen, daß jemand flüchtet. Plötzlich verschwindet der Boden. Das langgezogene Panel verdeutlicht die Tiefe des Falles, die Aufteilung in drei Einzelbilder läßt den Fall in unserer Wahrnehmung ungewöhnlich lang erscheinen. Deutlich wird auch, daß die Komposition der gesamten Seite, nicht nur des Einzelbildes, zu beachten ist. (aus: Jeff Smith: Bone. Volume One: Out From Boneville, Columbus, Ohio 1996, S. 12.)

2 Theoriestellung

2.1 Pädagogische Relevanz

Comiclektüre ist differenzierter Genuß. Das rechtfertigt aber noch nicht den Einsatz in der Schule. Die allgemeine pädagogische Relevanz mag noch einleuchten, entspringen die Bilderhefte doch aufgrund ihrer Beliebtheit und Verbreitung der Lebenswelt der Schüler. Ihr Einfluß als heimlicher Erzieher, die Gefahr des Rezeptionsautomatismus und der Manipulation[6] einerseits, ihr hoher Motivationsgrad, ihre starke Affinität zu anderen Bildmedien wie Film und Werbung und die Möglichkeit, visuelle Kompetenz in kleinen Schritten einzuüben, legitimieren den Einsatz von Comics in der Schule. Allgemein wird dem Comic heute mit weniger Aufgeregtheit begegnet als noch in den 60er und 70er Jahren, in denen Aufsätze wie „Comics und andere Schundliteratur"[7] erschienen. Mit der langsamen Auflösung des emanzipatorischen, oft ideolo-

---

6 Siehe dazu Dietrich Grünewald: Comics – Kitsch oder Kunst?: Die Bildgeschichte in Analyse und Unterricht; ein Handbuch zur Comic-Didaktik, Weinheim, Basel 1982, S. 50 ff.
7 R. Bamberger: Comics und andere Schundliteratur. In: Grundschule 7/1975, S. 363.

gisch gefärbten Ansatzes hin zu einer ästhetischen Erziehung, die der selbstbestimmten Geschmacksbildung und der Ausbildung der Genußfähigkeit breiten Raum läßt, nahm die Zahl der Veröffentlichungen zum Thema ab. Dennoch gibt es für den Deutsch- und Kunstunterricht inzwischen einiges an grundlegender und praxisorientierter Literatur. In Lehrplänen der Fächer Kunst und Deutsch findet der Comic explizit Erwähnung.

Der Einsatz von Comics unter allgemeinen pädagogischen Gesichtspunkten rechtfertigt nicht per se die Notwendigkeit für den Geschichtsunterricht. Dazu muß zunächst die fachdidaktische und fachwissenschaftliche Relevanz hinterfragt werden. Konkret: Welchen Wert hat der Comic als Medium der Darstellung und als historische Quelle? Wo liegen seine Stärken im Unterricht? Überblickt man die aktuelle Literatur, so kommt man zu dem Schluß: Der Comic liegt im Trend – es hat nur kaum jemand gemerkt.

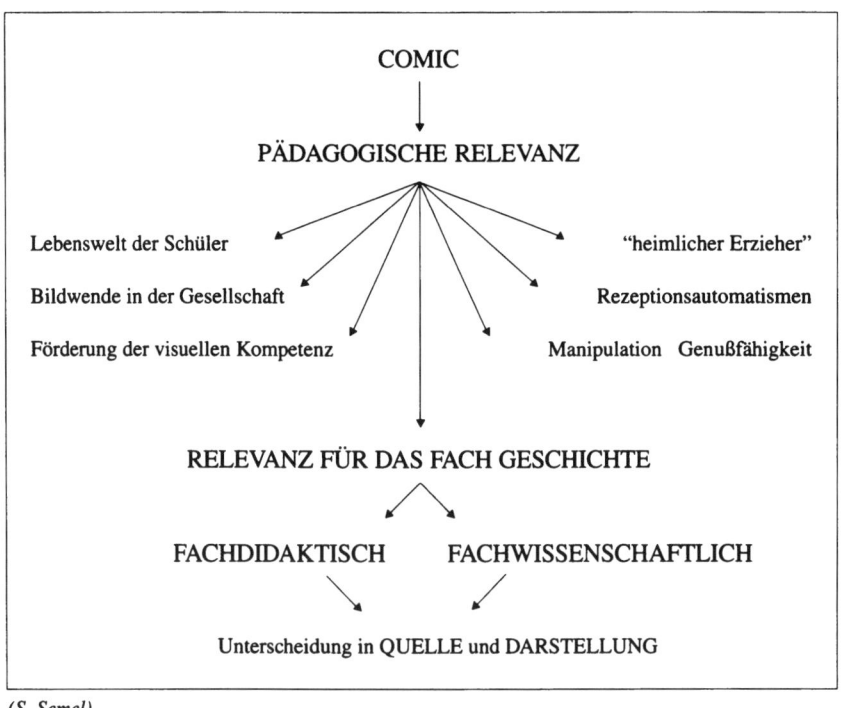

COMIC

PÄDAGOGISCHE RELEVANZ

Lebenswelt der Schüler   "heimlicher Erzieher"

Bildwende in der Gesellschaft   Rezeptionsautomatismen

Förderung der visuellen Kompetenz   Manipulation   Genußfähigkeit

RELEVANZ FÜR DAS FACH GESCHICHTE

FACHDIDAKTISCH   FACHWISSENSCHAFTLICH

Unterscheidung in QUELLE und DARSTELLUNG

(S. Semel)

2.2 Fachwissenschaftliche Relevanz

Als Bildsequenz ist der Comic zunächst in die von Pandel konstatierte Wende der Geschichtswissenschaft hin zum Bild einzuordnen.[8] Nach Füßmann sollte die zunehmende Verbildlichung der Gesellschaft dazu führen, „jegliche Hierarchisierung des Darstellungsmodus von Geschichte zu vermeiden"[9]. Er selbst zeigt, wie ein Einzelbild, eine Karikatur Vergangenheitsdeutung leistet, „die Wahrheits- und Geltungsanspruch erhebt"[10]. Daß ein Comic dazu prinzipiell auch in der Lage ist, steht außer Zweifel, und so sieht Pandel den Comic zu recht „auf dem besten Wege, eine ernstzunehmende Gattung der Geschichtsdarstellung zu werden"[11]. Es empfiehlt sich allerdings, Vorsicht walten zu lassen. Der Comic bedient sich gerne historischer Sujets. Diese bilden aber meist nur den malerischen Hintergrund für Ritter- oder Piraten-Abenteuer. Die „mythische Erzählweise"[12] und die ausgeprägte Fiktionalität des Mediums scheint sich der historischen Rationalität klassischer Geschichtsschreibung zu entziehen – oder, wie es Krause treffend formuliert: „Prinz Eisenherz ist ... viel weniger Mittelalter als vielmehr ein Traum vom Mittelalter des Nordamerikaners Hal Foster"[13], der die Serie erschaffen hat.

Daß dies auch den Produzenten von Comics bewußt ist, zeigen die Versuche, sich auf einer möglichst authentischen Ebene zu bewegen, indem viel faktisches Wissen in die Handlung verwoben wird: Frühe Beispiele der Geschichtsdarstellung sind „Die Abenteuer der Weltgeschichte", die in Deutschland von 1953 bis 1958 in 84 Folgen veröffentlicht wurden, „Die Eroberung der Welt", eine Reihe von immerhin 17 Heften, die dem Leser „wahre Abenteuer, Spannung und Wissen" verspricht. So abenteuerlich ist Geschichte aber gar nicht, und vor allem nicht so eindimensional, wie sie in den oft personalisierten und vereinfachten Erzählungen dargestellt wird. Aktueller und von ernsthafterer Bemühung sind Comics wie „Hitler", ein mißlungener Versuch der historischen Aufklärung[14], oder „Des Volkes Freiheit" über die Revolution von 1848.

8 Hans-Jürgen Pandel: Bild und Film. Ansätze zu einer Didaktik der "Bildgeschichte". In: Bernd Schönemann, Uwe Uffelmann, Hartmut Voit (Hrsg.): Geschichtsbewußtsein und Methoden historischen Lernens, Weinheim 1998.

9 Füßmann, K.: Historische Formungen. Dimensionen der Geschichtsdarstellung. In: Füßmann, K. u.a. (Hrsg.): Historische Faszination: Geschichtskultur heute. Köln 1994, S. 29.

10 Füßmann, a.a.O., S. 42.

11 Hans-Jürgen Pandel: Comicliteratur und Geschichte. Gezeichnete Narrativität, gedeutete Geschichte und die Ästhetik des Geschichtsbewußtseins. In: Geschichte lernen 37 (1994), S. 18-26.

12 Georg Seeßlen: Mythos contra Geschichte. Über den Widerspruch von Comic-Erzählung und historischer Rationalität. In: Andreas C. Knigge (Hrsg.): Comic Jahrbuch 1991, Hamburg 1991, S. 23-31.

13 Horst-Burkhardt Krause: Mittelalter in Sprechblasen. Zur Rezeption des Mittelalters im Comic. In: Jügen Kühnel, Hans-Dieter Mück, Ursula Müller, Ulrich Müller (Hrsg.): Mittelalter-Rezeption II, Göppingen 1982, S. 297.

14 Siehe Klaus Bergmann: Hitler im Comic – Bedenken und ein Ratschlag. In: Geschichte lernen Heft 37 (1994), S. 8f.

Bei all diesen Versuchen fällt auf, wie wenig die spezielle Struktur des Comics ausgespielt wird, wie wenig von dem Zauber spürbar wird, den das Medium sonst umgibt. Widersetzt sich also der Comic aufgrund seiner Struktur der seriösen Geschichtsschreibung? Es macht sicher keinen Sinn, die traditionelle Geschichtsdarstellung in eine Bildergeschichte zu übertragen. Ein Comic verfehlt sein Ziel, wenn er nicht Geschichten erzählt. Aber Authentizität kann auf einer anderen Ebene als auf der der Fakten erreicht werden: Comics können die Vergangenheit lebendig werden lassen, sie lenken unseren Blick auf Einzelschicksale und vermitteln uns ein anschauliches Bild früherer Zeiten. Beispiele für solche Darstellungen im Comic gibt es inzwischen einige.[15] Schon ein Klassiker in der Geschichtsschreibung im Comic ist „Maus" von Art Spiegelmann, eine Darstellung der Judenverfolgung, in die ein Generationenkonflikt eingeflochten ist. Zwar entspringen viele Figuren und Schauplätze der Realität, aber das Bestreben des Autors liegt auch hier nicht im Aufzeigen von Fakten, sondern im Erzählen einer Geschichte. Daß die Darstellung von Geschichte nicht unbedingt in einem realistisch-düsteren Zeichenstil und in einem ernsten Erzählgestus daherkommen muß, zeigt das Beispiel „Asterix". Wiewohl auch als Quelle für das Selbstverständnis Frankreichs geeignet, wurde doch auch ein beträchtlicher Grad an historischer Authentizität nachgewiesen.[16] Auch die Lektüre von „Lucky Luke" wird zu einer ebenso amüsanten wie anschaulichen Darstellung, wenn man etwas über den *Mythos* vom Wilden Westen erfahren will.[17]

Wie ist es nun aber um den Quellenwert von Comics bestellt? Immerhin: Bilder gelten als bedeutende Quellen der Sozial- und Mentalitätsgeschichte, als „potentielle Vermittler einer genuinen ... historischen Erkenntnis"[18], die über Ergänzung und Korrektur schriftlicher Quellen hinaus zu mitbestimmenden Faktoren in historischen Prozessen werden können. Dennoch kann von einer Gleichberechtigung zwischen Text und Bild keine Rede sein.[19] Der Comic, aus seiner Entstehung immerhin Begleiter und Zeuge der Verbildlichung unserer Gesellschaft[20], wurde bisher kaum zur Kenntnis genommen, und wo dies geschah, wurde sein Stellenwert sehr unterschiedlich beurteilt. Scholz greift zunächst auf Kracauer zurück, der das Massenmedium Film in sei-

---

15 Eine erste Auflistung siehe Gerald Munier: Historische Themen im Comic. Ein Überblick. In: Geschichte lernen Heft 37 (1994), S. 4-7.

16 Rene van Royen und Sunnyva van der Vegt: Asterix. Die ganze Wahrheit. München 1998.

17 Der Singende Draht (Telegraf), Auf nach Oklahoma (Landnahme), Der Daily Star (Entstehung der Presse) u.a.m.

18 A. v. Hülsen-Esch: Mittelalterliche Darstellungen von Gelehrten. In: Wilharm, I. (Hrsg.): Geschichte in Bildern. Pfaffenweiler 1995, S. 25.

19 Manfred Treml macht nur "ein schmales Rinnsal an Forschungsaktivitäten" aus, "die entweder der Geschichtsdidaktik entstammen oder sich auf den Quellenwert der bildenden Kunst beschränken": "Schreckensbilder" – Überlegungen zur Historischen Bildkunde. Die Präsentation von Bildern an Gedächtnisorten des Terrors. In: GWU 48 (1997), S. 279-294.

20 Comics entstanden während der 1890er Jahren in den USA als Werbemittel im Zeitungskrieg und waren zunächst wirklich nur komische Streifen, die sich aber mit teilweise skurrilem Hu-

ner Wechselbeziehung zu der Gesellschaft, in und für die er gemacht ist, als Quelle entdeckt hat. Er ist optimistisch, daß „mit der Zurkenntnisnahme der Comics als historische Quelle ... der Historiker interessantes Material zur Geschichte der Mentalitäten"[21] erhält, da Comics als Produkte der Gesellschaft zu einem Spiegel derselben werden. Auch für Pandel ist prinzipiell „jeder Comic eine historische Quelle für seine Zeit, da er immer auch die eigene Zeit verarbeitet..."[22]. Wichtig ist die Unterscheidung in Comics, die in ihrer Entstehungszeit spielen, und Comics, die dadurch, wie über Vergangenes oder auch Zukünftiges erzählt wird, Rückschlüsse auf die Gegenwart zulassen. Für ersteres stehen die zahlreichen amerikanischen Superhelden, die in den 40er Jahren gegen Nazis kämpften, genauso wie die in den 60er und 70er Jahren entstandenen Underground-Comics. Asterix wiederum zeigt uns, wiewohl in der Vergangenheit spielend, das aktuelle Weltbild Frankreichs. Ein weiteres Beispiel wäre der Wehrwolf-Zyklus der Ritter-Saga „Sigurd", der als kontrovers diskutierter Versuch der Vergangenheitsbewältigung zeitgeschichtliche Bezüge erlaubt.[23]

Die Skepsis, mit der dem Comic begegnet wird, zeigt sich nicht nur in der Replik Adlers auf Scholz, sie äußert sich auch darin, daß der Comic als Forschungsgegenstand so gut wie gar nicht wahrgenommen wird. Beschäftigt man sich näher mit dem Medium, türmen sich schnell Probleme auf. Schon Bildquellen erfreuen sich nicht unbedingt großer Beliebtheit, fürchtet der Historiker doch die emotionalisierende Kraft der Bilder, das distanzlose Nacherleben. Hinzu kommt die Notwendigkeit, historische Hilfswissenschaften miteinzubeziehen. Der Comic ist aber nicht einmal eine reine Bildquelle, vielmehr kombiniert er Schrift und Text. Welche Methode der Quelleninterpretation ist angemessen? Anzahl und Bandbreite der Veröffentlichungen sind unüberschaubar und erschweren eine Einordnung und Typisierung.[24] Noch immer werden Comics als Massenware in anonymen Produktionsstudios hergestellt, aber gleichzeitig gibt es immer mehr anspruchsvolle Comics, die sich an ein kleines, meist erwachsenes Publikum richten. Frühere Merkmale wie massenhafte Verbreitung, eine bestimmte Leserklientel oder Veröffentlichungen in Reihen und Fortsetzungen gelten

mor ("Crazy Cat" von George Herriman) und innovativer Grafik ("Little Nemo" von Winsor McCay) an den erwachsenen Zeitungsleser wandten. Einen allgemeinen Überblick über Entstehung und Entwicklung gibt Andreas C. Knigge: Comics. Vom Massenblatt ins multimediale Abenteuer, Hamburg 1996. Zum französischen Comic: Peter Tischer: Der gezeichnete Held. Die Serienfigur im modernen französischen Humor-Comic, a.a.O. Für die Entwicklung in Deutschland ist grundlegend Bernd Dolle-Weinkauff: Comics. Geschichte einer populären Literaturform in Deutschland seit 1945, a.a.O.

21 Scholz, a.a.O., S. 1010.
22 Pandel 1994, a.a.O., S. 22.
23 Thomas Hausmanninger: Sigurd gegen die Nazis. Beobachtungen zur Vergangenheitsbewältigung bei Hansrudi Wäscher. In: Thomas Hausmanninger und Hans-Jürgen Kagelmann (Hrsg): Comics zwischen Zeitgeschehen und Politik, München, Wien 1994, S. 47-69.
24 Pandel hat einen ersten Versuch unternommen, der aber insofern fragwürdig ist, da er die sog. Massenware ausklammert und sich nur auf den kleinen Bereich der Autorencomics bezieht (1994, a.a.O.).

längst nicht mehr. Die bunte Welt der Comics zeigt sich als verwirrendes Durcheinander verschiedenster Stile. So etwas wie ein Forschungsstand schält sich erst allmählich heraus.

Die Probleme und auch die Kritik relativieren sich allerdings, wenn man hinnimmt, daß zwar jeder Comic eine Quelle sein, aber eben nicht jeder auch als Quelle nutzbar gemacht werden kann. Nur der geringere Teil der Comic-Produktion lohnt das genauere Hinschauen. Neben dem *Erkenntniswert* ist vor allem die Möglichkeit der *Quellenkritik* entscheidend: wenn die genauen Umstände der Herstellung und Verbreitung (also Autor, Texter, Zielgruppe, Auflage etc.) bekannt sind, taugt ein Comic auch als Quelle. Hier gibt es in der Tat riesige Lücken, die es zu schließen gilt. Natürlich liefert uns ein Comic auch nach noch so gründlichem Auspressen kein vollständiges Bild der Vergangenheit, sondern nur einen kleinen Ausschnitt. Es hängt nun von der *Fragestellung* ab, wie wertvoll dieser Ausschnitt ist. Wie schon für den Bereich der Darstellung gilt es zu fragen, wo die Stärken und Schwächen des Mediums liegen. Die Antwort fällt ähnlich aus: Harte Fakten, realkundliche oder personenbezogene Neuigkeiten können wir kaum erfahren, aber da der Comic wie kaum ein anderes Medium auf einen Kommunikationsprozeß hin angelegt ist, werden gesellschaftliche Strukturen und ihr Wandel deutlich. Als Methode bietet sich gegebenenfalls eine Übertragung und Modifikation der Historischen Bildkunde Wohlfeils an, die in zwei analytischen und einem interpretatorischem Schritt den „historischen Dokumentensinn" bildlicher Quellen zu entschlüsseln sucht.[25]

Einige Versuche wurden schon unternommen, allerdings nicht unter spezifisch historischen Fragestellungen: Untersucht wurden Comics in ihrer Beziehung zu politischen Ereignissen und gesellschaftlichen Entwicklungen, wobei gerade die Auswertung von Leserbriefseiten als Instrument der Verständigung zwischen Produzent und Konsument interessante Ansätze bietet.[26] Nach der Wiedervereinigung wurde die Heftserie „Mosaik" aus der ehemaligen DDR zum Gegenstand der Forschung[27].

Die Schnittpunkte, die sich im Verhältnis von Quelle, Darstellung und Fiktion ergeben, zeigt diese abschließende Darstellung auf: Der Comic ist immer Quelle, kann auch Darstellung sein, und die Rolle der Fiktion hängt mehr von der Fragestellung als vom Comic selbst ab. Fragen wir z.B. nach Träumen und Ängsten, wird das Fiktive zur ausschlaggebenden Kategorie.

---

25 Rainer Wohlfeil: Methodische Reflexion zur historischen Bildkunde. In: Brigitte Tolkemitt und Rainer Wohlfeil (Hrsg.): Zeitschrift für historische Forschung, Beiheft 12: Historische Bildkunde. Probleme – Wege – Beispiele, Berlin 1991.

26 Vgl. Thomas Hausmanninger: Superman. Eine Comic-Serie und ihr Ethos, Frankfurt a.M. 1989; Reinhard Schweizer: Ideologie und Propaganda in den Marvel-Superhelden-Comics: vom kalten Krieg zur Entspannungspolitik, Frankfurt a.M. 1992.

27 Siehe u.a.: Günter Kosche: Mosaik – eine Comic-Serie aus der DDR. In: Geschichte lernen Heft 37 (1994), S. 11-14; Thomas Kramer: Digedags und Prinz Eisenherz zwischen historischer Authentizität und Fiktion. Comics im Vergleich. In: Geschichte Erziehung Politik 8 (1997), S. 39-42. Gerd Lettkemann: Die Digedags. Chronologie eines DDR-Comics zwischen Anpassung und Widerstand im zeitgeschichtlichen Kontext der Jahre 1955-1964. In: Thomas Haus-

Quelle Quelle Quelle Quelle Quelle Quelle Quelle Quelle Quelle Quelle Quelle

COMIC COMIC COMIC COMIC COMIC

Darstellung Darstellung Darstellung Darstellung

Fiktion Fiktion Fiktion Fiktion Fiktion Fiktion Fiktion Fiktion Fiktion Fiktion Fiktion

2.3 Fachdidaktische Relevanz

Was den Historiker mißtrauisch macht, der hohe, sich bis ins Phantastisch-Absurde steigernde Grad an Fiktionalität und sinnlich-emotionaler Kraft, wird in den Augen des Didaktikers zu einem Trumpf. Pandel hat bereits auf „die Stärken der historischen Comicliteratur ... als Komplementärmaterial zum Schulbuch"[28] verwiesen, die sich vor allem daraus ergeben, daß Themen um die „Erfahrungsdimension der Sinnlichkeit und Emotionalität" vertieft werden. Gerade Geschichte aus der Sicht der „Namenlosen", verbunden mit Möglichkeit des Perspektivwechsels, lassen den Comic didaktisch wertvoll erscheinen. Dazu kommen weitere Stärken, die sich ebenfalls aus der speziellen Erzählstruktur ergeben: der souveräne Umgang mit Zeit und die Möglichkeit der Handlungs- und Produktorientierung.

Natürlich ist Handlungsorientierung nicht pauschal zu begrüßen. Bernd Schönemann verweist in seinen Überlegungen zur Methodisierbarkeit von Geschichtsbewußtsein zu recht auf die methodische Fehlform des Animativen als einseitige Ausrichtung auf Erlebnis-, Erfahrungs- und Handlungsorientierung, die fachlich-erkenntnistheoretische Grenzen, Zauberlehrlingseffekte und den immer sorg- und anspruchsloseren Umgang der Gesellschaft mit Geschichte aus dem Blick verliert.[29] Basteln und Malen im Geschichtsunterricht darf nicht zum Selbstzweck werden, sondern muß sich an fachlichen Kriterien und konkreten Zielen ausrichten. Das ist gegeben, wenn Schüler eine Geschichte zunächst ordnen müssen, da hier eine Auseinandersetzung mit dem Inhalt stattfindet. Das ist nicht unbedingt gegeben, wenn man Schüler eine schwarz-weiße Kopie bunt ausmalen läßt.

---

manninger und Hans-Jürgen Kagelmann (Hrsg.): Comics zwischen Zeitgeschehen und Politik, München, Wien 1994, S. 86-99. Sehr informativ: Gerd Lettkemann: 35 Jahre Mosaik, 35 Jahre Comics in der DDR. Ein Interview mit Lothar Dräger. In: Andreas C. Knigge (Hrsg.): Comic Jahrbuch 1990, Hamburg 1990, S. 98-113.

28 Pandel 1994, S. 23.

29 Bernd Schönemann: Geschichtsbewußtsein methodisch. Bedingungs- und Entscheidungsfelder historischen Lehrens und Lernens heute. In: Bernd Schönemann, Uwe Uffelmann, Hartmut Voit (Hrsg.): Geschichtsbewußtsein und Methoden historischen Lernens, Weinheim 1998, S. 39-65.

Finden sich Darstellungen in Comicform inzwischen schon in Schulbüchern[30], wird die Möglichkeit der Quellenarbeit mit Comics so gut wie nicht genutzt. Dabei wäre es wünschenswert, das unbedingte Facherfordernis „Quellenarbeit" teilweise aus seiner Verkopfung und Abstraktheit zu lösen. Textquellen als Ausschnitte, wo das Fremde und Rätselhafte ausgetilgt wurde, die lediglich farbig unterlegt und bestenfalls noch in anderer Schrift gesetzt sind, sind gewiß nie entbehrlich; der Comic als mehr oder weniger häufige Alternative ist demgegenüber anschaulich, auch sinnlich, etwas „auratisch", da eine Kopie im Schulbuch dem Original wesentlich näher steht als der Abdruck eines Verfassungstextes oder einer Urkunde. Authentizität und sinnliche Originalität als zentrale Ansprüche des historischen Denkens (Pandel) sind mit dem Comic zumindest teilweise umzusetzen. Uninteressant sind allerdings didaktisierte Comics wie der Lerncomic Geschichte: Abenteuer, Burgen und Turniere, auch wenn „Pädagogisch wertvoll" auf dem Titel prangt.

Beispiele für Comics als Quellen gibt es viele. So können die „Katzenjammer Kids" mit deutsch-englischem Kauderwelsch und deutlichen Anleihen bei Max und Moritz für die große Auswanderung in die USA und den „melting pot New York" als Grundlage dienen.[31] Klaus Bergmann hat in seinem „Plädoyer für eine Kultur- und Alltagsgeschichte", deren didaktischer Sinn darin liege, „daß die Schülerinnen und Schüler an historischen Beispielen lernen, wie die Dinge zusammenhängen"[32], vor allem auf die günstige Quellenlage zur Geschichte der frühen Bundesrepublik verwiesen. Während Bergmann als Zeugnisse vor allem Beispiele aus dem Bereich Werbung, Film und Musik anführt, möchte ich für ein anderes, auch unterrichtlich gut verwertbares Produkt der Unterhaltungsindustrie werben: Die Serie um den kombinierfreudigen Detektiv „Nick Knatterton". Geschaffen von Manfred Schmidt, erschien sie ab Ende 1950 in der Illustrierten „Quick" und spiegelt mit einem konzentrierten Feuer an Sprach- und Bildwitz nicht nur die optimistische Stimmung der fünfziger Jahre wider. Immer wieder lassen sich auch satirische Seitenhiebe auf aktuelle politische Geschehnisse wie die Wiederbewaffnung oder die unbewältigte NS-Vergangenheit finden. Die obligatorischen Wellen – Freßwelle, Wohnwelle, Reisewelle usw. - lassen sich ebenso ablesen wie Gesellschaftsstrukturen: Da gibt es den rasch zu Wohlstand gekommenen Rüstungsfabrikanten, „Geheimnisträger" und aufstrebende Jungschauspielerinnen; das Frauenbild stimmt bedenklich, kann aber als für die Zeit authentisch gelten. Alles ist humorvoll überzeichnet, und doch wird der Kern der Gesellschaft getroffen. Die Serie entpuppt sich nicht nur als wahre Fundgrube für Inhalte, es werden auch Dinge, die sonst aus mehreren Quellen zusammengetragen werden müssen, in narrativer Einheit vermittelt.

---

30 Siehe z.B. Geschichte Konkret Ausgabe Baden-Württemberg, Schroedel Verlag 1996, Band 1, Seite 68f und Band 2, S. 70.

31 Siehe Horst Schröder: Die ersten Comics. Zeitungs-Comics in den USA von der Jahrhundertwende bis zu den dreißiger Jahren, Reinbek bei Hamburg 1982, S. 21-26.

32 Klaus Bergmann: Einblicke in die frühe Bundesrepublik. Plädoyer für eine Kultur- und Alltagsgeschichte. In: Geschichte lernen 35 (1993), S. 16.

Abbildung 6 (aus: Manfred Schmidt: Nick Knatterton. Alle aufregenden Abenteuer des berühmten Meisterdetektivs. Oldenburg 1983, S. 32)

„Tim und Struppi" verdient unsere Aufmerksamkeit, denn die Serie ist immer noch populär (Fernsehen), stilbildend (ligne claire), hat einen langen Erscheinungszeitraum, Autor und Umfeld sind bekannt. Tim ist die reinste und klarste Figur der Comics sowohl in äußerer Form als auch dem Wesen nach. Aus dem Umfeld der Pfadfinder entwickelt und in der Kinderbeilage einer katholischen Zeitschrift mit moralischem Impetus erschienen, zeigt die Serie Erziehungsleitbilder und Weltbilder. (In den USA beabsichtigen Comics vor allem Unterhaltung, in Europa auch Erziehung und Bildung) Vor allem zwei Alben sind von Interesse: „Tim im Lande der Sowjets"[33] ist anschauliche Quelle für die Angst vor dem Kommunismus, kann darüber hinaus in Beziehung zum Entstehen des Faschismus gesetzt werden. Sie spiegelt nicht nur das Bild des Westens von Rußland, sie beeinflußt es auch. Die Veränderung in der Zeit wird sichtbar durch Veränderung der Figur. Besonders reizvoll ist letzteres bei „Tim im Kongo", der neu gezeichnet wurde und so den Vergleich ermöglicht und den Wandel verdeutlicht[34].

Abbildung 7 (aus: Hergé: Tim und Struppi im Lande der Sowjets, Reinbek bei Hamburg 1988, S. 35.)

---

33 Im Original 1929 gezeichnet und 1930 als Album veröffentlicht. Erste deutsche Ausgabe: Carlsen Verlag, Reinbek bei Hamburg 1988.

34 Die Urfassung erschien von 1930 bis 1931. Deutsche Ausgabe: Carlsen Verlag, Hamburg 1992.

Für die weitere Forschung sollte vor allem das Konzept der „Geschichtskultur"[35], das ja nach der ästhetischen und weniger nach der kognitiven Dimension historischer Erkenntnis fragt, interessante Anknüpfungspunkte bieten. Offene Fragen sind hier vor allem der Einfluß auf das Geschichtsbewußtsein Jugendlicher (Imagination, Borries) und die Rolle im kollektiven Gedächtnis. Allerdings gibt es ein Problem: Kinder und Jugendliche lesen weniger den Autorencomic, der sich an Erwachsene richtet, sondern die unüberschaubare Massenware.

Für die Stellung des Comics in der Theorie ergibt sich folgendes Bild:

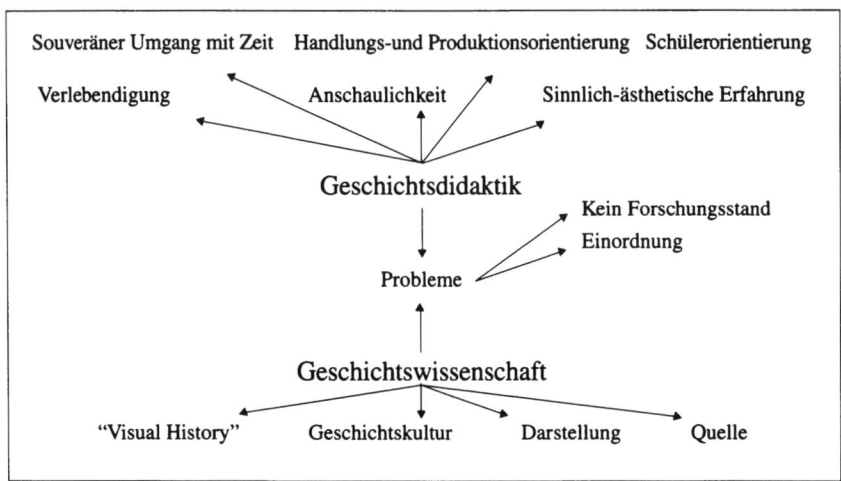

(S. Semel)

3 Zur Unterrichtspraxis

Der Comic ist für die Geschichtsdidaktik zweifellos interessanter als für die Wissenschaft. Das liegt vor allem an der Bandbreite unterrichtlicher Einsatzmöglichkeiten.

3.1 Der didaktische Ort
Prinzipiell kann der Comic an jeder Stelle im Unterricht zum Einsatz kommen. Ist zunächst das Vorwissen der Schüler zu klären, genügt eine populäre Figur als stiller Impuls, z.B. Asterix zum Thema Rom. Einzelbilder oder kurze Sequenzen können Fragen aufwerfen, die im weiteren Unterrichtsverlauf zu besprechen sind: Warum spre-

---

35 Siehe dazu einführend Heinrich Theodor Grütter: Aspekte der Geschichtskultur. In: Klaus Bergmann, Kaus Fröhlich, Annette Kuhn, Jörn Rüsen, Gerhard Schneider (Hrsg.): Handbuch der Geschichtsdidaktik, Seelze-Velber 1997 (5. überarbeitete Auflage), S. 601 – 611.

chen die Katzenjammerkids eine so seltsame Sprache? An wen erinnern mich die beiden Burschen nur...? Die Gegenüberstellung einer kontrastierenden Bild- oder Textquelle verdeutlicht Wandel und provoziert Fragen nach den Ursachen und dem genaueren Verlauf dieser Veränderung: Nick Knatterton kann im Vergleich mit einem Bild der Zerstörung nach dem II. Weltkrieg den raschen Wiederaufbau ebenso veranschaulichen wie im Vergleich mit einer modernen Darstellung der Frau den Wandel der Geschlechterrolle akzentuieren. Das Weitererzählen einer angefangenen Geschichte oder das Entfernen des Sprechblasentextes mit der Aufforderung, die Figuren sprechen oder denken zu lassen, provoziert den Perspektivwechsel und kann sowohl für den Einstieg als auch für die Vertiefung oder Wiederholung fruchtbar sein. Zur Wiederholung eignen sich Einzelbilder oder Sequenzen generell sehr gut, da bei einer erneuten Präsentation sofort Wissen verknüpft und artikuliert werden kann. Die Sicherung und Festigung eines Lerninhaltes könnte durch das Zeichnen eines Comics geschehen - hier stehen dann allerdings Zeit und Ertrag wohl in keiner günstigen Relation mehr.

Man wird dem Medium und seiner Struktur insgesamt nicht gerecht, reduziert man es *nur* auf Einzelbilder und zu einem Hilfsmittel für die Randphasen des Unterrichts. Gerade der Comic als Quelle macht die Positionierung als Mittelpunkt der Stunde notwendig, also in der Phase der Erarbeitung. Hier stellen sich nun zwei Probleme: Zum einen sind Comics in der Regel sehr umfangreich ausgelegt, die Erzählungen erstrecken sich oft über mehrere Bände. Die Analyse eines ganzen Heftes ist so nur im Rahmen eines Projektes möglich. Sonst können nur einzelne Sequenzen behandelt werden, die der Lehrer unter exemplarischen Gesichtspunkten auswählt. Das ist insofern unproblematisch, als die meisten Comics Schlüsselszenen enthalten, die die Aussagen auf den Punkt bringen. Zum anderen kann es nicht die Aufgabe des Geschichtsunterrichtes sein, Grundlegendes zur Struktur des Comics zu vermitteln. Das muß aber geschehen, vor allem wenn eine intensivere Quellenarbeit am Comic stattfinden soll. Fächerübergreifendes Arbeiten ist also unverzichtbar, Ansprechpartner wären hier vor allem die Deutsch- und Kunstlehrer.

3.2 Methoden der Comicarbeit im Geschichtsunterricht

Es gibt eine Vielzahl von methodischen Vorgehensweisen.[36] Der Inhalt eines Comics läßt sich nicht nur durch Nacherzählen erschließen, sinnvoll und abwechslungsreich ist es, wenn die Schüler die Panels zunächst ordnen oder Erzählabschnitte und Überschriften finden müssen. Unter Umständen bietet sich auch das Nachspielen der Geschichte an. Für eine vertiefende inhaltliche Auseinandersetzung empfiehlt es sich, die Sprechblasentexte zu tilgen und von den Schülern neu formulieren zu lassen. Die Erzählung kann weitererzählt oder –gezeichnet werden. Die Wirkungsweise und Typisierung bzw. Vereinfachung wird deutlich durch das Erstellen einer Tabelle oder eines Lexikons. Nicht vergessen sollte man die Möglichkeit des Rollenwechsels durch eine

---

36 Reichlich Beispiele auch über die Fachgrenzen hinaus: Dietrich Grünewald, a.a.O.

Umgestaltung: Schüler zeichnen oder collagieren einen Comic unter umgekehrten Vorzeichen oder bringen sich selber in die Geschichte ein.

Besonderer Wert sollte auf quellenkritisches Arbeiten gelegt werden. Neben der üblichen Vorgehensweise des Vergleichs mit anderen Bild- oder Textquellen sei hier besonders auf die Möglichkeit der Zeitzeugenbefragung, beispielsweise zu Nick Knatterton, hingewiesen.

Bereits diese auf die Rezeption abzielenden Methoden enthalten starke Elemente der Handlungsorientierung, die freilich erst in der Produktion eines eigenen Comics zur vollen Entfaltung kommen. Nicht nur größere Zusammenhänge, auch Quellen lassen sich in einen Comic umsetzen. Der souveräne Umgang mit Zeit, die Möglichkeit, sich selber in die Geschichte einzubringen schafft Raum für emotionale Betroffenheit.

Der Problemorientierte Geschichtsunterricht neigt zur Verkopfung und Abstraktion. Das wurde erkannt, handlungs- und produktionsorientierte Elemente sollen dem entgegenwirken. Gerade beim Kernstück „Quellenarbeit" ist das nur schwer einzulösen. Aufgrund seiner Struktur und seines didaktischen Potentials bietet sich hier - trotz aller offenen Fragen - der Comic an. Er erleichtert auch die Verbindung zu den Ergebnissen, die die Erörterung von Emotionen und historischem Lernen gebracht haben. Lustvoller Umgang mit dem Comic kann zu lustvollem Umgang mit Geschichte führen.

Uwe Uffelmann

Der Stellinga-Aufstand oder die Perspektivenübernahme beim historischen Lernen
Ein Unterrichtsbeispiel zum Problemorientierten Geschichtsunterricht

Die Wiedervereinigung der einander fremd gewordenen Deutschen und die bei der Suche nach neuer gemeinsamer Identität freigesetzten fremdenfeindlichen Potentiale haben die Geschichtsdidaktik herausgefordert, ihre Anstrengungen zur Veränderung des Geschichtsunterrichts erheblich zu verstärken.[1] Ein Strang der Bemühungen richtet sich auf die geschichtsdidaktische Kategorie der Perspektivität, die Klaus Bergmann in der westdeutschen Disziplin konsensfähig gemacht hat (Multiperspektivität, multiperspektivischer Geschichtsunterricht).[2] Die neue Beschäftigung mit dieser Kategorie ist durch zwei Akzentuierungen gekennzeichnet: 'Perspektivenübernahme' und 'Perspektivität im Prozeß historischen Lernens'[3] während Bergmann 1993 einen psychologischen Ansatz wählt, versucht Jochen Huhn 1993 und 1994, den geschichtswissenschaftlichen Umgang mit Geschichte, den Bergmann 1991 zuletzt angesprochen hatte, für das historische Lernen neu zu durchdenken: „Im Prozeß historischen Lernens sollen die Leistungen (Erkenntnisse und Verfahren) der Geschichtswissenschaft

---

1 Vgl. Hans Süssmuth (Hrsg.): Geschichtsunterricht im vereinten Deutschland. Auf der Suche nach Neuorientierung I/II, Baden-Baden 1991; Uwe Uffelmann (Hrsg.): Identitätsbildung und Geschichtsbewußtsein nach der Vereinigung Deutschlands, Weinheim 1993; Dagmar Klose/ Uwe Uffelmann (Hrsg.): Vergangenheit - Geschichte -Psyche (Forschen - Lehren - Lernen 7), Idstein/Ts. 1993; Jörg Calließ (Hrsg.): Lebenslauf und Geschichte. Zur historischen Orientierung im Einigungsprozeß, Loccumer Protokolle 63/92, Rehburg-Loccum 1993; Klaus Bergmann: Wir und die anderen - Lernen an und aus Geschichte, in Verbindung mit Dagmar Klose und Bernd Mütter (Hrsg.): Historisches Lernen im vereinten Deutschland. Nation - Europa - Welt (Schriften zur Geschichtsdidaktik 1, Weinheim 1994).

2 Vgl. Klaus Bergmann: Personalisierung im Geschichtsunterricht - Erziehung zur Demokratie? 2. Auflage Stuttgart 1977; ders.: Multiperspektivität. In: Handbuch der Geschichtsdidaktik, 4. Auflage Seelze-Velber 1992, S. 271-274; ders.: Multiperspektivischer Geschichtsunterricht. In: Hans Süssmuth (Hrsg.): Geschichtsunterricht im vereinten Deutschland I (wie Anm. 1), S. 80-91.

3 Vgl. Klaus Bergmann (wie Anm. 1); Gerhard Henke-Bockschatz/Gunther Hoffmann/Jochen Huhn/Gabriele Möhring/Antonius Wollschläger: Perspektivität im Prozeß historischen Lernens: Zwischenbericht über ein Projekt. In: Historisches Lernen im vereinten Deutschland (wie Anm. 1), S. 152-164; Jochen Huhn: Historische Identität als Dimension des Geschichtsbewußtseins. In: Uwe Uffelmann (Hrsg.): Identitätsbildung (wie Anm. 1), S. 9-34.

221

für die Heranwachsenden fruchtbar gemacht werden, indem sie ihre Orientierungsfunktion für deren gegenwärtiges und zukünftiges Leben erweisen."[4] Beide Autoren erkennen die bisher unzureichende Ausformung der Kategorie. Huhn diagnostiziert die mangelnde „systematische Umsetzung in Unterrichtspraxis", Bergmann ein theoretisches Defizit: „Bislang ist eine geschichtsdidaktische Begründung für eine multiperspektivische Darstellung von Geschichte eher schemenhaft denn deutlich erkennbar."[5] Das Aufgabenfeld ist damit beschrieben.

Bergmann versucht, das Defizit mit Hilfe der Parallelisierung der Entwicklungen der sozialen Perspektivenübernahme in Orientierung an Piaget (Modifizierung der Altersstufen) und des moralischen Urteilens nach Kohlberg zu mindern.[6] Kohlbergs Ansatz ist seit langem geschichtsdidaktischer Diskussionsgegenstand. Das Konzept der Perspektivenübernahme betrifft den „Weg vom Egozentrismus zur Dezentrierung" mit der Entwicklungstendenz vom Wissen um die Unterschiedlichkeit zweier Perspektiven (Perspektivendifferenzierung) über die „inhaltliche Ausgestaltung der fremden Perspektive" (Perspektivenübernahme)[7] zur „Auf einer Metaebene vollzogene(n) Integration inhaltlich unterschiedlicher Perspektiven" (Perspektivenkoordinierung).[8] In der Stufung der sozialen Perspektivenübernahme beruft sich Bergmann auf Robert L. Selman: „Stufe 0: egozentrische Perspektivenübernahme (ungefähr 4 bis 6 Jahre), Stufe 1: sozial- informationsbezogene Perspektivenübernahme (ungefähr 6 bis 8 Jahre), Stufe 2: selbstreflexive Perspektivenübernahme (ungefähr 10 bis 12 Jahre), Stufe 4: Perspektivenübernahme mit dem sozialen und konventionellen System (12 bis 15 Jahre und höher)." [9]

Die Parallelisierung von Perspektivenübernahme und moralischer Urteilsfähigkeit geht ebenso auf Selman zurück, der einem ganzheitlichen Ansatz verpflichtet ist und Perspektivenübernahme als ebenso kognitiven wie emotionalen und moralischen Vorgang versteht. Einen anderen aus dessen Perspektive zu verstehen suchen heißt folglich, sich seinem Gefühl wie seinen Beweg- und Handlungsgründen zu nähern. „Bei der sich lebensgeschichtlich entwickelnden Fähigkeit zum moralischen Urteilen geht es darum 'wie Menschen im Hinblick aufeinander denken und handeln *sollten*', bei der sich lebensgeschichtlich herausbildenden Fähigkeit der sozialen Perspektivenübernahme darum, 'wie und warum Menschen *tatsächlich* gegenüber anderen denken und handeln'."[10]

4 Jochen Huhn: Historische Identität (wie Anm. 3), S. 15; Klaus Bergmann: Multiperspektivischer Geschichtsunterricht (wie Anm. 2).
5 Bergmann, ebd., S. 88, vgl. Henke-Bockschatz u. a.: Perspektivität (wie Anm. 3), S. 152.
6 Bergmann: Wir und die anderen (wie Anm. 1), S. 192 f.
7 Ebd., S. 191.
8 Wolfgang Edelstein u. a.: Entwicklung sozialkognitiver Prozesse, zit. nach Bergmann (wie Anm. 1), S. 184.
9 Ebd., S. 192.
10 Ebd., S. 192.

Die Frage, warum die Perspektivenübernahme gerade im historischen Unterricht so wichtig sei, beantwortet Bergmann mit Rolf Schörkens Thesen vom Geschichtsunterricht in der kleiner werdenden Welt und bleibt damit auf der interstaatlichen und intergesellschaftlichen Ebene.[11] Diese ist zwar wichtig und für das Fremdverstehen unerläßlich. Ein Unterricht, der sich vorwiegend darauf konzentriert, birgt jedoch die Gefahr der - nicht intendierten - Einseitigkeit und der Pauschalisierung auf der Bewertungsebene. Nicht nur am Beispiel der Völker und Staaten ist Perspektivenübernahme zu üben, sondern gerade auch - und zunächst einmal - an 'einfachen Beispielen' innergesellschaftlicher Konflikte in der Vergangenheit des eigenen Volkes. Hier läßt sich am besten die mühsame unterrichtliche Kleinarbeit durchführen.

Für den Zusammenhang von Identität und Geschichtsbewußtsein hat Jochen Huhn 1993 die Standortgebundenheit, die Gesamtheit der Faktoren, welche die Fragestellung des historisch Forschenden beeinflussen, als entscheidend erkannt und als „Bezugsrahmen" bezeichnet. „Ein Bezugsrahmen bestimmt aber nicht nur die Forschung, sondern jede Wahrnehmung. Er bestimmt die Perspektive. Hierin liegt die Chance für historisches Lernen."[12] Den Zusammenhang von Bezugsrahmen und Perspektive nennen er und seine Mitarbeiter Perspektivität. Dabei handele es sich aber „nicht um durch Definition zu erfassende Inhalte, sondern um ein Suchinstrument für Beziehungen, die die Wahrnehmung beeinflussen. Die Art der Wahrnehmung beeinflußt wiederum Reden und Handeln der Menschen, das wir deshalb erst zu verstehen beginnen, wenn wir uns ihrer Perspektive nähern. Perspektive und Perspektivität können dabei nie vollständig erfaßt werden, sondern wir erfassen immer nur einzelne Aspekte oder Teilkomplexe, die für unser Erkenntnisinteresse relevant sind."[13] Zwei Zeitebenen der Perspektivität sind zu unterscheiden, die Ebene der „damals Lebenden (Ebene der Zeitgenossen)" und die Ebene der „heute Lebenden, wenn sie Vergangenheit betrachten", also die Perspektiven der Schüler, Zeitgenossen und professionellen Historiker.[14]

Beim historischen Lernen müssen auf der Ebene der Zeitgenossen die Perspektiven vergangener handelnder und leidender Menschen ermittelt und zu verstehen versucht werden. Um „die Erkenntnis der jeweiligen Sichtweise auf die Vergangenheit und ihrer Ursachen (Bezugsrahmen)" geht es auf der Ebene der heute Lebenden. Dabei ist es Huhn besonders wichtig, dem Eindruck von der Beliebigkeit historischer Perspektiven zu wehren, indem er die Überprüfung der historischen Berechtigung der Sichtweisen mittels ausgewiesener Kriterien, die er jedoch nicht explizit ausfaltet, die sich aber auch auf die Resultate und Methoden der Geschichtswissenschaft beziehen dürften, fordert.[15]

---

11 Vgl. Rolf Schörken: Geschichtsunterricht in der kleiner werdenden Welt. In: Hans Süssmuth (Hrsg.): Geschichtsdidaktische Positionen, Paderborn 1980, S. 315 ff.
12 Huhn: Historische Identität (wie Anm. 3), S. 28.
13 Henke-Bockschatz u.a.: Perspektivität (wie Anm. 3), S. 157 f.
14 Ebd., S. 160.
15 Vgl. Huhn: Historische Identität (wie Anm. 3), S. 31.

Ein Unterricht, der in der Verbindung beider Ebenen sein Ziel sieht, steht vor der Aufgabe, die Schülerinnen und Schüler von diesem Weg zu überzeugen, sie zu motivieren, bereit zu sein, den Zusammenhang ihrer eigenen empirischen Untersuchungen vergangener Ereignisse und Strukturen „mit dem Bezugsrahmen zu reflektieren, ihn bei der Interpretation der Ergebnisse zu berücksichtigen, auch die eigenen Prämissen (z.B. Vorstellungen über den Geschichtsverlauf) in Frage zu stellen", um Vergangenheit für ihre eigene Gegenwart und Zukunft fruchtbar zu machen.[16] Dies nennt Huhn „Einübung in reflexives Denken".[17] Reflexivität wird damit zu einem Prinzip historischen Lernens. Doch darf man nicht erwarten, daß reflexives Denken so einfach zu erreichen ist. „Die Reflexion der eigenen Geschichtsvorstellungen, Werte, Emotionen und damit der eigenen Identität kann von außen, durch den Unterricht nur ermöglicht und angeregt werden. Wie weit Schüler die Anregung aufnehmen, können nur sie selber entscheiden. Diese Reflexion kann zum Anstoß für Veränderungen im Zentrum der historischen Identität werden."[18] Indem Huhn die Perspektivität und die individuelle Identität verbindet, weist er dem Geschichtsunterricht den Weg zu identitätswirksamen historischem Lernen. Identitätsaufbau- und Identitätsrevisionskompetenz werden gleichermaßen geübt. So wird Geschichtsbewußtsein durch die „Perspektivität im Prozeß historischen Lernens" gefördert.

Im Hinblick auf die Realisierung des Ansatzes im Unterricht wird auf dessen pädagogisches Defizit aufmerksam gemacht und auf die Studien von Robert L. Selman als rezeptionswürdig verwiesen.[19] Mit Bergmanns 'Geschichtsdidaktisierung' des Konzepts der Perspektivenübernahme Selmans ist dieses Defizit zumindest gemindert, denn die Stufen der Perspektivenübernahme erleichtern die Entscheidung über das Machbare und dienen damit auch der Inhaltsauswahl. Für einen Unterricht der Altersgruppe 10 bis 12 heißt das (Stufe 3): „Das Kind nimmt wahr, daß sowohl es selbst wie auch der andere den jeweils anderen Teil wechselseitig und gleichzeitig als Subjekt sehen kann. Es kann aus der Zwei-Personen-Interaktion heraustreten und diese aus der Perspektive einer dritten Person betrachten."[20] Das bedeutet, daß 12jährige Schülerinnen und Schüler einen historischen Konflikt, in dem sich zwei Parteien gegenüberstehen, die unterschiedliche gesellschaftliche Positionen und damit Interessen haben, in der Weise analysieren können sollten, daß sie sowohl die kontroversen historischen Perspektiven erkennen, als auch ihre eigene Einschätzung des Ereignisses auf deren 'Bezugsrahmen' hin reflektieren, um die Angemessenheit ihres Urteils zu erfragen.

---

16 Vgl. Henke-Bockschatz u.a.: Perspektivität (wie Anm. 3), S. 157.
17 Huhn: Historische Identität (wie Anm. 3), S. 31.
18 Ebd., S. 31. Die Identität ist für Huhn das strukturierende Zentrum des Geschichtsbewußtseins, ebd., S. 23.
19 Vgl. Henke-Bockschatz u.a.: Perspektivität (wie Anm. 3), S. 159.
20 Bergmann: Wir und die anderen (wie Anm. 1), S. 194.

Die bedeutendste Bauernerhebung des frühen Mittelalters, die der Bund der Stellinga 841 wagte, soll als Beispiel für perspektivisches historisches Lernen in einer 6. Hauptschulklasse dienen. Der Ansatz beruht auf der vom Verfasser entwickelten und immer weiter ausdifferenzierten Konzeption eines Problemorientierten Geschichtsunterrichts, der perspektivisches Lernen bisher zwar durchgängig praktiziert - wie auch der nachstehende Unterricht belegt -, aber nicht explizit definiert und in seine theoretischen Grundlagen einbezogen hat. Die neue Diskussion erleichtert die Integration der Kategorie Perspektivität in den Problemorientierten Geschichtsunterricht.[21]

Die jüngste und prägnanteste Kennzeichnung des Stellinga-Aufstandes stammt von Werner Rösener:

„Zum größten Bauernaufstand der Karolingerzeit kam es 841, als sich die sächsische Stellinga-Bewegung gegen die Feudalherrschaft erhob. In Sachsen, das erst spät in das Frankenreich eingegliedert worden war, war der Prozeß der Feudalisierung langsamer als in den übrigen Reichsteilen vorangeschritten, so daß sich die altsächsische Sozialstruktur mit ihrer Gliederung in Adelige, Frilinge (Freie) und Liten (Halbfreie) noch relativ lange erhielt. Im Zuge der fränkischen Eroberung und der Durchdringung des Landes mit fränkischen Herrschaftsformen hatte sich insbesondere die Stellung der Freien und Liten - sie hatten am hartnäckigsten gegen die fränkischen Eroberer gekämpft - verschlechtert. In den Jahren 841 bis 843 kam es dann, begünstigt durch die Uneinigkeit unter den Söhnen König Ludwigs des Frommen, zu einer großen Erhebung der Freien und Liten. Der Stellinga-Aufstand vereinigte in seinen Reihen hörige und freie Bauerngruppen und richtete sich vornehmlich gegen die adligen und kirchlichen Grundherren, deren Position sich seit der fränkischen Eroberung zunehmend auf Kosten der Bauernschaft verstärkt hatte. Erst nach einigen vergeblichen Anläufen gelang es König Ludwig und dem sächsischen Adel, den Aufstand, der sich über große Teile Sachsens ausgebreitet hatte, mit blutiger Gewalt niederzuschlagen. "[22]

---

21 Vgl. Uwe Uffelmann u.a.: Problemorientierter Geschichtsunterricht. Grundlegung und Konkretion (Forschen - Lehren - Lernen 4), Villingen-Schwenningen 1990; ders. demnächst: Problemorientierter Geschichtsunterricht. In: Handbuch der Geschichtsdidaktik, 5. Auflage, Seelze-Velber 1995.

22 Werner Rösener: Bauern im Mittelalter, München 1985, S. 245 f.; weitere Literatur: Hans J. Schulze: Der Aufstand der Stellinga in Sachsen und sein Einfluß auf den Vertrag von Verdun, ms. Diss. Humboldt-Universität Berlin 1955; Günther Franz: Geschichte des deutschen Bauernstandes vom frühen Mittelalter bis zum 19. Jahrhundert, Stuttgart 1970, S. 22 f.; Siegfried Epperlein: Herrschaft und Volk im karolingischen Imperium. Studien über soziale Konflikte und dogmatisch-politische Kontroversen im fränkischen Reich, Berlin/O 1969, S. 50-68; Eckhard Müller-Mertens: Der Stellinga-Aufstand. In: Zeitschrift für Geschichtswissenschaft 20/1972, S. 818-842; Uwe Uffelmann: Bäuerliche Freiheitsbestrebungen im Mittelalter. In: Die Schulwarte 27/1974, A. 12, S. 25-47; vgl. auch ders.: Problemorientierter Geschichtsunterricht (wie Anm. 21), S. 70-75.

Die im folgenden beschriebene und partiell dokumentierte Stunde zum Stellinga-Aufstand ist die vorletzte von einer achtstündigen Unterrichtseinheit. Sie wurde vom Verfasser selber gehalten.[23] Einleitend wurden die Sachsen-Kriege Karls des Großen rekapituliert, um den zeitlichen Bogen zum Stundenthema spannen zu können. Als Medien dienten die Karten des karolingischen Großreiches und der Reichsteilungen seit 843. Wichtig war, so viel Vorinformationen zu vermitteln, daß die Schüler den historischen Handlungsrahmen erkennen konnten.

Lehrer: Und wie ist die Sache ausgegangen? - Jürgen!

Jürgen: Der Karl, der hat böse Gesetze eingereicht, also mit Todesstrafe und so.

Mark: Und Fastengesetze und so.

Björn: Daß jeder Sachse immer in die Kirche gehen muß, immer an den christlichen Glauben, anstatt den heidnischen Glauben glauben muß.

Lehrer: Sehr gut, was Ihr darüber alles wißt. Jetzt könntet Ihr Euch überlegen: Warum mache ich jetzt noch etwas zu diesem Gesichtspunkt? Aber vielleicht gibt es ja das eine oder andere, das Ihr im Zusammenhang mit diesen Sachsen noch gar nicht kennt. Und damit wir schnell dahinkommen, auch zu der Zeit kommen, mit der wir uns befassen wollen, muß ich Euch ein paar Angaben machen. Dieses große Reich Karls des Großen ist dann vererbt worden an den Sohn Karls des Großen, der hieß Ludwig der Fromme. Der hatte drei Söhne - das klingt jetzt fast wie ein Märchen - und bevor er starb, hat er sein Testament gemacht. Was ist ein Testament?

Jürgen: Also - Einteilung seines Hab und Gut.

Lehrer: Schön, und hat bestimmt, daß seine drei Söhne jeweils einen Teil seines großen Reiches erben sollen. Der eine Sohn hieß Lothar, der andere hieß Karl, jemand hat vorhin gesagt, Karl der Kahle. Und ein anderer, der dritte, hieß Ludwig, den man später Ludwig den Deutschen genannt hat. Da sollte nun jeder einen Teil des Reiches bekommen, aber was könnte passiert sein?

Jürgen: Die haben Streit miteinander gehabt, und dann ist das Land 'n bißchen kleiner geworden.

Lehrer: Die haben sich also die Köpfe eingeschlagen um ihren Anteil?

Jürgen: Die haben Krieg miteinander geführt, weil jeder mehr haben wollte.

Lehrer: Richtig - Goran!

Goran: Das wollte ich auch sagen.

Lehrer: Und mit welchem Ergebnis? Mit dem Ergebnis, daß schließlich ein Vertrag gemacht worden ist. - Das kann man hier auf einem Teil der Karte sehen, daß man sich 843 geeinigt hat, daß der Karl dieses Gebiet bekommen sollte und der Ludwig das, was hier blau ist. 843 - aber das war,

---

23 Audiovisuelles Zentrum (AVZ) der Pädagogischen Hochschule Heidelberg, Videoband Nr. 695X.

nachdem das geschehen ist, womit wir uns heute befassen wollen. Während dieser Kämpfe der Brüder um die Reichsteile passierte etwas in Sachsen, und darüber schreiben uns gelehrte Schreiber der damaligen Zeit. Und das wollen wir jetzt einmal zusammen anschauen.

Die Quellenauszüge entstammen den Xantener Annalen zum Jahr 841 und Nithards Darstellung im 4. Buch seiner 'Vier Bücher Geschichten'.[24]

Quelle 1:

„In demselben Jahr (841) war durch ganz Sachsen die Macht der Knechte (Bauern) weit hinausgewachsen über ihre Herren, und sie legten sich den Namen Stellinga bei und begingen viel Unverantwortliches. Und die Edlen (Adligen) jenes Landes wurden von den Knechten sehr geschädigt und erniedrigt... (König) Ludwig (zog) nach Sachsen, und die übermütig aufgeblasenen Knechte der Sachsen schlug er... und führte sie zu ihrem eigentlichem Stand zurück.“

Quelle 2:

„Und so ging durch die Obrigkeit zugrunde, was sich gegen den Willen der Obrigkeit zu erheben wagte.“
Der Erarbeitung des Sachverhaltes folgte die Perspektivenübernahme:

Goran: Der König Ludwig, der hat sie so geschlagen, daß sie keine Männer mehr gehabt haben, sie anzugreifen, die Herrschaft.

Lehrer: Überlegt mal: Wie wird denn dieser Aufstand hier in diesen beiden Textausschnitten beschrieben? Bitte schön, Goran.

Goran: Die Knechte, die hätten ja gewonnen gegen die Herrschaft, wenn der König Ludwig nicht gekommen wäre.

Lehrer: Wie beurteilen die Schreiber dieser Texte diesen Bauernaufstand? Kann man da was darüber sagen, wenn man den Text so betrachtet? Jochen wollte, glaube ich, etwas sagen.

Jochen: Übermütig und aufgeblasen.

Lehrer: Könnt ihr noch mehr sammeln? Übermütig und aufgeblasen steht im Text, gut, sehr gut Jochen! Wie werden die Bauern noch beschrieben?

Claudia: Als hochnäsig.

Lehrer: Ja, findet Ihr noch etwas, was in diese Richtung geht?

Gerd: Daß die die Adligen und Edlen geschädigt haben.

---

24 Xantener Jahrbücher. In: Quellen zur karolingischen Reichsgeschichte II (Ausgewählte Quellen zur deutschen Geschichte des Mittelalters VI), Darmstadt 1969, S. 339-371 hier S. 344/345; Nithard, Vier Bücher Geschichten. In: Quellen zur karolingischen Reichsgeschichte I (Ausgewählte Quellen zur Geschichte des Mittelalters V), Darmstadt 1968, S. 385-461, hier S. 458/459.

Jürgen:	Angeblich!
Lehrer:	Aha, wie beurteilt demnach der Schreiber der Quelle 1 diese Bauern und ihren Aufstand.
Claudia:	Daß sie sich zuviel zugemutet haben.
Lehrer:	Wenn wir das noch anders sagen können.
Goran:	Mutig beschreibt er sie. Sonst tät' kein Knecht auf so einen großen Herr einen Aufstand machen.
Lehrer:	Du meinst also, der bewundert die?
Goran:	Ja.
Lehrer:	Nehmt dazu Stellung!
Mark:	Weil sie laufend Aufstand gemacht haben.
Lehrer:	Und wenn es hier heißt 'aufgeblasene Knechte' und 'beginnen viel Unverantwortliches'?
Gerd:	Sie haben sich größer gefühlt als der Herr, die wollten jetzt auch mal regieren, die wollten sich nicht immer bloß befehlen lassen.
Lehrer:	Alles richtig. Nur die Frage ist jetzt die: Wie beurteilt der Schreiber das? Ist er dafür, ist er dagegen, findet er das gut, nicht gut. Goran meint, er findet es gut. Da steht hier aber die 'aufgeblasenen Knechte' und die Herren wurden 'geschädigt und erniedrigt'.
Ulrike:	Er findet die frech und so.
Lehrer:	Also müssen wir Goran dazu hören, was er dazu meint.
Goran:	Er findet sie gut, weil er bestimmt auch nicht so viel Geld gekriegt hat von den großen Herren und hat auch für sie gearbeitet der Schreiber vielleicht.
Lehrer:	Goran, beleg mal mit dem Text, daß der Schreiber diesen Aufstand gut findet, daß er sagt: Toll, daß die Bauern hier mal was machen! Guck mal in den Text, steht da was drin?
Viele:	Ne!
Lehrer:	Wir müssen uns ja wohl überlegen, daß wir am Text das überprüfen wollen. Deine Vermutungen können ja richtig sein, wir müssen sie nur überprüfen.
Björn:	Quelle 2 schreibt aus der Sicht der Obrigkeit. Er schreibt: 'So ging durch die Obrigkeit zugrunde', da meint der Autor: durch die Herren zugrunde oder die Obrigkeit. Und der andere ist auch eigentlich mehr für die Obrigkeit als für die Bauern.
Lehrer:	Könnt Ihr zustimmen? Jetzt weiß ich nicht, ob wir den Goran überzeugt haben. Wir wollen ihn ja nicht überrollen.
Jürgen:	Im ersten Text, da haben die Herren gewonnen und haben die Bauern in den eigenen Stand zurückgebracht und im zweiten Text, da hatte die Obrigkeit die Bauern überzeugt.
Lehrer:	Es ist die Frage, ob sie die Bauern überzeugt hatte. Wie hat man sie überzeugt?

Gerd:	Daß sie stärker sind.
Lehrer:	Ja, durch den Krieg, daß sie stärker sind. Nehmen wir noch mal das auf, was Björn sagte. Nach den beiden Quellen wird eigentlich deutlich, daß der Schreiber doch wohl auf der Seite der Obrigkeit, der Herren, des Königs steht. Überlegen wir mal: Wie würde denn ein betroffener Bauer, der also den Aufstand gegen die Herren gemacht hat, so etwas schreiben, wenn er schreiben könnte. Die konnten ja nicht schreiben, daß wißt Ihr ja auch. Wie könnte er das geschrieben haben?
Goran:	Der würde vielleicht schreiben, daß es gut ist, daß sie gegen die Herren gekämpft haben, weil er ja auch ein Bauer ist und gegen die Herren ist.
Björn:	Beide schreiben aus der Sicht der Obrigkeit, und der von den Bauern würde vom Stand der Bauern schreiben, was die davon halten und wie sie sich da verhalten.
Claudia:	Also ein Herr, z.B. Ludwig, der hat vielleicht zu dem Schreiber gesagt, er soll es so schreiben vom Stand der Obrigkeit aus, wenn er es von den Bauern aus schreiben würde, würde er umgebracht oder bedroht.
Lehrer:	Welches Bild vom Bauernaufstand wollen uns die Schreiber der beiden Quellen vermitteln? Das war sehr schön, was die Claudia eben gesagt hat. Was für ein Bild wollen sie uns vermitteln?
Björn:	Daß die Obrigkeit über das Land herrscht, daß keine Lücken in der Herrschaft drin sind, daß sie fest das ganze Land regieren, nicht daß - , die wollen die überzeugen, daß die Obrigkeit immer stärker ist.
Lehrer:	Sehr gut, damit sagst Du auch, für wen diese Schreiber das geschrieben haben, vielleicht, um dem Volk deutlich zu machen, wer der Starke, wer der Herr ist.
Gerd:	Der Schreiber, der soll das so schreiben, und dann meinen die, die sind stärker wie wir.
Beate:	Und die Bauern bekommen dann Angst und ergeben sich.
Lehrer:	Aha, wie könnten wir also das Interesse der Schreiber dieser beiden Quellen bezeichnen, woran sind sie interessiert, was wollen sie? Ja, Gerd, kannst Du es sagen?
Gerd:	Nein.
Mark:	Die wollen Ruhe in ihrem Land haben.
Lehrer:	Das könnte man sagen.
Goran:	Daß sie keinen Krieg mehr führen wollen, weil das zu viel Geld kostet für sie. Wenn sie aufhören, kriegen sie vielleicht mehr Geld.
Claudia:	Die Schreiber wollen sich vielleicht bei der Obrigkeit beliebt machen.
Lehrer:	Und Jürgen noch dazu.
Jürgen:	Die Bauern sind die einzigen Feinde von der Herrschaft, aber ohne die Bauern ist der Staat gar nicht vollständig.
Lehrer:	Du nennst damit also die Wichtigkeit der Bauern. Wir haben schon überlegt, ob ein betroffener Bauer so etwas schreiben könnte. Welche Frage

müßte uns jetzt eigentlich interessieren, nachdem wir herausgefunden haben, was die Schreiber wollten, was die Herren wollten.

Mark: Für die Bauern.

Lehrer: Ja, könntest Du es vielleicht in einem Satz sagen. Was interessiert uns an den Bauern?

Mark: Was die so machen, was die einen Aufstand machen.

Lehrer: Also, was die für einen Aufstand machen oder wie wolltest Du sagen?

Mark: Wegen was!

Lehrer: Wegen was, wie drücken wir das ein bißchen anders aus?

Andreas: Warum!

Lehrer: Ja, richtig, was wollen die Bauern, warum machen die einen Aufstand. Ja, wie können wir da verfahren?

Goran: Weil die soviel Abgaben geben müssen, sind sie gegen die Herren.

Lehrer: Der Goran stellt Vermutungen auf: Die Abgaben sind vielleicht zu hoch. Was wäre denn noch denkbar?

Andreas: Die müssen vielleicht zu viel anpflanzen.

Gerd: Das meine ich auch, was er sagt.

Viola: Die müssen zu viel arbeiten.

Mark: Vielleicht paßt es denen nicht, was der Herr sagt zum Anpflanzen. Die wollen etwas anderes anpflanzen.

Lehrer: Das wäre denkbar. - Björn!

Björn: Vielleicht weil sie oft beim Herrn arbeiten müssen, weil sie keine Zeit haben dann für ihren eigenen Hof anzubauen.

Jürgen: Die haben keine Lust mehr, sich rumkommandieren zu lassen.

Achim: Es wird vielleicht zu streng kommandiert.

Lehrer: Es hat der Björn vorhin etwas in bezug auf die Sachsen gesagt, daß sie jeden Sonntag in die Kirche gehen mußten. Vielleicht hängt das auch damit zusammen.

Claudia: Sie haben vielleicht schlechter gerodet und müssen trotzdem noch so viel Zins abgeben für den Herrn, da bleibt kaum noch was für sie übrig.

Lehrer: Dann noch zwei Vermutungen von Goran und von Mark.

Goran: Ich würde sagen, daß die Bauern, die haben für den Herrn noch arbeiten müssen, und wenn sie dann das, was sie auf ihrem Bauernhof arbeiten gemußt haben, nicht rechtzeitig abgegeben haben, haben sie es nicht gekonnt, wenn sie nicht arbeiten können.

Lehrer: Und der Mark noch.

Mark: Die wollten auf ihrem Bauernhof schaffen und nicht auf einem anderen.

Lehrer: Wir haben jetzt einige Vermutungen angestellt, sind jetzt noch mehr Meldungen?

Gerd: Vielleicht waren es freie Bauern, und die haben sie zu unfreien Bauern gemacht, und jetzt wollen sie sich rächen.

Lehrer: Du bist ein kluger Junge und denkst an die Mittwochstunde. Wäre denkbar.

Jürgen:	Die Bauern, die haben auch noch eine große Familie gehabt und so vielleicht.
Lehrer:	Bitte, da können wir eine Menge vermuten. Wie kriegen wir denn nun Klarheit in die Sache rein? Was wollen die Bauern, warum machen sie den Aufstand? Viele Vermutungen. Wie können wir denn die Sache jetzt klären?
Jürgen:	Die wollen Gerechtigkeit.
Lehrer:	Ihr sagt jetzt, was sein könnte, wie könnten wir das jetzt überprüfen, was Ihr sagt, ob das richtig ist, ob diese Vermutungen stimmen. - Ja, Mark!
Mark:	Mit Text.
Lehrer:	Mit Text. Vielleicht haben noch mehr Leute was geschrieben.
Jürgen:	Durch eine andere Quelle."

In Kleingruppenarbeit werden zwei weitere Quellenausschnitte mit Fragen analysiert:[25]

Quelle 3:
Prudentius, ein fränkischer Bischof, schreibt:
„Auf der Flucht kam (König) Lothar nach Aachen und versuchte von hier aus, um den Kampf wieder aufnehmen zu können, die Sachsen und die übrigen angrenzenden Völker für sich zu gewinnen, wobei er soweit ging, daß er bei den Sachsen, den sogenannten Stellingen, die die Mehrzahl in diesem Volk bilden, freistellte, sich unter allen Gesetzen und Einrichtungen der alten Sachsen auszuwählen, was sie haben wollten. Und diese, immer zum Bösen geneigt, entschieden sich dafür, heidnisches Wesen anzunehmen statt die auf den christlichen Glauben abgelegten Eide zu halten..."

Beantworte folgende Fragen:
1. Welche Versprechungen macht Lothar den Bauern?
2. Was tun die Bauern daraufhin?
3. Wogegen wehren sich die Bauern?
4. Wie möchten die Bauern gerne leben?

Quelle 4:
Der fränkische Adlige Nithard, Enkel Karls des Großen, schreibt: *„Das ganze Volk (der Sachsen) ist in drei Stände geteilt... Edle, Freie und Knechte... und als (König) Lothar sah, daß nach dem Sieg seiner Brüder das Volk, welches auf seiner Seite gewesen war, abzufallen drohte, suchte er, von der Not getrieben ... Hilfe ... so schickte er auch nach Sachsen und ließ den (Freien und Knechten), deren Zahl sehr groß ist, versprechen, ihnen, wenn sie ihm folgten, ihr Recht, wie es zur Zeit, als sie noch (Heiden) waren,*

---

25 Jahrbücher von St. Bertin. In: Quellen zur karolingischen Reichsgeschichte II (wie Anm. 24), S. 11-287, hier S. 54/55; Nithard (wie Anm. 24), S. 448/449.

hatten, wiederzugeben. Hiernach über die Maßen begierig, legten sie sich einen neuen Namen, Stellinga, bei, verjagten, zu starken Haufen vereinigt, ihre Herren beinahe aus dem Lande und lebten in alter Weise, jeder nach dem ihm beliebenden Gesetz. "

Beantworte folgende Fragen:
1. Welche Versprechungen macht Lothar den Bauern?
2. Was tun die Bauern daraufhin?
3. Wogegen wehren sich die Bauern?
4. Wie möchten die Bauern gerne leben?

Die Auswertung führte zur Identifizierung der Interessen der Bauern. Grundherrschaft und Kirchenordnung wurden als die Gründe für den Widerstand der Aufständischen erkannt und damit die Perspektive der Bauern nicht nur vermutet, sondern quellenmäßig belegt. Besser wäre gewesen, im Anschluß daran die Schüler und Schülerinnen selber eine 'Quelle' aus der Sicht der Bauern verfassen, also den Sachverhalt aus deren Sicht erzählen zu lassen, denn: „Man hat verstanden, wenn man in der Lage ist, eine Geschichte zu erzählen... Im Erzählen befreit sich der Erzähler von der Last unverstandener Ereignisse, indem er sie in einen Sinnzusammenhang stellt. Das Erzählen zwingt ihn, die Ereignisse in einen Zusammenhang zu bringen... Über den Erzählzusammenhang lassen sich dann erst verstehendes Mitgefühl, Mitleiden und Mitfreuen realisieren."[26]
Die abschließende Bewertung ergab eine begründete Parteinahme für die Bauern. Sie wurde aber nicht zur Perspektive der heute Lebenden, also der Reflexion des eigenen Bezugsrahmens, durch die Frage nach dem Warum dieser Parteinahme ausgeweitet. Dies hätte zu dem Problem führen können, ob wir heutigen die Perspektive der Stellinga und des Adels trotz der Quellen denn überhaupt richtig sehen und was uns daran hindern könnte. Damit wäre dann auch die Schwelle zur 4. Stufe der Perspektivenübernahme erreicht: „Die Person sieht, daß wechselseitige Perspektivenübernahme nicht immer zum völligen Verstehen führt."[27]

Die Schülerinnen und Schüler dieser Klasse wären damit vermutlich überfordert gewesen, denn der Gesprächsverlauf macht nur allzu deutlich, wie mühsam das Einüben von Perspektivenübernahme im historischen Unterricht ist. Immerhin ist es in einer 6. Hauptschulklasse mehr oder weniger gelungen, die Perspektiven der Konfliktparteien zu identifizieren. In diesem Sinne ist der obige Hinweis zu verstehen, daß man nach geeigneten 'einfachen' innergesellschaftlichen Themen suchen sollte, um die mühsame Kleinarbeit mit der Chance auf einen gewissen Erfolg überhaupt leisten zu können.

---

26 Hans-Jürgen Pandel: Verstehen und Verständigen. Hermeneutische Konsequenzen aus einer erzähltheoretischen Historik. In: ders. (Hrsg.): Verstehen und Verständigen (Jahrbuch für Geschichtsdidaktik II), Pfaffenweiler 1991, S. 11-23, hier: S. 19.
27 Bergmann: Wir und die anderen (wie Anm. 1), S. 194.

Achim Jenisch

Geschichte zum Anfassen
Produktiver Umgang mit haptischen Quellen
im Problemorientierten Geschichtsunterricht

Der vorliegende Beitrag stellt eine überarbeitete und erweiterte Fassung des Artikels 'Alltagsgeschichte be-greifen' dar.[1] Am Anfang meiner Überlegungen stand die Frage: Wie kann man haptische Quellen gewinnbringend im Geschichtsunterricht einsetzen? Im folgenden werde ich aufzeigen, worin die Chancen des Einsatzes von Sachquellen liegen und die Besonderheiten archäologischer Funde verdeutlichen. Danach stelle ich ein Unterrichtsbeispiel aus der Sekundarstufe I zur Diskussion, das auf archäologischen Funden basiert und nach dem operationalisierten Verfahren des Problemorientierten Geschichtsunterrichts[2] konzipiert und durchgeführt wurde. Abschließend werden die Chancen, welche sich durch den Einsatz haptischer Quellen in den drei Phasen des Problemorientierten Geschichtsunterrichts eröffnen, graphisch dargestellt.

1 Sachquellen im Geschichtsunterricht

Die Geschichtsdidaktik geht von einem Quellenbegriff aus, der verbale, ikonische und haptische Quellen beinhaltet.[3] Bei einem Blick in die fachdidaktische Literatur und in die Klassenzimmer unserer Schulen wird man unschwer feststellen können, daß diese drei Quellengattungen in Theorie und Praxis unterschiedlich stark repräsentiert sind. Es besteht eine deutliche Dominanz der Schriftquellen. Bildquellen haben im Bereich der Geschichtskultur und im Schulalltag an Bedeutung gewonnen und auch die Geschichtsdidaktik nimmt sich neuerdings dieser Thematik verstärkt an.[4] Sachquellen finden lediglich in der Museumspädagogik große Beachtung, während sie in Geschichtsdidaktik und -unterricht bisher weitgehend vernachlässigt wurden.

1 Jenisch, A.: Alltagsgeschichte be-greifen. Ein Unterricht auf der Basis archäologischer Funde. In: Praxis Geschichte 5/1998 'Problemorientierter Geschichtsunterricht', S. 24-27.
2 vgl. Dahl, C.: Aus der Praxis des Problemorientierten Geschichtsunterrichts in der Sekundarstufe I. In: Uffelmann U. u.a.: Problemorientierter Geschichtsunterricht. Grundlegung und Konkretion (FLL 4). Villingen-Schwenningen 1990, S. 188-204.
3 Pandel, H.-J.: Quellenarbeit, Quelleninterpretation. In: Bergmann, K. u.a. (Hrsg.): Handbuch der Geschichtsdidaktik. Seelze, 5. Aufl., 1997, S. 430.
4 z.B.: Pandel, H.-J.: Bild und Film. Ansätze zu einer Didaktik der 'Bildgeschichte'. In: Schönemann, B., Uffelmann, U., Voit, H. (Hrsg.): Geschichtsbewußtsein und Methoden historischen Lernens (Schriften zur Geschichtsdidaktik, Bd. 8). Weinheim 1998, S. 157-168.

Worin liegen die Ursachen für den geringen Einsatz haptischer Quellen im historischen Unterricht? Ein Grund dafür ist sicher die Fehleinschätzung, daß die historische Aussagekraft von Gegenständen nur als gering einzuschätzen sei.[5] Dem ist entgegenzuhalten, daß der Erkenntniswert einer Quelle unabhängig von der äußeren Form ist. Zweitens schätzen einige Geschichtsdidaktiker und Lehrer den Umgang mit haptischen Quellen als schwierig ein. Die Quelle soll schließlich nicht lediglich zur Veranschaulichung und Illustration dienen, sondern zum Arbeitsmaterial für die Schüler werden. Joachim Rohlfes behauptet beispielsweise, daß sich Sachgegenstände weniger leicht erschließen als ein im Schulbuch abgedruckter Quellentext.[6] Wer die Schwierigkeiten kennt, die Schüler der Sekundarstufe I mit dem Verständnis schriftlicher Quellen haben, kann diese Ansicht nicht teilen. Drittens dürfte die Schwierigkeit der Materialbeschaffung eine Ursache für den geringen Einsatz von Sachquellen sein. Daran sollte ein geplantes Unterrichtsvorhaben jedoch nicht scheitern, denn die Archive von Museen, Rathäusern und Landesdenkmalämtern verfügen über Funde, die nach sachgemäßer Katalogisierung keine wissenschaftliche Verwendung mehr finden und sich manchmal auch nicht als Exponate für eine Ausstellung eignen. Es ist durchaus möglich, sich dort Tonscherben etc. auszuleihen und sie im Unterricht sehr wirkungsvoll in Schülerhände zu geben. Schließlich wird die Meinung vertreten, originale Sachüberreste seien zu wertvoll, um sie im Unterricht einzusetzen. Dies trifft zweifelsohne für kunsthistorisch kostbare und seltene Objekte zu, jedoch nicht für alltägliche Gebrauchsgegenstände.

Die vier Argumente gegen eine unterrichtliche Verwendung von Sachquellen (begrenzte historische Aussagekraft; schwere Erschließbarkeit; mühevolle Beschaffung; Kostbarkeit) mögen im Einzelfall zutreffen, sind aber keine hinlängliche Begründung für eine generelle Verbannung der Sachquelle aus dem historischen Unterricht. Ich werde nun darlegen, worin m.E. die Vorteile der haptischen Quellen und die Chancen für historisches Lernen durch ihre Verwendung im Geschichtsunterricht liegen.

Leben in der Frühzeit, Lebensformen im Mittelalter, Veränderung der Arbeits- und Lebenswelt durch die Industrialisierung sind Lehrplaneinheiten, die den zunehmenden Stellenwert der Alltagsgeschichte im historischen Unterricht der Sekundarstufe I verdeutlichen.[7] Für den gesamten Bereich der Alltagsgeschichte sind Sachquellen unerläßlich. "Am meisten profitieren Alltagshistoriker methodisch von den Nachbardisziplinen vermutlich bei der Nutzung und Erschließung von nichtschriftlichen bzw. nichtsprachlichen Quellen (Arbeitsgeräte, Photoalben, Wohnungseinrichtungen usw.) für die Interpretation sozialer Praxis im historischen Wandel."[8] Wenn hier von Nach-

5   vgl. Meyer, A.: Die Sachquelle. In: Pandel, H.-J. / Schneider, G. (Hrsg.): Handbuch Medien im Geschichtsunterricht. Düsseldorf 1985, S. 269.

6   Rohlfes, J.: Geschichte und ihre Didaktik. Göttingen 1986, S. 303.

7   vgl. z.B.: Ministerium für Kultus und Sport Baden-Württemberg (Hrsg.): Bildungsplan für die Realschule. Villingen-Schwenningen 1994, S. 162 ff.

8   Wierling, D.: Alltags- und Erfahrungsgeschichte. In: Bergmann, K. u.a. (Hrsg.): Handbuch der Geschichtsdidaktik. Seelze, 5. Aufl., 1997, S. 234.

bardisziplinen die Rede ist, muß an erster Stelle die Archäologie genannt werden. Elisabeth Erdmann nennt unter geschichtsdidaktischer Perspektive vier Bereiche, zu denen die Archäologie Beiträge leisten kann. Sie eignen sich zur Ergänzung, Vertiefung und Kritik schriftlicher Überlieferungen. Zweitens können durch Gegenstände sinnlich-emotionale Erfahrungen gewonnen und so von der reinen Verbalität im Unterricht abgekommen werden. Drittens bietet die Archäologie die Möglichkeit, den Lernort zu wechseln und so die Umwelt in den Lernprozeß einzubeziehen. Letztlich können archäologische Funde und Befunde zum Wechsel der Arbeitsformen dienen.[9] Den Schülern sinnlich-emotionale Erfahrungen zu ermöglichen, halte ich für den wichtigsten der vier Punkte. Das In-die-Hand-Nehmen und das Be-greifen von archäologischen Gegenständen kann eine motivierende Wirkung auf die Lerngruppe auslösen und zur Anschaulichkeit des Unterrichts beitragen. "Es ist ein großer Unterschied, ob grobe Keramik und Terra Sigillata lediglich hinter einer Glasscheibe betrachtet oder in die Hand genommen werden können und der Unterschied im Material fühlbar ist."[10] Eng verbunden mit diesen sinnlich-emotionalen Erfahrungen ist die auratische Wirkung historischer Gegenstände. Die Aura ist ein Phänomen der Authentizität, das Gegenstände besitzen, die in der Gegenwart existent sind und deren Herkunft aus der Vergangenheit stammt.[11] Nur Originale besitzen diese Aura und sind deshalb nicht ohne weiteres durch Reproduktionen zu ersetzen. Sinnlich-emotionale Erfahrungen und das Phänomen der Aura tragen dazu bei, Betroffenheit bei den Schülern auszulösen. Nicht zuletzt dadurch werden haptische Quellen gerade für den Problemorientierten Geschichtsunterricht interessant. Damit die Lernenden Probleme finden und lösen können, müssen sie geschichtliche Sachverhalte emotional in Besitz nehmen.[12] Auch im methodischen Bereich bieten Sachquellen vielfältige Möglichkeiten eines produktiven Umgangs mit den Unterrichtsmaterialien. Die Interpretation einer haptischen Quelle erfordert andere Arbeitsformen als die im konventionellen Unterricht gebräuchlichen. Nachfolgend werde ich zeigen, daß es möglich ist, die Lernenden mit Hilfe archäologischer Funde im Sinne des Problemorientierten Geschichtsunterrichts durch eigenes Suchen und Forschen historische Einsichten gewinnen zu lassen.[13] Durch die Herstellung einer Rekonstruktionszeichnung, die im späteren Unterrichtsverlauf weitere Verwendung findet, berücksichtigt das Unterrichtsbeispiel neben der Problemorientierung auch die Handlungs- und Produktionsorientierung.[14]

---

9 Erdmann, E.: Archäologie in geschichtsdidaktischer Perspektive. In: dies. und Krautkrämer, E. (Hrsg.): Geschichte erforschen, erfahren, vermitteln. Rheinfelden/Berlin 1992, S. 99 ff.

10 ebd., S. 101.

11 Walter Benjamin zitiert nach: Grütter, H.T.: Geschichte im Museum. In: Bergmann, K. u.a. (Hrsg.): Handbuch der Geschichtsdidaktik. Seelze, 5. Aufl., 1997, S. 709.

12 vgl. Uffelmann, U.: Problemorientierter Geschichtsunterricht. In: Bergmann, K. u.a. (Hrsg.): Handbuch der Geschichtsdidaktik. Seelze, 5. Aufl., 1997, S. 284.

13 ebd., S. 282.

14 vgl. Raisch, H.: Überlegungen zum handlungs- und produktionsorientierten Geschichtsunterricht. In: Praxis Geschichte 5/1998 'Problemorientierter Geschichtsunterricht', S. 30-36.

2 Scherben mittelalterlicher Haushaltsgegenstände

Die zentralen Medien des folgenden Unterrichtsbeispiels sind Bruchstücke zweier mittelalterlicher Haushaltsgegenstände. Bei den Fragmenten eines Kochtopfes (Abb. 1) und einer Henkelschale (Abb. 2) handelt es sich um graue Drehscheibenware aus dem 14. Jahrhundert. Die Scherben stammen aus einer archäologischen Grabung des Frühjahres 1989 in Villingen. Dort wurden Siedlungsbefunde eines Wirtshauses aus dem 14. Jahrhundert und zweier Wirtschaftsgebäude entdeckt.[15] Als Kochtöpfe, Flüssigkeitsbehälter und Tafelgeschirr herrschte in der Region des mittleren Neckars bis zur Schwäbischen Alb seit Beginn des 13. Jahrhunderts hauptsächlich die graue Drehscheibenware vor.[16]

Bei den Scherben unseres Topfes (Abb. 1) handelt es sich um ein Rand- und ein Bodenbruchstück, weshalb man das Gefäß vollständig rekonstruieren kann. Mittels der beiden Scherben erhält man alle notwendigen Informationen, um den Topf korrekt zu zeichnen. Archäologische Rekonstruktionszeichnungen werden stets in der Mitte halbiert (Abb. 1-2). Die linke Hälfte des Objekts wird im Profilschnitt, die rechte Hälfte in der Aufsicht dargestellt.[17] Die Scherben werden in die Zeichnung mit eingebunden. Bevor mit der Zeichnung begonnen wird, muß man die Scherbe richtig ausrichten (orientieren), um die exakte Krümmung der Wandung bzw. des Bauches zu erhalten. Dazu peilt man das Bruchstück am ausgestreckten Arm, bis Drehriefen und Rand gerade sind (Abb. 6). Zur Bestimmung des Randdurchmessers legt man die Scherben auf ein Stück Papier und überträgt die Rundungen mit einem Bleistift. Der Kreis kann dann mit einer Kreisschablone oder einem Zirkel vervollständigt werden. Da von der Henkelschale kein Bodenbruchstück vorhanden ist, kann man die genaue Form des unteren Teils nicht bestimmen. Aus diesem Grund wurde das Gefäß ohne Boden gezeichnet (Abb. 2).

Das folgende Unterrichtsbeispiel kann in ähnlicher Form mit jeder anderen Keramikart durchgeführt werden. Ich habe schon einen vergleichbaren Unterricht mit römischen Terra Sigillata-Scherben praktiziert.

---

15 vgl. Jenisch, B.: Die Entstehung der Stadt Villingen. Archäologische Zeugnisse und Quellenüberlieferung. Forschungen und Berichte der Archäologie des Mittelalters in Baden-Württemberg 22. Stuttgart 1998, Kapitel IV.

16 vgl. Gross, U.: Mittelalterliche Keramik zwischen Neckarmündung und schwäbischer Alb. Forschungen und Berichte der Archäologie des Mittelalters in Baden-Württemberg 12. Stuttgart 1991, S. 60 ff.

17 Bauer, I. u.a.: Leitfaden zur Keramikbeschreibung (Mittelalter-Neuzeit). Terminologie - Typologie - Technologie. Kataloge der prähistorischen Staatssammlung München, Beiheft 2. Kallmünz Opf. 1987, S. 19.

3 Unterrichtsbeispiel aus der Sekundarstufe I

Die hier vorgestellte Doppelstunde 'Kochen im Mittelalter' im Rahmen der Unterrichtseinheit 'Lebensformen im Mittelalter' für die siebte Klassenstufe habe ich nach der Konzeption des Problemorientierten Geschichtsunterrichts geplant und mit Schülern der Realschule Obrigheim durchgeführt. Diesem Unterricht auf der Basis archäologischer Funde liegt Uwe Uffelmanns Verlaufsschema zugrunde, das in die drei Phasen Problemfindung, Problemlösung und Reflexion der Erträge gegliedert ist.[18] Die bestimmte Abfolge der Lernschritte entnahm ich in leicht modifizierter Form Clemens Dahls operationalisiertem Verfahren des Problemorientierten Geschichtsunterrichts.[19] Der Entwurf von Dahl teilt sich in ein Grund- und ein Erweiterungsmodell. Aus Zeitgründen habe ich mich auf das Grundmodell bezogen.

3.1 Bedingungsanalytische Unterrichtssequenz

In diesem ersten Lernschritt wurden die Vorkenntnisse der Lerngruppe ermittelt. Hierbei wurde als Sitzordnung der Stuhlkreis gewählt. In einem Brainstorming zum Thema 'Kochen im Mittelalter' konnte das bereits vorhandene Wissen der Schüler ausgetauscht und bestehende Vorurteile hinterfragt werden. Die Schüler nannten u.a. 'Kochen auf offenem Feuer', 'Rauch- und Rußentwicklung', 'andere Speisen', das 'Problem der Konservierung von Lebensmitteln', 'keine Mikrowelle' und 'kein Strom'. Als Lehrer erhält man in dieser ersten Unterrichtsphase wichtige Informationen über den Wissenstand und spezielle Interessen der Lernenden.

3.2 Historischer Sachverhalt

Als nächstes sollte die Klasse den historischen Sachverhalt erkennen. Die Schlüsselfrage zu diesem Lernschritt lautet: "Welcher geschichtliche Sachverhalt (Ereignis, Zusammenhang) wird behandelt?"[20] In dieser Phase des Unterrichts begegneten die Schüler den archäologischen Funden, indem die etwa 600 Jahre alten Keramikbruchstücke in die Mitte des Stuhlkreises gelegt wurden. Um Neugierde und Interesse der Lerngruppe zu wecken, informierte ich sie über das Alter und die Herkunft der mittelalterlichen Scherben. An dieser Stelle kam die auratische Wirkung der Sachquellen zum Tragen. Die Schüler nahmen die Scherben in die Hand und erfühlten die Beschaffenheit der Gegenstände. Die gewonnenen sinnlich-emotionalen Erfahrungen wurden ausgetauscht (Abb. 5).

---

18 Uffelmann, U.: Strukturbild und Erläuterung des Problemorientierten Geschichtsunterrichts. In: Praxis Geschichte 5/1998 'Problemorientierter Geschichtsunterricht', S. 37.
19 Dahl, C.: a.a.O., S. 188 ff.
20 ebd., S. 191.

3.3 Problematisierung

Nach der ersten Begegnung der Schüler mit den Scherben wurde der historische Sachverhalt problematisiert. Sie überlegten, was die Keramikbruchstücke - im Unterschied zu heute - mit 'Kochen im Mittelalter' zu tun haben. Es wurde nochmals auf das Vorwissen der Klasse zurückgegriffen. Da es sich bei den Funden lediglich um Fragmente und nicht um vollständig erhaltene Gefäße handelte, wurde die Phantasie der Lernenden aktiviert. Der Rätselcharakter dieser Unterrichtssituation wirkte sich positiv auf die Lernmotivation aus. Die Aufgabe des Lehrers war dann, durch geschickte Gesprächsführung ein wildes Ratespiel zu verhindern und statt dessen Denkprozesse in Gang zu setzten.

3.4 Problemfrage

Angesichts der spezifischen Thematik ist es schwierig, nur eine einzige Problemfrage zu finden. Die Schüler formulierten mehrere Fragen, die ein gesamtes Fragebündel darstellten, welches ihre Interessenlage widerspiegelte. Die Problemfragen lauteten:

- 'Wie sahen die Gegenstände aus, bevor sie zerbrachen?'
- 'Warum sind sie kaputt gegangen?'
- 'Aus welchem Material sind sie?'
- 'Wie wurden die Gegenstände hergestellt?'
- 'Wozu haben sie gedient?'
- 'Wie entstanden die Fingerabdrücke am Henkel der einen Scherbe?'
- 'Warum ist ihre Form so komisch?'
- 'Warum sind die Scherben außen rußig?'

Die Fragen wurden an die linke Tafelhälfte geschrieben, damit später darauf zurückgegriffen werden konnte.

3.5 Vermutungen

In dieser Phase des Unterrichts stellte die Lerngruppe Hypothesen auf. Sie äußerten ihre Vermutungen zu den Problemfragen. Die Schülerhypothesen wurden an der rechten Tafelhälfte skizziert bzw. aufgeschrieben und so festgehalten.

3.6 Überprüfung der Vermutungen

Die Frage nach dem Aussehen der Gegenstände wurde zunächst in den Mittelpunkt gestellt. Nun konnte die historische Analyse zielgerichtet beginnen, um angemessene Antworten auf die Schülerfragen zu erhalten. Nach einigen kurzen Erläuterungen zum Anlegen archäologischer Rekonstruktionszeichnungen, wie Orientierung der Scherben (Abb.6) und Bestimmung des Randdurchmessers, konnte die Lerngruppe aktiv werden.
Zeichenmaterial und Scherben wurden ausgeteilt. Die Schüler versuchten in Kleingruppenarbeit Rekonstruktionszeichnungen zu erstellen. Mit den Produkten sollte an-

schließend erkenntnisleitend weitergearbeitet werden. Durch den produktiven Umgang mit den archäologischen Funden wurde dem Ansatz der Produktionsorientierung Rechnung getragen.[21] Ein Teil der Klasse übernahm den Topf, andere wollten die Henkelschale zeichnen (Abb. 7-8). Die Entscheidung für die arbeitsteilige Gruppenarbeit entspricht dem Grundsatz des Problemorientierten Geschichtsunterrichts, die historische Analyse durch selbständige Tätigkeit der Lernenden in Gemeinschaftsarbeit fördernden Sozialformen zu vollziehen.[22]

3.7 Beantwortung der Problemfrage

Im Anschluß stellten die Kleingruppen ihre Ergebnisse vor. Die Schülerarbeiten wurden verglichen, diskutiert und den wissenschaftlichen Rekonstruktionszeichnungen gegenübergestellt (Abb. 1-2). Die Ähnlichkeiten waren zur Freude der Klasse verblüffend (Abb. 9-10). Die beiden Schülerarbeiten zeigen beispielsweise deutliche Unterschiede zwischen der Wandung der Schale und dem bauchigen Topf. Sehr schön wurden die Drehriefen und die Fingerabdrücke am Henkel der Schale zeichnerisch dargestellt. Die Tatsache, daß die Schale nur einen Henkel hatte, kann man nur durch einen Vergleich mit Schalen des gleichen Typs erkennen und nicht aus der Scherbe schließen. So ist es nicht verwunderlich, daß auf der Schülerzeichnung zwei Henkel zu sehen sind. Informationen meinerseits zur Art der wissenschaftlichen Darstellung und Terminologie (Abb. 3-4) ergänzten diesen Unterrichtsschritt. Nachdem die erste Problemfrage (Wie sahen die Gegenstände aus, bevor sie zerbrachen?) beantwortet und die Hypothesen überprüft waren, konnte das Interesse auf die anderen Fragen der Schüler gerichtet werden. Hier halfen zwei historische Holzschnitte, die als Folien an die Wand projiziert wurden: Das Bild mit dem Hafner an der Töpferscheibe (Abb. 11) gab Aufschluß über die Herstellung der Gefäße und über das Material. Die Abbildung des Kochs in seiner Küche zeigte Keramikgefäße im Funktionszusammenhang (Abb. 12). Der Vergleich der archäologischen Funde mit den zeitgenössischen Holzschnitten vermittelte den Schülern eine Vorstellung vom Gebrauch der Gefäße. Die wissenschaftliche Rekonstruktionszeichnung wäre an dieser Stelle zu abstrakt gewesen. Durch das Bild mit dem Koch konnte beispielsweise geklärt werden, daß Kochtöpfe aufgrund der offenen Feuerstellen außen rußgeschwärzt waren. Hier wird deutlich, daß sich der Einsatz verschiedener Quellengattungen im historischen Unterricht lohnt. Es wäre auch denkbar gewesen, zu den haptischen und ikonischen Quellen noch Textquellen (z.B. mittelalterliche Kochrezepte) heranzuziehen. In diesem Unterrichtsbeispiel sollte jedoch die Sachquelle im Mittelpunkt stehen.

Nachdem alle Vermutungen überprüft waren, formulierten die Schüler gemeinsam eine Zusammenfassung ihrer Ergebnisse. Dieses Verfahren hat den Vorteil, daß sie sich mit eigenen Formulierungen eher identifizieren können und nicht das Gefühl haben, lediglich vorgegebenes Wissen zu reproduzieren. Ein Textbeispiel:

---

21 vgl. Raisch, H.: a.a.O., S. 31.
22 vgl. Uffelmann, U.: Problemorientierter Geschichtsunterricht. In: Bergmann, K. u.a. (Hrsg.): Handbuch der Geschichtsdidaktik. Seelze, 5. Aufl., 1997, S. 285.

'Die Leute im Mittelalter kochten mit Keramiktöpfen, die leicht kaputt gingen und die Wärme nicht so gut leiteten. Sie sahen zum Teil aus wie Schmalztöpfe. Es wurde auf offenem Feuer gekocht, dadurch waren die Kochtöpfe außen verrußt. In den Küchen verwendete man auch Keramikschalen mit Henkeln. Die Töpfe und Schalen wurden auf Drehscheiben getöpfert und dann gebrannt.'

3.8 Reflexion der Erträge
In diesem letzten Lernschritt wurden die Unterrichtsergebnisse im Plenum diskutiert. An dieser Stelle wurde nochmals ein Gegenwartsbezug hergestellt. Die Schüler erörterten die Unterschiede in der Gegenwart. Zum Schluß besprachen wir das weitere Vorgehen. Als Alternativen ergaben sich:

• Besuch eines Museums oder einer archäologischen Ausgrabung,
• Einladung eines Archäologen in den Unterricht,
• Töpfern mittelalterlicher Keramik in der Projektwoche,
• Kochen nach mittelalterlichen Rezepten (fächerübergreifend),
• Gestaltung eines mittelalterlichen Festes.

Das durch selbständige Tätigkeit erworbene Wissen, verbunden mit den sinnlich-emotionalen Erfahrungen des 'Be-greifens' orientierte sich ertragreich an den Zielsetzungen des Problemorientierten Geschichtsunterrichts.

4 Zusammenfassung

Durch die theoretischen Vorüberlegungen und das Unterrichtsbeispiel zum Thema 'Kochen im Mittelalter' habe ich versucht zu verdeutlichen, welche Beiträge ein produktiver Umgang mit haptischen Quellen im Rahmen des Problemorientierten Geschichtsunterrichts für historisches Lernen leisten kann. Statt einer textlichen Zusammenfassung sind die wesentlichen Aspekte noch einmal in der nachstehenden Graphik dargestellt.

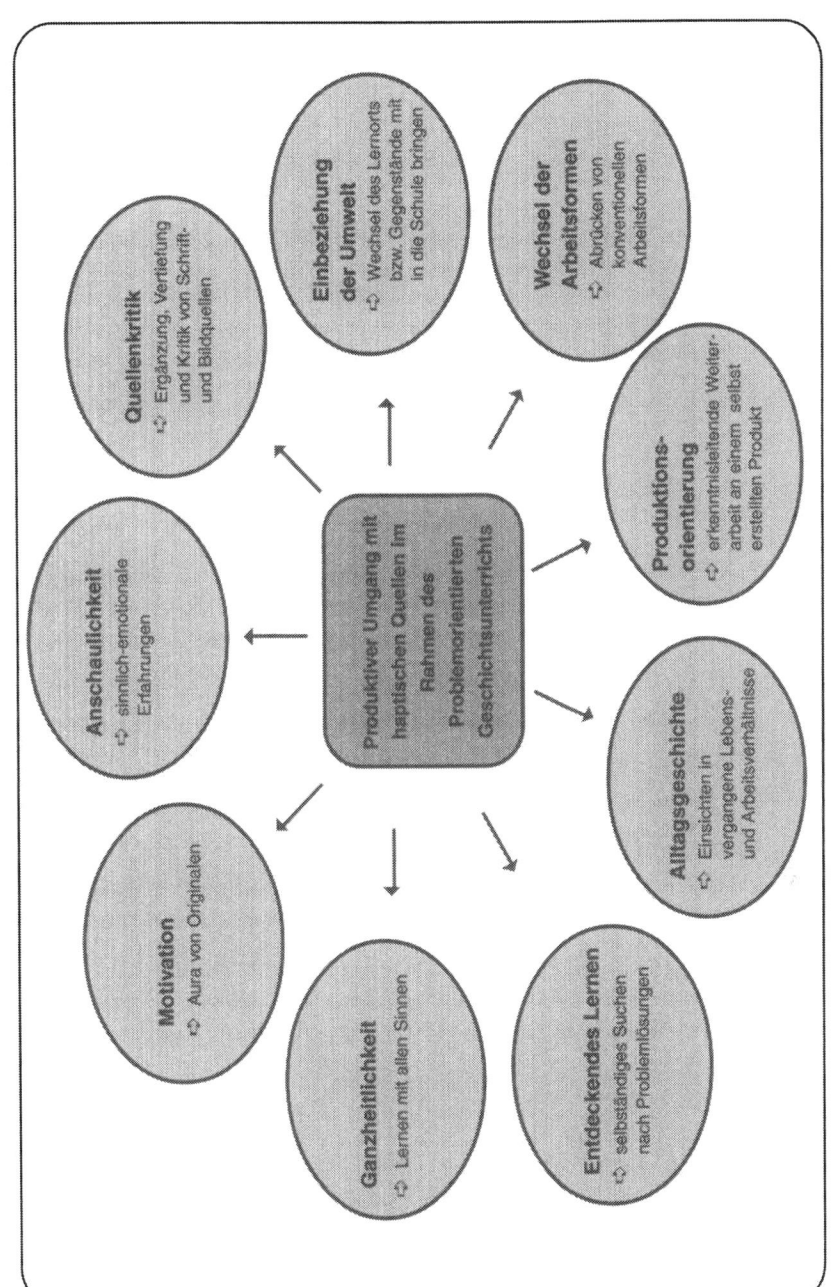

Produktiver Umgang mit haptischen Quellen im Rahmen des problemorientierten Geschichtsunterrichts

Einbeziehung der Umwelt ⇨ Wechsel des Lernorts bzw. Gegenstände mit in die Schule bringen

Wechsel der Arbeitsformen ⇨ Abrücken von konventionellen Arbeitsformen

Quellenkritik ⇨ Ergänzung, Vertiefung und Kritik von Schrift- und Bildquellen

Produktionsorientierung ⇨ erkenntnisleitende Weiterarbeit an einem selbst erstellten Produkt

Anschaulichkeit ⇨ sinnlich-emotionale Erfahrungen

Alltagsgeschichte ⇨ Einsichten in vergangene Lebens- und Arbeitsverhältnisse

Motivation ⇨ Aura von Originalen

Ganzheitlichkeit ⇨ Lernen mit allen Sinnen

Entdeckendes Lernen ⇨ selbstständiges Suchen nach Problemlösungen

(A. Jenisch)

241

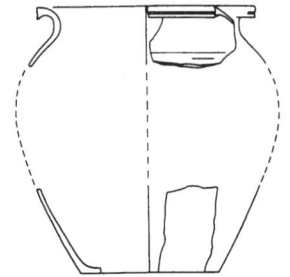

Abb. 1: Rekonstruktionszeichnung eines Kochtopfes aus dem 14. Jahrhundert (graue Drehscheibenware)
In: Jenisch, B: Die Entstehung der Stadt Villingen. Archäologische Zeugnisse und Quellenüberlieferung. Forschungen und Berichte der Archäologie des Mittelalters in Baden-Württemberg 22, Stuttgart 1998, Tafel 48,1

Abb. 2: Rekonstruktionszeichnung einer Henkelschale aus dem 14. Jahrhundert (graue Drehscheibenware)
In: Jenisch, B: Die Entstehung der Stadt Villingen. Archäologische Zeugnisse und Quellenüberlieferung. Forschungen und Berichte der Archäologie des Mittelalters in Baden-Württemberg 22, Stuttgart 1998, Tafel 48,9

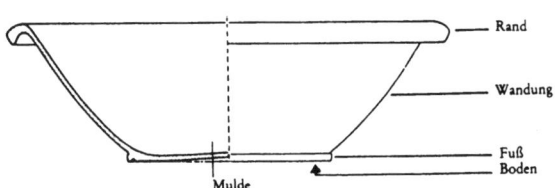

Abb. 3: Grundform einer Schüssel / Schale
In: Bauer, I.: Leitfaden zur Keramikbeschreibung (Mittelalter - Neuzeit). Terminologie - Typologie - Technologie. Kataloge der prähistorischen Staatssammlung München, Beiheft 2, Kallmünz Opf., S. 50.

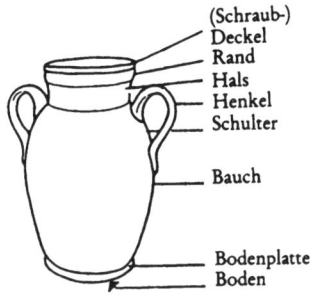

Abb. 4: Grundform eines Topfes
In: Bauer, I.: Leitfaden zur Keramikbeschreibung (Mittelalter - Neuzeit). Terminologie - Typologie - Technologie. Kataloge der prähistorischen Staatssammlung München, Beiheft 2, Kallmünz Opf., S. 43.

Abb. 5: Schülerinnen beim 'be-greifen' der archäologischen Funde

Abb. 6: Schüler peilt eine Scherbe am ausgestreckten Arm, um die Form des Gefäßes nachvollziehen zu können

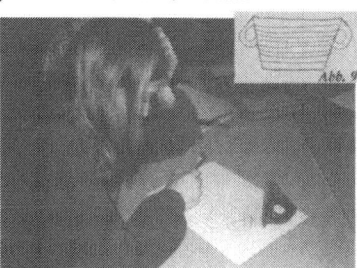

Abb. 7: Schülerin beim Rekonstruktionsversuch der Henkelschale

Abb. 8: Produktiver Umgang mit haptischen Quellen in arbeitsteiliger Kleingruppenarbeit

Abb. 11: Herstellung mittelalterlicher Haushaltsgeräte: Zeitgenössischer Holzschnitt eines Hafners
In: Bauer, I.: Leitfaden zur Keramikbeschreibung (Mittelalter - Neuzeit). Terminologie - Typologie - Technologie. Kataloge der prähistorischen Staatssammlung München, Beiheft 2, Kallmünz Opf., Umschlagseite
Foto: AKG

Abb. 12: Gebrauch mittelalterlicher Haushaltsgeräte: Zeitgenössischer Holzschnitt eines Kochs in seiner Küche,
In: Diederichs: Deutsches Leben der Vergangenheit in Bildern I, Jena 1908, S. 174, Abb. 573.
Foto: AKG

243

Margit Buttig

„Das wahre Unheil ... war ... die Unfähigkeit ... zu begreifen"

Über Entstehung, Hintergründe und Folgen von Feindbildern, dargestellt am Beispiel des 1. Kreuzzuges *

1 Begründung für die Auswahl des Themas

Sich mit den Ursachen, Auswirkungen und Folgen der Kreuzzüge zu beschäftigen, heißt, ein gegenwärtiges Problem aufzugreifen, weniger dergestalt, dass den Wurzeln fundamentalistischer Morde islamischer Terroristen an westlichen (christlichen, europäischen) Touristen nachgespürt werden soll, wenn auch Bezüge aus der „vergegneten" Geschichte beider Kulturkreise hergestellt werden können. Es geht auch nicht in erster Linie darum, dass muslimische, hauptsächlich türkische Jugendliche zu Konfliktpartnern „christlicher" deutscher Schüler werden, denn die Gegnerschaft ergäbe sich nicht aus der zu unterschiedlichen Religionszugehörigkeit (vgl. dazu die Untersuchung von Bodo von Borries in Historia Didactica, a.a.O., S. 15-30, insbes. S. 17).
Eher soll aus den Motiven der nach Jerusalem ziehenden Menschen, ihren Vorgehensweisen gegenüber den Andersgläubigen und den sich daraus ergebenden Folgen erkannt werden, dass „die Unfähigkeit", den andern „begreifen" zu können, weil die eigene Motivlage das verhindert, „das wahre Unheil" auch heute noch darstellt. (Abwandlung eines Satzes von Steven Runciman in „Geschichte der Kreuzzüge", S. 1255, der von ihm im Resümee formuliert wird.)
Im Rahmen des Problemorientierten Geschichtsunterrichts (POG) werden demzufolge das Verhalten und die Motive der Täter, die Gefühlslage der unter ihren Taten leidenden Menschen und die sich daraus ergebenden Konsequenzen Gegenstand des Unterrichts sein. Militärische Ereignisse, die für das Gelingen und Misslingen der Kreuzzugsbewegung verantwortlich sind oder kulturelle Begegnungen beider Seiten werden deshalb ausgeklammert.

---

*   Auf Wunsch der Autorin erscheint dieser Beitrag nach der neuen Rechtschreibung.

2 Das soziale Bezugsfeld des Schülers

Die Lernzielformulierung ergibt sich demzufolge aus der historischen Sachlage und dem sozialen Bezugsfeld des Schülers. Dieses veränderte sich für die Schüler einer Großstadtschule, die in einem sozialen Brennpunkt angesiedelt ist, dramatisch und nicht zum Positiven hin. Nicht nur der historische Sachverhalt der Kreuzzüge, auch der religiöse Gehalt des Kreuzzugsgedankens ist den Schülern fremd. Sie verfügen bestenfalls über geringe religiöse Vorkenntnisse, bruchstückhaft im Religionsunterricht erworben, aber selten über religiöse Wertvorstellungen oder gar Bindungen. Sie können nicht ohne weiteres nachvollziehen, dass ein Mensch für seinen Glauben unter unmenschlichen Bedingungen seine Sicherheiten aufgibt und den Tod für ein im Himmel liegendes Seelenheil in Kauf nimmt.

Viele Schüler leben heute in teilweise schwierigen familiären und wirtschaftlichen Verhältnissen (Arbeitslosigkeit der Eltern, fehlender Elternteil, beengte Wohnungen) und sehr eng mit Angehörigen verschiedener Nationen, Religionen und Kulturen zusammen, die meist ebenfalls aus Geldmangel die Enge teilen. Sehr oft ergeben sich aus dem Zusammenwohnenmüssen aber keine nachbarschaftlichen Beziehungen, die ein positives Zusammenleben prägen könnten.

Der Wettkampf um den Arbeitsplatz, die Lehrstelle, die etwas bessere Wohnung, vielleicht auch nur um einen größeren persönlichen Freiraum führt dazu, in dem andern nicht nur den gleichgestellten Konkurrenten zu sehen, dem man die gleichen Ansprüche wie sich selbst zugesteht, sondern den Feind, durch dessen Vorhandensein man Nachteile hat.

Es ist zu beobachten, dass sich in den vergangenen Jahren durch die sich verschlechternden wirtschaftlichen Verhältnisse eine Hackordnung ausgebildet hat: Arbeitende Deutsche verachten Türken, diese betrachten jene als minderwertige „Schmarotzer", die Sozialhilfe empfangen und die so Verachteten versuchen einen Rest ihres nahezu verlorengegangenen Selbstbewusstseins dadurch zu bewahren, indem sie in den Asylbewerbern die Ursache allen Elendes sehen, wie aus der Presse nahezu täglich zu entnehmen ist.

3 Darstellung des Zusammenhangs zwischen den Problemerfahrungen der Schüler und der geschichtlichen Situation der an den Kreuzzügen beteiligten und leidenden Menschen.

3.1 Motive und Hintergründe von Feindbildern

Das Feindbild nährt sich in der Gegenwart aus dem Motiv der wirtschaftlichen Unterlegenheit, während es zur Zeit der Kreuzzüge eher dem religiösen Vorurteil der Christen gegenüber den Juden und Muslimen entsprang und oft zur Vernichtung der Andersgläubigen führte sowie dem Versuch, ihre Kultur zu zerstören. Die Angegriffenen entwickelten daraus wiederum ihr Feindbild: Die Christen sind die unkultivierten Tölpel, die mörderischen Kämpfer, denen man ebenfalls mit Aggression begegnen musste. Kriterien für die Auswahl des Inhalts, mit dem die Betroffenheit des Schülers ausgelöst werden soll, finden sich demzufolge in den Bedingungen seiner von mangelhaften Zukunftsperspektiven geprägten Alltagssituation. Täglich erfährt er zudem, dass sich aggressives Verhalten kurzfristig vorteilhaft auswirken kann, während die langfristigen negativen Auswirkungen seiner Erfahrung nicht immer zugänglich sind oder nicht als natürliche Folge des vergangenen Verhaltens erkannt werden, sodass er sich nicht mitverantwortlich fühlt. Die Eskalation von Gewalt und Gegengewalt lässt den Schluss zu, dass er für das gegnerische Verhalten keine Mitverantwortung übernimmt.

Es soll nun an einem abgeschlossenen historischen Vorgang gezeigt werden, nach welchen Gesetzmäßigkeiten dieser Teufelskreis von Aggression, Zorn, Wut, Abwehr, Verachtung und Gegenaggression abläuft und zu welchen Konsequenzen er führt. Gesetzmäßigkeiten und Konsequenzen müssen auf einen gegenwärtigen Vorgang so übertragbar sein, dass die Erkenntnisse, die aus der Analyse des historischen Vorgangs gezogen werden, für die Bewältigung gegenwärtiger Probleme fruchtbar gemacht werden können.

3.2 Historischer Sachverhalt

Der historische Sachverhalt, der den 1. Kreuzzug auslöste, ist weitgehend bekannt: 1095 traf ein militärisches Hilfegesuch des byzantinischen Kaisers Alexios bei Papst Urban II ein, der dieses seiner Interessenlage entsprechend behandelte.

Seine Interessenlage ergab sich
a) aus seinem Konflikt mit Heinrich IV:
   Der deutsche Kaiser erfuhr eine Schwächung seines Einflusses, wenn Alexios seine Hilfe im Kampf gegen die Normannen nicht mehr benötigte, was im Gegenzug die Stellung des Papstes stärkte.
b) aus der von der westeuropäischen Ritterschaft bedrohten Autorität der Kirche, denn die westeuropäische Gesellschaft befand sich zu dieser Zeit im Umbruch. Das rasante Wachstum der Bevölkerung, die infolge unzureichender Ertragskraft des Bodens nicht mehr ausreichend ernährt werden konnte, ließ die Menschen verarmen. Räuberische Adlige und Ritter bedrohten den ausgerufenen Gottesfrieden, wenn sie ihren Landhunger stillen wollten und damit zugleich auch die Autorität der Kirche durch ihre Angriffe auf Klöster und Gotteshäuser. Diese innenpolitischen Konflikte, die bürgerkriegsähnliche Formen annahmen, konnten mit dem Aufruf zum Kreuzzug nach außen verlagert werden.
c) aus dem Wunsch, die Kirche von weltlicher Herrschaft zu befreien, indem man ihr ein Machtinstrument, die ritterliche Laienschicht nahm und man diese in eine „Ritterschaft Christi" wandelte. Dadurch wurde eine Vorherrschaft des Papstes möglich.

Die unter b und c genannten Interessen waren allerdings nur durch ein vorteilhaftes Angebot an die „Vertragspartner", die adlige Ritterschaft durchzusetzen. Der Angebotsinhalt musste sich deshalb an deren Bedürfnissen orientieren. Eine Analyse zeigt:

a) Viele westeuropäische Ritter des höheren und niederen Adels gefährdeten aufgrund wirtschaftlicher Probleme -dem damaligen religiösen Verständnis entsprechend- ihr Seelenheil, indem sie raubten und mordeten.

b) Gleichwohl waren sie in ihrer Gemeinschaft verankert, deren Heimat - wenn die Sicherheiten auch brüchig waren - von ihnen nicht ohne weiteres verlassen werden konnte.

Daraus folgt: Wenn sie Land in der Fremde in Aussicht gestellt bekommen, haben sie die Hoffnung auf die Lösung ihrer wirtschaftlichen Probleme. Wenn der Kampf um dieses Land dem Höchsten in seinem Leben, Gott, dient, ist er gerechtfertigt. Wenn dazu noch alle früheren Sünden- und Bußstrafen abgegolten sind, sind auch die geistlichen Probleme gelöst.

Diese Sachlage erkennend, unterbreitete Papst Urban II sein Angebot den adligen Rittern.

Der gläubige Ritter erfuhr das, was Bernhard von Clairvaux später so formulierte: *„Du tapferer Ritter, du Mann des Krieges, jetzt hast du die Fehde ohne Gefahr, wo der Sieg Ruhm bringt und der Tod Gewinn. Bist du ein kluger Kaufmann, ein Mann des Erwerbs in dieser Welt - einen großen Markt sage ich dir an; sieh zu, daß er dir nicht entgeht"* ((6) S. 371).

Es ist anzunehmen, dass schon die ersten Kreuzzugsteilnehmer das erkannten.

Wie erwähnt, wurde dieses Angebot den adligen Rittern unterbreitet. Aber es erreichte noch schneller die anderen bedürftigen Mitglieder der sich im Umbruch befindlichen Gesellschaft:
Jene, die verschuldet waren, jene, die unter der Unfreiheit litten, jene, denen die Last der Familie zu groß wurde, aber auch jene, die abenteuerlustig in fremde Länder ziehen wollten.
Vermutlich wurden diese Menschen durch Wanderprediger informiert, die das Angebot von Clermont allen Schichten der Bevölkerung bekannt machten.

3.3 Kreuzzugsmentalität
Wie aber ist die Kreuzzugsmentalität entstanden?
Wie war es möglich, in den Kreuzfahrern jene hasserfüllten Einstellungen zu erzeugen, die zu ihren bestialischen Verhaltensweisen (Judenmorde im Rheinland zu Be-

ginn, Blutbad in Jerusalem am Ende des 1. Kreuzzuges) führten? Nach Gabrieli (3) waren Christentum und Islam im frühen Mittelalter grundsätzlich nicht verschieden, *„wurzelten (sie) ... in einer wesentlich gleichen geistigen Haltung und maßen nach den gleichen seelischen Kategorien* ((3), S. 8). Christliche anonyme Berichterstatter früherer Pilgerfahrten sprechen mit Achtung von der Macht, dem Mut und der Kriegskunst der Türken. Die byzantinischen Christen sehen in den Türken eher die ihre Kultur bedrohenden Barbaren, aber nicht die Andersgläubigen. Auch mit den muslimischen Arabern bestand ein Konsens, keinen Glaubenswechsel zu erzwingen, da deren kultivierte Lebensweise doch der gleichen griechisch-römischen Zivilisation entsprang wie ihre.

Die Instrumentalisierung des byzantinischen Hilfegesuches durch Papst Urban II war vermutlich ein wichtiger Auslöser für die Entwicklung der Gegnerschaft. Die Absicht der Verfasser der Kreuzzugsaufrufe, die ohne Ausnahme lange nach dem Tag von Clermont verfasst wurden, zeigt sich in der Formulierung:
Während die Rede von Papst Urban II nach Fulcher von Chartres eher den Intellekt der Zuhörer anspricht, ist die Rede nach Robert von Reims in einer emotionalen appellativen Sprache gehalten. So werden aus den von Alexios genannten Barbaren „Ungläubige", der Grenzkonflikt des Byzantiners mutiert zur „Bedrohung der Christenheit", das Heilige Land, insbesondere Jerusalem, muss befreit werden. Fulcher erwähnt Jerusalem als Zielort nicht, während nach der Rede des Robert von Reims der himmlische Ort Jerusalem mit dem irdischen zumindest im Kopf seiner Zuhörer gleichgesetzt wird.

Überträgt man diese Erkenntnis auf die historische Situation, ergibt sich daraus, dass sich die Adressaten der Kreuzzugspredigten aufgrund ihrer ökonomischen und gesellschaftlichen Situation in einer Krise befanden. Das Angebot des Papstes bot ihnen die Chance, eine positive soziale Identität zu erreichen. So wurden die vermeintlichen Gegner bereits vor-verurteilt.

Ein Vorurteil setzt voraus, dass man sich dem „Anderen" gegenüber entsprechend überlegen fühlt. Der eigene Wert steigt, wenn das des „Anderen" sinkt. Indem sie die „Christusmörder" (Juden) vernichteten und gegen jene kämpften, die nach ihrer Ansicht den Weg zu den Heiligen Stätten verstellten bzw. sie sogar besetzten, setzten sie sich für das Höchste des abendländischen Christen, Gott, ein. Die Überzeugung „Gott will es" adelte ihr Verhalten, und Gott rechtfertigte als höchste Instanz jede Art ihres Vorgehens. Die Standards und Wertvorstellungen der neuen Gemeinschaft waren als allgemein verbindlich vorausgesetzt und mussten nicht problematisiert werden, auch ließ es die Solidarität mit der neuen Gemeinschaft nicht zu.

Den Schülern muss bewusst werden, dass an das eigenverantwortliche Handeln des mittelalterlichen Menschen nicht die gleichen Maßstäbe anzulegen sind wie an das des heutigen Menschen. Der mittelalterliche Mensch konnte als Einzelner nur im Personenverband überleben, er war darauf angewiesen, dass die Gruppe ihn trug. Den ihn möglicherweise belastenden wirtschaftlichen oder sozialen Bedingungen, denen er und seine alte Gemeinschaft (Sippe, Dorf) ausgesetzt war, konnte er nur entfliehen, wenn er sich den Bedingungen und Maßstäben der neuen Gruppe anpasste. Für die Kreuzzugsteilnehmer bedeutete dies, dass sie das kollektive Vorurteil annehmen mussten, weil es die entscheidende Handlungsbasis ihrer neuen Gemeinschaft war. Dem Bedingungsgefüge des Vorurteils entspricht auch der Verlauf der Kreuzzüge: Dem gestalteten Eigenbild (Kämpfer für eine gerechte Sache, von Gott geadelt) steht das Feindbild der Bestie gegenüber, die keine menschliche Würde besitzt (siehe Predigt des Robert von Reims). Mit Bestien verkehrt der Mensch nicht, demzufolge gibt es auch keine Erwartungen des Abendländers an den morgenländischen Menschen, die man durch Begegnung mit ihm überprüfen könnte. Wenn man Bestien bekämpft, sich an ihnen bereichert oder sie vernichtet, handelt man gerecht. Dem Vorurteil widersprechende Erfahrungen zu machen, war dadurch nicht möglich. Auch heute verhindern Ignoranz und Abwehr eine echte Begegnung mit dem Anderen.

Als Konsequenz aus den Vorgängen formuliert Runciman (2): *„Die Kreuzzüge haben das ursprünglich von Toleranz geprägte Verhältnis zu den Christen nachhaltig negativ beeinflußt"* ((2), S. 1254). Die blindwütige Unduldsamkeit der Kreuzritter zerstörte die guten Beziehungen, die anfängliche Aufgeschlossenheit wurde seltener, die Muslime unduldsamer. Aber nicht nur im Lager des Islam, sondern auch in der östlichen Christenheit, die zuvor eine ehrenvolle Rolle in der arabischen Gesellschaft gespielt hatte, wurden am Ende der Kreuzzüge die Christen von den „Ungläubigen" unterdrückt.
Anna Comnena, eine Schwester des byzantinischen Kaisers, bezeichnet die Franken als *„einfältige, unvernünftige Tiere"* ((4), S. 50), deren ungehobelte Masse man verachtet, aber auch fürchtet.
Weil Vorurteile in den Emotionen und weniger im Intellekt verankert sind und sie deshalb nicht als sachlich und/oder moralisch unhaltbar argumentativ abgebaut werden können, bleibt dem unterrichtenden Lehrer nur übrig, eine Anleitung zur Analyse ihrer Entstehungsbedingungen und zum Erkennen möglicher Folgen zu vermitteln.

4 Lernziele und ihre Zuordnung zu den Phasen I - III des Problemorientierten Geschichtsunterrichtes

Nach Schmid (21) gleichen die historischen Ursachen und Auswirkungen von Konflikten den gegenwärtigen.
Auch in der Gegenwart führt das Zusammensein mit den „Anderen" noch nicht zum Verständnis seiner Andersartigkeit. Insofern ist auch der moderne Massentourismus noch kein Garant für den Abbau rassischer, religiöser oder zivilisatorischer Vorurteile, denn oft ist es der „überlegene Europäer", der aufgrund seiner wirtschaftlichen Stärke den „Anderen" besuchen kann. Auch soll überdacht werden, inwieweit das Lernen von Fremdsprachen und die Begegnung mit fremden Gruppen das Aufbauen von Feindbildern und politischen Vorurteilen verhindern kann. Es soll am Ende der Unterrichts-

einheit überlegt werden, wie es mit unserer persönlichen „Fähigkeit.....zu begreifen" bestellt ist.

Aus dem von Uffelmann (10) formulierten Richtziel ergeben sich in Anlehnung an Schmid, ((21), S. 24) folgende Lernziele:

Am abgeschlossenen historischen Vorgang des 1. Kreuzzuges erkennen, dass

1. wirtschaftliche und spirituelle Interessen einfacher Menschen dazu benutzt wurden, den Einfluss der Kirche zu erweitern (Phase II), M 10,
2. Kreuzzugsgesinnung und -begeisterung Folge einer interessenbedingten Steuerung sind (Phase II),
3. Kreuzzugspropaganda ihr Ziel erreichen kann, wenn gesellschaftliche und wirtschaftliche Bedingungen schlecht sind (Phase II),
4. Kreuzzugsmentalität einem starren Freund - Feind - Schematismus verhaftet ist, der in den Kategorien von Vergeltung, Überwindung, Herrschaft und Ausrottung denkt (Phase I),
5. die durch den Aufbau des äußeren Feindbildes geweckten Aggressionen innerhalb einer Gesellschaft sich leicht gegen die eigenen Minderheiten richten, die mit dem außenpolitischen Gegner in Zusammenhang gebracht werden (Phase I),
6. Kreuzzugsdenken (auch die Verteufelung des Gegners) auf beiden Seiten stattfindet (Phase II), M 9,
7. Kreuzzüge Gegenkreuzzüge provozieren (Phase I und Phase III), M 9,
8. das Zusammenleben mit dem „Anderen" noch nicht zum Verständnis füreinander führt (Phase III).

Um mögliche Handlungskonsequenzen anzuregen (sie sind individuell und können nicht als überprüfbare Lernziele vorgegeben werden), sollen die Schüler durch Bearbeitung der entsprechenden Materialien angeregt werden, die verschiedenen Sichtweisen kennenzulernen, um Widersprüche zwischen der Botschaft und dem tatsächlichen Verhalten zu erkennen.

5 Beschreibung des dem Lernzielkatalog zugrunde liegenden Quellenmaterials
Die Materialien M 1 - M 8 dienen der Fixierung des historischen Sachverhaltes.

M 1   Zeitungsausschnitt aus der FAZ vom 31.10.1997, „Attentäter von Kairo" (kann durch aktuelle Zeitungsausschnitte ersetzt werden).
Andere Möglichkeit: Bild eines Bürgerkriegsopfers aus dem Bosnien - Konflikt (LZ 4, Phase I)

Die Materialien M 2 - M 4: Bildquellen, die später mit den Texten (M 5 und M 6) verknüpft werden müssen, erfüllen die Forderung nach Authentizität, weil sie „die visuelle Handschrift ihrer Zeit" zeigen ((18), S. 50), auf die aber in dieser Unterrichtseinheit nicht eingegangen werden soll. Vermutlich werden die Schüler die Frage nach den Umständen der Bildentstehung auch nicht stellen. Es sollte an dieser Stelle keine ausführliche religiöse Bildinterpretation erfolgen. Dies ist eine Aufgabe des Religionsunterrichts, der auch auf den Widerspruch zum christlichen Gebot der Nächsten- und Feindesliebe eingehen kann. (LZ 4, Phase I):

M 2   Christus als Anführer der Kreuzfahrer (Dia)
           englische Miniatur, Anfang 14. Jh.

M 3   Juden in der Synagoge
           aus einer hebräischen Handschrift, 15. Jh.

M 4   Cavalieri del sacro romano Impero in battaglia
           Miniatur aus dem 11. Jh. (s. S. 264)

Schriftliche Quellen, die dem Perspektivenwechsel dienen:

M 5a/b Hebräische Berichte über die Judenverfolgung während des 1. Kreuzzuges

M 6a/b Arabische Berichte über die Vorgänge während des 1. Kreuzzuges
            Bibliotheque des Croisades 4. Teil, Chroniques arabes, LZ 5, Phase I

Zusatzinformationen:

M 7   Zeittafel

M 8   Karte

Bei der Textanalyse der Materialien M 9 und M 10 kann verstärkt mit dem Fach Deutsch kooperiert werden, indem die sprachliche Gestaltung (emotionale, appellative Sprache) in das Zentrum der Betrachtung rückt. Wie bei den Materialien M 11a-e müssen neben der Textsorte auch die Verfasser und deren Aussageabsicht erkannt werden. (Zu beachten ist, dass die Darstellung des Kreuzzugsaufrufs von Papst Urban II durch Robert von Reims, der als Augenzeuge in Clermont war und seinen Bericht erst zwölf Jahre später verfasst hat, nur für leistungsfähige Schüler mit erheblicher Sprachkompetenz geeignet ist.)

M 9 Quelle Usama, LZ 6 + 7, Phase I
→ Überleitung zu Phase II

M 10 Kreuzzugsaufruf des Robert von Reims
LZ 1 / 2 / 3, Phase II

Die Motive, die bereits aus M 10 zu ermitteln sind, können auch aus M 11a-e erschlossen werden. Bei diesen Quellen liegt der Schwerpunkt aber auf dem Erkennen der Textsorten, die dem Historiker bei der Untersuchung eines Sachverhaltes zur Verfügung stehen.

M 11a - M 11e: verschiedene schriftliche zeitgenössische Quellen zur Schulung der Methodenkompetenz:

M 11a Historia rerum in Partibus / Chronik

M 11b Würzburger Annalen / Chronik

M 11c Kreuzzugslied / Lied

M 11d Kreuzzugspredigt / Aufruf

M 11e Urkunde / Vertrag

Die Materialien M10 - M 11a - e dienen in der Problemlösungsphase neben der Schulung der Methodenkompetenz der Beantwortung der Problemfrage nach den Auswirkungen der Kreuzzugspropaganda und den Motiven der Kreuzfahrer.

Die Materialien M 12 - M 16 sind der 3. Phase des POG zugeordnet, stellen Meinungen zum gelösten Problem dar und lassen nach Meinungsanalysen mögliche Handlungskonsequenzen erörtern.

Inwieweit die theoretische Erörterung zu praktischem Handeln führt, bleibt der Zukunft überlassen und kann nicht im Rahmen des Unterrichtes abgeprüft oder bewertet werden.

M 12 - M 14 Zeitgenössische Meinungen zu den Kreuzzügen

M 15 - M 16 heutige Beurteilungen der Keuzzüge

6.0 Problemorientierter Geschichtsunterricht

6.1 Problemfindung in der Motivationsphase
Die Problemstellung erfolgt anhand der Bildquellen in Form einer Bildfolge

6.1.1 Erkennen des historischen Sachverhaltes
- anhand der Analyse zeitgenössischer Bildquellen die Verhaltensweisen der angegriffenen Gruppen
  - jüdische Bewohner   (M 3) defensiv
  - Muslime   (M 4) offensiv erkennen.

Eine Erweiterung wird durch zusätzliche Informationen vorgenommen,
- indem in einer Analyse zeitgenössischer Aussagen der Angegriffenen (M 5a/b + M 6a/b)
  - die Angreifer identifiziert („Irrende", „Franken")
  - ihr brutales Verhalten erkannt
  - der Ort und Zeitraum der Greueltaten ermittelt werden.

6.1.2 Problematisieren des historischen Sachverhaltes
Die Problemstellung erfolgt über den Zeitungsausschnitt M 1 und die Bildquellen M 2 - M 4, mit denen in Form der Bildgeschichte umgegangen wird.

Es soll der Widerspruch zwischen christlicher Botschaft (M 2) und dem Verhalten der Kreuzzugsteilnehmer erkannt und daraus die **Problemfrage** formuliert werden.

Die Schüler identifizieren aus den Bildquellen die dargestellten Personen als christliche Aggressoren, jüdische Angegriffene und muslimische sich Wehrende. Die Bildquellen können auf einer Folie präsentiert werden, wobei von der Bildquelle M 2 nur der linke Teil, ohne Christusfigur, präsentiert und dabei folgende Bildelemente erkannt werden sollen:

- Ritter, schwer bewaffnet, als Kennzeichen das Kreuz auf Schild und Standarte.

Daraus ergibt sich die Frage nach dem verantwortlichen Anführer, der im 2. Schritt der Bilderarbeitung ergänzt wird:

- Christusfigur, schutzlos, ohne Panzer und Waffen, mit Buch (?), das Schwert im Mund.

Die Schüler erkennen den Widerspruch zwischen der linken und rechten Bildhälfte und formulieren eine erste Erkenntnis aus dieser Bildfolge, die als Problemfrage gestellt werden kann:

1. Welche Ursachen kann das Verhalten der Christen haben und welche Folgen kann es verursachen?
2. Wie könnten die betroffenen Juden und Muslime reagiert haben?

Die Schüler erweitern ihre Kenntnisse über die Bearbeitung der Quellen M 5a/b und M 6a/b. Diese persönlichen Erinnerungen mit Angabe konkreter Gegebenheiten sollen durch ihren emotionalen Gehalt Betroffenheit auslösen und dadurch die Schüler zur Auseinandersetzung mit den Vorgängen motivieren. Gleichzeitig soll historisches Lernen initiiert werden, indem die Schüler diese Quellen nicht als Wissensspeicher, sondern als Material zur Rekonstruktion eines geschichtlichen Vorgangs nutzen. Damit gewinnen sie einen kleinen Einblick in die Vorgehensweise der Geschichtswissenschaft, was auch der Förderung ihrer Methodenkompetenz, die schwerpunktmäßig im Zentrum der 2. Phase steht, dient.

Die Auswertung dieser Quellen, die einen multiperspektivischen Blick auf den gleichen geschichtlichen Vorgang aus der Sicht des Unterlegenen ermöglichen, erfolgt an der Tafel (siehe TA 3).

Die exakte und objektive Fixierung des historischen Sachverhaltes wird noch zurückgestellt zugunsten eines subjektiven Tagebucheintrages.

Die Fragen 1 und 2 können im Unterrichtsgespräch erörtert werden. Einer gezielten Vorbereitung dieser Erörterung dient die Hausaufgabe, in der ein *Tagebucheintrag* eines *jüdischen Menschen* nach der Plünderung des Ghettos bzw. der *Brief eines Moslems* nach der Einnahme von Jerusalem durch die Kreuzritter anzufertigen war.

Mit diesen sehr persönlichen Schreibformen wird ein Perspektivenwechsel vorgenommen, der weg von den „Tätern" zum Verständnis der „Erleidenden" führen soll. Möglich ist auch ein Klassengespräch, in das Schüler ihre Erfahrungen als ohnmächtig einbringen. Noch soll keine Bewertung der Vorgänge vorgenommen werden, die Schüler sollen konsequent die Rolle der Besiegten, Unterlegenen einnehmen. Der Bezug zur Lebenswelt des Schülers ist gegeben, er erkennt, dass ein abgeschlossener historischer Vorgang in wesentlichen Elementen mit *seiner Gegenwart* zu tun haben kann.

Nach dem Besprechen der Tagebucheinträge, in denen sich die Schüler in die Rolle der Opfer versetzt haben, erfährt der historische Sachverhalt eine objektive Erweiterung und Vertiefung, indem die Materialien M 7 und M 8 hinzugezogen werden.

In Form eines sachlichen Zeitungs- oder Reiseberichtes sollen die Schüler in einem sachlichen Stil den historischen Vorgang fixieren.

Mit der Quelle M 9 erhalten die Schüler zusätzliche Informationen über die Auswirkungen der Vorgehensweise der Kreuzritter.

Nun verfügen sie sowohl über Sachkenntnisse, haben sich aber auch mittels des Tagebucheintrages in die Rolle der Opfer eingefunden, sodass sich die weiteren Problemfragen anbieten:

3. Welche Ursachen sind für diese zerstörerischen Vorgänge und Entwicklungen verantwortlich?
4. Was veranlasste die Angreifer zu ihrem Verhalten?

Aus diesen Fragen ergibt sich die mögliche Hypothese, bei deren Bildung Jugendliche auch auf persönliche Erfahrungen zurückgreifen können.

Mögliche Hypothese: Aggressives Verhalten kann provoziert werden durch Verleumdung, falsche Behauptungen über den „Anderen", durch Gruppendruck, durch „sich im Recht fühlen" u.a..

6.2 Historische Analyse in der Lösungsphase

6.2.1 Schulung der Methodenkompetenz
Beim Erarbeiten historischer Bedingungen und Ursachen, anhand derer der Schüler seine Vermutungen, die am Ende der 1. Phase geäußert werden, überprüft, soll er überlegen, welche Informationsmöglichkeiten er über vergangene Ereignisse im allgemeinen hat und welche ihm im besonderen Fall offenstehen.

In dieser Phase sollen die Schüler bei der Bearbeitung der ausgesuchten Quellen nicht nur deren Inhalt, sondern auch die der Textsorte spezifischen Eigenschaften berücksichtigen (Perspektive, Absichten des Verfassers, Zeit und Ort der Entstehung u.a.). Hier könnte wiederum fächerübergreifend mit dem Fach Deutsch gearbeitet werden (Kennzeichen literarischer Texte, unterschiedliche Sprachverwendung in persönlichen Mitteilungsformen und sachlichen Darstellungsformen). So beschäftigen sich die Schüler neben dem Propagandatext des Robert von Reims (M 10), mit einer Predigt (M 11d), einem Urkundentext (M 11e), einem Kreuzfahrerlied (M 12c) und zwei Chroniken (M 12a und M 12b). Nachdem sie die Textsorten erkannt haben, müssen sie ihre Informationen angemessen verarbeiten. In der **historischen Analyse** der Lösungsphase wird an die Schüler die Anforderung gestellt, die Eigenart eines Quellentextes für dessen Aussagekraft zu berücksichtigen. Für die Wahl des Kreuzzugaufrufes des Robert von Reims spricht, dass dessen emotionale sprachliche Gestaltung dem Schüler den Propagandacharakter eher verdeutlicht als die analytische Betrachtung des Fulcher von Chartres. Beide Texte wurden nach dem 1. Kreuzzug verfasst und schildern das Geschehen in zeitlicher Distanz, unterscheiden sich aber in ihrem Blick auf die Adressaten. Die Darstellung Fulchers hatte die adligen Ritter, die Darstellung Roberts von Reims die einfachen Leute, das Fußvolk, im Blick. Die letzteren sind zuerst der Aufforderung des Papstes gefolgt, wie der Kreuzzug Peters des Eremiten zeigt, und sie lösten die Pogrome im Rheinland aus. An ihrem Verhalten wird besonders deutlich, dass eine von der Kirche aus Machtgründen aufgewiegelte Masse Andersgläubige skrupellos ausplünderte und ermordete.

Aus dem Inhalt der Materialien M 11a-e geht hervor, dass die Kreuzzugsteilnehmer wirtschaftliche Beweggründe, aber auch Probleme mit der bestehenden Rechtsordnung im weitesten Sinne hatten, sie aber andererseits auch von religiösem Eifer erfüllt waren. Für die Schüler sind die wirtschaftlichen und juristischen Beweggründe leichter zu erfassen als die religiösen Motive. Auch die Suche des mittelalterlichen Menschen nach einer angemessenen Tätigkeit, deren Anforderungen er gewachsen ist, können sie nachvollziehen.

Die Beweggründe der Kreuzfahrer können als repräsentativ gelten (Flucht vor der Armut im Herkunftsland oder vor unerträglichem Herrendienst, Vermeidung weltlicher Strafen für begangene Verbrechen, aber auch Abenteurertum, Fernweh). Ein ganz entscheidendes Motiv liegt sicher in der Angst vor der Sündenstrafe, die nur unter größter „Unbequemlichkeit" (vgl. M 11d und M 11e) bewältigt werden konnte.

Die ermittelten Motive sind die Ursache für das Verhalten der Kreuzfahrer gegenüber Andersgläubigen. Ihr Verhalten hat wiederum Aggressionen hervorgerufen, weil es gekennzeichnet war durch die Arroganz derer, die von höchsten Instanzen dazu angehalten, gedeckt und belohnt wurden. Wie bereits in Kapitel 3.2 erwähnt, handelten diese Menschen in der Masse und waren durch sie und in ihr weitgehend in ihrem Tun abgesichert. Sie fühlten sich keineswegs dazu veranlasst, es zu hinterfragen und entsprechen damit ähnlichen Verhaltensmustern, die Mitglieder gegenwärtiger totalitärer Bewegungen aufweisen. Die den genannten Motiven entsprungenen Zielsetzungen vertrugen keine persönliche Überlegung darüber, ob man dem Mensch-sein des anderen, seiner Individualität und Eigenart gerecht wird. Man hat dem anderen schon im Vorfeld seine Würde genommen, indem man ihn als zu bekämpfenden Feind klassifiziert hat. Jede differenzierte Überlegung kann das Ziel gefährden, reich und schuldenfrei bzw. schuldlos zu werden. Der Zusammenhang zwischen den bis heute auftretenden Ursachen von Konflikten (Fremdenhass, Arbeitslosigkeit, mangelnde Zukunftsperspektiven, Angst vor sozialem Abstieg, Schulden, Rechtsvergehen) und den sich daraus entwickelnden Aggressionen gegen Minderheiten bzw. Schwächere können so den Schülern vermittelt werden. Sie lernen in der fragengesteuerten Bearbeitung der

Quellen, wie ihr Inhalt einer kritischen Prüfung unterzogen werden kann. Die Informationsentnahme ist vollständig, wenn die Absicht des Autors und der Adressat in die Quellenanalyse mit einbezogen werden (siehe TA 4).

Aufgrund der bearbeiteten Materialien können die Schüler die Problemfrage beantworten. Vorteilhaft ist die Umsetzung in ein **Rollenspiel**. Die Schüler sollen selbst in Gruppenarbeit die Rollen verteilen und in Absprache mit den Mitschülern je eine Rolle gestalten. Ort und Zeit des Rollenspiels kann eine Kneipe in Frankreich am Vorabend des Kreuzzugs sein. Inhalt des Gesprächs kann die Darstellung der Motive für eine Teilnahme/Nichtteilnahme sein, wobei sich alle Gesprächsteilnehmer in einer ähnlichen wirtschaftlichen Situation befinden. Die Rolle wäre falsch interpretiert, wenn es Gesprächsteilnehmer gäbe, denen ihr Seelenheil nichts bedeutet.

Die Gestaltung eines **Dialogs** zwischen einem Franken und einem Muslim in Jerusalem, in dem beide ihre Sicht der vergangenen Ereignisse darstellen, bietet sich ebenfalls an. Dabei müsste erarbeitet werden, dass die Motive des Kreuzzugsteilnehmers sowohl ideeller als auch materieller Natur sind. Der Muslim kann die ideellen Motive, die zur Intoleranz des Christen führten, nicht nachvollziehen. Denn er praktizierte bislang eine tolerante Verhaltensweise gegenüber den Buchgläubigen. Demzufolge verachtet er zwar das brutale Vorgehen der Christen (M 9), zunächst aber keineswegs ihren Glauben.

Eine weitere Möglichkeit stellt das Verfassen eines **Briefes** dar, den ein Kreuzzugsteilnehmer von Jerusalem nach Hause schickt. Vorgabe: Der Kreuzzugsteilnehmer hat einen Muslim kennengelernt und dessen ganze Verachtung erfahren. Er denkt darüber nach, ob seine ursprünglichen Beweggründe nicht einer Überprüfung bedürfen.

Diese Überlegungen könnten auch in einem **Inneren Monolog** oder in Form von **Tagebuchaufzeichnungen** dargestellt werden.

Die Beantwortung der Problemfrage in Form der angeführten Textsorten erfordert eine selbständige Arbeitsweise und sollte nur leistungsstärkeren Klassen, möglicherweise fächerübergreifend mit Deutsch, zugemutet werden. Eine einfachere Lösung der Problemfrage könnte in Form eines Lückentextes oder eines einfachen Verlaufsschemas an der Tafel nach Ursachen - Vorgängen - Auswirkungen, aber auch in einer Gegenüberstellung (siehe TA 1 und TA 2) von den in der Motivationsphase geäußerten Vermutungen zu den jetzigen Erkenntnissen geschehen.

TA 1: Historisches Beispiel

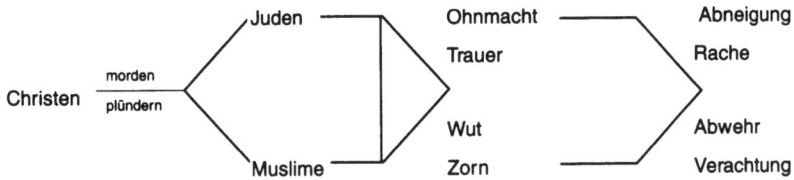

TA 2: Gegenwart

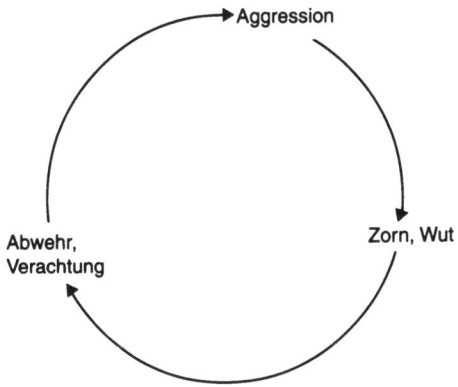

259

TA 3: Auswertung der schriftlichen Quellen M 5a/b und M 6a/b:

Autor (Name, Beruf)	Solomon bar Simson, Chronist Elieser ben Nathan, Gesetzeslehrer und Dichter	Ibn al-Atir, Geschichtsschreiber Abiwardi, Dichter
Religions-zugehörigkeit	jüdisch	muslimisch
Zeit und Ort des Geschehens	rheinische Städte 1096	Jerusalem 1099
Was geschah?	Überfälle, Zerstörungen, Plünderungen, Morde an Männern, Frauen, Kindern, Jünglingen und Greisen, Zwangstaufen, Entweihungen religiöser Gegenstände	Zerstörungen, Plünderungen, Morde an allen Einwohnern, Geistlichen, frommen Menschen, Schändung der Frauen, allgemeine Zerstörung
Textstellen, die auf die Sicht-weise des Verfassers schließen lassen:	„Wölfe, verschlingen mit offenem Maul, Feinde, Dränger"	„wurden ans Schwert geliefert, ..raubten...töteten die Frommen", „Blut vermischt mit .. Tränen"

Titel des Textes	Autor	Textart	Inhalt
M 12a Historia rerum in partibus transmarinis gestarum	Wilhelm von Tyrus, gest. 1185 in Jerusalem	Chronik	Motive der Kreuzfahrer: Angst vor sozialer Isolierung, Leichtsinn, Flucht vor den Gläubigern
M 12b Würzburger Annalen von 1147	Chronist (Name unbekannt), vermutlich Stadtschreiber	Jahrbuch - Chronik	Teilnehmer: Abenteurer, Arme, Verarmte, Drückeberger, Rechtsbrecher
M 12c Kreuzzugslied 12. Jahrhundert	französischer Kreuzfahrer	Lied	Erklärung: Wahrnehmen profitabler Interessen
M 12d Kreuzzugspredigt	Jakob von Vitry 2. Jahrzehnt des 13.Jh.	Geschichte aus einer Predigt	Beispiel, wie profitabel es ist, am Kreuzzug teilzunehmen
M 12e Urkunde	vermutlich diktierender Ritter, schreibender Mönch	Vertrag zwischen Privatperson und Kloster	Schuldanerkenntnis und Ablass

6.3 Beantwortung der Problemfrage

Die Problemfrage kann beantwortet werden, wenn die Schüler erkannt haben, dass

1. Flucht vor unerträglichen wirtschaftlichen und sozialen Verhältnissen
2. Strafverminderung im Heimatland
3. Abenteuerlust, Fernweh
4. Wunsch nach „besserem Leben", auch im Himmel
5. Schutz in der Gemeinschaft der anderen

zum Verhalten der Kreuzfahrer geführt haben.

Es müsste für die Schüler auch durchschaubar geworden sein, dass Menschen aus ihrer Welt geworfen sind aufgrund schlechter sozialer Bedingungen (Arbeitslosigkeit, daraus folgend Verschuldung, manchmal auch Gesetzesbrüche, die nicht in krimineller Absicht geschahen), denen sie hilflos gegenüberstehen und sie dadurch über eine negative Identität verfügen.

Wenn ihnen in einer Gemeinschaft eine sinnvolle Tätigkeit angeboten wird, dergestalt, dass sie „Taten für einen höheren Sinn" vollbringen können, finden sie wieder eine Art neue Heimat in der als desolat empfundenen Welt. Damit wird eine positive Identität ermöglicht.

Hier ist auch der Gegenwartsbezug zu sehen: diskriminierende soziale Bedingungen, denen viele Jugendliche sich hilflos ausgesetzt sehen, werden von ihnen nicht bekämpft (wie denn auch?), sondern sie schaffen sich ein Ventil, indem sie ihren Zorn in Gruppen an den vermeintlich Schuldigen auslassen.

Möglicherweise wurde der Gruppenzwang vom mittelalterlichen Menschen weit weniger empfunden als von einem Mitglied gegenwärtiger Gruppen. Vermutlich wird aber auch heute individuelles Verhalten schneller aufgegeben beziehungsweise wird schon nicht entwickelt, wenn eine Identität nur in der wie auch immer gearteten Geborgenheit einer Gruppe erreicht werden kann.

6.4 Meinungsanalysen und Handlungskonsequenzen

Nun können Meinungen zum Problem analysiert und daran anschließend Handlungskonsequenzen erörtert werden.
Mit den Materialien M 12 - M 16 erhalten die Schüler ein Hilfsmittel zur Bewertung und Beurteilung der Vorgänge. Sie sollen die Ergebnisse und Auswirkungen mit den Erwartungen der Kreuzfahrer vergleichen.

Nachdem die Aufgaben 1 und 2 zu den Materialien M 12 - M 16, alternativ zu M 17 bearbeitet wurden, wäre die weitaus anspruchsvollere Aufgabenstellung, ein Zitat aus den Materialien zu entnehmen, es argumentativ mit Fakten zu belegen, und in einer gesonderten Beurteilung des Vorganges die Perspektive und Standortgebundenheit des Zitierten mit einzubeziehen.

Wenn Schüler an dieser Stelle eigene Werturteile abgeben, sollen sie auch die Grundlage der eigenen Wertentscheidungen reflektieren und dabei Perspektive und Standortgebundenheit des Betrachters mit einbeziehen. Im Falle des in der UE aufgearbeiteten Themas sehe ich keine Normenproblematik, sie ergäbe sich nur, wenn sich die Bewertung von Aggressionen aus damaliger und heutiger Sicht aufgrund gleicher Motivlage unterscheiden würden.

Die Summe der gewonnenen Erkenntnisse soll sich in den handlungsorientierten Aufgaben zeigen. Die Schlüsselfrage der sich in ihren Anforderungen an den Intellekt und die Imaginationsfähigkeit der Schüler unterscheidenden Aufgabenstellungen lautet in jedem Fall: „Was folgt aufgrund der Behandlung der historischen Problematik für mein eigenes Verhalten heute?" Alle handlungsorientierten Aufgaben müssen als „*Erfahrungsaktivität*" ((15), S. 37) verstanden werden und sind manifest in einer „*aktive(n) dialogische(n) Auseinandersetzung mit Menschen und Problemen der Vergangenheit und Gegenwart sowie der eigenen Person*" (ebenda).

Weil ein wichtiges Erziehungsziel darin besteht, Schüler zu eigenverantwortlichem Handeln zu befähigen, sollten zunächst Impulse gesetzt werden, die sich auf die persönlichen Konflikterfahrungen und nicht auf internationale Konflikte beziehen.

Fragt man danach, wie sich durch gegensätzliche Einstellungen hervorgerufene internationale oder auch nationale kriegerische Konflikte bewältigen lassen, erhält man sicher die überzeugende Antwort, dass man sie nur durch „Verhandeln" lösen kann. Aber damit wird die Verantwortlichkeit wieder in die Hand der Politiker gelegt und wenn das Ergebnis nicht stimmt, haben wieder die anderen versagt. Andererseits sind Handlungskonsequenzen individuell und können nicht als nachprüfbares Lernziel formuliert und vorgegeben werden. Möglicherweise können aber Impulse gesetzt werden, dergestalt, dass

- darüber nachgedacht wird, ob zwischen eigener Einstellung und eigenem Verhalten Widersprüche bestehen,
- aus der Bearbeitung des historischen Problems erkannt wird, dass das „Aussitzen" eines gegenwärtigen Problems meine Gruppe, die Gesellschaft in der ich lebe oder die ganze Menschheit dauerhaft schädigen kann,
- die Verarbeitung des geschichtlichen Inhalts meiner Identitätsbildung nutzt,

- die erarbeitete Problematik für mich eine existenzielle Bedeutung hat,
- in mir Verhaltens- und Meinungsänderungen ausgelöst werden.

Eine Zusammenarbeit mit den Fächern Deutsch und Ethik bietet sich in dieser Phase an.

7 Materialien

7.1 Materialien zur Motivationsphase: Verhalten der Kreuzfahrer gegenüber Andersgläubigen

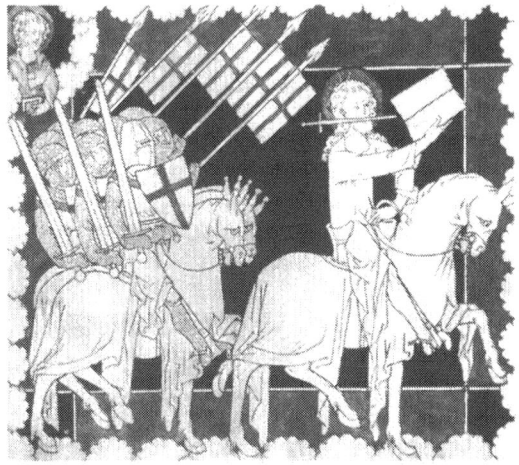

M 1: Moslemische Flücht-
lingsfrau in Nordbosnien,
März 1998 (dpa))

M 2: „Christus als Anführer der Kreuzfahrer" Engli-
sche Miniatur aus dem Anfang des 14. Jahrhunderts
aus ((14), S. 11)

M 3: „Juden in
der Synagoge"
Darstellung aus
einer hebräischen
Handschrift 15.
Jh. Aus ((14), S.
18)

M 4: „Cavalieri del Sacro romano Impero in battaglia" disegno
ricavalo da una miniatura dell´XI
secolo ((26), S. 8)

264

M 5a: Solomon bar Simson, ein jüdischer Chronist, berichtet 1096:

*„Der Feind behandelte sie mit der gleichen Grausamkeit wie die anderen vor-
her und überlieferte sie dem Schwert;... Der Feind riß ihnen die Kleider vom
Leibe, trieb sie zusammen und brachte sie um. Nur wenige, die sich mit profa-
nem Wasser taufen ließen, wurden geschont... Wer im Haus blieb, wurde von
diesen Wölfen umgebracht, Männer, Frauen, Kinder und Alte. Sie rissen die
Treppen ab, zerstörten die Häuser, raubten und plünderten. Der Feind ver-
schlang die Kinder Israels mit offenen Maul... In zwei Tagen wurden ungefähr
achthundert erschlagen und nackt verscharrt."* ((9), S. 20)

M 5b: Elieser ben Nathan, ein jüdischer Dichter, berichtet 1096:

*„Als sie auf ihrem Weg durch die rheinischen Städte kamen, in denen Juden
wohnten, sprachen sie in ihrem Herzen: Lasset uns zuerst an ihnen Rache nehmen und sie austilgen, so daß sie kein Volk mehr bilden; oder sie sollen unse-
resgleichen werden und zu unserem Glauben sich bekennen... Da erhoben sich
die Feinde und Dränger gegen die Juden, die in ihren Häusern waren, überfie-
len sie und brachten sie um, Männer, Frauen und Kinder, Jünglinge und Greise.
Sie rissen die Häuser nieder,... machten Beute und plünderten."*
(Hebräische Berichte über die Judenverfolgungen während des 1. Kreuzzuges)
((20), S. 60)

M 6a: Ibn al-Atir, arabischer Geschichtsschreiber,

*„Die Franken wandten sich also gegen Jerusalem und hielten es nach ihrer
Ankunft mehr als vierzig Tage eingeschlossen. Die Franken nahmen die Stadt
am Freitag, dem 22. Sa'ban 492 (15. Juli 1099). Die Einwohner wurden ans
Schwert geliefert, und die Franken blieben eine Woche in der Stadt, während
sie die Einwohner mordeten. Eine Gruppe von diesen suchte Schutz in Davids
Bethaus und leistete einige Tage Widerstand. Nachdem die Franken ihnen das
Leben zugesichert hatten, ergaben sie sich; die Franken hielten diesen Vertrag.
In der Al-Aqsa-Moschee dagegen töteten sie siebzigtausend Muslime, unter
ihnen viele Imame, Religionsgelehrte, Fromme, die ihr Land verlassen hatten,
um in frommer Zurückgezogenheit an diesem heiligen Ort zu leben. Aus dem
Felsendom raubten die Franken mehr als vierzig Silberleuchter und mehr als
zwanzig goldene und andere unermeßliche Beute".*((3), S. 49f.)

M 6b: Der Dichter Abiwardi aus Bagdad:

*„Wir haben unser Blut vermischt mit unseren Tränen / Traurige Waffe eines
Mannes, Tränen zu vergießen, / Wenn der Krieg alles in Brand steckt / Mit
funkelnden Schwertern. / O Kinder des Islam, noch stehen euch viele Kämpfe
bevor, / In denen eure Köpfe zu Euren Füßen rollen werden. / Eure Brüder in
Syrien haben nichts mehr, /Um ihr Haupt zu legen / Als die Rücken ihrer Kame-
le und die Eingeweide der Geier. / Wieviel Blut ward vergossen, wie vielen
Frauen hat man nichts / Gelassen ihre Scham zu hüten, als die Fläche ihrer
Hände.* (Bibliothèque des Croisades, 4. Teil. Chroniques arabes) ((20), S. 62)

Aufgabenstellung zu M 5a/b und 6 a/b

Lies die drei Quellentexte durch, ermittle den Autor, seine Religionszugehörigkeit, den Ort und das Jahr der genannten Ereignisse. Trage die gewonnenen Erkenntnisse auf der Landkarte ein, ermittle den Zeitraum, auf den sie sich beziehen und formuliere eine erste Erkenntnis über die Vorgänge.

Unterstreiche in den Quellen jene Textstellen, aus denen du auf die Sichtweise des Verfassers schließen kannst.

Versetze dich in die Lage eines der berichtenden Augenzeugen und verfasse einen Tagebucheintrag am Abend eines solchen Tages. Welche Gefühle beherrschen dich? Beachte beim Schreiben, dass es nicht so sehr um die Vorgänge geht, sondern darum, wie du sie erlebst. (Siehe auch TA 3).

M 7: Karte „Der Weg nach Jerusalem" (Westermann-Schulbuch-Verlag)

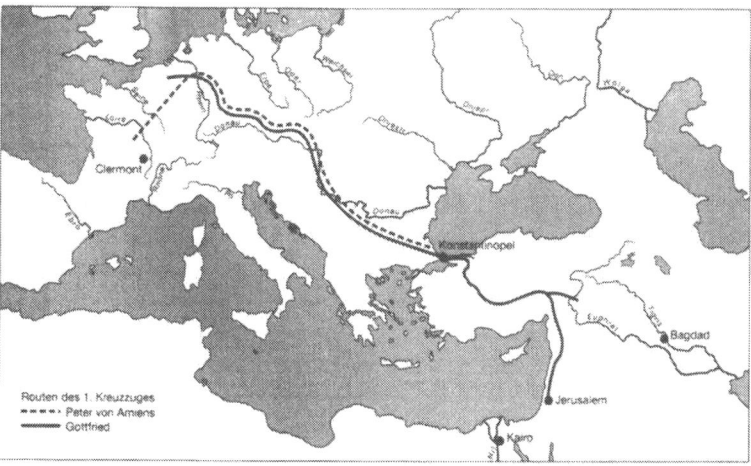

Im Vergleich mit einer topografischen Karte kannst du erkennen, aus welchen Gründen die Kreuzfahrer diese Route gewählt haben.

Peter von Amiens (auch Peter der Einsiedler genannt) war ein Volksprediger und führte den von den kirchlichen Behörden nicht ins Auge gefaßten Kreuzzug der armen Leute an, der im Oktober 1096 in Ungarn und Kleinasien scheiterte. Anschließend begleitete er den 1. Kreuzzug der gepanzerten Ritterheere unter der Führung von Gottfried von Bouillon (gestorben 1100), der 1099 die erste christliche Heerschaft über Jerusalem antrat.

266

M 8: Zeitleiste (nach ((20), S. 67))

Informiere dich aus der Zeitleiste über die Folgen der Ereignisse in den Jahren 1096 bis 1099 und formuliere eine zweite Erkenntnis.

1096 - 99	1. Kreuzzug, Gft. Edessa, Königreich Jerusalem gegründet
1144	Die Türken erobern Edessa
1146 - 49	2. Kreuzzug ins Heilige Land
1187	Sultan Saladin erobert Jerusalem und den größten Teil der von den Franken besetzten Gebiete, darunter Akkon
1189 - 92	3. Kreuzzug Rückeroberung Akkons
1202 - 04	4. Kreuzzug
1212	Kinderkreuzzug
1228 - 29	5. Kreuzzug Friedrich II. gewinnt durch Vertrag mit dem Sultan Jerusalem zurück
1244	Endgültige Eroberung Jerusalems durch die Türken
1248 - 54	6. Kreuzzug Ludwig der Heilige von Frankreich versucht das Heilige Land von Ägypten her zurückzuerobern
nach 1250	Verhandlungen zwischen Christen und Mongolen über einen gemeinsamen Angriff gegen den Islam
1270	7. Kreuzzug Ludwig der Heilige von Frankreich zieht gegen das islamische Tunesien
1271	Sultan Baibors erobert Festungen der Franken
1291	Ende der „fränkischen" Herrschaft im Heiligen Land Akkon fällt an die Türken
1396	Türken siegen über die Kreuzfahrer bei Nikopolis und erobern den Balkan
1453	Türken erobern Konstantinopel
1529	Türken belagern Wien
1571	Türken erobern Zypern
1683	Türken erneut vor Wien
1997	Islamische Fundamentalisten töten europäische Touristen, aber auch Angehörige muslimischer Glaubensrichtungen

M 9: Usama ibn Munqid, Emir von Saizar

Usama ibn Munqid, Emir von Saizar, gehört zu den interessantesten Gestalten des syrischen Arabertums zur Zeit der Kreuzzüge. Ein Mann der Tat und der Feder, Ritter und Jäger, Literat und Höfling, politischer Intrigant ohne Skrupel, verbrachte er sein langes Leben in Beziehungen mit den Franken. Seinen Ruhm verdankt er seiner Autobiographie, in der er ein ehrliches wortreiches Selbstbildnis ... über seine muslimischen und fränkischen Zeitgenossen gibt. ((3), S. 26)

„Die Franken (möge Allah sich von ihnen abwenden) haben keine menschlichen Vorzüge außer der Tapferkeit"..."Eine Probe der Härte der Franken (möge Allah sie verderben!) ist das, was mir geschah, als ich Jerusalem besuchte."...."Sie (die Franken) sind (möge Allah sie verdammen) eine verfluchte Rasse, die sich nicht mit dem, der anderen Ursprungs ist, verbindet"...."Ruhm sei Allah, dem Urheber aller Dinge, dem Schöpfer! Wer immer sich vertraut gemacht hat mit dem, was die Franken angeht, kann nicht anders als Allah, den Allmächtigen, rühmen und heilig halten; denn er hat in ihnen Tiere gesehen, die den Vorzug des Mutes und des Eifers im Kampf haben. Aber eben keinen anderen, ebenso wie die Tiere uns überlegen sind an Kraft und Angriff." ((4), S. 130 f.)

Aufgabenstellung zu M 9

Gebt in eigenen Worten die Haltung Usamas den Franken gegenüber wieder und begründet sie aufgrund seiner Äußerungen. Bewertet seine Haltung aufgrund der gewonnen Einsichten in die Vorgänge seit 1096.

7.2 Materialien zur Lösungsphase

M 10: Urbanpredigt nach Robert von Reims

„Volk der Franken, ... von Gott ausgewählt und geliebt...durch...den katholischen Glauben...herausgehoben von allen anderen Völkern: An Euch richtet sich unsere Rede...aus dem Land von Jerusalem... kam ein schwerwiegender Bericht...daß ein Gott gänzlich fernstehendes Volk,...Menschen also, die weder ein Herz haben noch an Gott glauben, die Länder jener Christen überfallen, mit Schwert, Raub und Feuer verwüstet, die Gefangenen ...verschleppt...auch elendiglich abgeschlachtet hat...die Kirchen zerstört oder für... ihre ...Heiligen in Beschlag genommen haben. Altäre besudeln sie mit Unrat; sie beschneiden Christen und das Blut der Beschneidung gießen sie auf den Altar oder in die Taufbecken. Bei manchen Leuten gefällt es ihnen, sie... zu quälen; sie durchbohren den Nabel, reißen den noch Lebenden den Kopf ab, binden sie an einen Baumstamm und treiben sie so unter Schlägen herum, bis sie mit heraushängenden Eingeweiden zusammenbrechen und zu Boden fallen. Manche, die sie an einen Baum gebunden haben, erschießen sie mit Pfeilen; manchen strecken sie den Hals, gehen mit

dem blanken Schwert auf sie los und probieren, ob sie mit einem Schlag den Kopf abschlagen können. Was soll ich über die schändliche Vergewaltigung der Frauen sagen, über die zu sprechen schlimmer ist als zu schweigen?....Wem also obliegt dies zu rächen...wenn nicht euch...denen vor allen anderen Völkern Gott den glänzenden Schmuck der Waffen, Geistesgröße, körperliche Behendigkeit und die Fähigkeit verliehen hat, die Scheitel derer zu ducken, die sich Euch widersetzen? Besonders soll euch...das Grab unseres Herrn und Heilands (bewegen)...
....der Herr sagt: „Wer ...(alles)...verläßt in meinem Namen, der wird hundertfach belohnt werden und das ewige Leben besitzen."......denn dieses Land, das ihr bewohnt...wird viel zu eng durch eure hohe Bevölkerungszahl...strömt nicht gerade über von Reichtümern...und beschert gerade mal...den Lebensunterhalt. Von daher kommt es ja auch, daß ihr Euch gegenseitig ...bekämpft, Kriege anzettelt und Euch...umbringt. Es soll also weichen der Haß unter Euch, Unfrieden soll aufhören, Kriege sollen ruhen, und jeglicher Streit soll beigelegt werden.
Macht Euch auf den Weg zum Heiligen Grab, entreißt jenes Land dem ruchlosen Volk, unterwerft es Euch; jenes Land.... "in dem Milch und Honig fließt". ((19), S. 43 f)

Aufgabe zu M 10:
1. Ermittelt aus der Quelle, welche Eigenschaften nach Ansicht des Redners
   a) die Franken
   b) die Gegner
   besitzen.
2. Verfasst die Argumentation eines fränkischen Christen, der am Kreuzzug teilnehmen will, und gliedert sie nach materiellen und ideellen Beweggründen.
3. Vergleicht die Aussage über die Gegner in der Quelle M 11 mit den Aussagen in den Quellen M 5a/b und M 6a/b. Was stellt ihr fest?

M 11a: Wilhelm von Tyrus, Erzbischof und Chronist (gestorben 1185 in Jerusalem) schreibt in seiner Historia rerum in partibus transmarinis gestarum I, S. 14 ff:
„Es zeigt sich, daß das Werk von Gott angeregt war, denn Alt und Jung folgten mit größter Freude diesem Aufgebot, so Schwieriges es auch verlangte...Doch hatte nicht alle die Liebe zu Gott zu ihrem Entschluß veranlaßt, und nicht alle trieb die weise Überlegung dazu. Viele schlossen sich bloß an, um ihre Freunde nicht zu verlassen oder um nicht für träge zu gelten, oder aus Leichtsinn, oder um ihrer Gläubiger, denen sie schwer verschuldet waren, spotten zu können. Verschieden waren also ihre Beweggründe...." ((6), S. 367)

M 11b: Würzburger Annalen von 1147
„Die Kreuzfahrer waren von den verschiedensten Beweggründen beseelt. Leute mit unruhigem Charakter lockte es, fremde Länder zu sehen; andere, denen die Armut im Nacken saß,...zogen nicht bloß gegen die Feinde Christi, sondern auch gegen jeden

Freund des Christentums, wenn sie sich nur mit dem Schwert die Armut vom Leibe schaffen konnten; wieder andere, die von der Last ihrer Schulden bedrückt wurden oder sich ihrem pflichtmäßigen Herrendienst entziehen wollten oder auch gerechte Strafen für ihre Verbrechen zu befürchten hatten, heuchelten Eifer für die Ehre Gottes, (sie) kennzeichneten ihre Kleider anmaßend mit dem Zeichen des Kreuzes" (aus: E. Orthbandt / D.H. Teuffen „Ein Kreuz und tausend Wege" (zitiert nach (20), S. 60)

M 11c: Kreuzzugslied eines französischen Kreuzfahrers (12.Jh.):
„Wißt ihr, was Gott denen versprochen hat,/ die das Kreuz nehmen werden? / Bei Gott, er verspricht, sie sehr schön zu belohnen: / Das Paradies auf ewig. / Wer seinen Profit gut wahrzunehmen versteht, / ist ein Narr, wenn er bis morgen wartet." ((6), S. 367), ((1), S. 38)

M 11d: Aus einer Kreuzzugspredigt von Jakob von Vitry (2. Jahrzehnt des 13.Jh.):
„Er...sprang aber stracks durchs Fenster, um das Kreuz zu nehmen, als er vernommen hatte, dass man durch die Kreuznahme so viel Ablaß gewinnen könne, wie sonst nur durch sechzigjähriges Fasten und das Tragen eines Bußgürtels, daß man auch dem Fegefeuer und der Hölle dadurch entgehe." ((6), S. 367)

M 11e: Urkunde zugunsten des Klosters St. Peter in Chartres, 1096
„Ich, Nivelo (aus Fréteval) entsage auf ewig - um der Rettung meiner Seele willen sowie im Tausch für eine große mir hierfür gegebene Geldsumme - meinem gewalttätigen, schlechten Brauch entstammenden Verhalten. Grausam bedrückte ich das Land von St. Peter und dessen Umland, indem ich mir die Güter der Einwohner aneignete....Gegen alles... Recht übergab ich das Eigentum der Untertanen von St. Peter meinen Rittern zur Nahrung...Um die Vergebung meiner Sünden zu erlangen, die mir Gott gewähren kann, begebe ich mich auf die Pilgerfahrt nach Jerusalem...Die Mönche haben mir zehn Pfund in Dinaren für die Kosten der verabredeten Reise gegeben als Gegenleistung dafür, daß ich von dieser Unterdrückung ablasse." ((8), S. 28)

Aufgaben zu den Quellentexten M 11a - M 11e:
Tabellarische Erfassung des vorgegebenen Materials nach untenstehenden Kriterien:
1. Stellt fest, aus welcher Art schriftlichen Quellenmaterials der Historiker seine Informationen über einen bestimmten Vorgang beschaffen kann und
2. schließt aus der Art des Textes (Textsorte) auf den Adressaten. - In welcher Absicht ist der Text verfasst? (Funktion des Textes)
3. Überlegt gemeinsam, welche Position der Autor des Textes gegenüber dem Vorgang einnimmt (verhält er sich dem Geschehen gegenüber positiv - neutral - negativ?)
4. Begründet eure Behauptung durch Textbelege (welche Wörter bzw. Satzkonstruktionen lassen auf die Haltung des Verfassers schließen?)
(siehe TA 4)

M 12: Kurzbiografie eines Jungen

Ein Junge, 14 Jahre alt, sein Vater ist verarmt durch zu hohe Abgaben an einen Ritter, der aber ebenfalls am Kreuzzug teilnimmt. Er ist abenteuerlustig, aber die Erlebnisse auf der Kreuzfahrt machen ihn auch nachdenklich. Einerseits genießt er das freie Leben in immer wieder neuen Landschaften und sein Zusammentreffen mit fremden Menschen; aber er vermisst auch seine Schwester, die zuhause geblieben ist. Dass er in den kommenden Jahren keine Zwangsdienste für den Ritter leisten muss, erleichtert ihn. Er stellt dann aber fest, dass dieser Ritter auch jener ist, der die Leitung des Kreuzzuges übernimmt. Er sieht ihn zum erstenmal kurz vor den Plünderungen der jüdischen Ghettos, ohne die Möglichkeit sich zu entfernen. Er ist 17 Jahre, als er in Jerusalem ankommt. Dort schreibt er seinen Bericht. Wird er wieder nach Hause wollen?

Aufgabe zu M 12:

Du bist dieser Junge. Schildere, was du an welchen Orten gesehen hast, wie du diese Ereignisse erlebt hast und wie du sie beurteilst und bewertest.

Alternative Aufgabenstellung:

Verfasse einen Zeitungsbericht in sachlicher Sprache über die Vorgänge während des Kreuzzuges und formuliere dazu einen Kommentar.

7.3 Materialien zur Meinungsanalyse

M 12: *„Ich sehe, wie die Kreuzfahrer über das Meer ins Heilige Land fahren und sich dabei einbilden, daß sie dieses Land mit Waffengewalt erobern könnten. Und am Ende sind sie alle so erschöpft, ohne an das Ziel ihrer Absichten gekommen zu sein. Auch glaube ich, daß diese Eroberung sich nur so vollziehen sollte, wie du es gemacht hast, Herr, ... das heißt mit Liebe.“*

Raimundus Lullus (1235 - 1316) wirkte missionarisch für das Christentum und wurde von Moslems gesteinigt. (aus: Les Croisades, S. 8, Übersetzung B. Thierfelder, in ((14), S. 44)

M 13: *„Wahrlich, wenn die Botschaft, die wir empfangen haben, wahr ist, so werden wir und alle anderen Christen dich, o Gott, verlassen und nicht länger deiner gedenken, und keiner von uns wird mehr wagen, deinen Namen anzurufen.“*

Die Christen im Orient meinten, Gottes Sohn sei Muslim geworden, nachdem sie die Nachricht von der Vernichtung eines Kreuzfahrerheeres erhalten haben. ((14), S. 44)

M 14: *„Die Kreuzzugsidee, so oft sie politisch mißbraucht wurde und entartete, kennzeichnet ein Zeitalter, dessen Glaube weniger nach Zweck und Nutzen fragte als nach dem Seelenheil und Gottes Willen und dafür kein Opfer scheute. 'Gott will es' war der Kampfruf und die nicht zu widerlegende Überzeugung der echten Kreuzfahrer.“* ((14), S. 46)

M 15: *„Aber so einfach liegen die Dinge doch nicht, denn in Wahrheit ist die Geschichte der Kreuzzüge aufs engste verbunden mit der Geschichte des abendländischen Rittertums, das hier seine große Aufgabe fand, an der es sich bewähren, mit der es wachsen und sich wandeln konnte von der einfachen Kriegerschar zum führenden Stand des Abendlandes.."* ((14), S. 46)

M 16: *„Nur eines läßt sich mit Gewißheit folgern: Die Menschen sind außerstande, ihren Idealzielen, die sie sich setzen, nachzuleben. Man predigt Liebe und sät Haß, man will retten und vernichtet, man will befreien und mordet und versklavt, man will helfen und man raubt, man meint frei zu entscheiden und wird manipuliert. Es gibt kein klareres und tragischeres Beispiel für die Verhaltensweise der Menschen, wenn sie als Masse auftreten, als die Kreuzfahrer.....Wer meint, wir Menschen des 20. Jahrhunderts seien ganz anders, der darf den ersten Stein werfen".* ((14), S. 46)

Aufgaben zu M 12 - M 16

1. Welche Äußerungen zeitgenössischer Kritiker und heutige Beurteilungen bewerten die Kreuzzüge eher positiv - eher negativ - eher neutral? Ordnet zu.
2. Entscheidet euch für eine Aussage und belegt sie mit historischen Fakten.
(Alternativ können diese Aufgaben auch mit dem Material M 17 bearbeitet werden.)

M 17: Der große Krieg der christlichen Kirche gegen die Menschheit Triumphe des Glaubens tragische und zerstörerische Epoche Zeugnis von der Beschränktheit der menschlichen Natur jeder sieht sie gefiltert durch sein eigenes Wesen vom christlichen Glauben her lässt sich das Unternehmen rechtfertigen glänzende Manifestation des religiösen Geistes religiös verbrämte Eroberungskriege Einheit des Abendlandes kommt zu ihrem großartigsten Ausdruck dieses Christentum übt Verrat an dem Gekreuzigten sie bleiben ein mittelalterliches Phänomen und stehen am Rand der Kirchengeschichte sie haben ein unendliches Unheil gestiftet ein Rittertum dessen Tatendrang von der Kirche auf religiöse Ziele gelenkt wurde abgesehen von der Ausweitung des geistlichen Herrschaftsbereiches Roms war der Hauptgewinn ... ein negativer moralisch waren sie für das Abendland ein beachtlicher Erfolg und bereicherten es sowohl materiell wie kulturell sinnlose Verschwendung von Gut und Blut Hunderttausender.

8   Literatur

(1)   Mayer, Hans Eberhard: Geschichte der Kreuzzüge, 8. Auflage, Stuttgart 1995.

(2)   Runciman, Steven: Geschichte der Kreuzzüge, München 1995.

(3)   Gabrieli, Francesco: Die Kreuzzüge aus arabischer Sicht, München 1973.

(4)   Pernoud, Régine: Die Kreuzzüge in Augenzeugenberichten, 5. Auflage, Düsseldorf 1961.

(5)   Pernoud, Régine: Frauen zur Zeit der Kreuzzüge, Freiburg 1995.

(6)   Geschichte in Quellen, Band II, Mittelalter, München 1970.

(7)   Nayhauss, H.-C. Graf von (Hrsg.): Lese- und Arbeitsbuch zur höfisch-ritterlichen Literatur, Baltmannsweiler 1976.

(8)   Riley-Smith, J. (Hrsg.): Großer Bildatlas der Kreuzzüge, Freiburg 1992.

(9)   Milger, Peter: Die Kreuzzüge, Gütersloh 1989.

(10)   Uffelmann, Uwe: Problemorientierter Geschichtsunterricht, Grundlegung und Konkretion, Villingen-Schwenningen 1990.

(11)   Raisch/Reese (Hrsg.): Historia Didactica - Geschichtsdidaktik heute - Uwe Uffelmann zum 60. Geburtstag, Idstein 1997.

(12)   Mütter/Uffelmann (Hrsg.): Emotionen und historisches Lernen, Hannover 1996.

(13)   Bergmann u.a. (Hrsg.): Handbuch Geschichtsdidaktik, 5. Auflage, Seelze-Velber 1997.

(14)   Gutschera/Thierfelder (Hrsg.): Die Kreuzzüge, Stuttgart-München 1984.

(15)   Geschichte lernen, Heft 46, Juli 1995 „Arbeit mit Textquellen".

(16)   Geschichte lernen, Heft 2, März 1988 „Erzählen".

(17)   Geschichte lernen, Heft 59, September 1997 „Arbeit mit Geschichtskarten".

(18)   Sammelband Geschichte lehren und lernen, Velber 1997.

(19)   Gemein/Cornelissen: Kreuzzüge und Kreuzzugsgedanke in Mittelalter und Gegenwart, München 1996.

(20)   Schmid, Heinz-Dieter: Fragen an die Geschichte, Band 2, 2. Auflage, Frankfurt 1976.

(21)   Schmid, Heinz-Dieter: Lehrerbegleitband 2 zu Band 2 ebenda.

(22)   Birk u.a. (Hrsg.): Geschichte und Geschehen, Baden-Württemberg, Band 2, Stuttgart 1995.

(23)   Breuers, Dieter: „Sterben für Jerusalem" Ritter, Mönche, Muselmanen und der Erste Kreuzzug, Bergisch Gladbach 1997.

(24)   Barret/Gurgand, „Gott will es!" Die Geschichte des ersten Kreuzzuges 1095 - 1099, Hamburg 1982.

(25)   Maalouf, Amin „Der Heilige Krieg der Barbaren" - Die Kreuzzüge aus der Sicht der Araber aus dem Französischen übersetzt, München 1996.

(26)   Casanova/Galetti: La Linea del Tempo, 5. Auflage, Bologna 1994.

Anette Hettinger

Die dörfliche Lebenswelt des Mittelalters und der Neuzeit

Unterricht im Freilichtmuseum

Bis weit ins 19. Jahrhundert lebte und arbeitete die übergroße Mehrheit der Bevölkerung auf dem Land. Ihr Alltag war von einem Netz gegenseitiger Abhängigkeiten und Verpflichtungen geprägt. Die genossenschaftlich organisierte Dorfwirtschaft, die auf Nachbarschaftshilfe angewiesen war, die (politische) Dorfgemeinde, die sich selbst verwaltete und gemeinschaftliche Aufgaben gegenüber den Schwächeren der Dorfgesellschaft und gegenüber der Dorfherrschaft übernahm, und schließlich die Grundherrschaft: Dörfliches Leben erforderte die Einordnung des einzelnen in die Gemeinschaft. Erst das Entstehen von Großstädten im Gefolge der Industrialisierung und der Einzug moderner Technik und vor allem moderner Kommunikationssysteme in unserem Jahrhundert veränderten diese jahrhundertelang bestehenden Grundbedingungen dörflichen Lebens. Heute sind Dörfer in erster Linie Wohnorte; die tatsächlich von der Landwirtschaft lebenden Dorfbewohner sind in der Minderzahl, während die meisten Einwohner in den groß- und kleinstädtischen Wirtschaftszentren der nächsten Umgebung arbeiten. Diese übernahmen in unserem Jahrhundert auch die Funktionen der gemeindlichen Selbstverwaltung, deren Ende an der häufig anderweitigen Nutzung der Symbole ehemaliger gemeindlicher Autonomie, nämlich Rathaus und Schulgebäude, ablesbar ist.[1] Selbst Schülerinnen und Schülern, die auf dem Land aufwachsen, muß diese Veränderung dörflichen Selbstverständnisses erst verdeutlicht werden.

Nicht nur die realen Lebensumstände auf dem Land, sondern auch die Vorstellungen und Bilder, die von außen - also durch die städtisch-bürgerliche und adelige Gesellschaft - dem dörflich-bäuerlichen Leben angeheftet wurden, haben sich im Laufe der Jahrhunderte verändert. Im späten Mittelalter und in der frühen Neuzeit findet sich das Bild des „Bauerntölpels", das kulturelle wie materielle Rückständigkeit und Primitivität des ländlichen Lebens und die Derbheit seiner Bewohner ausdrückte (s. M1, M2)[2]. Das Bild von einem Leben in kultureller Beschränktheit, das von der (angeblichen) Weltoffenheit des städtischen Lebens abgeschnitten ist, mag noch heute nachwirken, doch ist an seine Stelle vor allem die Vorstellung von einem gesünderen, kinderfreundlicheren Leben in „natürlicher", überschaubarer Umgebung getreten, eine Vorstellung, die in ihren Grundzügen bereits im 18. Jahrhundert zu finden ist,[3] heute aber auch von

---

1   Vgl. hierzu Rösener: Bauern im Mittelalter, S. 9-10.
2   Vgl. Bauern in Bayern, S. 108-121.
3   Vgl. Bauern in Bayern, S. 142.

dem Eindruck einer durch Überproduktion, Monokultur und übermäßige Düngerver-
wendung gekennzeichneten Landwirtschaft überlagert wird.

Der idealisierte Blick auf das ländliche Leben prägt auch heutige Vorstellungen vom
Landleben der Vergangenheit, und hierzu tragen Freilichtmuseen, die ganzheitlich
Wohn- und Wirtschaftsformen auf dem Land zeigen, durch die Art ihrer Präsentation
wohl auch bei: Sie haben sicherlich etwas von Vergnügungsparks, in denen man mit
Kind und Kegel auf befestigten Wegen (nicht den schmutzigen früherer Zeit!) herum-
wandern kann, ohne die typischen ländlichen Gerüche einatmen zu müssen (die Mist-
haufen vor den Stubenfenstern werden wohlweislich nicht mehr als solche gezeigt),
und wo man sich an Vorführungen alter Handwerkskünste, bäuerlicher Produktions-
methoden und ihren Ergebnissen (z.B. Bauernbrot) erfreuen kann. Die tatsächliche
(nicht nur die vorgeführte angebliche) historische Realität verschwindet dabei leicht
hinter der musealen Wirklichkeit, die mit positiven Erinnerungen und Werten verbunden bleibt.[4] Ländliches Leben der Vergangenheit rückt auf diese Weise leicht in die
Nähe von Folklore.

Diese Vorstellungen vom Landleben und die Einstellungen gegenüber dem Bauernstand in Vergangenheit und Gegenwart bilden den Rahmen der hier vorgestellten Unterrichtseinheit, wobei der idealisierte Blick auf das Landleben durch die intensive
Auseinandersetzung der Schülerinnen und Schüler mit den einzelnen Objekten und
Baulichkeiten des Freilichtmuseums relativiert und die Beschwerlichkeit dieses Lebens bewußt gemacht werden sollen. Die mittelalterlichen und frühneuzeitlichen Vorstellungen dagegen sind Teil der schulischen Unterrichtsarbeit.

Problemfindung

Die Problemfrage bezieht sich daher auf die Diskrepanz zwischen notwendiger gesellschaftlicher Aufgabe und der nicht vorhandenen Anerkennung der Bauern durch
die anderen gesellschaftlichen Gruppen, die in derartigen Vorstellungen zum Ausdruck
kommt: Warum überliefern allgemein bekannte Sprichwörter und Bilder ein negatives
Bild der Bauern, obwohl diese die Bevölkerungsmehrheit stellten und eine von allen
anerkannte, für das Überleben der Gesamtgesellschaft nötige Aufgabe übernahmen?
Ein Brainstorming zu den Vorstellungen der Lernenden vom Landleben heute kann
Auftakt der Problemfindung sein, die dann über die Aussagen von Sprichwörtern, Bildern und Ständeordnung (M1-M4) über die bäuerliche Bevölkerung und den Vermutungen zu deren Urhebern (städtisch-bürgerliche und adelige Bevölkerung) zur Problemfrage verdichtet wird. Die Vermutungen der Lernenden sollten als Fragen zum
Thema notiert werden.

---

4 Vgl. hierzu Gitta Böth: Vergnügungspark oder Bildungseinrichtung? Von der Schwierigkeit
   museumspädagogischer Arbeit im Freilichtmuseum. In: Kirstin Fast (Hrsg.): Handbuch museumspädagogischer Ansätze (Berliner Schriften zur Museumskunde 9), Opladen 1995, besonders S. 247-252.

Problemlösung: Museum und schulischer Unterricht

Das Museum als eine Vermittlerinstanz des idealisierten Blickes wird hier als Lern- und Arbeitsort verstanden, das seinen Platz gleichrangig neben dem schulischen Unterricht hat und dessen hauptsächlich gegenständliche Quellen - Gebäude und deren Einrichtung und Umgebung sowie bäuerliche Arbeitsgeräte - den Text- und Bildquellen des schulischen Unterrichts gleichgesetzt werden. Der Museumsbesuch ist somit möglichst früher Teil der Erarbeitungsphase der gesamten Unterrichtseinheit, auf dessen Ergebnisse sich die folgenden Unterrichtsbausteine beziehen.

In inhaltlicher Hinsicht umfaßt die Einheit „Dörfliche Lebenswelt" Themenbereiche, die als Elemente der „langen Dauer" für das Dorf in Mittelalter wie früher Neuzeit konstitutiv waren. Wesentliche Aspekte lassen sich bereits an Objekten des Freilichtmuseums anschaulich festmachen; der Umfang der Bearbeitung ist dabei natürlich von der Ausstattung und Größe des einzelnen Freilichtmuseums abhängig. Es empfiehlt sich ein arbeitsteiliges, am Gruppenpuzzle orientiertes Vorgehen: Stammgruppen („Großbauern", „Kleinbauern", „Hirten", „Frauen", „Männer", „Tagelöhner" usw.) erkunden anhand von entsprechenden Leitfragen die Lebensumstände und Arbeitsbereiche einer sozialen Gruppe im Dorf in „ihren" jeweiligen Häusern, anschließend führen die Lernenden sich gegenseitig in neu zusammengesetzten „Expertengruppen" (aus jeweils einem Mitglied der verschiedenen Stammgruppen) durch „ihre" Häuser bzw. zu ihrem Thema.[5]

Themenbereich I: Bedingungen des Wohnens und Wirtschaftens in der dörflichen Gemeinschaft - Soziale Schichtung und Dorfgenossenschaft

Die soziale Schichtung des Dorfes (es gab niemals „den" Bauern) läßt sich unschwer an der Größe und Ausstattung der verschiedenen Museumshäuser ersichtlich machen (z.B. Groß-/Kleinbauernhaus, Hirten-, Tagelöhner-, Armenhaus).

Das gemeinschaftliche, Absprachen voraussetzende Arbeiten in der Dorfgenossenschaft (Stichworte: Allmende, Flurzwang, Nachbarschaftshilfe, Arbeitsteilung) ist im Museum an den Gemeinschaftsanlagen des Dorfes zu zeigen: wiederum Hirtenhaus (der Hirte als Angestellter der Gesamtgemeinde), dann Dorfbrunnen (gemeinsame Wasserstelle, Waschplatz), Backhaus, Schafscheuer, Darren. Auch die gemeinschaftliche Verwaltung und politische Autonomie des Dorfes, das als Gesamtheit aller seit dem späten Mittelalter der Herrschaft gegenübertritt, läßt sich im Museum thematisieren: Das Rathaus bzw. dessen „Vorgänger" Dorflinde und Wirtshaussaal sind die Orte, wo in der Gemeindeversammlung über die gemeinsamen Aufgaben entschieden und Gericht gehalten wurde; Schulhaus sowie das Armen-/Gemeindehaus sind Einrichtungen der Gesamtgemeinde.

---

5 Beschrieben von Sigrid Rotering-Steinberg: Gruppenpuzzle und Gruppenralley. Beispiele für kooperative Arbeitsformen. In: Herbert Gudjons (Hrsg.): Handbuch Gruppenunterricht, Weinheim-Basel 1993, S. 284-293 (auch in: Pädagogik 1 (1990) S. 27-30).

In der schulischen Weiterarbeit ist zu fragen, ob sich das Leben der Bauern in der Neuzeit verbessert hat. Nach der Beschreibung der Wohnverhältnisse armer Bauern (M5) als Einstieg folgt ein Vergleich der Lebensverhältnisse vor allem der Mittel- und Kleinbauern um 1500 (M6) mit denen späterer Jahrhunderten (Freilichtmuseum) in einzelnen Bereichen (Wohnung, Ernährung, Kleidung, Arbeit, Religion, Freie Zeit, Dorforganisation, s. M6), die sich in ihren Grundbedingungen (beschwerliches Leben zur Sicherung des Überlebens) nur wenig unterschieden.

Eine weitere Unterrichtsstunde befaßt sich mit dem Dorf als Zweckgemeinschaft und damit mit der notwendigen Abhängigkeit der Dorfbewohner voneinander. Den Charakter der nach außen abgeschlossenen Gemeinschaft verdeutlicht die Darstellung Heudorfs (M7.1) durch den umgebenden Zaun (Etter) in besonderer Weise, während die Artikel aus Dorfordnungen des Mittelalters und der Neuzeit (M7.2) die notwendigen, gemeinsamen Regelungen der dörflichen Arbeitsbereiche in Dorf, Feld und Wald dokumentieren.

Themenbereich 2: Menschliche und tierische Kraft als Voraussetzung für bäuerliches Arbeiten bis weit in die Neuzeit

Im Museum lassen sich die - idealerweise - auf Selbstversorgung angelegten Produktionsformen des Dorfes an den hauptsächlich von Frauen ausgeübten Tätigkeiten in Haus und Garten (v.a. die Verarbeitung und Aufbereitung der anfallenden Lebensmittel und Feldfrüchte; Kleiderherstellung) zeigen; die Produktionstechnik wird an den im Museum vorhandenen Arbeitsgeräten für die Feldbestellung zu erarbeiten sein, wobei der Ausstattung von Freilichtmuseen entsprechend v.a. neuzeitliche Gerätschaften zu sehen sein werden.

Im schulischen Unterricht ist dann darauf aufbauend auf die bereits im Mittelalter erreichten Verbesserungen der bäuerlichen Produktionsformen (Dreifelderwirtschaft, Kummet, Hakenpflug u.a.) einzugehen, denn bäuerliches Produzieren war in seiner jeweiligen Zeit nie „rückständig"![6] Der Vergleich zu modernen Produktionsformen (Fruchtwechsel, Kunstdünger, Maschinen) kann sich hier anschließen.

Themenbereich 3: Das Verhältnis zwischen Bauern und ihren Herren - die Grundherrschaft als ein strukturierendes Moment bäuerlichen Lebens in Mittelalter und früher Neuzeit

Das Thema wurde im zugrundeliegenden Unterrichtsversuch im Odenwälder Freilandmuseum[7] mangels Objekt ausgeklammert, doch ließe sich dieser Aspekt an den herrschaftlichen Bauten wie Mühlen, Zehntscheuer oder Weinkelter zeigen. Der schulische Unterricht wird dann die ständigen und außergewöhnlichen Belastungen

---

6   Auf Materialbeigaben wird hier verzichtet, da sie sich m.E. in großer Zahl in den geläufigen Schulbüchern finden lassen.

7   In Walldürn-Gottersdorf, einem der kleinen Freilichtmuseen im Norden Baden-Württembergs, durchgeführt mit einer 8. Klasse Gymnasium.

der Bauern in der Grundherrschaft herausarbeiten (M8, M9), wobei die Erschließung des Bildinhalts (M8) über Methoden der Gestaltpädagogik erfolgen kann, indem sich die Lernenden in eine von ihnen gewählte Person des Bildes versetzen und in der Ich-Form aufschreiben, was diese tut und denkt. Am Bild der Burg (M10) läßt sich die Schutzfunktion des adeligen Grundherrn verdeutlichen.

Reflexion der Erträge
Diese erfolgt in der Schlußphase über die Sammlung der Punkte, die für das negative Bild der Bauern verantwortlich sind (Beantwortung der Problemfrage), und über einen Vergleich mit den eingangs durch die Lernenden aufgestellten Vermutungen. Sie sollen dabei erkennen, daß bäuerliches Leben ein Leben in Abhängigkeit bedeutete, dem kaum zu entkommen war: Abhängigkeit von der Natur, die das Überleben sicherte (oder zerstörte), vom Grundherrn, von der Dorfgemeinde und vom Nachbarn. Eine Diskussion der Voraussetzungen für eine Flucht aus diesem Netz von Abhängigkeiten (zu denken wäre an: Freiheit der Person, wirtschaftliche Möglichkeiten, Bildungsvoraussetzungen, Kenntnis von anderen „Welten") führt schließlich zum Erkennen und Bewerten von Handlungsmöglichkeiten in der Gegenwart.

Materialien

Das Bild der Bauern

M 1: Sprichwörter des 16. Jahrhunderts

> *Der Bauer ist an Ochsen statt, nur daß er keine Hörner hat.*
> *Wenn der Bauer nicht muß, rührt er weder Hand noch Fuß.*
> *Der Bauer und sein Stier, das sind zwei grobe Tier.*

M 2: Das Marktbauernpaar
Fordert die Geste des Mannes zum Kauf auf oder verlangt er für seine Naturalabgaben eine Quittung? Stich von Albrecht Dürer (1519)
Foto: Bildarchiv Preußischer Kulturbesitz, Berlin

M 3: Aus der mittelalterlichen Ständelehre

M 3.1: Der Bischof von Laon, 1016:
Das Haus Gottes ist dreigeteilt: die einen beten, die anderen kämpfen, die dritten endlich arbeiten. Diese drei miteinander lebenden Schichten ... können nicht getrennt werden. Die Dienste des einen sind die Bedingung für die Werke der beiden andern. Jeder trachtet danach, das Ganze zu unterstützen.
(zitiert nach H.D. Schmid: Fragen an die Geschichte Bd. 2, Frankfurt 1978, S. 11)

M 3.2: Die drei Stände:
„Du bete demütig" (tu supplex ora), *„du schütze"* (tu protege) *„und du arbeite"* (tuque labora);
(Holzschnitt von 1492, Archiv Westermann)

M 4: Anteil der bäuerlichen Bevölkerung an der Gesamtbevölkerung in Bayern

Jahr	%
400	ca. 85
600	ca. 95
800	ca. 95
1000	ca. 95
1200	ca. 90
1400	ca. 85
1600	ca. 80
1800	ca. 80
1870	ca. 60
1907	41,4
1925	36,4
1950	20,7
1970	8,2
1990	3,61

(nach: Henker (Hrsg.): Bauern in Bayern, a.a.O., S. 272)

Die Lage der Bauern

M 5: Wohnverhältnisse
Ein Bauer schlägt auf einen Herren-
vogt ein. Der Holzschnitt des Petrar-
ca-Meisters aus dem Jahr 1532 zeigt
nicht nur den bäuerlichen Widerstand, sondern auch die Wohnverhältnisse ärmerer Landbewohner.
Foto: Bildarchiv Preußischer Kulturbesitz,
Berlin

M 6: Die Lage der Bauern um 1500
Johannes Boemus, ein gebildeter Städter, beschreibt in „Über den Bauernstand" (1520)
die Lebensverhältnisse auf dem Land:
*„Der letzte Stand ist derer, die auf dem Lande in Dörfern und Gehöften wohnen und
dasselbe bebauen und deshalb Landleute genannt werden. Ihre Lage ist ziemlich be-
dauernswert und hart. Sie wohnen abgesondert voneinander, demütig mit ihren Angehörigen und ihrem Viehstand. Hütten aus Lehm und Holz, wenig über die Erde empor-
ragend und mit Stroh gedeckt sind ihre Häuser. Geringes Brot, Haferbrei oder gekoch-
tes Gemüse ist ihre Speise, Wasser und Molken ihr Getränk. Ein leinerner Rock, ein
paar Stiefel, ein brauner Hut ist ihre Kleidung.*
*Das Volk ist jederzeit ohne Ruhe, arbeitsam, unsauber. In die nahen Städte bringt es
zum Verkaufe, was es vom Acker, vom Vieh gewinnt, und kauft sich wiederum hier ein,
was es bedarf; denn Handwerker wohnen keine oder nur wenige unter ihnen.
In der Kirche, von denen eine für die einzelnen Gehöfte gewöhnlich vorhanden ist,
kommen sie an Festtagen vormittags alle zusammen und hören von ihrem Priester
Gottes Wort und die Messe, nachmittags verhandeln sie unter der Linde oder an einem
anderen öffentlichen Orte ihre Angelegenheiten, die Jüngeren tanzen darauf nach der
Musik des Pfeifers, die Alten gehen in die Schenke und trinken Wein.
Ohne Waffen geht kein Mann aus; sie sind für alle Fälle mit dem Schwerte umgürtet.
Die einzelnen Dörfer wählen aus sich zwei oder vier Männer, die sie Bauermeister
nennen, das sind die Vermittler bei Streitigkeiten und Verträgen und die Rechnungs-
führer der Gemeinde. Die Verwaltung aber haben nicht sie, sondern die Herren oder
die Schulzen, die von jenen bestellt werden."*
(Zitiert nach G. Franz: Quellen zur Geschichte des deutschen Bauernstandes in der
Neuzeit, Darmstadt 1963, S. 3)

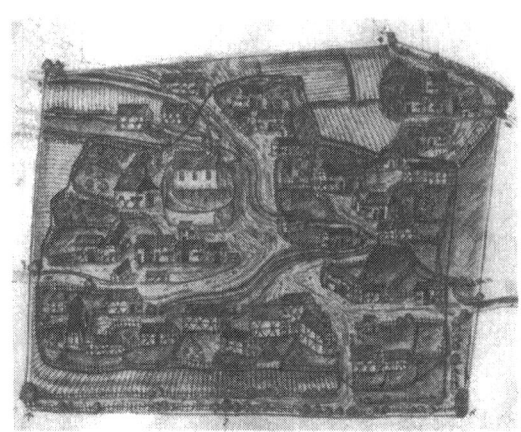

**Das Dorf -
eine Zweckgemeinschaft?**

M 7.1: Der Wohnbereich dieses Dorfes mit Kirche, Hofstät-
ten und Gärten ist vom Dorf-
zaun (Etter) umgeben (Heu-
dorf, Kreis Konstanz, im Jahre 1576)
Foto: Generallandesarchiv Karlsruhe, J.-B. Heudorf/1

M 7.2: Artikel verschiedener Dorfordnungen

1. *In Sachen, die das Dorf bestimmen, folgt die Minderheit der Mehrheit ohne Widerspruch.*
2. *Die Gebäude und die sie umgebenden Zäune sind in gutem Zustande zu erhalten.*
3. *Im Dorf liegt ein Hof. Wer diesen Hof zu Lehen hat, muß für das ganze Dorf das
Zuchtvieh halten: Schwein und Stier, den Hengst für die Pferde, den Geißbock für
die Geißen, den Gänserich für die Gänse und den Hahn für die Hennen.*
4. *Die Gemeindewiese ist allen zugänglich, die innerhalb des Dorfzaunes wohnen.
Sie dürfen soviel Vieh darauf treiben, wie es ihrem Besitz entspricht.*
5. *Zur Rodung geeignetes Land soll man roden und verhindern, daß Ackerland wieder von Wald bewachsen wird, und nicht dulden, daß Wälder, wo sie nötig sind,
übermäßig ausgeholzt und geschädigt werden.*
6. *Ist auch verabredet, daß ein Nachbar mit den andern solle pflügen, säen und ern-
ten, keiner vor den andern, bevor ein Tag gesetzet. ... Der Erntetag soll von der
Bauernversammlung angesetzt werden, auch soll keiner den anderen durchs Korn
fahren, wenigstens aber, wenn es nicht anders geht, einen Überfahrtsweg durchmä-
hen, bei Strafe einer halben Tonne Bier.*
7. *Wo Güter an eine Straße stoßen, sollen die Besitzer einander helfen, Steg und Weg
zu bessern und in Ehre zu halten.*
(Zusammengestellt nach Rudolf Hadorn u.a.: Aus dem mittelalterlichen Leben 1:
Auf dem Land. Eine Dokumentation für den Geschichtsunterricht, hrsg. von der Zen-
tralstelle für Lehrerfortbildung des Kantons Bern (²1985) S. 45/46, Artikel 6 nach:
Geschichte und Geschehen 8, Ausgabe N Gymnasium, Stuttgart 1987, S. 73)

Bauern und Grundherren

M 8: Bauern leisten Frondienst. Monatsbild aus dem 16. Jahrhundert von H. Wertinger
Foto: Germanisches Nationalmuseum Nürnberg

M 9: Ein Vertrag zwischen Grundherr und Bauern
In Bödigheim (heute Neckar-Odenwald-Kreis) wurden 1582 nach Auseinandersetzungen zwischen der Familie der Rüdt von Collenberg und ihren Untertanen folgende Vereinbarungen getroffen, die auf älteren Regelungen beruhten:

„Es sollen aber die Fronbauern und Hübner zu Bödigheim, die eine ganze Hube[1] mit vier Pferden haben, fünf Tage im Jahr fronen und dienen, nämlich einen Tag bei der Hafersaat, einen Tag zum Brachen[2], einen Tag zum Felgen[3], einen Tag zum Mistführen und einen Tag in der Herbstsaat. Darüber hinaus soll auch ein jeder Fronbauer oder Hübner drei Tage mit der Hand fronen, nämlich einen Tag in der Ernte, einen Tag zur Heumahd und einen Tag zur Gromet[4].
Zum dritten sollen alle Untertanen zur Erhaltung von Ringmauern [der Burg in Bödigheim] und was darinnen und im Burgfried begriffen ist, so oft wie nötig gegen Essen und Trinken fronen und dienen, nämlich die Hübner und andere, die Pferde haben, mit den Pferden und die Seldner[5], die keine Pferde haben, mit der Hand, außer der Arbeit, die durch Steinmetzen, Zimmerleute oder andere Handwerker geschehen soll. ... Zum fünften sollen die Fronbauern ... Brennholz in Fron fahren."
Zudem mußte jeder Untertan in Bödigheim jährlich ein Faßnachtshuhn, einen Sommerhahn und den sog. Hellerzins (eine Steuer, die auf Grund und Boden erhoben wurde) entrichten; von den Fronbauern wurden zudem am Martinstag zwei Malter[6] Korn, zwei Malter Dinkel und zwei Malter Hafer erhoben. Beim Tod eines Untertanen mußten seine Erben das beste Pferd oder „Hauptvieh" geben.

[1] Hube = Hufe; Hof und Feld eines Vollbauern oder „Hübners"; [2] Bearbeiten des Brachfeldes; [3] Pflügen; [4] regionale Bezeichnung für die 2. Heuernte eines Jahres; [5] ehemalige Tagelöhner, die sich geringen Landbesitz erwerben konnten; [6] altes Getreidemaß, nach Region unterschiedlich, hier für Dinkel ca. 170 l..
(Vorlage: Generallandesarchiv Karlsruhe 69/ Rüdt von Collenberg U 226)

M 10: Burg und Dorf Bödigheim im Jahr 1593, Ausschnitt aus der „Jagdgrenzkarte zwischen dem Kurfürstentum Mainz, den Herren Rüdt von Bödigheim und dem Kloster Seligental".
Foto: Generallandesarchiv Karlsruhe, H. Buchen/1

Arbeitsaufträge zu den Materialien und im Museum

Problemfindung (M 1-4):
* Stellt die Aussagen über die bäuerliche Bevölkerung zusammen, die den Bildern und Texten zu entnehmen sind. Wer waren wohl die Urheber dieser Aussagen und welche Beweggründe leiteten sie in ihren Ansichten?

Problemlösung - Museumsbesuch:
Arbeit der Stammgruppen im jeweiligen Haus zum jeweiligen Thema
* Erkundet das Haus und seine Nebengebäude mit Hilfe des Informationsmaterials. Sucht dort nach Dingen, die euer Thema verdeutlichen können und die ihr bei der anschließenden Führung zeigen könnt. Fotografiert diese oder zeichnet sie ab. Faßt anschließend eure Ergebnisse schriftlich zusammen.
* Nach der gegenseitigen Führung in den Expertengruppen:
Vergleicht die Lebensverhältnisse der verschiedenen Gruppen im Dorf und stellt eine „Rangliste des Ansehens" auf. Begründet eure Reihenfolge.

Weiterarbeit in der Schule:
* Beschreibt die Wohn- und Lebensverhältnisse der Bauernfamilie (M5).
* Erstellt eine Liste der Themenbereiche, über die Johannes Boemus berichtet. Vergleicht dann die Lage der ländlichen Bevölkerung, wie sie hier im Text geschildert wird, mit den Eindrücken, die ihr im Freilichtmuseum vom Leben der Menschen auf dem Land gewonnen habt (M6).
* Welche Unterschiede zur Dorfsiedlung unserer Zeit fallen auf (M 7.1)?
* Findet kurze Umschreibungen für die einzelnen Bestimmungen. Welche Bereiche liegen in der Verantwortung der Dorfgemeinschaft?

- Bewertet die Stellung des einzelnen Dorfbewohners (M7.2).
- Betrachtet das Bild, wählt eine Person aus und schreibt dann in der Ich-Form auf, was diese gerade tut und denkt (M8).
- Nennt die ständigen und die außergewöhnlichen Belastungen der Fronbauern und Seldner. Welche Hinweise geben die Artikel auf die rechtliche Stellung der Fronbauern (M 9)?

Literatur

Rainer Beck: Unterfinning. Ländliche Welt vor Anbruch der Moderne, München 1993.

Karl Brunner/Gerhard Jaritz: Landherr, Bauer, Ackerknecht. Der Bauer im Mittelalter: Klischee und Wirklichkeit, Wien u.a. 1985 (mit gutem Bildmaterial).

Richard van Dülmen: Kultur und Alltag in der Frühen Neuzeit, 2. Bd.: Dorf und Stadt. 16.-18. Jahrhundert, München 1992.

Michael Henker u.a. (Hrsg.): Bauern in Bayern von der Römerzeit bis zur Gegenwart. Katalog zur Ausstellung (Veröffentlichungen zur Bayerischen Geschichte und Kultur 23/94), München 1992.

Werner Rösener, Bauern im Mittelalter, 4. Aufl. München 1991.

Christoph Sachße/Florian Tennstedt (Hrsg.): Bettler, Gauner und Proleten. Armut und Armenfürsorge in der deutschen Geschichte. Ein Bild-Lesebuch, Reinbek 1983.

Manfred Seidenfuß

Bergbau zu Beginn der Frühen Neuzeit [1]

I Die Thematik im Problemorientierten Geschichtsunterricht

Der von Uwe Uffelmann entwickelte Problemorientierte Geschichtsunterricht gibt dem Lehr- und Lernkompositeur ein Restriktiv an die Hand. Die Lernenden verknüpfen eigene Problemerfahrungen aus ihrer Gegenwart mit historischen Sachverhalten. Die Lernangebote wurden deshalb aus dem Erfahrungsraum der Schüler, ihrem „sozialen Ort" ausgewählt. „Betroffenheit" und „Bedeutsamkeit" sind damit gleichermaßen angelegt. [2] Ausgehend vom Kontinuumsbegriff, erkennen die Schüler die Gegenwartsbedeutung und ihr eigenes Verwobensein in die Geschichte. Schließlich sind sie gegenwärtig sogar existentiell von den Veränderungen in Technik und Wirtschaft betroffen, [3] was die Wahl ihrer Ausbildung oder den Einfluß auf ihre sozialen Netzwerke angeht. Diese Thematik fügt sich in die Unterrichtseinheit „Vom Mittelalter zur Neuzeit" ein, in der die Wandlungsprozesse auf verschiedenen Ebenen analysiert werden, bis die Bewertung dieser Zeit als Beginn einer neuen Epoche gerechtfertigt erscheint. Aus didaktischen Gründen soll die Dialektik von Mensch und Technik an zwei konkreten Beispielen, den Hasplern und Wasserknechten, veranschaulicht werden.

---

1 Überarbeiteter und erweiterter Aufsatz nach der Erstveröffentlichung: Manfred Seidenfuß: Rationalisierungsopfer in der Frühen Neuzeit. Ursachen und Folgen von Innovationen im Bergbau. In: Praxis Geschichte, 11. Jg. (1998), H. 5, S. 45-49.
2 Uwe Uffelmann, Problemorientierter Geschichtsunterricht. In: Klaus Bergmann et al. (Hrsg.): Handbuch Geschichtsdidaktik, Seelze-Velber 5/1997, S. 282-287, S. 287; Uwe Uffelmann: Problemorientierter Geschichtsunterricht oder die Frage nach dem Zugang des Schülers zu historischem Denken. In: ders.: Problemorientierter Geschichtsunterricht. - Grundlegung und Konkretion -, Villingen-Schwenningen 1990 (= Forschen Lehren Lernen, Bd. 4), S. 100-127, S. 108, S. 111.
3 Siehe dazu auch: Uwe Uffelmann: Problemfindung, Problemlösung, Reflexion. Problemorientierter Geschichtsunterricht in der Schulpraxis. In: Praxis Geschichte, 11. Jg. (1998), H. 5, S. 4-7, S. 5.

Zur Bedeutsamkeit: Das Montanwesen als Ort der Innovation

Bergbau und Hüttenwesen erlebten im 15. und 16. Jahrhundert einen tiefgreifenden technologischen Wandel.[4] Mächtige Kehrradmaschinen zur Wasserförderung mit wechselnder Drehrichtung oder gewaltige Pferdegöpel dokumentierten auf der Erdoberfläche und damit sichtbar für den Menschen den Siegeszug der Technik. Georg Agricola trug diese Neuerungen und das bergmännische Know-How seiner Zeit in seinem Hauptwerk „De re metallica" (1556) zusammen, so daß man ihn als einen der Väter der europäischen Ingenieurausbildung bezeichnen könnte.

Die Dialektik von Mensch und Technik reduziert sich im Geschichtsunterricht meist auf die Thematik der Industriellen Revolution. Diese Sichtweise suggeriert, daß technischer Fortschritt sich nicht in einem lang angelegten Kontinuum ausprägte und erst im 18. Jahrhundert einsetzte.

Der Ingenieur Thomas Newcomen baute 1712 die erste Dampfmaschine, wichtigstes Schubmoment der Industriellen Revolution und zugleich die klassische sinnstiftende Einheit des Geschichtsunterrichts zu diesem Strukturwandel. Sie pumpte Wasser aus einer Kohlenmine in Wolverhampton, nahe der damaligen Technologieschmiede Coalbrookedale gelegen. Weitere technische Neuerungen, um nun endgültig das 18. Jahrhundert zu verlassen und zum Übergang der Frühen Neuzeit zurückzukehren, fanden im Bergbau, vor allem im Edelmetallbergbau, statt, da sich hier kapitalintensive Investitionen in klingender Münze auszahlen mußten.

Bis in die Mitte des 14. Jahrhunderts lag der europäische Bergbau nämlich weitgehend brach. Abgesehen vom Bevölkerungsrückgang infolge der Pestwelle um 1350 und einer langfristigen ökonomischen Depression waren bereits Abbautiefen erreicht worden, die ohne den Einsatz einer entsprechenden Technik nicht mehr entwässert werden konnten. Konjunktureller Aufschwung, wachsender Geldbedarf, neues Interesse an der Natur führten erst in der Renaissance zur systematischen Suche nach technischen Lösungen. Es kam zu einem „geradezu explosionsartigen Wachstum der Produktion".[5] Die aufwendige Finanzierung wurde nun Sache bürgerlicher Kapitalgesellschaften mit hoher Rendite, da die ergiebigen Standorte ja bekannt waren.

Dieser Unterrichtsvorschlag, angelegt auf zwei Unterrichtsstunden, konzentriert sich auf den Bergbau, den Silber- und Kupferbergbau, im 15. und 16. Jahrhundert. Der

---

4   Siehe dazu u. a. Gerhard Heilfurth: Der Bergbau und seine Kultur. Eine Welt zwischen Dunkel und Licht, Zürich und Freiburg i. B. 1981 (mit zahlreichen, für den Unterricht gut verwendbaren Abbildungen); Hans Prescher/Otfried Wagenbreth: Georgius Agricola - seine Zeit und ihre Spuren, Berlin u. Leipzig 1994; Otfried Wagenbreth, Eberhard Wächtler (Hrsg.): Der Freiberger Bergbau. Technische Denkmale und Geschichte, Leipzig, [2]1988; Angelika Westermann: Entwicklungsprobleme der Vorderösterreichischen Montanwirtschaft im 16. Jahrhundert, Idstein 1993 (= Forschen Lehren Lernen, Bd. 8). A. Westermann hat dort einen eigenen Unterrichtsvorschlag ausgearbeitet, überwiegend auf der Basis eines mehrperspektivischen Unterrichts und der Zeichnungen von Heinrich Gross aus dem lothringischen Revier.

5   Thomas Sokoll: Bergbau im Übergang zur Neuzeit, Idstein 1994 (Historisches Seminar, N. F. Bd. 6), S. 17.

Schüler erfährt am Beispiel der Wasserknechte und Haspler, daß sich technologischer Wandel schon immer unmittelbar auf Mensch und Gesellschaft auswirkte.

Didaktische Umsetzung: Bergbauleben um 1500
Das Titelgemälde des „Kuttenberger Kanzionals" (Abb. 2) veranschaulicht mit seinen zahlreichen Details das Bergwerksleben am Ende des 15. Jahrhunderts. Ohne auf alle Einzelheiten eingehen zu wollen, seien einige grundlegende Überlegungen genannt. Der Künstler dokumentierte die „arbeitsteilige, letztlich industrielle Produktion" des Bergbaus:[6] Abbau und Förderung (im unteren Drittel des Kanzionals), Aufbereitung unter der Mitarbeit von Frauen (mittleres Drittel), sowie Verteilung und Handel (oberes Drittel oberhalb des Tisches und die beiden Seitenfenster). Die göttliche Macht schützte die Ausbeutung der Vorkommen, welche laut der Sage ein Mönch des Klosters Sedlec bei Kuttenberg/Kutná Hora (oberes Seitenfenster) entdeckt hatte.
Zahlreiche am Arbeitsprozeß beteiligte Berufsgruppen erscheinen in diesem Bild, die leicht den einzelnen Arbeitsschritten zugeordnet werden können. Die genauen Berufsbezeichnungen kann der Lehrer einführen: Die eigentlichen Bergleute hießen Knappen und Häuer; Haspler bedienten unter und über Tage die Seilwinden, Truhenläufer zogen die Holzbehälter mit Erz und Abraum, Zimmerleute fertigten die Holzkonstruktionen; die Trennung von Gestein und Erz besorgten Süberbuben und -weiber, Pochknechte sowie Erzwäscher. Zu sehen sind im Hintergrund außerdem Schreiber und die Kuxkränzler, die Makler der Bergwerksanteile (Kuxe). Eine genaue Betrachtung der Kleidung erleichtert nicht nur hier die Zuordnung und die Erfassung des sozialen Status einzelner Berufsgruppen.
Das Kanzional ist aber auch die älteste Darstellung eines Pferdegöpels zur Förderung und Entwässerung in tiefen Schächten. Dabei sind zwei Stadien der technischen Entwicklung in einem Bild vereinigt, denn rechts von der typisch kegelförmig überdachten Anlage sind auch Haspler tätig. Zu sehen ist über dem Schacht außerdem ein Turm zur „Bewetterung" (Frischluftzufuhr).

II Zum Kriterium der Betroffenheit: Die Rationalisierung am Beispiel der Haspler und Wasserknechte
In Schwaz, dem bedeutendsten europäischen Silber- und Kupferabbaurevier um 1500, mußte der Betrieb am Falkenstein teilweise abgebrochen werden. Die rund 600 Wasserknechte brachten das Wasser trotz körperlicher Schwerstarbeit in sechs Vier-Stundenschichten nicht zum Abfluß. Das Problem ließ sich erst 1554 mit der Schwazer Wasserkunst lösen. Die mit Wasserkraft betriebene Maschine förderte unter der Bedienung von zwei Wasserknechten in zwei großen Säcken (Fassungsvermögen 1.400 Liter) Wasser, Erz und taubes Gestein.

---

6 Karl-Heinz Ludwig, Volker Schmidtchen: Metalle und Macht. 1000 bis 1600, Frankfurt/M., Berlin 1992, S. 37.

Johann Thurzo, herausragender Bergbauingenieur seiner Zeit, hatte 1475 die abgesoffenen Gruben von Kremnitz mittels des von ihm konstruierten Kehrrades entwässert, eines Doppelwasserrades mit gegenläufig ausgerichteten Schaufeln (M 2). Die Drehrichtung konnte durch einfache Umlenkung des oberschächtigen Wasserstromes umgekehrt werden. Das Thurzosche Verfahren wurde danach in anderen europäischen Bergbaurevieren übernommen. Die Wasserknechte kostete dieser technologische Wandel den Arbeitsplatz. Statt 600 Arbeitskräfte am Falkenstein, sogar 2.000 im Freiberger Revier, brauchte man nun lediglich wenige Stangenknechte.

Dieser Wandel wirft ein Licht darauf, in welchem Zusammenhang die Innovation zustande kam. Warum ereignete sich die Innovation nicht früher? Weshalb ließ man die reichen Vorkommen so lange brachliegen? Hebezüge und Pumpen waren bereits im Mittelalter bekannt, ebenso die beim Kirchenbau eingesetzten Kräne und verschiedene Antriebsmöglichkeiten. Da die Tragfähigkeit der meisten europäischen Revierböden begrenzt war, wäre eine Rationalisierung wegen der Versorgung der Beschäftigten schon früh verständlich gewesen, um nicht die vielen Arbeitskräfte versorgen zu müssen. Die Produktionsweise wurde stattdessen beibehalten, bis es nicht mehr weiterging. Erst mit anderen wichtigen Erfindungen zu Beginn der Frühen Neuzeit wie dem Buchdruck schlug sich die Popularisierung praktischen Wissens auch in einer neuen Gattung einer Bergwerksliteratur nieder, für die sich besonders Georg Agricola bleibende Verdienste erwarb. Aufgrund der Fortschritte im Bereich der Wasserkünste konnten brachliegende Betriebe wieder fördern, so daß neue Arbeitsplätze entstanden. Erst allmählich verringerte sich die Distanz zwischen Innovation und Produktion. Während heute ständig eine Rückkoppelung der technischen Verfahren an die technischen Möglichkeiten und eine Optimierung des Arbeitsprozesses stattfinden, produzierten die Bergleute nach ihren Methoden, bis der Abbau unmöglich wurde oder er sich nicht mehr lohnte.

III Zum Unterrichtsverlauf

Problemfindung- und Akzentuierung

Das sozial-, wirtschafts- und mentalitätsgeschichtliche Problem der Rationalisierung und technologischen Innovation steht im Mittelpunkt. Zahlreiche Artikel aus der Tagespresse (Abb. 3) bieten sich als Einstieg an, ebenso der Umweg über das Kanzional, bei dessen Betrachtung der Blick auf die sich anbahnende Rationalisierung (Förderung mit Pferdegöpel und Haspelknechten) gelenkt werden muß (Abb. 2). Das Einfahren, das Erzschlagen, das Sammeln in Körben und der Transport des Erzes oder des Wassers durch die Haspelknechte und eben schon mit Pferdegöpeln können die Schüler problemlos erkennen. Die sich anbahnende Umstrukturierung mit ihren Auswirkungen auf die Haspler und Wasserknechte kann im Klassenverband erörtert werden. Die Schüler erkennen anhand der Materialien ein grundlegendes Problem des Bergbaus und die Schritte seiner technischen Beherrschung. Diese Phase mündet in die

Hypothesenbildung, wie sich die technischen Neuerungen auf die Bergleute, besonders auf die Haspler, ausgewirkt haben und inwieweit materielle und emotionale Unsicherheiten entstanden sein könnten. Die Schüler bringen ihre Erfahrungen ein und erkennen, daß die Thematik individuell und gesellschaftlich von Interesse und Bedeutung ist.

Problemlösung

Die begleitende Frage, in welchem Zusammenhang die Thematik mit der eigenen Lebenswelt steht, darf im Zusammenhang der Rationalisierung nicht aus den Augen verloren werden. Mehrere Inhalte bieten sich für den weiteren Verlauf des Unterrichts an, die auch in einem handlungs- oder produktorientierten Verfahren umgesetzt werden können. Obwohl Heinrich Gross das Problem der Wasserhaltung bei seiner Untertagezeichnung aus dem lothringischen Revier in La Croix-aux-Mines (M 1) nicht thematisierte, veranschaulichte er aber die körperlichen Anstrengungen der Bergwerksarbeit insgesamt und die Schwierigkeit der Förderung im Besonderen. Das Gestein mußte mit Keilen und Fäusteln abgesprengt und in Eimern transportiert werden; viele Haspler konnten in zahlreichen Blindschächten nur über kurze Distanzen Material fördern.

Den Gegensatz - und damit einen alternativen Impuls zur Problemfindung - bildet die Darstellung eines Kehrrades aus Georg Agricolas Dokumentation „De re metallica libri XII" von 1556 (M 2). Im Vergleich mit der Zeichnung von Heinrich Gross (M 1) läßt sich abschätzen, wie hoch die Einsparung an Hasplern war. Die Sachtexte (M 3- M 5.1) stellen Notwendigkeit und Bedeutung der Entwicklung der Fördertechnik mit ihrer Konsequenz für die Menschen dar. Becher- und Kannenwerke, Heinzenkünste und letztlich das Ehrenfriedersdörfer Kunstgezeug (gekoppelte Saugpumpen) sind konkrete Beispiele für innovative Technik, die mit Bildquellen und einer Schemazeichnung veranschaulicht werden können (Abb. 1, M 5.2-3).

Reflexion der Erträge

Die Ambivalenz der technischen Innovationen wird deutlich. Zudem hatte die produktionssteigernde Rationalisierung der „Hilfsarbeiter" eine weitere Schattenseite, denn bei Wasserknappheit stockte die Produktion. Sie führte zur Unzufriedenheit gleichermaßen bei Knappen wie Gewerken, den Anteilseignern eines Bergwerkes. Wichtig erscheint in diesem Zusammenhang das Phänomen des „Verlaufens". Die Bergleute nutzten ihr Recht auf Freizügigkeit, welches sie schon in historischer Zeit als Druck- und „Streikmittel" einsetzten (M 4). Dieser Aspekt muß im Unterricht einen Schwerpunkt bilden, wenn die Erträge besprochen und auf die Einstiegssituation bezogen werden. Dabei ist jedoch unbedingt auf die Eigenheit der historischen Verhältnisse zu verweisen. Eine Neubestimmung sozialer Identität könnte sein, daß der Mensch Abhängigkeiten relativieren kann, ohne allerdings von ihnen völlig frei zu werden.

Der Sachtext über die wichtigsten Entwicklungsmomente des Bergbaus um 1500 (M 6) weitet den Blick auf Veränderungsprozesse in der Unternehmerorganisation und der Arbeitsverfassung.[7] Er kann damit überleiten zur Thematisierung des Bergbaus in der Neuen Welt, in die das in Europa bekannte Modell exportiert worden war, wo es zeitweise wie im bolivianischen Potosí umgesetzt wurde.[8] M 7 zeigt in diesem Zusammenhang die personalsparende Bewältigung des Wasserproblems in der Gegenwart.

Abb. 1: Das „Kunstgezeug" von Ehrenfriedersdorf im sächsischen Erzegebirge um 1545 (gekoppelte Saugpumpen).
Georg Agricola, Vom Bergwerk XII Bücher. Deutsch von Philipp Bech. Basel 1577, S. 111.

Abb. 3: Zeitungsartikel zum Bergarbeiterprotest 1997, der sich gegen weitere Rationalisierungen richtete und den Erhalt des Bergbaus als nationale Sicherheit bei der Energieversorgung sowie sichere Arbeitsplätze forderte.
Der Spiegel 51 (1997), H. 12, S. 31/Foto: H. Lohmeyer, Joker.

---

7   U. a. Thomas Sokoll, a.a.O., S. 17-19.
8   Ebd., S. 68-78; Asmut Brinkmann: „Sie wühlten wie hungrige Schweine nach Gold". Spanische Kolonialherrschaft und ihre Folgen in Mexiko. In: Praxis Geschichte H. 1/1992, S. 19-24.

Abb. 2: *Titelblatt des Kuttenberger Kanzionals, einer böhmischen Kirchenliedsammlung, um 1500. Veranschaulicht wird das zeitgenössische Bergwerksleben unter und über Tage.*
Foto: Österreichische Nationalbibliothek Wien, Cod. 15.501, Fol.1v

293

M 1: Gewinnung und Förderung.
Untertagezeichnung eines Ausschnittes aus dem lothringischen Bergrevier von La Croix-aux-Mines um 1550
H. Winckelmann, Bergbuch des Lebertals. Lünen 1962, Tafel XIV.

M 2: Umsteuerbares Kehrrad
Foto: Bildarchiv Preußischer Kulturbesitz, Berlin

M 3: Konsequenzen I
M 3.1 Technischer Fortschritt erleichtert die Mühen der Haspler. Die aufwendigen Kunstgezeuge waren schließlich nur noch mit Wasserkraft betreibbar:
„Durchweg ergibt sich, daß das „Haspeln" stets zu den schwersten Bergmannsarbeiten zählte. Es leuchtet ein, daß deshalb von vielen Seiten her versucht wurde, die hier tätigen Menschen zu entlasten und, wenn möglich, zu ersetzen, nicht nur, um sie zu schonen, sondern auch um bessere Resultate zu erzielen. Tiere, vor allem Pferde, und Wasser boten sich als Antriebskräfte an und mit Hilfe von Pferdegöpeln und Wasserrädern kam es zu zahlreichen Konstruktionen, die Agricola anführt. "
G. Heilfurth: Der Bergbau und seine Kultur. Eine Welt zwischen Dunkel und Licht, Zürich und Freiburg i. B. 1981, S. 42.

M 3.2 Neben der Bewetterung (Luftzufuhr) war die Wasserhaltung eines der grundlegenden Probleme im Bergbau:
„Die Bedeutung des Bergbaus für die Entwicklung der Maschinentechnik spricht sich auf keinem Gebiet so deutlich aus wie auf dem der Wasserhaltung. Sie war es, wo der Schuh den Bergmann am meisten drückte. Zahllose Gruben sind infolge Wasserschwierigkeiten zum Erliegen gekommen. Es ist daher verständlich, daß die Aufgabe der Wasserbewältigung die stärkste Anregung zum Einsatz mechanischer Hilfsmittel gegeben hat. Auch die Erfindung der Fördermaschinen diente nach Agricola zunächst dem Zweck, das Wasser aus der Tiefe herauszuziehen. Das Kehrrad, das später hauptsächlich zum Antrieb der Förderung verwandt wurde, behandelt er als größte von allen Maschinen für die Wasserhebung. Bedenkt man weiter, daß die Schwierigkeit der Wasserhaltung in den englischen Gruben den Anlaß zur Ausbildung der Dampfmaschine gab, so erscheint es begreiflich, daß den Quellen dieser Entwicklung ... nicht nur im Hinblick auf den Bergbau, sondern auf die Geschichte des Maschinenbaues überhaupt besondere Beachtung geschenkt worden ist. "
Deutsche Akademie der Wissenschaften zu Berlin (Hrsg.): Georgius Agricola 1494-1555. Zu seinem 400. Todestag, 21. November 1955. Berlin 1955, S. 104.

M 4: Konsequenzen II
Das Phänomen des „Verlaufens": Bergleute nutzen ihr Recht auf Freizügigkeit
„Der Betrieb der Gruben, Aufbereitungsanlagen und Hütten war nicht kontinuierlich. Stand beispielsweise die zum Antrieb der verschiedenen Maschinen unerläßliche Wasserkraft nicht zur Verfügung, konnte kein Erz gefördert, zerkleinert oder verhüttet werden. [ ] Gab es keine Arbeit oder konnten den Arbeitern keine Löhne gezahlt werden, waren sie... häufig gezwungen, sich nach einer Beschäftigung umzusehen bzw. in einem anderen Bergbaugebiet ihr Glück zu versuchen. Sie zogen aus den Städten fort. "
C. Küpper-Eichas: Vom „Verlaufen" der Bergleute. Soziale Spannungen im Oberharzer Bergbau der frühen Neuzeit. In: Der Anschnitt 44 (1992), H. 4, S. 112-118.

M 5: Technische Lösungen der Wasserhaltung

M 5.1 Nach dem Beginn des Bergbaus bereitete das Grundwasser dem Bergbau Schwierigkeiten. Aus den Klüften des Gesteins sickerte den Gruben so viel Wasser zu, daß die Bergleute Mittel ersinnen mußten, die Erzabbaue und Schächte vom Wasser zu befreien. Sicher hat man es zunächst mit Eimern oder Töpfen ausgeschöpft. Das band Arbeitskräfte... für einen an sich unproduktiven Zweck und minderte die Arbeitsproduktivität und damit die Reingewinne des Bergbaus.

Man kam auf die Idee, Stollen aus benachbarten Tälern unter die Gruben vorzutreiben, um dem Wasser einen Abfluß zu verschaffen. Das löste das Problem einiger Gruben, doch erforderte dies einen solchen Einsatz von Kapital und Arbeitskräften, daß die Anlage der Stollen nicht von einzelnen Grubenbesitzern, sondern im Regelfall von selbständigen Unternehmern (Stöllner) betrieben wurde.

Je tiefer nämlich die Erzabbaue unter dem Stollen lagen, desto weniger war die Wasserhebung durch manuelles Schöpfen und Heben zu bewerkstelligen. Der Einsatz von Maschinen war die konsequente Folge dieser Beobachtung. In seinem Buch „De re metallica" (1556) beschrieb Georgius Agricola die im 16. Jahrhundert üblichen Maschinen.

Einige waren Becher- und Kannenwerke mit endlosen Ketten. An einer eisernen Kette wurden die metallenen oder hölzernen Becher und Kannen (etwa 1 Liter Inhalt) hochgezogen. Oben gossen sie das Wasser im Stollen aus, wo es abfloß. Als Antrieb der Becherwerke zeigte Agricola Handkurbel und Wasserrad, nannte aber keine Leistung der Maschinen. Eine Überschlagsrechnung: bei einem zweimännischen Tretrad 1-2 Liter pro Sekunde aus maximal 30 m Schachttiefe. Im 16. Jahrhundert waren damit aber weder die zufließenden Wassermengen noch die erreichten Schachttiefen zu bewältigen. Bei den sogenannten Heinzenkünsten zog eine endlose Kette prall gefüllte

Lederbälle, im Abstand von etwa 1,7 m, durch ein Holzrohr. Sie drückten die Wassersäule nach oben, wo sie in den Stollen abfloß. Der Wirkungsgrad muß aber niedrig gewesen sein, denn bei guter Dichtung hatten sie eine große Reibung und bei schlechter Dichtung floß viel Wasser wieder das Rohr hinab. Antrieb und Fördertiefe: Handkurbel (13,6 m), Tretrad (18,7 m); Wasserrad (68 m bei d=8,5m), Pferdegöpel (32 Pferde: 68 m). In Schemnitz (heute Banská Stiavnica/Slowakei) ist angeblich mit drei Heinzenkünsten Wasser aus 187 m Tiefe gehoben worden. Dann nannte Agricola noch die später wichtigste Fördermaschine für Erz und Gestein, das Kehrrad.

M 5.2 Heinzenkunst mit Antrieb durch ein Tretrad
G. Agricola: Vom Bergwerk XII Bücher. Deutsch von Philipp Bech. Basel 1577, S. 161.

Die Lösung des Problems ergab sich aus der Weiterentwicklung der uralten, von Agricola dargestellten Kolbenpumpe, die heute noch als Handschwengelpumpe auf Bauernhöfen arbeitet. Daraus wurde das sogenannte „Ehrenfriedersdörfer Kunstgezeug" entwickelt. Während Agricola maximal drei Pumpen aufzeichnete, war man am Ende des 16. Jahrhunderts im Freiberger Revier bei 10-20 Pumpen, die das Wasser aus 100-200 m Tiefe förderten. Dieses Prinzip wurde dort bis 1913 angewandt. Diese Erfindung fand rasch Verbreitung. Von 1550 bis 1557 baute der spätere Oberbergmeister Martin Planer in die wichtigsten und tiefsten Gruben bei Freiberg insgesamt 38 Kunstgezeuge ein und machte damit über 2.000 Wasserknechte überflüssig, ...
Zusammengestellt nach O. Wagenbreth/E. Wächtler (Hrsg.): Der Freiberger Bergbau. Technische Denkmale und Geschichte, Leipzig, ²1988, S. 44-51 und ergänzt nach: H. Prescher/O. Wagenbreth: Georgius Agricola - seine Zeit und ihre Spuren -, Berlin u. Leipzig 1994, S. 153-159.

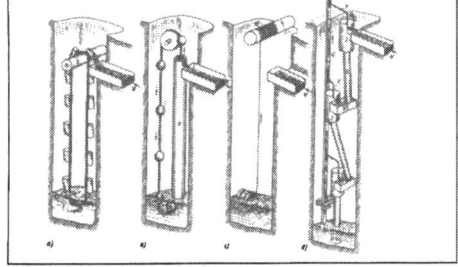

M 5.3 Unmaßstäbliche Skizzen der Wasserhaltungsmaschinen

a) Becher- und Kannenwerk (W Wasserabfluß auf dem Stollen)
b) Heinzenkunst (R Holzrohr, L Lederbälle)
c) Wasserförderung mit Kübel, Antrieb: Handhaspel oder Kehrrad
d) Ehrenfriedersdörfer Kunstgezeug (G auf und ab gehende Schachtgestänge, K= Kolbenstange für Pumpenkolben im Zylinder Z, S= Saugrohr, WK= Wasserkasten, Höhe zwischen den Wasserkästen: 5-20 m)

O. Wagenbreth/E. Wächtler (Hrsg.): Der Freiberger Bergbau. Technische Denkmale und Geschichte, Leipzig, ²1988, S. 50 f.

M 6: Das zukunftsweisende Gesicht des Bergbaus
„In der Geschichte des europäischen Bergbaus kommt der Entwicklung im 15. und 16. Jahrhundert besondere Bedeutung zu. In den führenden Revieren des Edel- und Buntmetallbergbaus, aber auch in den Zentren der Eisenerzeugung kommt es auf der Basis von technologischen Innovationen, hohen Kapitalinvestitionen und der massiven Konzentration von Arbeitskräften zu einem geradezu explosionsartigen Wachstum der Produktion. Erstmals in der europäischen Wirtschaftsgeschichte bilden sich in großem Maßstab moderne, kapitalistische Formen der Unternehmerorganisation, der Betriebsverhältnisse und der Arbeitsbeziehungen heraus...

Diese technischen Innovationen [Entwässerung, Schachtförderung, Erzaufbereitung]
erforderten Investitionskosten, die im Montansektor zunächst kaum aufgebracht wer-
den konnten. Zugleich aber waren, solange der 'Bergsegen' eines Reviers anhielt, die
Gewinne so hoch, daß das erforderliche Kapital tatsächlich schnell von außen einfloß.
Dies gilt namentlich für den Kupfer- und Silberbergbau, der schnell in die Abhängig-
keit des Handelskapitals geriet. So befanden sich die Thüringer Saigerhütten... größ-
tenteils in den Händen von Nürnberger Kaufleuten. Noch deutlicher war der Einfluß
des Handelskapitals im Fall des Augsburger Hauses der Fugger, die ... für Jahrzehnte
den europäischen Kupfermarkt beherrschten...
Das Verlagssystem... war freilich nur eine der neuartigen Formen der Unternehmeror-
ganisation, die nun den Montansektor zu durchsetzen begannen. Im Bergbau im enge-
ren Sinne (Abbau, Förderung und Aufbereiten der Erze) war ein anderer Unterneh-
menstyp entscheidend. Die Gewerkschaft, ursprünglich ein genossenschaftlicher Zu-
sammenschluß von selbst arbeitenden Bergbaubetreibenden (Eigenlehner, Lehnhau-
er), verwandelte sich in eine reine Kapitalgesellschaft, indem die Rolle der Gewerken
von kapitalkräftigen Unternehmern übernommen und aus deren Anteilen (Kuxen)
Handels- und Spekulationsobjekte gemacht wurden. Aus einer Assoziation unmittel-
barer Produzenten wurde sie zum Prototyp der modernen Aktiengesellschaft...
Aus heutiger Sicht erscheint somit der Bergmann des 16. Jahrhunderts durchaus als
Prototyp des modernen Industriearbeiters: er ist eigentumslos, aber freizügig...
Die vertragliche Regelung der Arbeitsbeziehungen war allerdings nicht allein Sache
der unmittelbar Beteiligten, also der Bergleute und Gewerken. Im Gegenteil - die recht-
liche Ausgestaltung des Bergbaus ging im wesentlichen auf das Konto der politischen
Gewalt, sprich: des Landesherrn... Allerdings standen sich ... Handelskapital und
Landesherr bald als ungleiche Partner gegenüber. Erzherzog Sigmund ebenso wie
Kaiser Maximilian und Karl V. sahen sich gezwungen, zur Deckung ihrer Anleihen
dem Hause Fugger auf Jahre die Schwazer Silberproduktion zu verpfänden. "
Th. Sokoll: Bergbau im Übergang zur Neuzeit, Idstein 1994 (Historisches Seminar.
Neue Folge Bd. 6), S. 17-19.

Heinz Pfefferle

Historischer und gegenwärtiger Strukturwandel am Beispiel der Industrialisierung und Sozialen Frage (Sekundarstufe II)

I Einführung

Die Unterrichtseinheit „Industrialisierung und Soziale Frage" gehört zu den „Klassikern". Sie verursacht jedoch offensichtlich erhebliche Schwierigkeiten. Zwei Mängel fallen in älteren wie in neuen Schulbuchdarstellungen und Unterrichtsmodellen immer wieder auf:

1. Der mangelnde oder äußerst dürftige Gegenwartsbezug;
2. Die Auflösung des komlexen historischen Vorgangs "Industrialisierung als sozioökonomischer Strukturwandel" in Teilaspekte.

Zu 2: Die Gesamt-UE wird in zwei bezugslose Untereinheiten zerlegt, wobei die „Industrialisierung" als positive Modernisierung präsentiert wird, deren Probleme erst wesentlich später im 'zweiten Durchgang' bei der „Sozialen Frage" ausgesprochen werden.

Dabei wird der erste Teil mit großer Kühle, bestenfalls mit Fatalismus dargestellt und die volkswirtschaftliche Notwendigkeit der Industrialisierung herausgestellt, die Deutschland einfach als Modernisierungswelle überrollt. Im zweiten Teil dagegen wird dann in fast übertriebener Weise die bisher fehlende Empathie "nachgeholt" und massiv Mitgefühl und Mitleiden vom Schüler eingefordert. Das bedeutet, daß dem Schüler einerseits eine rein rationale und andererseits eine rein emotionale Betrachtungsweise angeboten wird, die beide als im Grunde inkompatibel erscheinen müssen. Der wirtschafts- und technologiegeschichtliche Blick aus großer Höhe und die soziale Nahperspektive stehen unverbunden im Raum. Der Schüler steht damit vor der Wahl, ob er der volkswirtschaftlichen Vernünftigkeit oder dem sozialen Mitgefühl den Vorrang in seiner Bewertung geben soll. Mit anderen Worten: Die üblichen Darstellungen der Industrialisierung leisten einer jeweils einseitigen Betrachtungsweise geradezu noch Vorschub. Dabei sollte doch soweit Konsens herrschen, daß als gesellschaftspolitisch wünschenswert auch im Geschichtsunterricht eine "vernetzte" Denkweise gefördert wird, die einerseits volkswirtschaftliches und betriebswirtschaftliches Denken selbstverständlich akzeptiert, aber doch auch die sozialen Folgekosten und Folgen mit berücksichtigt. Nur durch eine solche "vernetzte" Darstellung wird nach meiner Meinung der Schüler als ganzheitliche Person angesprochen, die Rationalität und Emotionalität zu verbinden weiß.

Aus diesen Überlegungen heraus wird hier ein grundsätzlich andersartiger Vorschlag gemacht: Er stellt das Thema „Arbeiten in der Fabrik" in den Mittelpunkt. Die neue arbeitsteilige Organisation der Produktion, die neuen Formen des Arbeitens und Zusammenarbeitens machen den Kern des Strukturwandels aus und sind letztlich die Ursache für eine gesamtgesellschaftliche Umwälzung. Diesen geschichtswissenschaftlichen Kern gilt es zum didaktischen Leitfaden zu machen. Damit wird dem Schüler zugleich eine Sehweise geboten, die er viel eher als seine eigene annehmen kann, denn zum Thema „Arbeit" besitzt er eine zumindest latente Beziehung, sei es durch Gleichaltrige in seinem Bekanntenkreis, die bereits Arbeitnehmer sind, sei es durch Ferien- und Gelegenheitsarbeit, vor allem aber durch die in der Oberstufe verstärkt einsetzenden Gedanken zur eigenen Berufsorientierung. Das globale Thema "Strukturwandel" und dessen kühle Abstraktheit wird so gleichsam in die kleine Münze „emotionaler Anschaulichkeit" umgewechselt, aus „Strukturwandel" wird der sehr konkrete Wandel auf dem Arbeitsmarkt, bei Berufsbildern und Berufschancen. Zudem wird damit die häufig vernachlässigte Perspektive der drohenden Entfremdung des Individuums von seiner Arbeit organisch einbezogen. Die psychischen Verelendungsformen einer solchen Entfremdung sind dem Schüler emotional gewiß näher als das spektakuläre Elend der frühkapitalistischen Gesellschaft in bezug etwa auf die Wohn- und Gesundheitsverhältnisse. Diese sind dem Schüler durch den Blick auf die Dritte und Vierte Welt nur allzu geläufig und berühren ihn - so ist zu befürchten - nur sehr bedingt. So bildet das Thema "Arbeit" eine vielfältige Brücke zwischen geschichtlicher Vergangenheitsanalyse und der Gegenwartswelt des Schülers.

Nach den Unterrichtserfahrungen des Autors ist es gerade die Fabrikarbeit, die Schüler zu interessieren vermag, wenn sie detailliert dargeboten wird. Schließlich kann so der Eindruck des déjà-vue durch den „zweiten Durchgang" der Sekundarstufe II weniger entstehen.

Große Teile dieser Unterrichtsskizze sind auch für den Unterricht in S I verwendbar. Hier bietet es sich an, das Thema Kinderarbeit soweit wie möglich in den Mittelpunkt der Darstellung zu rücken.

II Gliederung der vorgeschlagenen Unterrichtssequenz

Die Behandlung des Themas nach diesen didaktischen Grundlinien kann in drei Schritten vollzogen werden:

1. Stunde: Problemfindung – Übergang von handwerklicher in die fabrikmäßige Produktionsweise;

2. Stunde: Unter möglichst engem Bezug auf die didaktische Leitlinie „Fabrikarbeit" sollen die Rahmenbedingungen und speziellen Voraussetzungen der deutschen Industrialisierung erarbeitet werden (Landflucht; Slumbildung; Rückständigkeit Deutschlands; Zollpolitik usw.).

3. Stunde: Problemdifferenzierung – Übergang von der ersten in die zweite Phase der Industrialisierung und damit die Gleichzeitigkeit von Massenproduktion durch angelernte Arbeitskräfte und stärkerer Spezialisierung und Professionalisierung von Tätigkeiten, die jetzt der stark anwachsenden Schar von kaufmännischen und technischen Angestellten zufallen.

4. Stunde: Hier sollen die Rahmenbedingungen dieser Phase nachgetragen werden (Schlüsselrolle des Eisenbahnbaus; Aufrüstung im Zeichen des Imperialismus usw.).

5. Stunde: Reflexion der Erträge: Fortschreibung dieser Entwicklung in die Gegenwart hinein.

6. Stunde: Nach dem Längsschnitt „Arbeit in der Industriegesellschaft" müßte sich mit erhöhter Motivation Gewerkschaftsbildung, Gewerkschaftspolitik und Sozialpolitik behandeln lassen, da der innere Bezug zu den großen Problemen der Gegenwart jetzt schlechterdings unübersehbar ist.

Die vorzustellenden Materialien beziehen sich nur auf die didaktische Leitlinie „Arbeiten in der Fabrik"(1./3./5. Stunde).

III Materialvorstellung

A Fabrikarbeit in der ersten Industrialisierungsphase

Zunächst gilt es, die Fabrikarbeit um 1850 darzustellen und zwar eben als Übergang vom Handwerk in die industrielle Produktionsweise. Dem dient M 1 und M 2. Entscheidend an M 1 ist, daß es eine Schilderung aus der Sicht der Betroffenen selbst ist. Der Wortschatz (Geselle; Altgeselle, meine Werkstatt) zeigt deutlich die Verhaftung im vorindustriellen Denken. Die Größe und Unübersichtlichkeit der Arbeitsstätte werden ebenso angesprochen wie die soziale und mentale Auflösung der Zunftformen, die Degradierung der handwerklich orientierten früheren Gesellen zu Fabrikarbeitern, die Reduktion auf ganz bestimmte, normierte Tätigkeiten und die damit verbundene Entfremdung. M 2 ist eine typische Ansicht eines typischen Betriebs der 1. Industrialisierungsphase: den Websaal einer Textilfabrik. Sie zeigt die sehr unterschiedlichen Tätigkeiten in einem solchen Betrieb - viel Routinearbeit und sehr wenig handwerklich-höherqualifizierte Arbeit. Das starke Lohngefälle zwischen diesen Gruppen ist aus dem Bild deduzierbar. Die „Freisetzung" der Hausweber kann durch die gleichsam sichtbare Produktivität gut abgeleitet werden. Unübersehbar ist auch die Frauenarbeit, während die Kinderarbeit bezeichnenderweise nicht dargestellt wird. Am 24. Januar 1870 gab es hier einen tödlichen Arbeitsunfall eines 10jährigen Jungen. Anläßlich dieses Unfalls wird die ambivalente Haltung des Fabrikbesitzers Staub zur Kinderarbeit deutlich; er warnte Eltern vor Kinderarbeit: „...es graust mir, wenn ich die Säle durchgehe und die Kinder so unter den Maschinen herumschlüpfen sehe, aber man muß eben die Kinder haben." Auch nach dem Unfall werden Kinder ab 8 Jahren beschäftigt. Die Reichsgewerbeordnung von 1871 zur Kinderarbeit ließ diese Ausnahmen zu. Ein Schreiben von Staub und weiteren 25 süddeutschen Baumwollherstellern an die Württembergische „Centralstelle für Gewerbe und Handel vom 19.12.1872 hielt die Kinderarbeit angesichts des „Konkurrenzdrucks durch die anderen Länder" für unverzichtbar. Staub richtete bereits ab 1858 eine Arbeitersiedlung mit Kindergärten, Schule, Läden, Bibliothek, Wasch- und Badehaus ein. 1867 erhielt er für sie von Napoleon III. das Kreuz der Ehrenlegion. Die Schönung ist typisch für die Darstellung solcher Fabrikdarstellungen, da sie meist Werbezwecken der Fabrikanten diente. (Der Fabrikbesitzer Arnold Staub beauftragte 1862 den bedeutenden Zürcher Maler Caspar Obach (1794-1865), der außerdem noch eine Außenansicht der Fabrik anfertigte. Links (im Original in der Mitte) mit Zylinder: Arnold Staub. Das Unterrichtsgespräch muß diese Zweckhaftigkeit solcher Abbildungen herausarbeiten; keinesfalls darf der Eindruck entstehen, hier lägen schlicht realistische Abbildungen vor. Technologischer Fortschritt und sozialer Rückschritt sind (wenn auch unterschiedlich) in diesem Bild präsent. (Anmerkung: Die Reihenfolge von M 1 und M 2 läßt sich vertauschen; vielleicht bringt dies sogar Vorteile.) An M 3 kann gezeigt werden, daß in der eisen- und stahlverarbeitenden Industrie dennoch zunächst noch handwerkliche Nacharbeiten am serienmäßigen Produkt notwendig sind, daß somit aufgrund der verfügbaren Technologie ein gewisses Nebeneinander von handwerklicher und industrieller Fertigung existiert. M 4 zeigt den nächsten Schritt. Einmal das Bestreben der Lohnkostensenkung durch Rationalisierungsmaßnahmen (Maschinen werden unter dem Gesichtspunkt produziert, daß sie nur noch ein Minimum an Berufsqualifikation erforderlich machen) und gleichzeitig der Differenzierung der Belegschaft durch immer höher werdende Anteile an zunächst kaufmännischen, dann aber auch zunehmend von technisch hochqualifiziertem Personal. Dieser strukturelle Umbau in der Berufsqualifikation und durch neue Berufe sollte im Hinblick auf die gegenwärtigen Entwicklungen auf dem Arbeitsmarkt besonders herausgearbeitet werden; er ist besonders geeignet, Vergangenheit und Zukunft für den Schüler in ein Verhältnis der „wechselseitigen Erhellung" zu bringen.

B Fabrikarbeit in der zweiten Industrialisierungsphase

M 5 zeigt neue und alte Technik um 1880 in gedrängter Form: Dampfkraft als Energiequelle für die Fabrik und die bereits gut ausgebaute Eisenbahn (man vergleiche damit die Bilder von der ersten Eisenbahn Nürnberg-Fürth 1835!) ist ebenso vertreten wie die neue Energiequelle Elektrizität. Gleichzeitig zeigt der Kutschenverkehr die Potentiale neuer Entwicklung durch das Automobil. Verwaltungsgebäude und Direktionshaus verweisen auf die steigende Zahl der Angestellten und damit auf die Verzahnung von neuen Leitindustrien, Leitenergien und Berufsstrukturen. Es ist damit ein symbolisches Bild des Übergangs. M 6 ist ein Dokument für die in M 4 bereits implizit angedeutete gegenläufige Entwicklung bei den beruflichen Qualifikationen im Zeichen der zweiten Industrialisierungsphase. Es zeigt den Siegeslauf der technischen Büroarbeit über die Berufserfahrung des Praktikers. Massenproduktion und Ingenieursarbeit treten an die Stelle handwerklicher Höchstleistungen. Das Ausscheiden des hochbegabten Feinmechanikers Halske aus der 1847 gegründeten Firma Siemens und Halske ist ein solcher symbolischer Vorgang (1867). M 7 zeigt Fabrikarbeit ganz anderer Art. Hier wurden die Grundlagen für die Weiterentwicklung der industriellen Revolution gelegt. Forschungsleistungen waren jetzt Teamarbeit - anders als in der ersten Industrialisierungsphase. Sie setzten in der Regel einen größeren und kapitalkräftigen Betrieb voraus, sofern sie nicht in der staatlich organisierten Grundlagenforschung in Hochschulen oder Instituten entstehen. 1912 wurde hier erstmals rostfreier Stahl hergestellt. Die lineare Abwärtsentwicklung der Berufswelt in quantitativer und qualitativer Hinsicht, die sich als wichtigster Eindruck aus der Analyse der ersten Industrialisierungsphase ergibt, wird dadurch zurechtgerückt. Die umfassende Proletarisierung der Arbeitnehmer in der ersten Industrialisierungsphase wird relativiert durch die Ausbildung eines neuen Mittelstandes. Selbst Karl Kautsky erwartet (1895) von den sich steigernden Qualifikationsanforderungen der Betriebe und des Staates im Verwaltungsdienst eine gleichsam automatische soziale Öffnung des Bildungssystems, wie sie ja längerfristig auch eingetreten ist.

C Historische Rückschau und Zukunftsperspektiven

M 8 zeigt unübersehbar: die Industrialisierung des 19. Jahrhunderts reicht in die Gegenwart hinein, wobei an den Produkten wieder ablesbar ist, daß die Berufsstruktur sich grundlegend mit verwandelt.

Es zeigt den (wahrscheinlichen) Siegeslauf der Informatik und der Biotechnologie mit den entsprechenden Konsequenzen für die entsprechenden Berufe.

Die Ergebnissicherung könnte folgendermaßen aussehen:

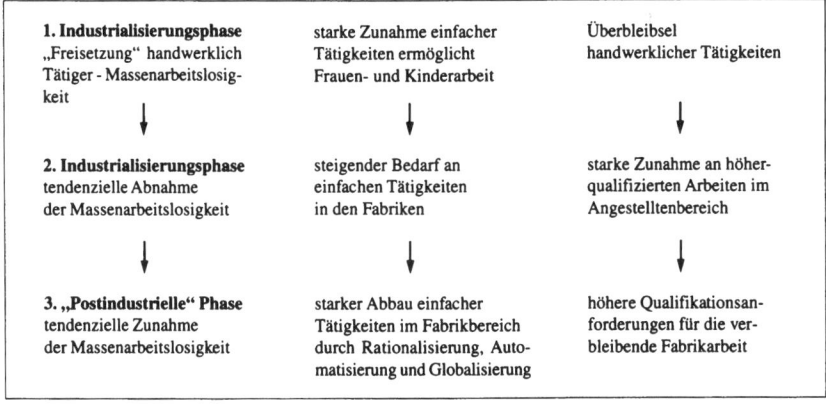

1. Industrialisierungsphase "Freisetzung" handwerklich Tätiger - Massenarbeitslosigkeit	starke Zunahme einfacher Tätigkeiten ermöglicht Frauen- und Kinderarbeit	Überbleibsel handwerklicher Tätigkeiten
↓	↓	↓
2. Industrialisierungsphase tendenzielle Abnahme der Massenarbeitslosigkeit	steigender Bedarf an einfachen Tätigkeiten in den Fabriken	starke Zunahme an höherqualifizierten Arbeiten im Angestelltenbereich
↓	↓	↓
3. "Postindustrielle" Phase tendenzielle Zunahme der Massenarbeitslosigkeit	starker Abbau einfacher Tätigkeiten im Fabrikbereich durch Rationalisierung, Automatisierung und Globalisierung	höhere Qualifikationsanforderungen für die verbleibende Fabrikarbeit

TA 1: Strukturwandel im Arbeitsmarkt durch die Industrialisierung

TA 2: Die erste Industrialisierungsphase: Ursachen und Folgen

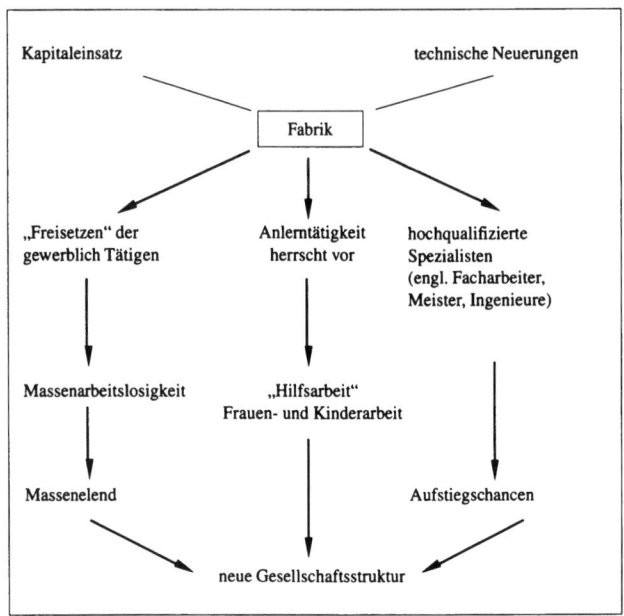

M 1:

„In der Pollakischen Fabrik, die nun meine Werkstatt war, traf ich zu meiner Freude einen Landsmann...Niemalen aber hätte ich erwartet und war überrascht wie nie, daß auch mein guter Gottfried Laible aus Neuenbürg als Altgeselle hier konditionierte. Er war noch einsilbiger geworden, als ich ihn ohnehin bei Meister Lutz gekannt hatte, und seine Augen sahen trübselig darein. Als er mich in der weitläufigen Fabrik zum ersten Male sah, stieg ihm doch die Freude in die Augen, streckte mir die Arme weit entgegen und umarmte mich, als wär ich sein liebster Anverwandter...Ist überhaupt in einer Fabrik, wie der hiesigen, anders, als in einem meisterlichen Hause und kein Zusammenhalt nit unter den Gesellen. Läuft jeder seinen Weg und dreht sich nit viel nach dem anderen. Eine zunftmäßige Aufführung ist unter den Kollegen nit zu finden und kein Umgang, wie unter ordentlichen Gesellen. Zudem gefällt mir das Arbeiten nit, dieweil jeder den langen Tag die gleiche Arbeit verrichten muß und dabei das Ganze aus dem Auge verliert. Muß wohl in einer Fabrik solcherweis geschehen, kann mich aber nit darein schicken und mein immer, ich triebe mein Gewerb nur halb."

J. E. Dewald: Biedermeier auf Walze. Hrsg. von G. M. Hofmann, Berlin o. J. (1936). In: W. Pöls (Hrsg.): Deutsche Sozialgeschichte. Dokumente und Skizzen, Bd. I: 1815 - 1870, München ²1976, S. 226f.

M 2: Arbeitsplätze in der Textilindustrie Kuchen bei Göppingen (1862)
Foto: Gemeindearchiv Kuchen
Chr. Köhle-Hezinger und W. Ziegler (Hrsg.): „Der glorreiche Lebenslauf unserer Fabrik".
Zur Geschichte von Dorf und Baumwollspinnerei Kuchen, Bd. 13. Weißenborn 1991, neben
S. 252 (Ausschnitt).

M 3: Mechanische Werkstätte der Firma Maffei in München (um 1850)
Foto: Krauss-Maffei-Werksarchiv, München

M 4:

„*Das Geschäft ist bei seiner Vielseitigkeit und Kompliziertheit zu groß geworden und die Arbeiternot wird geradezu unerträglich. Wir haben jetzt leere Säle in Menge, können aber keine Arbeiter zu ihrer Besetzung bekommen. Da halte mal einer Termine! Wir sind daher namentlich seit einem Jahr eifrig bestrebt, wie die Amerikaner alles mit Spezialmaschinen zu machen, um auch mit schlechten Arbeitern gute Sachen machen zu können. Das hat sich schon brillant bewährt...Jetzt sind alle davon überzeugt, daß in der Anwendung der amerikanischen Arbeitsmethode unser künftiges Heil liegt...Nur Massenfabrikation darf künftig unsere Aufgabe sein,..(wir) müssen ... allerdings unseren Kunden ... unsere Konstruktionen vorschreiben...Willkürliche Abänderungen unserer festen Konstruktion müssen ebenso lächerlich werden, wie einer eine abgeänderte Nähmaschine bestellen wollte.*"

W. Ruppert: Die Fabrik. Geschichte von Arbeit und Industrialisierung in Deutschland, München 1983, S. 41.

M 5: Die Firma Schuckert in Nürnberg (um 1885)

Foto: Siemens-Forum, München

M 6:

„*Die Entscheidung, wer eine freie Stelle in der Werkstatt erhielt, hatte vor dem Ersten Weltkrieg in vielen Fällen allein der Werkmeister. Er entschied nach den unterschiedlichsten Gesichtspunkten. Lag eine Empfehlung vor? Arbeitete bereits ein als zuverlässig bekannter Verwandter im Betrieb? Schien der Mann kräftig und willig? Auch die Entscheidung, wie der Arbeiter mit dem Lohn eingruppiert wurde, lag häufig beim*

Meister. Das gesamte Lohngefüge der Werkstatt war nicht selten seine Schöpfung...Der Meister war es ferner, der den Neueingestellten in die Handhabung der Werkzeuge einwies...der die Werkstücke auf ihre Qualität hin besah...Ein sehr ausgeprägter Statusunterschied zu den Arbeitern erleichterte es ihm, seinen Anordnungen Geltung zu verschaffen...Etwa seit den 1890er Jahren mehrten sich zunächst in den Großbetrieben die Anzeichen für eine Krise der „Meisterherrschaft". Was damals unter Beschuß geriet, waren allerdings in erster Linie die technischen Fähigkeiten der Werkmeister. Das Tempo des technischen Fortschritts ließ das aus der eigenen Berufspraxis gewonnene Wissen immer rascher veralten. Wichtige Entscheidungen beim Maschineneinsatz wurden dem Meister entzogen und aus der Werkstatt herausverlegt. Der Hauptkonkurrent und Gewinner dieser Entwicklung war der akademisch gebildete Ingenieur. "

M. Prinz: Revolutionierung der Arbeitswelt. In: Funkkolleg Jahrhundertwende, 8. Studienbegleitbrief: Die Entstehung der modernen Gesellschaft 1880 - 1930. Weinheim/ Basel 1988, S. 31f.

M 7: „Probieranstalt" (Labor) der Firma Krupp (1912)

Foto: Historisches Archiv Friedrich Krupp, Essen

Vergangenheit und Gegenwart

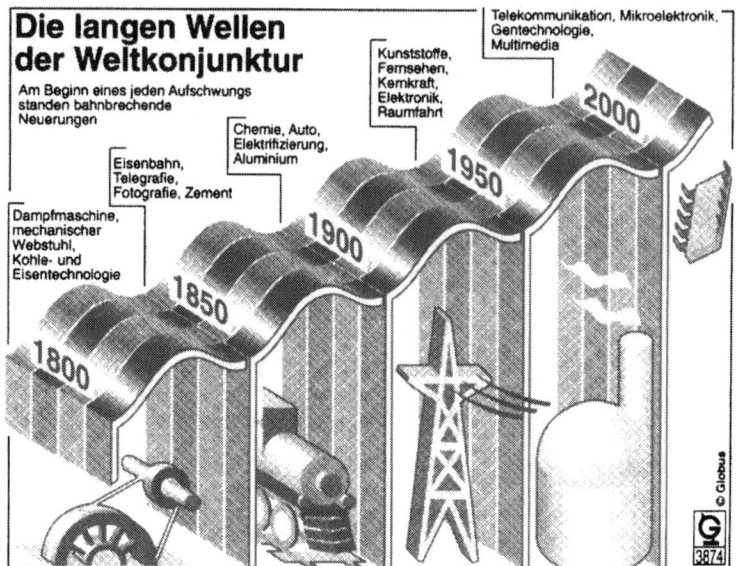

Die langen Wellen der Weltkonjunktur

Am Beginn eines jeden Aufschwungs standen bahnbrechende Neuerungen

Dampfmaschine, mechanischer Webstuhl, Kohle- und Eisentechnologie

Eisenbahn, Telegrafie, Fotografie, Zement

Chemie, Auto, Elektrifizierung, Aluminium

Kunststoffe, Fernsehen, Kernkraft, Elektronik, Raumfahrt

Telekommunikation, Mikroelektronik, Gentechnologie, Multimedia

1800 — 1850 — 1900 — 1950 — 2000

© Globus 3874

Globus Infografik, Schaubild 3874

Literatur

Unerläßlich für eine motivierende Präsentation des Themas im Unterricht ist ein regionaler Bezug. Die nachfolgende kleine Auswahl soll dazu Anregungen bieten:

Hubert Kiesewetter: Industrielle Revolution in Deutschland 1815 - 1914, Frankfurt/M. 1989 (enthält im Gegensatz zu den meisten anderen Einführungen zahlreiche regionale Abschnitte).

Friedrich-Wilhelm Henning: Die Ansätze der industriellen Entwicklung in Sachsen-Anhalt im 19. und 20. Jahrhundert. In: Forschungen zur brandenburgischen und preußischen Geschichte, Berlin 1994, Bd. 4, S. 1 -30.

Wolfgang Kollmann: Die Familie Hartkort und die Anfänge der deutschen Industrialisierung. In: Jahrbuch des Vereins für Orts- und Heimatkunde in der Grafschaft Mark, 86. Jg. (1988), S. 147 - 163.

Dietmar von Reeken: "Wo ich als Kind durch stille Dorfstraßen...ging, da saust jetzt die Maschine". Industrialisierung in Niedersachsen. In: Horst Kuss/Bernd Mütter (Hrsg.): Geschichte Niedersachsens neu entdecken, Braunschweig 1996, S. 48 - 59.

Heinz Pfefferle

Die Bodenreform in der SBZ und in den westlichen Besatzungszonen als Thema problemorientierten historischen Lernens in der Sekundarstufe II

I Die Bodenreform als historiographisches und zugleich didaktisches Problem

I.1 Einleitung und Problemskizze

Die Bodenreform hat in den westlichen Besatzungszonen und in der SBZ einen ganz ungleichen Verlauf genommen. Diese Ungleichheit wiederholt sich auch auf der Ebene der heutigen Historiographie und vermutlich auch im Geschichtsunterricht. Während die Bodenreformmaßnahmen in der SBZ in Ost- wie in Westdeutschland ein kontinuierliches Forschungsinteresse gefunden haben, ist die Bodenreform in den Westzonen bis heute ein Stiefkind der Forschung geblieben. Sylvia Schraut bemängelt 1993, daß „der Begriff Bodenreform in den Darstellungen und Handbüchern zur frühen Nachkriegsgeschichte gemeinhin der SBZ zugeordnet" werde. „Entweder finden die Bestrebungen in den Westzonen überhaupt keine Erwähnung oder ihre ausführlichere Behandlung wird wegen der mangelnden Wirksamkeit der Bodenreform in den Westzonen als unnötig aufgefaßt."[1]

Es ist derselbe Befund, den schon Günther Trittel in seiner bahnbrechenden Arbeit über die Bodenreform in der Britischen Zone von 1975 konstatiert[2]. Weder das stark auflebende Forschungsinteresse an der frühen Nachkriegszeit seit den 80er Jahren noch die grundlegende Verbesserung beim Zugang zu alliierten Quellenbeständen haben daran etwas geändert.

Es ist nicht zuviel gesagt, wenn man resümiert, daß die Bodenreform in Westdeutschland aus dem kollektiven Gedächtnis auch der Fachwissenschaftler verschwunden ist. Ulrich M. Bausch erinnert in seinem jüngst erschienenen Beitrag zu den "großen Revolutionen im deutschen Südwesten" an das Innovationspotential der frühen Nachkriegsjahre. Die "kontroversen Diskussionen um die Wirtschaftsordnung des neuen Staates" werden dabei ausgerechnet mit dem Ahlener Programm skizziert, während

---

1   Sylvia Schraut: Von der politischen Entmachtung der Großgrundbesitzer zum Siedlungsgesetz. Die Bodenreform und das Flüchtlingsproblem in der amerikanischen Besatzungszone am Beispiel Württemberg-Badens (1945 - 1949). In: Christine Grosser/Thomas Grosser/Rita Müller/Sylvia Schraut (Hrsg.): Flüchtlingsfrage - das Zeitproblem. Amerikanische Besatzungspolitik, deutsche Verwaltung und die Flüchtlinge in Württemberg-Baden 1945 - 1949, Mannheim 1993, S. 129, Anmerkung 2.

2   Günther Trittel: Die Bodenreform in der Britischen Zone 1945 - 1949, Stuttgart 1975.

die regional viel naheliegendere Bodenreform im Südwesten mit ihren weit differenzierteren Diskussionen zum Eigentumsbegriff nicht erwähnt werden[3].

Bei diesem Stand der Forschung kann es natürlich eigentlich nicht verwundern, wenn selbst in neuesten Geschichtsbüchern und Unterrichtsmaterialien diese Zweiteilung zwischen Westzonen und SBZ noch krasser ausfällt. Hier wird das Bild vermittelt, Bodenreformpolitik habe nur in der SBZ stattgefunden und zwar als eine Maßnahme der Sowjetisierung des östlichen Teils Deutschlands, sei stalinistische Politik in Reinkultur und die Vorstufe zur Kollektivierung der Landwirtschaft. Daß es eine von den Westalliierten getragene, sich um gesellschaftspolitische Demokratisierung bemühende Bodenreform je gegeben hat, muß dem Schüler als unvorstellbar erscheinen. Daß damit - unbewußt oder bewußt - ein wichtiger Beitrag zur Verinnerlichung einer nicht hinterfragten Eigentums- und Sozialordnung geleistet wird, liegt meines Erachtens auf der Hand. Entsprechende Wahrnehmungs- und Identitätsverzerrungen bei den Rezipienten sind die Folge. Sowohl historiographisch wie geschichtsdidaktisch in hohem Maße bedeutsam ist deshalb, herauszuarbeiten, daß es neben der allseits bekannten stalinistischen eine demokratische Bodenreform im Nachkriegsdeutschland gegeben hat. Demokratisch ist hier in einem doppelten Sinne gemeint: Es ist eine Bodenreform, die sich als sozioökonomischer Beitrag zur inneren Demokratisierung versteht und sie entsteht auf demokratisch-parlamentarischem Wege ohne größeren alliierten Druck auf den Gesetzgebungsprozeß im engeren Sinne (jedenfalls in Südwestdeutschland). Mein Beitrag versteht sich als Versuch, für eine entsprechende Änderung in der Didaktik der frühen Nachkriegszeit zu werben[4]. Dabei wird deutlich werden, daß diese didaktische Wende sich nicht ohne die Aufarbeitung von fachhistorischen Lücken vollziehen läßt.

Ich möchte dies in drei Abschnitten tun:

1. durch eine Skizze des aktuellen Forschungsstandes;
2. durch eine Untersuchung repräsentativer Geschichtsbücher und Geschichtsmaterialien zum Thema der frühen Nachkriegsjahre bzw. Bodenreform
3. durch die Vorstellung eines Unterrichtsmodells mit einer Materialauswahl.

---

3   Ulrich M. Bausch: Die demokratische Revolution nach 1945: Das Beispiel der Information Control Division in Stuttgart. In: Hans-Georg Wehling/Angelika Hauser-Hauswirth (Hrsg.): Die großen Revolutionen im deutschen Südwesten, Stuttgart 1998, S. 119.

4   Siehe dazu auch meinen Aufsatz "Die Bodenreform im Südwesten - kein Lehrstück?" in der Festschrift für Uwe Uffelmann (Herbert Raisch/Armin Reese (Hrsg.): Historia didactica. Geschichtsdidaktik heute, Idstein 1997, S. 171 - 184.

I.2 Aspekte des Forschungsstandes und Forschungsdefizite

Wissenschaftlich völlig unstrittig ist, daß die Bodenreformpläne Bestandteil einer gesamtalliierten Deutschlandpolitik sind. Sie ist zu sehen als Teil der Entflechtungs- und Dekartellierungsmaßnahmen, die die wirtschaftlichen Strukturen Deutschlands im Sinne der Entnazifizierung und Demokratisierung umgestalten sollten. Das Potsdamer Abkommen fordert auch nach amerikanischem Verständnis zu Bodenreform-Maßnahmen auf. Die Moskauer Außenministerkonferenz im Frühjahr 1947 verlangt Bodenreformmaßnahmen für ganz Deutschland; dieser explizite Beschluß führt zu verstärkten, zum Teil hektischen gesetzgeberischen Maßnahmen in allen Westzonen. Unumstritten ist die „starke Einflußnahme"[5] im Sinne bodenreformerischer Maßnahmen selbst durch die wirtschaftsliberalen Führungskräfte in der US-Militärregierung. Entsprechend schwierig zu erklären ist nach dieser Logik das Scheitern der westdeutschen Bodenreform. Alle Autoren gehen davon aus, daß der Widerstand von deutscher Seite daran maßgeblich beteiligt ist. Konservative Parteipolitiker, konservative Verwaltung und zahlreiche Vertreter der Verbandsbauernschaft finden bei der Bodenreform immer neue Hinderungsgründe teils pragmatischer, teils rechtspolitischer Art. Zwar ist unabhängig von seiner Parteizugehörigkeit der jeweilige Landwirtschaftsminister in der Regel ein Anhänger der Bodenreformpolitik. Heinrich Lübke kämpft als nordrheinwestfälischer Landwirtschaftsminister ebenso für die Bodenreform wie sein Kollege Dr. Weiß in Württemberg-Hohenzollern.

Ganz anders aber die Regierungschefs: Karl Arnold in Nordrhein-Westfalen zeigt sich nach der Analyse von Ludwig Hügen gleichgültig[6]. Gebhard Müller in Württemberg-Hohenzollern betreibt geradezu Destruktionspolitik. Daß die reformwilligen CDU-Landwirtschaftsminister von der Mehrheit ihrer eigenen Partei nur bedingt unterstützt werden, ist im großen Nordrhein-Westfalen ebenso zu konstatieren wie im kleinen Württemberg-Hohenzollern. Unbestritten ist, daß angesichts dieses zähen Widerstands an vielen Stellen der gesamtalliierte Reformwille sich stark abnutzt; die mit der Währungsreform zusätzlich einsetzenden Finanzierungsschwierigkeiten und die rechtliche und politische Neukonstellation durch die Gründung der Bundesrepublik versetzen der Bodenreform in den Westzonen nach allgemeiner Überzeugung den Todesstoß. Befremdlich bleibt, daß der von allen Autoren als zentral eingestufte Widerstand von deutscher Seite gegen die alliierten Reformbestrebungen im Grunde wenig untersucht ist. Auffällig ist zum Beispiel, daß die offensichtlich großen regionalen Unterschiede in Sachen Bodenreform keinerlei Beachtung finden. Der Forschungsbericht von Ulrich Enders von 1996[7] verwendet an keiner Stelle eine solche Kategorie. Dabei sind

---

5   Ulrich Enders: Die Bodenreform in den westlichen Besatzungszonen Deutschlands 1945 - 1949.
    In: Arnd Bauerkämper (Hrsg.): "Junkerland in Bauernhand?" Durchführung, Auswirkungen
    und Stellenwert der Bodenreform in der Sowjetischen Besatzungszone, Stuttgart 1996, S. 173.
6   Ludwig Hügen: Das Gesetz "für die Wolfsgrube". Bodenreformpolitik in Nordrhein-Westfalen
    1945 - 1949, Essen 1991.
7   Siehe Anm. 5.

meines Erachtens die regionalen Unterschiede unübersehbar und eminent wichtig. Während in der Britischen Zone die Bauernverbände eine eindeutig ablehnende Stellung gegenüber der Bodenreform einnehmen, fordern sie im deutschen Südwesten (genauer gesagt in Baden wie in Württemberg-Hohenzollern) im Einklang mit den Landwirtschaftsministern eine Bodenreform zugunsten der kleinen und mittleren Bauern. Ihre wirtschaftliche Existenz sei erst gesichert, wenn das Pachtland aus adligem Großgrundbesitz in ihr Eigentum übergehen könne. Anders als es simplifizierende linke Geschichtsschreibung wahrhaben möchte, geht der Riß in Sachen Bodenreform nicht zwischen den bürgerlichen Parteien und den Linksparteien, sondern innerhalb der CDU durch die deutsche Parteienlandschaft[8]. Dies bedeutet, daß sich im Rahmen der Bodenreformgesetzgebung im Vorfeld der Bundesrepublik die restaurative Wende nicht nur dadurch abzeichnet, daß das politische Gewicht der Linksparteien abnimmt, sondern daß darüber hinaus der "linke" Flügel innerhalb der CDU an Einfluß verliert. Am Beispiel der Bodenreform läßt sich diese Verschiebung der innerparteilichen Kräfte in der CDU sehr exakt und detailreich vorführen. Die Bruchstelle zwischen Reformbefürwortern und Reformgegnern auf diese Art zu verschieben, ist nicht nur ein Gebot der historiographischen Korrektheit. Die Verschiebung hat vor allem eminent didaktische Auswirkungen. Im Rahmen des Unterrichtsmodells werde ich auf diese historiographisch wie didaktisch zentrale Frage zurückkommen. Da die grundlegenden regionalen Unterschiede nicht wahrgenommen werden, findet sich natürlich auch keine Erklärung für die diametral entgegengesetzten Richtungen der Verbandspolitik, die vermutlich in den Verbandsstrukturen zu suchen sind. Schließlich ist zu vermuten, daß die regional sehr unterschiedlichen Agrarstrukturen den Wurzelgrund für die divergierenden Verbandsstrukturen zwischen den südwest- und den norddeutschen Bauernverbänden bilden. Hier existiert ein unübersehbares - gleichwohl aber bisher übersehenes - Forschungsfeld[9]. Ebenso unverständlich bleibt, daß bisher die Motive der Reformgegner als wenig untersuchungswürdig gegolten haben. So berührt es doch eigenartig, daß auf der einen Seite in der Literatur das Beispiel der Bodenreform in der SBZ als starker Impuls für westalliierte Besatzungspolitiker dargestellt wird[10]; Bodenreform

---

8 Diese Tendenz verfolgt das - sonst sehr verdienstvolle - Buch von Reinhold Billstein: Neubeginn ohne Neuordnung. Dokumente und Materialien zur politischen Weichenstellung in den Westzonen nach 1945, Köln 1984, S. 182 ff.

9 Ulrich Enders schreibt in seinem Forschungsbericht 1996 (Anm. 5): "Ebenso hatten sich Bauern, Grundbesitzer und agrarische Interessenverbände mit allen ihnen zur Verfügung stehenden Mitteln gegen eine Veränderung der bestehenden Eigentumsordnung gewehrt,.." (S. 176). Dies ist mit Sicherheit zumindest für Baden und Württemberg-Hohenzollern falsch. Hans-Georg Merz schreibt dazu für Baden: "Die Agrarreform treibt zwischen Bauernschaft und den großen Waldbesitzern und Pachtlandgebern (Adelshäuser, Kirche) kräftige Interessengegensätze ans Licht." (S. 190) (Hans-Georg Merz: Bodenreform - Agrarreform - Flurbereinigung. Zum badischen Agrarreformgesetz vom 27. Februar 1948. In: Paul Ludwig Weinacht (Hrsg.): Gelb-rotgelbe Regierungsjahre. Badische Politik nach 1945, Sigmaringen 1988, S. 179 - 198).

10 So beispielsweise bei Ulrich Enders a.a.O., S. 180.

gilt ihnen als prinzipiell populäre Maßnahme. Umgekehrt wird immer wieder explizit oder implizit angedeutet, daß das sowjetische Bodenreformmodell in den Westzonen eindeutig abschreckende Wirkung zeitigt[11]. Völlig unklar bleibt auch nach dem bisherigen Stand der Forschung, ob eher prinzipielle, letztlich ideologische Erwägungen das Scheitern der Bodenreformpolitik im Westen Deutschlands bewirken (angefacht durch die zunehmenden Spannungen zwischen Ost und West)[12], oder ob es eher ganz pragmatische Gründe der elementaren Lebensmittelversorgung der notleidenden Bevölkerung sind, die man um keinen Preis durch Nebenwirkungen einer sonst akzeptablen Reformpolitik gefährden will[13]. Sehr wenig untersucht oder wenig hinterfragt wird schließlich auch der Umstand, daß im deutschen Südwesten alle drei Regierungschefs ungeachtet ihrer sehr unterschiedlichen politischen Ausrichtung sich als entschiedene Gegner der Bodenreform betätigen und den Fortbestand ihrer Koalitionsregierung massiv gefährden oder - im Falle Badens - sogar aufgeben[14]. Die in der Literatur geltend gemachten persönlich guten Beziehungen zwischen den Regierungschefs (im Falle Leo Wohlebs und Reinhold Maiers[15]) können wohl kaum eine Rechtfertigung dafür sein, daß hier elementare Grundregeln der politischen Selbsterhaltung mißachtet werden. Nachhaltig betont werden muß in diesem Zusammenhang, daß es sich dabei nicht nur um fachwissenschaftliche Lücken handelt, sondern um solche, die einer sinnvollen didaktischen Umsetzung des Themas Bodenreform im Geschichtsunterricht entgegenstehen.

Vollkommen anders liegen die Dinge für die SBZ. Die Wende mit ihrem völlig veränderten Zugang zu den Quellenbeständen und der sich hinziehende Grundsatzstreit um historische und juristische Bewertung der Bodenreform in der SBZ bringen eine neue

---

11 Das meint auch Ulrich Enders a.a.O., S. 177. Mit anderen Worten: Ulrich Enders bleibt in diesem Punkt in seinen Aussagen recht dunkel. Von der abschreckenden Wirkung der SBZ-Bodenreform ist auch Hans-Georg Merz überzeugt (a.a.O., S. 180 und 187).

12 Diese Annahme findet sich in der Literatur immer wieder (etwa bei Ludwig Hügen). Im konkreten Fall Württemberg-Hohenzollern gibt es dafür keine Stütze.

13 Günther Trittel formuliert dies so: "Die (Ernährungs-) Krise verhinderte...die Begrenzung des agrarischen Großgrundbesitzes...Dieser Grundwiderspruch...führte schließlich dazu, daß sich eine unüberbrückbare Diskrepanz zwischen den eigentlichen Zielen einer grundlegenden, wie auch immer im einzelnen zu gestaltenden "Demokratisierung" und Reform von Staat, Gesellschaft und Wirtschaft und den zur Krisenbekämpfung angewandten Mitteln auftat..." (G. Trittel: Hunger und Politik. Die Ernährungskrise in der Bizone (1945 - 1949), Frankfurt/M.-New York 1990, S. 303). Auch hier fragt sich allerdings, ob dieser Widerspruch, der sicher für die Britische Zone zutrifft, auch für die agrarisch geprägte Französisch Besetzte Zone gilt, d.h., ob nicht auch hier regionale Unterschiede stärker ins Gewicht fallen als bisher beachtet.

14 Zur Bodenreform in Baden siehe Hans-Georg Merz (Anm. 9) und Peter Fäßler: Der Streit um die Bodenreform. In: Edgar Wolfrum/Peter Fäßler/ Reinhard Grohnert (Hrsg.): Krisenjahre und Aufbruchszeit. Alltag und Politik im französisch besetzten Baden 1945 - 1949, München 1996, S. 260 - 269.

15 Für Reinhold Maier siehe Sylvia Schraut (Anm. 1), S. 157, 162; für Leo Wohleb siehe Peter Fäßler (Anm. 14), S. 264.

Flut von Untersuchungen[16], die den krassen Mangel an Arbeiten für die westzonale Bodenreform noch deutlicher hervortreten läßt. Sie haben eine Reihe von zentralen Neubewertungen hervorgebracht, die ich hier aus Strukturgründen auf zwei Punkte reduzieren möchte[17].

---

16 Reichhaltige Literaturangaben finden sich im oben zitierten Sammelband von Arnd Bauerkäm-per sowie bei Boris Spix: Die Bodenreform in Brandenburg 1945 - 1947: Konstruktion einer Gesellschaft am Beispiel der Kreise West- und Ostprignitz, Münster 1997. Hier findet sich auch ein sehr guter Überblick über Forschungs- und Quellenlage bezüglich Bodenreform allgemein in der SBZ (S. 1 - 19).

17 Die anderen wichtigen Ergebnisse seien hier kurz skizziert (schon um ihre Substanz und Fülle anzudeuten):

a) Deutlicher als früher wird der maßgebliche Anteil der Besatzungsmacht gesehen; erst das Drän-gen Stalins bringt die sofortige und radikale Bodenreform; der KPD-Agrarexperte Erwin Hörn-le hatte sich bis dahin deutlich zögernder verhalten.

b) Die anfänglich gehegte Hoffnung auf einen Druck der potentiellen Interessenten einer Boden-reform, den Landarbeitern und Kleinbauern, muß die KPD bald als illusorisch begraben; vor allem Ulbricht begann daraufhin zielstrebig, die Bodenreform als eine "Revolution von oben" erfolgreich zu inszenieren. Die Widerstände der SPD und der bürgerlichen Parteien werden dabei teils trickreich, teils mit offenem Druck überwunden. Formal entsteht ein Allparteien-Konsens in Sachen Bodenreform.

c) Alle Einwände bei der konkreten Umsetzung der Bodenreform, etwa in der heiklen Frage der Behandlung von evident antifaschistischen Großgrundbesitzern, werden von den sowjetischen Militärbehörden beiseite gewischt. Sie sind nicht einmal bereit, offenkundige sachliche Irrtü-mer zu korrigieren.

d) Während im Westen die potentielle Gefährdung der Ernährungslage durch Bodenreformmaß-nahmen ganz erheblich zur Verzögerung und dem schließlichen Scheitern der Bodenreform beigetragen hat, sind die sowjetischen Behörden in erster Linie an einer völligen Umgestaltung der sozialen Verhältnisse auf dem Land interessiert. Sie erzwingen eine privatwirtschaftliche Nutzung des umverteilten Landes, obwohl eine genossenschaftliche Nutzung selbst von der KPD gebilligt worden wäre, um den Mangel an Vieh und landwirtschaftlichen Maschinen bes-ser kompensieren zu können. Da aber die formal genossenschaftliche Nutzung die Gefahr der Fortführung alter sozialer Beziehungen aus der Gutswirtschaft (etwa in Gestalt der Leitungs-funktion früherer Gutsverwalter) birgt, wird jeder dieser Ansätze brutal unterdrückt, trotz kata-strophaler Folgen für Produzenten wie großstädtische Konsumenten.

e) Während die frühere westdeutsche Forschung in der Bodenreform primär eine Maßnahme der Sowjetisierung der SBZ gesehen hat, ist heute der Gedanke der Klientelbildung ein maßgebli-cher Interpretationsansatz. Die Bodenverteilung an die große Zahl von Vertriebenen und ge-flüchteten "Neubauern" soll die Popularität der KPD auf dem Lande entscheidend stärken. Die eben beschriebene, ideologisch fixierte Art der Umsetzung, die allen pragmatischen Einwän-den zum Trotz brutal durchgeführt wird, läßt größere Erfolge jedoch nicht zu.

f) Durch die nach der Bodenreform eher gestärkte Stellung der wohlhabenden Altbauern gegen-über den mit Land nur sehr unzulänglich ausgestatteten Neubauern werden - wie lokale Studien zeigen - die sozialen Verhältnisse auf dem Land weit weniger abrupt verändert als man bisher geglaubt hatte.

314

A Differenzierte Betrachtungsweise

Auch in der SBZ formiert sich ein deutscher Widerstand nicht nur bei den bürgerlichen Parteien gegen die brutale und völlig undifferenzierte Praxis der Bodenreform etwa in der Frage der Behandlung von ausgewiesenen antifaschistischen Gutsbesitzern; bis in die Reihen der KPD hinein wären außerdem formal genossenschaftliche Nutzungsformen des Bodenreformlandes akzeptiert worden, auch wenn sie häufig in Gestalt der Leitungsfunktion früherer Gutsverwalter alte Strukturen konservieren; sie hätten sowohl das Los der Neubesitzer wie die Ablieferungsquote verbessert; die im Juni 1945 durch Stalin selbst festgelegte Politik der Bodenreform wird jedoch völlig starr und ohne die leiseste Konzession durchgeführt. Unter maßgeblicher Beteiligung von Walter Ulbricht paßt sich die KP diesem Konzept an und verbrämt es als "Revolution von oben". So wie im Westen die Trennungslinie zwischen Reformbefürwortern und Reformgegnern nicht einfach zwischen bürgerlichen Parteien und Linksparteien verläuft, so ist hier in der SBZ die Trennungslinie in der Akzeptanz der sowjetischen Bodenreformpolitik nicht einfach zwischen der KPD und den nichtkommunistischen Parteien zu suchen, sondern verläuft inmitten der KPD. Gleichsam achsensymmetrisch ist es hier der Sieg des "linken" Flügels, der die Entwicklung der Folgezeit ebenso vorwegnimmt wie der Sieg der rechten Kräfte innerhalb der CDU in den Westzonen. Auch hier ist die Bodenreformpolitik ein sehr guter Indikator für die gesamtpolitische Entwicklung.

B Der Regionalaspekt

Ein 1996 von Arnd Bauerkämper herausgegebener Sammelband regionaler Studien belegt eindeutig als Gemeinsamkeit mit den Westzonen, daß die Bodenreform auch unter den Bedingungen der SBZ nicht als ein einheitlicher Vorgang abläuft, sondern von den sozioökonomischen und politischen Verhältnissen der jeweiligen Region abhängig ist. Im Kernland des Großgrundbesitzes Mecklenburg-Vorpommern mit seiner ausgesprochen schwachen Stellung der regionalen KPD wird sie gänzlich anders durchgeführt als im stark industrialisierten Sachsen als traditionelle Hochburg der KPD; Boris Spix kann 1997 bis hinunter zur Landkreisebene Sonderentwicklungen aufzeigen. Selbst der nun denkbar zentralistischen Bodenreformpolitik der sowjetischen Militäradministration gelingt es nicht, die offenbar gewichtigen regionalen Unterschiede einfach zu ignorieren.

Das regionale Element, das sich schon für die historiographische Betrachtung im Westen als unerläßliche Kategorie erwies, ist auch im Osten nicht zu übergehen. Die Kategorie der Region ist damit im Falle der Bodenreform sowohl historiographisch als auch didaktisch von zentraler Bedeutung.

I.3 Die Bodenreform als didaktisches Brachland

Bei der Analyse von Darstellungen der frühen Nachkriegsjahre in Geschichtsbüchern und weitverbreiteten Unterrichtsmaterialien fällt auf, daß gesamtalliierte Ansätze zur gesellschaftspolitischen Entnazifizierung Deutschlands bis zur Unkenntlichkeit verkürzt werden. Über westalliierte Pläne zur Sozialisierung der Schwerindustrie, Reformen bei der Sozialversicherung, des Beamtenrechts, der Gewerbeordnung und des Schulwesens erfährt der Schüler praktisch nichts. Die Entnazifizierung wird deshalb bezeichnenderweise durchgängig als rein personalpolitische Planung vorgestellt und um ihre strukturellen Aspekte beraubt. Das bedeutet konkret für die Bodenreform, daß über ihren westdeutschen Teil eine umfassende geschichtsdidaktische damnatio memoriae verhängt wird.

Einige Beispiele sollen diese Sachlage illustrieren. Im neuesten Heft der Bundeszentrale für politische Bildung zum Thema frühe Nachkriegszeit("Deutschland 1945 - 1949. Besatzungszeit und Staatengründung"), erschienen im 2. Quartal 1998, wird das Teilthema Entnazifizierung durch Wolfgang Benz vergleichsweise gründlich abgehandelt, die strukturellen gesellschaftspolitischen Vorhaben der Alliierten werden jedoch mit keinem Wort erwähnt. Über die gesamtalliierten Bodenreformpläne findet sich daher nichts. Ebenso bezeichnend ist es, daß bei der Darstellung der Verhältnisse in der SBZ die dortige Bodenreform recht breit dokumentiert wird. Explizit wird dies unter der Rubrik einer frühen Weichenstellung vermerkt, so daß sich dem Benutzer der Eindruck aufdrängen muß, die Bodenreform sei von vorne herein und primär von der sowjetischen Besatzungsmacht als eine Form der Teilung gehandhabt worden.

Nach diesem Grundmuster verfahren auch die neuen Schulbücher, etwa der „Grundkurse Geschichte" von Frank Bahr, Adalbert Banzhaf und Leonhard Rumpf in der 3. Auflage von 1995 und Buchners Kolleg Geschichte (herausgegeben von Bernhard Pfändtner und Jürgen Weber), 1996 erschienen. Derselbe Befund gilt für „Epochen und Strukturen", von Immanuel Geiss, Rolf Ballof und Renate Fricke-Finkelnburg herausgegeben und 1996 erschienen und für den 1998 erschienenen Band „Geschichte 13. Baden-Württemberg" des Cornelsen-Verlags. Das Heft "Umbruchsjahr 1945" der Landeszentrale für politische Bildung Baden-Württemberg , erarbeitet von Ernst-Reinhard Beck und im 2. Quartal 1995 erschienen, verzichtet schließlich ganz auf jede Darstellung von strukturverändernden Maßnahmen.

Wenn alliierte und deutsche Gesellschaftspolitik in den prägenden frühen Nachkriegsjahren sich als Mischung von traditionellen und innovativen Elementen beschreiben läßt, so wird sie in allen diesen Schulmaterialien der Oberstufe bei der Darstellung der Westzonen zur reinen Restauration umgebogen. Gesellschaftspolitische Experimente finden hier nur in der SBZ statt - ein überdeutliches Signal fast schon mit Aufforderungscharakter an das sich formierende Geschichtsbild und die Identitätsbildung der Oberstufenschüler. Bedenklich daran erscheint mir dabei nicht einmal so sehr die Botschaft, sondern daß diese Botschaften nicht explizit und damit prinzipiell diskutierfähig dargeboten werden, sondern sich als scheinbar automatische (objektiv unvermeidliche) Nebenbotschaft in die Darstellungen einschleichen. Auch hier geht die historiographische Verzerrung Hand in Hand mit einer didaktischen. Die Chance der offenen Diskussion wird vertan, die objektive Manipulation ist die Folge. Im Mikrokosmos der Bodenreformdarstellungen ergibt sich ein bedenkliches Bild für den Forschungsstand wie für die Schulpraxis bei der Darstellung der Vorgeschichte der Bundesrepublik.

II Die Bodenreform als Gegenstand eines Problemorientierten Geschichtsunterrichts

II.1 Versuch einer didaktischen Bilanz: Potentiale und Probleme

Die Bodenreform bzw. Bodenreformpläne der frühen Nachkriegszeit in Deutschland sind für einen Problemorientierten Geschichtsunterricht insgesamt recht gut geeignet. Vier Überlegungen sollen dies verdeutlichen.

A Aktualität

Die Bodenreform nach 1945 besitzt in wichtigen Teilen eine unmittelbare Aktualität. Durch die Wiedervereinigung ist die Frage nach einer legalen und legitimen Regelung des landwirtschaftlichen Großbesitzes in den Gebieten östlich der Elbe neu zu stellen. Ist die Bodenreform von 1945 in der damaligen SBZ rückgängig zu machen, kann sie überhaupt revidiert werden, entsteht dadurch nicht neues und zusätzliches Unrecht usw.? Der Einigungsvertrag hat dies bekanntlich dahin beantwortet, daß die Bodenreform in der ehemaligen SBZ nicht zur Disposition gestellt wird. Selbstverständlich bringt dies die Interessenkonflikte zwischen den beteiligten Gruppen nicht zum Schweigen, so daß sich auch das Bundesverfassungsgericht mit dieser Frage mehrfach beschäftigt hat. Öffentliche Diskussionen begleiten diese Vorgänge, so daß ganz aktuelles Material in die Behandlung der historischen Bodenreform zumindest einfließen kann.

B Offenheit für kontroverse Diskussionen

Die Bodenreform wurde und wird in der Öffentlichkeit kontrovers diskutiert. Damit ist gewährleistet, daß im Geschichtsunterricht diese Kontroversen erneut auftreten, und zwar ohne daß hier der Geschichtslehrer eine mehr oder weniger künstliche Diskussion entfachen müßte.

C Transparenz des Stoffes im Sinne des Problemorientierten Geschichtsunterrichts

Mit verhältnismäßig geringem Aufwand können alle relevanten Gesichtspunkte des Streits dargestellt werden; sie müssen nicht in einem ebenso schwierigen wie umstrittenen Prozeß erst schülergerecht vereinfacht werden, wie dies bei anderen Gegenständen des Geschichtsunterrichts unerläßlich ist.

D Historische Tiefendimension, Zukunftsperspektive und Universalität

Das Thema Bodenreform wird zunächst als ein historisch präzise Abgrenzbares abzuhandeln sein: Bodenreform unter den Bedingungen der frühen Nachkriegsjahre im besiegten Deutschland. Ohne Schwierigkeit wird aber der Schüler selbst entdecken, daß dieses Thema sich in der Geschichte immer wieder an zentraler Stelle gestellt hat und in der Dritten Welt erneut stellt.

Es wäre jedoch töricht, nicht auch die *didaktischen Negativseiten* des Themas Bodenreform zu beleuchten - und zwar gerade unter dem Aspekt der Anforderungen des problemorientierten Geschichtsunterrichts.

A) Thematische Ferne zur Lebenswelt der Schüler

Die Forderung des Problemorientierten Geschichtsunterrichts nach konsequenter Einbeziehung der Schülerperspektive läßt einem bewußt werden, daß das Thema Bodenreform die städtische und großstädtische Lebenswelt der meisten Schüler nicht unmittelbar erreicht. Sie läßt eine spontane Identifikation mit dem Thema kaum zu.

B) Distanz der Schüler zur politischen Problematik der Bodenreform

Zum anderen ist es wohl so, daß die gegenwärtige Schülergeneration von Fragen gesellschaftspolitischer Gerechtigkeitsmaßstäbe innerlich weit weniger berührt wird als noch vor einigen Jahren.

Geht man von diesen Prämissen aus, so erscheint plötzlich eine simple Didaktik des Themas Bodenreform als gänzlich unmöglich.

Grundsätzlich sind zumindest vier *verschiedenartige didaktische Perspektiven* für das Thema Bodenreformpolitik denkbar:

1. Orientierung an der wirtschafts-ethischen Seite des Problems im Sinne einer ungerechten Vermögensverteilung als Ausgangspunkt der Betrachtung.
2. Orientierung an der gesellschaftspolitisch-historischen Seite des Problems. Leitfrage wäre hierbei die politische Rolle des großgrundbesitzenden Adels seit dem Kaiserreich.
3. Bewußtmachung der realisierten Bodenreform in der SBZ und der faktisch unterbliebenen Bodenreform im Westen als grundlegende gesellschaftspolitische Weichenstellung, die in Ost wie West entsprechende Identifikationsmuster hervorbringt. Am Ende des politisch-historischen Prozesses werden systemtypische Besitzstände als selbstverständlich empfunden. Die Nichtexistenz oder Existenz von privatem Großgrundbesitz wird als nicht hinterfragtes Kennzeichen der jeweiligen gesellschaftspolitischen Ordnung gesehen.
4. Bodenreformpolitik als historisch-politischer Prozeß im Hinblick auf politische Realisierungs- und Entwicklungschancen in Ost- und Westdeutschland.

318

Die erste Perspektive ist heute sehr wahrscheinlich für die Mehrzahl der Schüler nicht von größerem Interesse. Grundsätzliche verteilungspolitische Debatten werden weder im Raum der Gesellschaft noch im Raum der Schule geführt. Der gegenwärtig vorherrschende faktische Grundkonsens effektiver Duldung des status quo der Vermögensverteilung in der Bundesrepublik entzieht diesem Ansatz den Boden größerer Entfaltung.

Die zweite Perspektive birgt die Gefahr einer rein innerhistorischen Diskussion und setzt außerdem ein so erhebliches historisches Vorwissen über die gesellschaftlich-politischen Verhältnisse seit dem Kaiserreich voraus, daß sie wohl nur im Rahmen eines Leistungskurses denkbar erscheint.

Die dritte und vierte Perspektive dagegen eröffnen einen realistischen und tragfähigen Zugang. Gerade die sattsam bekannte politische Skepsis oder gar Indifferenz vieler Jugendlicher nährt sich aus der Vorstellung, daß Politik allzu häufig an Grenzen der Machbarkeit stoße. Das Aufzeigen verborgener Entwicklungspotentiale in der frühen Nachkriegsgeschichte sollte deshalb gerade Jugendliche prinzipiell emotional ansprechen. Für ost- wie für westdeutsche Jugendliche bietet das Thema Bodenreform darüber hinaus einen unmittelbaren Anlaß, über Identitätsmuster nachzudenken, die zu der oben konstatierten Resignationshaltung führen, weil sie grundlegende gesellschaftliche Reformen für illusorisch halten und sich deshalb häufig in eine Haltung des politischen Rückzugs flüchten. Für ost- wie für westdeutsche Schüler bietet das Thema der in der SBZ vollzogenen, in den Westzonen gescheiterten Bodenreform eine gute Gelegenheit, über ihren eigenen historisch-politischen Standort nachzudenken und sich der eigenen Identität bewußt zu werden. Es ist zu vermuten, daß die jeweilige Identität zu einem nicht geringen Teil auch mit der Weichenstellung in Sachen Eigentumsordnung verbunden ist.

Daß das häufig komplexe und ambivalente Verhältnis der ostdeutschen Bevölkerung zum Erbe der DDR vermutlich besonders günstige Voraussetzungen für eine motivierende Unterrichtseinheit bietet, möchte ich explizit betonen.

II.2 Die Problemformulierung

Auf dem Hintergrund solcher Überlegungen ist auch die Problemformulierung anders vorzunehmen als gleichsam im ersten Anlauf erwartbar. Nicht gedacht ist an eine vermutlich relativ fruchtlose Diskussion über den wirtschaftsethischen Aspekt des Großgrundbesitzes im Nachkriegsdeutschland. Zu erwarten ist bei einer solchen Konzeption die Bildung von zwei Lagern innerhalb der Lerngruppe. Die Diskussion zwischen diesen Lagern würde sich vermutlich inhaltlich bald erschöpfen. Zu befürchten wäre insbesondere, daß sehr bald ein Weiterdenken durch die Lagerbildung eher verhindert als begünstigt wird. Deshalb wird hier ein ganz anderer Leitgedanke für die Diskussion innerhalb der Lerngruppe vorgeschlagen. Gedacht ist an einen historisch-politischen Diskurs zum Thema Veränderbarkeit der vorgefundenen Welt. Dieses Thema ist eine zentrale Thematik der politischen Jugendkultur und wird es voraussichtlich noch einige Jahre bleiben. Das Thema Bodenreform im Nachkriegsdeutschland eignet sich ganz vorzüglich dazu, darüber nachzudenken, unter welchen Bedingungen grundsätzliche gesellschaftspolitische Veränderungen möglich werden. Als roter Faden der didaktischen Konzeption sollte deshalb nach meiner Überzeugung diese Veränderbarkeit dem Schüler emotional und kognitiv nahegebracht werden. Für säkular herausgebildete und im Kaiserreich scheinbar als gesellschaftliche Grundpfeiler erscheinende Verhältnisse ergibt sich nach 1945 unvermittelt die Chance einer grundlegenden Veränderung. Deutlich werden soll, daß diese Möglichkeit in *Gesamt*deutschland bestand, daß nach 1945 die Chance einer Annäherung der Sozialstruktur auf dem Lande für Gesamtdeutschland prinzipiell gegeben war. Die Frage der Veränderbarkeit ist aber nicht nur didaktisch ungleich fruchtbarer als eine wirtschaftsethische Grundsatzdebatte, sondern auch fachwissenschaftlich weit ergiebiger. Es kann sogar bezweifelt werden, ob fachhistorische Ergebnisse überhaupt in eine *wissenschaftlich* überzeugende Relation zu wirtschaftsethischen Aussagen gebracht werden können. Ganz anders sieht es jedoch für die Untersuchungskategorie "Veränderbarkeit" aus. Hier kann sehr wohl mit beträchtlicher Präzision objektiv historisch argumentiert werden.

Schließlich sei hier ein letztes ebenso grundsätzliches wie schwieriges Thema angeschnitten. Problemorientierter Geschichtsunterricht will, wenn ich ihn recht verstehe, nicht gesellschaftspolitisch neutral sein, sondern ist dem Emanzipationsgedanken der Aufklärung zutiefst verbunden. Dem Grundgedanken - nicht unbedingt den historischen Konkretionen - der Bodenreform ist damit ein problemorientierter Geschichtsunterricht nach meinem Verständnis positiv verpflichtet. Gerade deshalb aber ist er zur Zurückhaltung genötigt. Aus Gründen der wissenschaftlichen Redlichkeit wie der didaktischen Überzeugungsfähigkeit ist hier vorsichtig Schritt für Schritt vorzugehen. Das bedeutet konkret, nicht sofort die Schüler argumentativ für den Bodenreformgedanken gewinnen zu wollen, sondern sehr viel bescheidener, aber solider anzusetzen und sie für den Gedanken einer größeren Veränderbarkeit der Welt emotional wie rational bereit zu machen. Nicht das Strohfeuer einer wahrscheinlich nur kurzfristigen und oberflächlichen Sympathie der Schüler mit dem Bodenreformgedanken sollte das offene oder gar versteckte Ziel des Unterrichtens sein, sondern der Abbau resignativer oder gar latent apolitischer Grundstrukturen im politischen Bewußtsein der Schüler.

II.3 Das Unterrichtsmodell

Als *konkretes Beispiel* für das vorzuschlagende Unterrichtsmodell wähle ich die *Bodenreform in Württemberg*-Hohenzollern. Dieses zugegebenermaßen kleindimensionierte Land bietet sich zunächst durch seine Wirtschaftsstruktur für das Thema Bodenreform in besonderer Weise an. Gerade in der Nachkriegszeit spielt die Landwirtschaft im südlichen Teil von Württemberg eine beträchtliche Rolle. Die konservative politische Kultur dieses Landes ist ein weiterer didaktischer Pluspunkt, denn daß selbst hier eine so grundlegende Strukturveränderung ernsthaft diskutiert wird, zeigt dem Schüler das ganze Veränderungspotential dieser Zeit.

Im Gebiet Oberschwaben, dem politischen Kernstück dieses Landes, ist die Position des großgrundbesitzenden Adels in wirtschaftlicher, gesellschaftlicher und politischer Hinsicht überaus bedeutsam. Dies verleiht dem Beispiel „Bodenreform in Württemberg-Hohenzollern" exemplarische Qualität. Schließlich bietet dieses Beispiel die Chance, die Verhältnisse in Südwestdeutschland und insbesondere in der Französisch Besetzten Zone näher zu beleuchten, die in der Forschung bisher besonders stiefmütterlich behandelt werden. Hier läßt sich auch besonders nachdrücklich zeigen, wie neuester wissenschaftlicher Forschungsstand unmittelbar die Realisation eines Problemorientierten Geschichtsunterrichts beeinflußt.

Noch pointierter gesagt: In diesem Fall bestimmen sogar die Erfordernisse eines Problemorientierten Geschichtsunterrichts die Forschungsgegenstände.

Die *Gliederung der Unterrichtseinheit* umfaßt drei Schrittfolgen:

1. Initiale Lernproblematik und Problementfaltung
2. Problemlösungen
3. Reflexion der Erträge

(1) Eine geeignete *Problementfaltung* bietet ein Auftakt-Text des Tübinger Politologen Hans-Georg Wehling über Oberschwaben. Er hat den Vorteil, daß er eine aktuelle Zustandsbeschreibung mit einer wenn auch sehr knappen historischen Analyse verbindet. Daß er sich nicht zentral mit dem Thema Großgrundbesitz beschäftigt, ist nicht als Nachteil zu sehen, sondern bietet den Schülern gerade dadurch auch Möglichkeiten des schöpferischen, eigenständigen Lernens. Er umreißt dennoch anschaulich die Grundproblematik des Spannungsverhältnisses zwischen Großgrundbesitz und demokratischen Idealen. Innerhalb dieser im Text angelegten Problementfaltung sind im Sinne der Überlegungen von Klaus Holzkamp qualitative Sprünge zu vollziehen. Von den zunächst rein ökonomischen Besitzverhältnissen wird auf gesellschaftliche Abhängigkeitsverhältnisse und von dort aus auf politische Einflüsse geschlossen. Damit wird exakt die Logik der alliierten Reformpläne aufgrund *heutiger* Gegebenheiten vollzogen. Entsprechend gut herauszuarbeiten ist bei der Behandlung des Textes der Grundgedanke der ursprünglich politisch motivierten gesamtalliierten Bodenreformpläne: überproportionale ökonomische Unterschiede werden als Gefährdung demokratischer Strukturen verstanden. Dabei wird eine rein objektive Größe (landwirtschaftlicher Privatbesitz und seine Verteilung) zu einer demokratietheoretischen Interpretation dieser Besitzverteilung weiterentwickelt. Wichtig ist es, darauf hinzuweisen, daß es sich um den Text eines zwar kritischen, ansonsten aber überaus "bürgerlichen" Wissenschaftlers handelt, dem umstürzlerische kommunistische Absichten kaum zu unterstellen sind. Damit wird - hoffentlich - dem immer wieder genährten und weitverbreiteten Vorurteil entgegengewirkt, Bodenreform sei per se eine "kommunistische" Maßnahme. Zentrales Lernziel der Unterrichtseinheit ist es aber, zu zeigen, daß in der Nachkriegszeit Bodenreform ein strukturreformerisches Element auch aus der

Perspektive westeuropäisch-amerikanisch orientierter Demokraten war. Am Ende dieser Überlegungen muß ein allgemeiner Konsens in der Lerngruppe existieren, daß es sich bei diesen demokratietheoretischen Überlegungen um die entscheidende Hypothese für den weiteren Untersuchungsgang handelt.

(2) Der *zweite Schritt der Problemlösungen* ergibt sich auf diesem Fundament fast von selbst. Nach einer mehr oder minder ausführlichen Darstellung alliierter Bodenreformpläne im allgemeinen und der speziellen Voraussetzungen in der FBZ kann die Bodenreformdebatte in Württemberg-Hohenzollern thematisiert werden.[18] Als Quellen für diesen zweiten Schritt bieten sich die kontroversen Reden im Landtag von Bebenhausen an. Die hier vorgetragenen Argumente beider Seiten sind ganz und gar typisch für die Bodenreform-Diskussion in den Westzonen. Auch die Bruchlinie zwischen Reformbefürwortern und Reformgegnern in der Parteienlandschaft ist in diesem Sinne typisch. Entschiedenster Gegner ist die DVP, gefolgt vom rechten Flügel der CDU. Gemäßigte Reformbefürworter finden sich auf dem linken Flügel der CDU, während SPD und KPD entschieden für eine Reform eintreten. Von besonderem didaktischem Wert sind die grundsätzlichen Argumente, die von den Reformbefürwortern eingebracht werden, da sie eine historische Tiefendimension eröffnen, die je nach Vorwissen der Schüler, ihrer Interessenlage und zeitlichen Möglichkeiten unterschiedlich genutzt werden kann. Sowohl Dieter Roser (der SPD-Fraktionsvorsitzende) als auch Carlo Schmid als Justizminister und Vorsitzender der südwürttembergischen SPD lassen in ihren Redebeiträgen in der ersten Lesung des „Bodenreformgesetzes" am 4. und 5. Februar 1948 solche grundsätzlichen Erwägungen deutlich erkennen. Zu diskutieren wäre allerdings die Frage, ob die Erinnerung an die 48er Revolution durch Carlo Schmid das ernsthafte Bestreben ist, den für Südwürttemberg typischen Nebenerwerbslandwirt und Fabrikarbeiter anzusprechen oder ob es sich nicht eher um Verbalradikalismus handelt. Dasselbe gilt für die hier nicht abgedruckte Äußerung von Fritz Fleck (Gewerkschafter und ebenfalls führender SPD-Landtagsabgeordneter), es sei wohl an der Zeit, einen neuen Bundschuh gegen die hochadligen Bodenreformgegner zu gründen. Andererseits ist nicht zu bestreiten, daß Carlo Schmid sich auch in der Vorberatung der Gesetzesvorlage im Kabinett am 16. Januar 1948 nachhaltig für die entscheidende Einbeziehung des umfangreichen Waldbesitzes einsetzt. Zum Koalitionsbruch

---

18 Eine Darstellung der Bodenreform in Württemberg-Hohenzollern gibt es in der älteren Literatur nicht. So bezeichnet zwar Willi Schefold in seinem Beitrag über "Landwirtschaft und Ernährung" in Württemberg-Hohenzollern das Bodenreformgesetz vom 6. August 1948 als "wichtigstes Gesetz" in diesem Bereich, verwendet aber nur einige Zeilen auf seine Darstellung (S. 325). (In: Max Gögler/Gregor Richter (Hrsg.): Das Land Württemberg-Hohenzollern, Sigmaringen 1982, S. 323 - 332). Recht ausführlich geht Andreas Dornheim in seiner Dissertation "Adel in der bürgerlich-industrialisierten Gesellschaft. Eine sozialwissenschaftliche Fallstudie über die Familie Waldburg-Zeil", Frankfurt/M.-Berlin-New York 1993, S. 505 ff. auf die Bodenreform in Württemberg-Hohenzollern ein. Insbesondere verfolgt er dann den Verlauf der konkreten Umsetzung des Bodenreformgesetzes anhand des Fallbeispiels Waldburg-Zeil.

ist die südwürttembergische SPD (im Gegensatz zur badischen) wegen der Bodenreformfrage jedoch nicht bereit. Das geplante (und im Februar 1949 dann auch verabschiedete) Betriebsrätegesetz war ihr offensichtlich doch noch wichtiger. Auf der anderen Seite ist der hier wiedergegebene Redeauszug von Gebhard Müller (damals Fraktionsvorsitzender der CDU im Landtag) ein Kompendium aller Argumente, die typischerweise gegen die Bodenreform vorgebracht werden. Die Bodenreform in der SBZ wird dabei zwar erwähnt, aber sie hat nicht die Qualität des entscheidenden Gegenmodells im Zeichen des Kalten Kriegs.

Der fachwissenschaftliche und didaktische Kern dieses Schritts ist für den Schüler ohne Frage die Einsicht, daß auch in einem Land der Westzone von denkbar konservativen gesellschaftlichen und politischen Grundstrukturen eine Diskussion zum Thema Bodenreform geführt wird, die von ihren Überzeugungen und Zielsetzungen her den Verhältnissen in der SBZ erstaunlich nahekommt. Grundlegende Reformen auf diesem Gebiet sind selbst hier kein Tabuthema. Die Landtagsdebatte zeigt, daß in der historischen Situation von 1947/48 auch in den Westzonen ganz verschiedenartige Lösungen der Bodenbesitzverhältnisse möglich sind und daß hier - und zwar auch im Bewußtsein der beteiligten deutschen Politiker - Weichenstellungen debattiert werden. Auch wenn es gerade bei diesem Schritt und im Reflektieren der Debatten-Argumente naheliegt, Partei für oder gegen die Bodenreform zu beziehen, so sollte doch nicht vergessen werden, daß dies nicht das eigentliche didaktische Ziel sein kann. Vielleicht ist es sogar so, daß sich hier für den Schüler (und selbst den Lehrer) eine "Identifikationsfalle" auftut. Die Parteinahme ist hier nur als ein emotionaler Anreiz gedacht. Weitaus entscheidender bleibt der rote Faden der (zugegebenermaßen rational kühleren) Einsicht in die Veränderbarkeit der zur Diskussion stehenden sozioökonomischen Verhältnisse.

Ein reizvolles Nebenthema eröffnet sich übrigens dadurch, daß dieselben Fakten historischer, sozialer und wirtschaftlicher Art gänzlich unterschiedlich gesehen und interpretiert werden - je nach weltanschaulich-politischer Perspektive. Auch diese Meta-Ebene der Argumentation kann schülergerecht aufbereitet werden.

(3) Schwierig ist dagegen der dritte Schritt. Im Sinne der *„Reflexion der Erträge"* erscheint als eine logische Fortsetzung des angelegten Untersuchungsstrangs, wenn jetzt danach gefragt wird, welche Lösungsstrategie sich für die im zweiten Schritt diskutierte Problematik abzeichnet. Die Entscheidung im besitzkonservierenden Sinn fällt auch in Württemberg-Hohenzollern nicht sofort und gleichsam frontal, sondern in einem allmählichen Prozeß. Das Bodenreformgesetz vom 6. August 1948 endet mit einem wichtigen Etappensieg der Reformgegner: der außerordentlich umfangreiche Waldbesitz der hochadligen Großgrundbesitzer wird nicht einbezogen. Diese Linie setzt sich bei der Entschädigungsfrage fort. Die Ausführungsbestimmungen des Bodenreformgesetzes und die Verwaltungsgerichtsbarkeit schrauben hier die Maßstäbe im besitzkonservierenden Sinne immer höher, so daß am Ende jede nennenswerte

Reform unterbleibt. Während jedoch die Ausgangsquelle des ersten Schritts den Eindruck suggeriert, der für die Stellung des oberschwäbischen Adels so entscheidende Großgrundbesitz sei im Grunde nie ernsthaft gefährdet gewesen, sei gleichsam ein „rocher de bronce" in der Flut sozioökonomischer und politischer Veränderungen seit der Französischen Revolution, so zeigt der zweite Schritt, daß dies zumindest für eine Zeit der Krise (1945 - 1949) keinesfalls zutrifft. Dies bedeutet, daß im dritten Schritt Gründe gesucht werden müssen, die zur Beendigung der Krise im Sinne des Großgrundbesitzes geführt haben. Sie liegen, wie die Schüler selbst bemerken werden, in der allgemeinen restaurativen Wende der Vorgeschichte der Bundesrepublik.

Darüber hinaus sind im Falle des deutschen Südwestens und von Württemberg-Hohenzollern spezielle Gründe hinzuzufügen. Auffällig sind eine Reihe von Übereinstimmungen in allen drei Ländern des deutschen Südwestens: überall setzt sich der Regierungschef persönlich vehement für eine möglichst „moderate" Lösung der Bodenreform ein - und zwar gegen den Landwirtschaftsminister der eigenen Regierung. Auch die Rückendeckung der Landwirtschaftsminister bei den jeweiligen Bauernverbänden für Bodenreformmaßnahmen (eine südwestdeutsche Besonderheit) ändert daran nichts. Sowohl Leo Wohleb wie Gebhard Müller nützen dabei ihren politischen Spielraum im Kabinett voll aus. Gebhard Müller etwa blockiert nicht nur als Regierungschef, sondern auch als gleichzeitiger Finanzminister die Bodenreform durch administrative Verschleppungstaktik, über die sich Landwirtschaftsminister Weiß dann auch beschwert. In Baden macht Leo Wohleb von der Möglichkeit seines Pluralstimmrechts im Kabinett Gebrauch und überstimmt als Staatspräsident, als Kultusminister, interimistischer Finanzminister und durch seine Möglichkeit des Stichentscheids als Regierungschef die Befürworter einer ohnedies schon abgeschwächten Reformgesetzgebung. Die politischen Folgen sind beträchtlich. In Württemberg-Hohenzollern führt dies zur tiefen Verärgerung von Dr. Franz Weiß, dem Gründer der südwürttembergischen CDU, und zu seinem mittelfristigen Rückzug aus der Politik. Auch der Koalitionspartner SPD ist zutiefst verärgert. In Baden zerbricht sogar die Regierungskoalition an der Frage der Bodenreform durch den Rücktritt des Landwirtschaftsministers Schill (CDU) und den Rückzug der SPD aus der Regierung. Die Destruktionspolitik der Regierungschefs widerspricht überdies auffällig ihrer politischen Generallinie. Weder das sonst so propagierte Sozialharmonie-Modell in Württemberg-Hohenzollern noch die im Südweststaatskampf propagandistisch ausgeschlachtete Sozialreformpolitik in Baden hindern die Regierungschefs an ihrem geradezu rüden Einsatz zugunsten des Großgrundbesitzes.

Gerade wegen dieser tiefgreifenden Folgen ist in der Unterrichtseinheit nicht nur das schlichte Scheitern der Bodenreform darzutun, sondern auch ein gewisser Erklärungshorizont zu liefern. Daß er beim momentanen Stand der Forschung nur recht vage sein kann, ist didaktisch vielleicht nicht einmal so sehr zu bedauern, da damit die Notwendigkeit weiterer historiographischer Recherchen dem Schüler evident wird. Vor allem aber kann er selbst Hypothesen bilden.

Der fachwissenschaftlichen Offenheit entsprechend ist es allerdings schwierig, Quellen beizubringen, die nicht nur das Scheitern illustrieren, sondern zugleich einen wenigstens umrißhaften Ansatz für Thesenbildung in dieser Frage entstehen lassen, Quellen also, die in diesem Sinne inspirierend wirken. Am geeignetsten für die Verhältnisse in Württemberg-Hohenzollern ist wohl der Briefwechsel des Grafen Heinrich August von Waldburg-Wolfegg mit Gebhard Müller. Andreas Dornheim verneint persönliche Beziehungen zwischen Gebhard Müller und dem oberschwäbischen Adel[19]. Dieser Briefwechsel beweist das Gegenteil und steht repräsentativ für die weitere Korrespondenz Müllers mit dem oberschwäbischen Hochadel in Sachen Bodenreform. So wie Sylvia Schraut für den nordwürttembergisch-badischen Ministerpräsidenten Reinhold Maier und Peter Fäßler für den südbadischen Staatspräsidenten Leo Wohleb gute persönliche Beziehungen zum Hause Württemberg bzw. zur Familie von Fürstenberg als Begründung für ihre Abwehrhaltung gegenüber der Bodenreform ausmachen, so ließe sich gewiß auch bei Gebhard Müller argumentieren. So plausibel auf den ersten Blick diese Erklärung aussieht, so wenig leuchtet sie bei näherer Betrachtung ein. Auch den Schülern kann bei einigem Nachdenken einfallen, daß so machtbewußte Politiker wohl kaum ihre politische Existenz wegen letztlich zweitrangiger persönlicher Beziehungen gefährden werden. Daß eine solche Gefährdung im Falle der Bodenreformpolitik vorliegt, zeigt das badische Beispiel. Desto unerklärlicher ist etwa bei einem auf Harmonie mit dem großen Koalitionspartner bedachten Mann wie Gebhard Müller der harte Konfrontationskurs gerade in dieser Sache und der zusätzliche Konflikt mit wichtigen Kräften innerhalb der eigenen Partei. Deshalb muß zwingend nach einem plausiblen - d.h. politisch relevanten - Grund gesucht werden, dessen Bedeutung in einem vernünftigen Verhältnis zum Konflikt- und Gefährdungspotential steht. Bei Gebhard Müller kann ein solcher spezifischer Beweggrund zumindest thesenhaft angenommen werden. Der Briefwechsel zeigt nämlich einen zeitlichen, vermutlich aber auch einen kausalen Zusammenhang zwischen Bodenreform- und Südweststaatfrage. In einem Brief vom 30. November 1948 bittet Graf Waldburg-Wolfegg um Müllers Unterstützung, da man durch eine Erbteilung einen wesentlich vorteilhafteren Stand in Sachen Bodenreform bekommt; gleichzeitig führt er Klage über den Landwirtschaftsminister Weiß, der die Sache vor den Landtag bringen will; diese drohende politische Lösung wird aufs Schärfste angegriffen. (Gebhard Müller ist inzwischen durch den Tod von Lorenz Bock Staatspräsident geworden). Eindeutig zeigt sich dabei, daß das württembergisch-hohenzollerische Bodenreformgesetz erhebliche Interpretationsspielräume läßt. Am 16. Dezember bedankt sich der Graf beim Regierungschef für dessen Hilfe und bittet um eine persönliche Unterredung, die ihm mit dem Aktenvermerk Müllers „Eilt sehr!" auch umgehend für den 21. Dezember gewährt wird. Der im Anhang abgedruckte Brief vom 23. März 1949 zeigt die skeptische Haltung des Grafen in Sachen Neugliederungspläne im Südwesten. Gerade diese Skepsis macht ihn für Gebhard

---

19 Andreas Dornheim (Anm. 18), S. 519.

Müller politisch interessant, zumal von Waldburg-Wolfegg hier Argumente vorträgt, die ihn als typischen Repräsentanten des oberschwäbischen Adels in der Südwest-staatfrage ausweisen. Ferner steht Waldburg-Wolfegg mit dem Anführer der oberschwäbischen Fronde in Sachen Südweststaat, dem Kultusminister Albert Sauer, in offenbar enger Verbindung. Schon im September 1948 korrespondiert er wegen der Südwest-staat-Struktur mit Albert Sauer[20]. Der Brief verweist auf ein offenbar längeres Treffen zum Thema Südweststaat, das in der Literatur bisher nicht beachtet wurde. Deutlich angesprochen werden die Meinungsunterschiede zwischen Gebhard Müller und wichtigen Teilen der südwürttembergischen CDU in der Südweststaatfrage. Die für diesen Konflikt zentrale Konferenz von Bad Waldsee vom 18. Februar 1949 wird explizit angesprochen. Umrißhaft deutlich werden auch die zentralen Streitpunkte in dieser Diskussion, die Gebhard Müller mit größtem Interesse und sichtbarer Verärgerung verfolgt. Es ist einmal der Zeitpunkt der Neugliederung und zum andern offenbar das Ausmaß, in dem südwürttembergische "Reservatrechte" in das neue Gebilde Südwest-staat eingebaut werden sollen.[21] Auf die durchgängig bewahrte Geheimhaltung aller dieser Verhandlungen in Sachen Südweststaat-Struktur bezieht sich vermutlich die im Brief angesprochene Unterscheidung "zwischen dem was an ihm (dem Südweststaat) offiziell gerügt wird und dem was an ihm inoffiziell anerkannt wird, ohne dass darüber gesprochen werden kann."[22]

Daß Gebhard Müller für seine Position auch mit dem Hinweis auf das für den oberschwäbischen Hochadel sehr vorteilhafte Bodenreformgesetz geworben haben könnte, wäre zumindest eine Erklärung für den sonst unlogischen triumphierenden Einschub von Waldburg-Wolfegg über die nordwürttembergische Bodengesetzgebung. Nachweisbar ist am Beispiel Bodenreform in jedem Falle der unmittelbare Einfluß hochadliger Familien auf die Landespolitik durch beste Kontakte zur Regierungsspitze. Damit gelingt es ihnen, die krisenhafte Bedrohung ihres Besitzstandes durch gesamtalliierte Reformpläne abzuwehren. Es gelingt, obwohl diese Reformpläne auch von deutschen Politikern bis weit hinein in die Reihen der CDU und des badischen und des südwürttembergischen Bauernverbands geteilt und deshalb gesetzgeberisch auch ansatzweise realisiert werden. Die durchgängige Geheimhaltungstaktik der Verhandlungen um Südweststaat-Struktur, die konservative Machtbasis in Württemberg-Hohenzollern und das Bodenreformgesetz zeigen indirekt, daß bei einer öffentlichen Diskussion Erfolge im konservativen Sinne eher unwahrscheinlich werden. Nichts ist etwa bezeichnender als die Klage von Waldburg-Wolfegg über den Landwirtschaftsminister Weiß, der die ganze Angelegenheit (Erbvertrag der Familie Waldburg-Wol-

---

20 Heinz Pfefferle: Politische Identitätsbildung in Württemberg-Hohenzollern (1945 - 1952). Die Renaissance oberschwäbischen Regionalbewußtseins, Weinheim 1997, S. 237, Anmerkung 33.
21 Siehe dazu Heinz Pfefferle, a.a.O., S. 235ff.
22 Zur Geheimhaltungstaktik dieser Verhandlungen siehe Heinz Pfefferle, a.a.O., S. 245, Anmerkung 52.

fegg und die Bodenreformgesetzgebung) vor den Landtag bringen wolle[23]. Von verschiedenen Seiten her wird in diesem Briefwechsel das ganze Ausmaß an Veränderungspotential dem Schüler deutlich:

- Der triumphierende Hinweis auf den vor der Bodenreform geretteten Waldbesitz des oberschwäbischen Adels zeigt, wie sehr jahrhundertealte Besitzstände in dieser Situation zur Disposition stehen.
- Dieses Veränderungspotential gilt selbst für Württemberg-Hohenzollern, dessen Einschätzung als eine selten gewordene letzte Machtbastion konservativer Verhältnisse der Brief vom 23. März eindrucksvoll betont.
- Die offensichtliche Spaltung der CDU in der Frage der Bodenreform zeigt, daß auch im bürgerlich-konservativen Lager die Bereitschaft zur Strukturreform ernsthaft bestand. Von gar nicht zu überschätzender Wichtigkeit erscheint mir in diesem Zusammenhang, daß gerade die Vertreter der bäuerlichen Interessen und die Bauernverbandsvertreter mit dem Verbandsvorsitzenden Bernhard Bauknecht an der Spitze deutlich gerade den neuralgischen Punkt der Einbeziehung des Waldbesitzes in die Bodenreformmaßnahmen explizit einfordern. Nicht nur der Gewerkschaftsbund Württemberg-Hohenzollern, nicht eine linksorientierte Arbeitnehmergruppierung innerhalb der südwürttembergischen CDU, sondern der strukturkonservative Bauernverband und der "Bauernflügel"[24] der südwürttembergischen CDU steht damit dezidiert hinter einer wirksamen Bodenreform!
- Die Art der Durchsetzung einer lediglich abgeschwächten Form durch vehementen persönlichen Einsatz des Fraktionsvorsitzenden und späteren Staatspräsidenten Müller und das geradezu konspirative Zusammenspiel zwischen Gebhard Müller und Vertretern des oberschwäbischen Hochadels mit ihrer Scheu vor öffentlicher Diskussion zeigen schließlich auch im Formalen, daß die Stimmung in der breiten Öffentlichkeit eine frontale Ablehnung der Bodenreform kaum akzeptabel erscheinen ließ.
- Bei alledem ist für die Schüler noch transparent zu machen, daß die Situation von 1947/48 kaum als revolutionär zu bezeichnen ist und daß diese Bodenreform trotz ihrer prinzipiell tiefgreifenden Strukturänderung im Rahmen parlamentarisch-demokratischer Spielregeln sich vollzogen hätte, daß also dieses Veränderungspotential sich weder auf eine revolutionäre Ausgangslage noch auf revolutionäre Mittel bezieht, sondern auf ein politisches Milieu, wie es dem Schüler von seiner eigenen Gegenwart her vertraut ist. Konkreter historisch argumentiert, braucht es nicht die durch die Rote Armee geschaffene Ausnahmesituation des Herbstes 1945 wie in der SBZ, um eine effektive Bodenreform zu ermöglichen.

---

23 Brief an Gebhard Müller vom 30.11.1948 (HStA Stuttgart, Nachlaß Gebhard Müller) (Q I/35) I (36 W). Die Bestandsbezeichnung ist provisorisch, da der Bestand z.Z. neu geordnet wird. Für die Möglichkeit diesen Nachlaß zu nutzen, danke ich der Familie Müller, vertreten durch Herrn RA Wolfgang Müller, sehr herzlich.
24 Andreas Dornheim (Anm. 18), S. 516.

Alles zusammen unterstreicht den Gedanken friedlicher Veränderbarkeit der Welt im Sinne größerer sozialer Gerechtigkeit und größerer demokratischer Partizipation nicht nur als idealistische Perspektive innerhalb der Bodenreformdebatte, sondern als einen Horizont pragmatischer Politik, der selbst im konservativen Württemberg-Hohenzollern in greifbare Nähe rückt. Dieser Grundgedanke friedlicher Veränderbarkeit liegt nicht nur den Plänen und Maßnahmen der Bodenreformgesetzgebung zugrunde, sondern er ist zugleich ein kurzgefaßter Zielsetzungskatalog für die politische Bewußtseinsbildung, wie er von Uwe Uffelmann dem Problemorientierten Geschichtsunterricht bereits 1975 aufgetragen und 1990 erneut akzentuiert wird[25]. Je konkreter und präziser der historische Befund erhoben wird, desto berechtigter erscheint meines Erachtens der optimistische Schluß, daß diese Zielsetzung eine echte Realisierungschance auch dort hatte, wo zunächst nur Scheitern und Niederlage zu sehen sind. Der impliziten fatalistischen Negativbotschaft bisheriger Bodenreformdarstellungen in Schulbüchern und Schulmaterialien sollte dies entgegengesetzt werden. Pointiert wiederholt: gerade der exakte neueste historiographische Sachstand ermöglicht eine nicht nur sinnvolle, sondern in der vielberufenen gegenwärtigen Werte-Krise auch dringend notwendige geschichtsdidaktische Antwort.

---

25 Gemeint sind zwei Aufsätze: Geschichtsbewußtsein und Problemorientierter Geschichtsunterricht sowie Schwierigkeiten der westdeutschen Demokratiegründung oder der Versuch, Geschichtsbewußtsein zum Gegenstand des Problemorientierten Geschichtsunterrichts zu machen (letztere Arbeit zusammen mit Sabine Andresen). Beide Aufsätze finden sich in dem Sammelband Uwe Uffelmann: Problemorientierter Geschichtsunterricht. Grundlegung und Konkretion, Villingen-Schwenningen 1990, S. 230 - 243 und S. 244 -259. Interessant erscheint mir, daß das konkrete Unterrichtsmodell des zweiten Aufsatzes sich ebenfalls auf die frühe Nachkriegsgeschichte bezieht.

Materialien

„Der oberschwäbische Adel...stellt keine regionale Elite dar, auch wenn der Name Glanz verleiht, zur Reverenz verleitet und direkte Drähte zu den Entscheidungsträgern in Region, Land und Bund verschafft. Als Tendenz läßt sich festhalten, daß ein Wandel stattgefunden hat: weg von den Vorrechten von Geburt und Blut hin zu solchen des Besitzes...Der Besitz adliger Familien in Oberschwaben ist teilweise beträchtlich. So sind fast ein Viertel der Waldflächen im Bereich des Regierungsbezirks Tübingen in adliger Hand. Inzwischen gibt es auch in erheblichem Umfang Industriebeteiligungen und finanzielles Engagement im Dienstleistungsbereich ...sowie bei Massenmedien („Schwäbische Zeitung", „Der Allgäuer" im Fall von Waldburg-Zeil). Die Einstellung der Bevölkerung zum Adel scheint durchaus zwiespältig zu sein: einerseits Respekt vor „natürlichen", überkommenen Autoritäten, auch Rücksichtnahme, sich Arrangieren mit (nicht nur) ökonomisch Mächtigen, andererseits Bewußtsein von Interessengegensätzen gerade auch ökonomischer Art,.. "

Hans-Georg Wehling: Oberschwaben - Umrisse einer regionalen politischen Kultur. Eine Einführung. In: ders. (Hrsg.): Oberschwaben, Stuttgart 1995, S. 33.

Auszüge aus der Landtagsdebatte am 4. und 5. Februar 1948
(Gebhard Müller, CDU): *"Ich glaube auch meinen Ausführungen vorausschicken zu sollen, daß bei der außerordentlich weitgehenden Bedeutung der Bodenreform die nicht nur für dieses Jahr oder für nächstes Jahr, oder für diese politische Situation oder diese wirtschaftlichen Verhältnisse geschaffen werden soll (!), wir vor allem darauf sehen müssen, daß wir ein Werk schaffen, das auf Jahrzehnte, wenn nicht auf Jahrhunderte hinaus Bestand hat...Es ist kein Zweifel, daß gerade die jetzige Zeit denkbar ungeeignet ist, eine umfassende Reform...durchzuführen. ...Man darf bei der ganzen Materie nicht übersehen, daß die künftige Entwicklung der politischen, wirtschaftlichen und sozialen Struktur unseres Landes...nicht abgeschätzt werden kann. Die Flüchtlingsfrage ist noch völlig ungeklärt, und die umfassendste Regelung, deren Teil eigentlich ein Bodenreformgesetz sein müßte, der Lastenausgleich, steht noch aus...Es ist zweifellos unzweckmäßig, diese Regelung vorzunehmen, bevor die Währungsreform durchgeführt ist,...Es ist auch nicht zu verkennen, daß bei jeder grundlegenden Umorganisation des Landwirtschaftlichen Besitzwesens Werte verloren gehen, da die Erzeugung ins Stocken kommt und auf längere Zeit zurückgeht. ...Ob wir uns das in den jetzigen Zeitverhältnissen leisten können, wo es auf jede Tonne und jeden Doppelzentner Getreide ankommt, das möchte ich bezweifeln. Der Herr Landwirtschaftsminister hat mit Recht darauf hingewiesen, daß die Durchführung der Bodenreform, wie das Gesetz sie vorsieht, zunächst vor fast unüberwindlichen Schwierigkeiten steht, die darin liegen, daß es an Gebäuden fehlt, an Stallungen, an Arbeitsgerät, Maschinen. ...Bei uns liegen die Verhältnisse zum Teil doch vollständig anders als in der Ostzone. Der größere süddeutsche Landbesitz fällt zahlenmäßig nicht ins Gewicht und ist im übri-*

gen schon vielfach in Versuchs-, Mustergüter, Vieh- und Saatzuchtanstalten oder Pachthöfe aufgeteilt, so daß ein Eingriff in die Bodenverteilung nur wenigen neue Siedlungsgelegenheiten gibt. In dem Gesetzentwurf des Staatsministeriums ist mit Recht der Gesichtspunkt der Entmachtung des Großgrundbesitzes völlig außer Acht gelassen...Es muß auch anerkannt werden, daß bei dem Großgrundbesitz in unserer Zone, dem Adel, der Nazismus herzlich wenig Anklang gefunden hat...Der Adel kann vor allem in unserer Zone für sich beanspruchen, daß in seinen Reihen Namen sind, die auch heute noch Klang und Wert haben (Zuruf: Fürst Friedrich von Hohenzollern!). Ich erinnere nur an Baron Stauffenberg...Den größten Grundbesitz in Württemberg hat neben dem Haus Württemberg der Fürst von Thurn und Taxis. Diese Haus besaß ein Postmonopol, das abgelöst wurde. Diese Post hat damals ausgezeichnet funktioniert. ...Ich habe mir die Mühe genommen, die Erwerbstitel des Fürsten von Hohenzollern zu studieren. Ich glaube nicht, daß irgendeine rechtliche Möglichkeit besteht, heute noch zu behaupten, daß dieser Grundbesitz rechtlich auf einem weniger soliden Titel beruht, als dies bei anderem Grundbesitz der Fall ist. ... Wenn man schon den privaten Großwald in vollem Umfang, wie es offenbar ein...Abänderungsantrag der Fraktion der SPD will, in die Bodenreform einbezieht, soll man auch den Mut haben, zu sagen: Hier dreht es sich nicht um...die Bodenreform, sondern es handelt sich nur um die Sozialisierung. Dazu muß ich Ihnen aber sagen, meine Damen und Herren, daß unsere Verfassung einem solchen Verlangen entgegensteht."

(Dr. Roser, SPD): *„Der Herr Abgeordnete Dr. Müller hat in seinen Ausführungen mit Recht die politische Bedeutung der Frage, die heute zur Debatte steht, angeschnitten, und er hat seine sehr ausführliche Verteidigung des Großgrundbesitzes...in den Mittelpunkt seiner Ausführungen gestellt. Auch wir sind der Auffassung, daß die Bodenreform eine Frage von allerhöchster politischer Bedeutung ist, einmal deshalb, weil hier zum erstenmale seit der Besetzung eine Frage von grundsätzlichem Charakter in fast völliger Freiheit von den gewählten Vertretern dieses Landes entschieden werden soll...Das deutsche Volk kann nur dann zu seiner natürlichen Einheit zurückfinden, wenn nirgendwo in einem Teile Deutschlands, das Gefühl auftritt, das jeweils andere Deutschland sei eine andere Welt..und sei in seinen sozialen und ökonomischen Strukturen etwas gänzlich Verschiedenes ...Vergessen wir dabei nicht, daß Württemberg-Hohenzollern trotz seines geringen Umfangs in ganz Deutschland als eine Oase...des vernünftigen Ausgleichs...gegolten hat und gilt, daß also das, was hier geschieht, gerade von Ostdeutschland her gesehen in besonderer Weise als beispielgebend oder als symptomatisch angesehen wird. Und vergessen wir auch nicht, daß in der Entscheidung der Bodenreform...sich wird bewähren müssen, was wir heute Demokratie nennen. ...Wir freuen uns, daß der Vorspruch des Gesetzesentwurfs die 'gerechtere Verteilung des Grundeigentums' an seinen Anfang stellt und wir erinnern uns an die Weingartener Bauern des Jahres 1525, die zu Beginn ihrer Artikel den Satz stellten: 'Wir wollen nichts als die Gerechtigkeit Gottes' und daß die Männer, die diese Artikel geschrieben haben, vom Truchsess von Waldburg, dessen Nachfolger noch heute zu den*

Großgrundbesitzern des Landes gehört, um dieser Artikel willen gefoltert und zu Tode gebracht worden sind...Die Aufhebung des Großgrundbesitzes... ist eine zwingende Forderung demokratischer Staatlichkeit...Man komme uns hier nicht mit dem Einwand des geheiligten Eigentums! Bei der großen Mehrheit des Großgrundbesitzes handelt es sich ja nicht um durch bäuerliche Tüchtigkeit und Zähigkeit erworbenes Eigentum, sondern um politischen Besitz. Die große Mehrzahl der Großgrundbesitzer unseres Landes hat ihr Eigentum von Vorfahren ererbt, die es durch Ausübung politischer Herrschaftsrechte erwarben...Der Rechtsanspruch des Großgrundbesitzes...ha(t)...keine höhere Gültigkeit als derjenige, den er einst auf die Leibeigenschaft ihrer Bauern erhob. Beide, der Großgrundbesitz, wie er heute noch besteht, und der Anspruch auf Leibeigenschaft haben genau denselben Ursprung der politischen Herrschaftsfunktion und infolgedessen auch gleich wenig Recht auf Schutz und Erhaltung durch einen demokratischen Staat. ...(Roser listet dann in einer eigenen Statistik, die er ausdrücklich protokollarisch festhalten läßt, 43 Großgrundbesitzer in Württemberg-Hohenzollern auf. Nur 3 sind bürgerlicher Herkunft; den Gesamtumfang ihres Besitzes beziffert er auf 76 000 ha, davon 15 000 ha landwirtschaftlich genutzte Fläche. Roser will damit den „immer wieder von interessierter Seite in die Debatte geworfenen und auch von Herrn Dr. Müller ausführlich dargestellten Gesichtspunkt, daß es in Südwürttemberg keinen nennenswerten Grundbesitz gäbe", widerlegen. Nahezu Dreiviertel davon sei verpachtet, so daß sich keine negativen Ertragskonsequenzen ergäben.)...Wir lehnen eine Bodenreform in der Art der Ostzone ab, die den Großgrundbesitzern ihr gesamtes Eigentum nimmt. Wir treten durchaus dafür ein, ihnen eine solide und rechtschaffene großbürgerliche Existenz zu sichern, insbesondere dann, wenn es sich wie vielfach um tüchtige Landwirte handelt. Wir können aber nicht zulassen, daß der Großgrundbesitz...nicht als solcher überhaupt abgeschafft wird. "

(Carlo Schmid, SPD): „Es hat mir..sehr leid getan, daß die Diskussion... sich weithin in der Erörterung von Detailfragen erschöpfte, so etwa, als wolle man gegen die politische Notwendigkeit den zögernden und verzögernden Sachverstand des sogenannten Fachmannes aufrufen. Meine Herren, wenn man im Laufe der Geschichte immer auf die Fachleute gehört hätte, dann ständen wir heute wahrscheinlich noch...dort, wo unsere Urgroßväter gestanden haben. Jede Entwicklung...hat sich gegen den Fachmann vollzogen. ...Ich will zur Frage des Eigentums vom Naturrecht her sprechen...Da meinen wir nun, daß die Verteilung dann nicht richtig sein kann, wenn...wenn die normale Größe eines landwirtschaftlichen Eigentums etwa 4 oder 5 oder 6 ha ist, während eine kleine Gruppe von Menschen das Tausendfache dieses Maßes ihr Eigentum nennen kann. Das scheint uns nicht nur keine glückliche, sondern vom Moralischen her gesehen, auch keine richtige Verteilung des Eigentums zu sein...Lassen Sie mich noch ein anderes politisches Unikum erwähnen. Es wäre eine merkwürdige Sache, wenn in unserem schönen, kleinen Land etwas wie ein Naturschutzpark der Feudalität entstünde. Ich weiß nicht, ob das für uns ruhmvoll wäre. Nirgends in Europa, weder in England noch in Frankreich, gibt es feudalen Grundbesitz. Auch im übrigen Deutsch-

land wird es das nicht mehr geben. Ich glaube, daß es gut ist, daß es das nicht mehr geben wird. Soll es gerade bei uns konserviert werden?...Lassen Sie mich noch etwas ganz kurz über die schöne Revolution 1848 sagen. Man fragt sich oft, warum sie gescheitert ist. Es war eine Revolution, die, wenn sie geglückt wäre, wahrscheinlich die Lage des deutschen Volkes sehr geändert und sich sehr segensreich ausgewirkt hätte. Sie ist vor allen Dingen deswegen mißglückt, weil nach Überwindung der Schreckse-kunde der Gegenstoß von den Rittergütern ausgegangen ist. ... So war das nicht nur in Preußen, sondern auch bei uns in Süd-Württemberg. ...Ich fürchte, daß man bei zu zeitraubender Behandlung der Sache, der Sache des Eigentums - auch des Grundei-gentums - einen schlechten Dienst erweisen könnte, wenn wir nicht das Notwendige tun...Ich bin ganz wie Sie der Meinung, daß wir nichts überstürzen dürfen...Wir sollten aber bei allem, was wir tun, den Satz bedenken: Wehe denen, die zu spät kommen."

Verhandlungen des Landtags für Württemberg-Hohenzollern, Protokollband I (1947/ 48), S. 223 ff.

Graf H.A. Waldburg   *Wolfegg, den 23.3.1949*

Hochverehrter Herr Staatspräsident!

Für Ihre so freundliche Spende aus Ludwigsburg (der Bundeshauptstadt "kat' exo-chen") darf ich mich ergebenst bedanken. Ich darf aber nicht verhe(h)len, dass ich zunächst darüber etwas verblüfft war, sind doch die Gespräche auf dem Lindich nicht so gewesen, dass ich das Gefühl bekommen habe, wir wären über alle Dinge einig geworden. Gott sei Dank übrigens; denn eine volle Einigung hätte doch auf die ver-handelnden Personen sowohl als auch auf den behandelten Gegenstand kein ganz gün-stiges Licht geworfen. Ich muss aber, da wir uns auf dem Lindich ja nicht ernstlich "bekriegt" haben, annehmen, daß unsere Gespräche dort zu einer weitgehenderen Einigung geführt haben, als ausgesprochen worden war. In diesem Sinne darf ich auch meinen Einsatz für die Südweststaatidee so deuten, dass ich unterscheiden muss zwi-schen dem, was an ihm offiziell gerügt wird und dem, was an ihm inoffiziell anerkannt wird, ohne dass darüber gesprochen werden kann. (....)
(S. 3) Da ich hinsichtlich Ihrer Prognose für die Aufgaben Württemberg-Hohenzol-lerns in Gesamtwürttemberg grundsätzlich anderer Auffassung bin als Sie selbst, fürchte ich tatsächlich im Hinblick auf den Südweststaat nichts sosehr wie die Wiederherstel-lung der alten Länder. - Das Nordwürttembergische Bodenreformgesetz beschäftigt sich übrigens nicht mit dem für uns "dicke Oberschwaben" so wichtigen Walde! - Selbst Ihr Argument von der Umwandlung der konfessionellen Struktur in Nordwürt-temberg durch den Zustrom katholischer Flüchtlinge, welches mir auf dem Lindich wohl den meisten Eindruck gemacht hat, kann meine Anschauung nicht ändern, dass

es verhängnisvoll sein muss, in diesem Augenblick vielleicht eine der letzten einiger-
maßen christlichen Machtpositionen in Deutschland durch ein Bejahen einer Wieder-
fusion mit Nordwürttemberg zu gefährden, bevor wir unsere Stellung hier voll gefe-
stigt und ausgebaut haben. (...)
(S. 4) Dieser Brief ist viel länger geworden, als ich es wollte. Er möge wenigstens das
Gute haben, dass er Ihnen Überlegungen nahebringt, welche Ihnen die Grundlagen
verständlich machen, die zu unserer Auffassung vom Südweststaat und (um es kurz so
zu nennen) zu den Waldseer Beschlüssen geführt haben.

Seien Sie gewiß, verehrter Herr Staatspräsident, dass ich immer bin

Ihr ergebener, wenn auch unangenehmer
Heinrich (von) Waldburg

Nachlaß Gebhard Müller, HStA Stuttgart (Q I/35) I (36 W). Es handelt sich dabei um
eine provisorische Bestandsbezeichnung, da dieser Bestand jetzt neu geordnet wird.
Für die Möglichkeit, diesen Nachlaß zu benutzen, habe ich der Familie Müller, vertreten durch Herrn RA Wolfgang Müller, sehr zu danken.

Publikationsnachweise

Uwe Uffelmann
Was ist eigentlich Problemorientierter Geschichtsunterricht?
Originalbeitrag
Vortrag auf dem Historikertag in Frankfurt am 9. September 1998

Uwe Uffelmann
Problemfindung - Problemlösung - Reflexion
Zuerst erschienen in "Praxis Geschichte" 11/1998, Heft 5, S. 4-7 (gekürzt)

Uwe Uffelmann
Strukturbild und Beschreibung des Problemorientierten Geschichtsunterrichts
Zuerst erschienen in "Praxis Geschichte" 11/1998, Heft 5, S. 37-39

Uwe Uffelmann
Problemorientierter Geschichtsunterricht
Leicht veränderte Fassung des titelgleichen Artikels im "Handbuch der Geschichtsdidaktik", 5. Auflage, Seelze-Velber 1997, S. 282-287

Uwe Uffelmann
Emotionen und historisches Lernen
Zuerst erschienen in "Geschichte erforschen, erfahren, vermitteln", Festschrift für Wolfgang Hug, hrsg. von Elmar Krautkrämer und Elisabeth Erdmann, Rheinfelden/Berlin 1992, S. 151-162

Uwe Uffelmann
Identität und historisches Lernen
Zuerst erschienen in "Geschichte in Wissenschaft und Unterricht" 46/1995, Heft 11, S. 666-671

Uwe Uffelmann
Der Stellinga-Aufstand oder die Perspektivenübernahme beim historischen Lernen. Ein Unterrichtsbeispiel zum Problemorientierten Geschichtsunterricht
Zuerst erschienen in "Geschichte und historisches Lernen". Festschrift für Jochen Huhn, hrsg. von Gerhard Henke-Bockschatz, Kassel 1995, S. 149-164

Uwe Uffelmann
Gestaltpädagogik und Problemorientierter Geschichtsunterricht
Zuerst erschienen in "Krisen und Geschichtsbewußtsein. Mentalitätsgeschichtliche und
didaktische Beiträge", hrsg. von Dieter Brötel/Hans H. Pöschko, Weinheim 1996
(Schriften zur Geschichtsdidaktik 3), S. 232-249

Uwe Uffelmann
**Das geschichtsdidaktische Problem der Auswahl und Strukturierung von Unter-
richtsinhalten oder: Historische Identität als Gegenstand historischen Lernens**
Originalbeitrag
Vortrag in Nürnberg am 10. Dezember 1998
Weiterer Abdruck in der für 1999 geplanten Festschrift für Annette Kuhn

Margit Buttig
**"Das wahre Unheil ... war ... die Unfähigkeit ... zu begreifen". Über Entstehung,
Hintergründe und Folgen von Feindbildern, dargestellt am Beispiel des 1. Kreuz-
zuges**
Überarbeitete und erweiterte Fassung eines Beitrags in "Praxis Geschichte" 11/1998,
Heft 5, S. 14-18

Elisabeth Erdmann
**"Die Schüler etwas tun lassen ... " - Handlungsorientierung und Problemorien-
tierter Geschichtsunterricht am Beispiel frühindustrieller Wohnverhältnisse in
Berlin**
Originalbeitrag
Vortrag auf dem Historikertag in Frankfurt/M. am 9. September 1998

Wolfgang Hasberg
Problemorientiertes Erzählen im Geschichtsunterricht
Originalbeitrag

Anette Hettinger
**Die dörfliche Lebenswelt des Mittelalters und der Neuzeit. Unterricht im Frei-
lichtmuseum**
Überarbeitete und erweiterte Fassung eine Beitrags in "Praxis Geschichte" 11/1998,
Heft 5, S. 19-23

Achim Jenisch
**Geschichte zum Anfassen. Produktiver Umgang mit haptischen Quellen im Pro-
blemorientierten Geschichtsunterricht**
Überarbeitete und erweiterte Fassung eines Beitrags in "Praxis Geschichte" 11/1998,
Heft 5, S. 24-27

Heinz Pfefferle
Historischer und gegenwärtiger Strukturwandel am Beispiel der Industrialisierung und Sozialen Frage (Sekundarstufe II)
Überarbeitete und erweiterte Fassung eines Beitrags in "Praxis Geschichte" 11/1998, Heft 5, S. 41-44

Heinz Pfefferle
Die Bodenreform in der SBZ und in den westlichen Besatzungszonen als Thema problemorientierten historischen Lernens in der Sekundarstufe II
Originalbeitrag
Vortrag auf dem Historikertag in Frankfurt/M. am 9. September 1998

Hans H. Pöschko
Problemorientierung aus gestalttheoretischer Perspektive
Originalbeitrag
Vortrag auf dem Historikertag in Frankfurt/M. am 9. September 1998

Hans H. Pöschko
"Jugendliche und das Dritte Reich" als Thema persönlich bedeutsamen Lernens im Geschichtsunterricht
Überarbeitete und erweiterte Fassung eines Beitrags in "Praxis Geschichte" 11/1998, Heft 5, S. 8-13

Herbert Raisch
Handlungs- und Produktionsorientierung - Ein grundlegendes Konzept historischen Lernens
Überarbeitete und erweiterte Fassung eines Beitrags in "Praxis Geschichte" 11/1998, Heft 5, S. 30-36

Manfred Seidenfuß
Bergbau zu Beginn der Frühen Neuzeit
Überarbeitete und erweiterte Fassung eines Beitrags in "Praxis Geschichte" 11/1998, Heft 5, S. 45-49

Stefan Semel
Comics im Problemorientierten Geschichtsunterricht: Die spinnen, die Comicer
Originalbeitrag

Autorenverzeichnis

Buttig, Margit, Realschullehrerin
Gründelbachstraße 112 B
69469 Weinheim

Erdmann, Elisabeth, Prof. Dr.
Baumzeil 4
91088 Bubenreuth

Hasberg, Wolfgang, Dr., Wiss. Ass.
Alpenrosenstraße 11
86343 Königsbrunn

Hettinger, Anette, Dr., AR'n
Blumenstraße 18
69115 Heidelberg

Jenisch, Achim, Realschullehrer
Richard-Wagner-Straße 24
74821 Mosbach-Diedesheim

Pfefferle, Heinz, Dr., StD
Max-Lechler-Straße 42
89150 Laichingen

Pöschko, Hans H., Dr. , OStR a. e. H.
Am Oberen Schloßberg 19
71686 Remseck

Raisch, Herbert, Prof. Dr.
Bismarckstraße 49
72127 Kusterdingen

Seidenfuß, Manfred, Dr., Grund- und Hauptschullehrer
Häusserstraße 33 a
69115 Heidelberg

Semel, Stefan, Realschullehrer
Ewaldstraße 81
45699 Herten

Uffelmann, Uwe, Prof. Dr.
Im Bildsacker 23
69151 Neckargemünd

Historisches Seminar

Schulz-Kirchner Verlag GmbH
Postfach 9, D-65505 Idstein
Mollweg 2, D-65510 Idstein

Telefon: (0 61 26) 93 20-0 • **Fax:** 93 20-50
E-Mail: info@schulz-kirchner.de
Internet: http://www.schulz-kirchner.de

Historisches Seminar

Bereits in dieser Reihe erschienen:

Band 7: Europäische Hegemonie versus Weltreich
Außenpolitik in Europa 1648-1763
Armin Reese
190 Seiten, 1995, ISBN 3-8248-0027-6
DM 35,80 / öS 261 / sFr 33,-

Band 8: Identitätsstiftung in Südwestdeutschland
Antworten auf politische Grenzziehungen
nach dem Zweiten Weltkrieg
Uwe Uffelmann
220 Seiten, 1996, ISBN 3-8248-0028-4
DM 35,80 / öS 261 / sFr 33,-

Band 9: Länderneugliederung
Zur Genese einer deutschen Obsession
seit dem Ausgang des Alten Reiches
Klaus-Jürgen Matz
216 Seiten, 1997, ISBN 3-8248-0029-2
DM 35,80 / öS 261 / sFr 33,-

Band 10: Die Franken: Roms Erben und Wegbereiter Europas?
Reinhold Kaiser
188 Seiten, 1997, ISBN 3-8248-0030-6
DM 35,80 / öS 261 / sFr 33,-

Band 11: Die Entstehung des Kurfürstenkollegs 1198-1298
Zur 700-jährigen Wiederkehr der ersten Vereinigung
der sieben Kurfürsten
Armin Wolf
224 Seiten, 1998, ISBN 3-8248-0031-4
DM 35,80 / öS 261 / sFr 33,-

In Vorbereitung:

Band 12: Klosterfrauen, Beginen, Ketzerinnen.
Religiöse Lebensformen von Frauen im Mittelalter
Amalie Fößel, Anette Hettinger

Schulz-Kirchner Verlag GmbH
Postfach 9, D-65505 Idstein
Mollweg 2, D-65510 Idstein

Telefon: (0 61 26) 93 20-0 • **Fax:** 93 20-50
E-Mail: info@schulz-kirchner.de
Internet: http://www.schulz-kirchner.de

1587499R00181

Printed in Germany
by Amazon Distribution
GmbH, Leipzig